汽车创新

前沿技术背后的科技原理

[美] 帕特里克·霍赛 (Patrick Hossay) 著

宋 强 译

机械工业出版社
CHINA MACHINE PRESS

本书阐述了现代汽车工业最新的技术突破，探索了当今汽车工业的发展趋势，包括内燃机技术、变速器技术、底盘技术的进步，以及与汽车相关的数字控制、生产制造和材料技术方面的创新。新型汽车在性能、安全性和高效性方面有了巨大提升，电动汽车成为绿色能源的代表，传感器技术和计算机芯片则重新定义了驾驶的本质。本书探讨了这些改变以及背后所蕴涵的工程和技术细节，并指明了未来的发展方向。

本书适合对先进汽车技术及其发展趋势感兴趣的读者，无论汽车从业人员、高校学生还是爱好者，都可以从中了解到当今最新的汽车技术趋势，并获得灵感。

Automotive Innovation: The Science and Engineering behind Cutting-Edge Automotive Technology / by Patrick Hossay / ISBN: 9781138611764

Copyright© 2020 by CRC Press.

Authorized translation from English language edition published by CRC Press, part of Taylor & Francis Group LLC; All rights reserved; 本书原版由 Taylor & Francis 出版集团旗下，CRC 出版公司出版，并经其授权翻译出版，版权所有，侵权必究。

China Machine Press is authorized to publish and distribute exclusively the Chinese (Simplified Characters) language edition. This edition is authorized for sale in the Chinese Mainland (excluding Hong Kong SAR, Macao SAR and Taiwan). No part of the publication may be reproduced or distributed by any means, or stored in a database or retrieval system, without the prior written permission of the publisher. 本书中文简体翻译版授权机械工业出版社在中国大陆地区（不包括香港、澳门特别行政区及台湾地区）销售。未经出版者书面许可，不得以任何方式复制或发行本书的任何部分。

Copies of this book sold without a Taylor & Francis sticker on the cover are unauthorized and illegal. 本书封底贴有 Taylor & Francis 公司防伪标签，无标签者不得销售。

北京市版权局著作权合同登记　图字：01-2019-7766 号

图书在版编目（CIP）数据

汽车创新：前沿技术背后的科技原理 /（美）帕特里克·霍塞
（Patrick Hossay）著；宋强译 . -- 北京：机械工业出版社，2022.6（2023.11 重印）
书名原文：Automotive Innovation: The Science and Engineering behind Cutting-Edge Automotive Technology
ISBN 978-7-111-70632-8

Ⅰ.①汽… Ⅱ.①帕… ②宋… Ⅲ.①汽车工程-高等学校-教材 Ⅳ.①U46

中国版本图书馆CIP数据核字（2022）第077344号

机械工业出版社（北京市百万庄大街22号 邮政编码100037）
策划编辑：何士娟　　　责任编辑：何士娟
责任校对：张亚楠　刘雅娜　责任印制：邓　博
北京盛通数码印刷有限公司

2023年11月第1版第2次印刷
184mm×260mm·20 印张·371 千字
标准书号：ISBN 978-7-111-70632-8
定价：98.00 元

电话服务　　　　　　　　　　网络服务
客服电话：010-88361066　　机 工 官 网：www.cmpbook.com
　　　　　010-88379833　　机 工 官 博：weibo.com/cmp1952
　　　　　010-68326294　　金 书 网：www.golden-book.com
封底无防伪标均为盗版　　　　机工教育服务网：www.cmpedu.com

译者序

数十年以来，汽车技术得到了快速发展，汽车从传统的交通运输工具转变为一种代表科技创新和生活时尚的标志，改变了人类的出行方式。改革开放四十余年来，汽车快速进入我国寻常百姓家，越来越多的家庭享受着驾乘汽车的乐趣，并为汽车日渐增多的先进功能所着迷。21 世纪以来，汽车发生了革命性的变化，从常规燃油汽车到混合动力、纯电动和燃料电池汽车，从手动驾驶到辅助驾驶、智能驾驶和无人驾驶，从高精度地图到互联网、智能交通、云技术、新能源、新材料和新工艺，无不革命性地改变着汽车的内涵。"乱花渐欲迷人眼"，汽车熟悉又如此陌生！汽车的定义在改变！我们憧憬着汽车的未来！

译者在长期教学中发现，很多非汽车专业的大学生对汽车充满了好奇心，迫切地想要知道这个即将陪伴他们未来生命旅程的汽车到底是什么。为此，我为大学生开设了汽车新技术通识教育课，但是由于汽车技术的快速更新，一直没有固定的参考书，教学过程中，不时看到大学生面对浅显常识的无动于衷以及面对深奥知识的茫然。直到发现这本书，它梳理了标志性的汽车新技术，着眼于能够及时反映那些最有趣的科技创新和最有价值的先进技术，客观地介绍了汽车新技术背后的科学和工程问题，为本科生的通识学习提供一个通俗易懂、妙趣横生的知识引导。

本书内容分为四部分：第一，内燃机汽车新技术，主要包括发动机原理、点火和燃烧新技术、发动机先进控制技术、先进汽车传动技术等；第二，汽车电驱动新技术，主要包括先进电机设计、驱动电机及控制、混合动力和纯电驱动、能量回收技术、先进电池及储能技术等；第三，汽车底盘和车身设计新技术，主要包括先进悬架、底盘主动控制、新材料、碰撞安全性以及车身造型和空气动力学控制技术等；第四，智能驾驶和无人驾驶汽车的传感和导航技术，主要包括智能驾驶、传感器、地图及定位、汽车通信网联技术等。

翻译过程中，我们查阅了大量的相关资料，在翻译风格上力求忠实原著，尽可能减少文采的修饰，但是出于中英文表达方式的差异，译者也适当补充了部分内容，以避免语义突变。在翻译期间，研究生王明生、孙丹婷、孙芃、赵嗣芳、赖武轩及其他人员积极参与，付出了辛勤的努力。

希望我们的工作能够使读者满意，但是，也由于时间以及翻译人员的能力所限，书中难免会出现差错和遗漏，欢迎读者批评指正。

译　者

前 言

　　在过去的几十年里，汽车发生了翻天覆地的变化，并且变化的速度正在加快。发动机设计、燃油系统、数字化控制、先进变速器和一系列其他技术的创新从根本上重新塑造了汽车的动力传动系统；先进的电子控制系统、主动底盘控制、驾驶辅助系统，以及电驱动技术、先进电池技术、新型轻质材料等，使我们能够更深入地憧憬汽车的未来。汽车创新日新月异，新技术涌现应接不暇，有必要了解其背后涉及的科技原理问题，这就是撰写本书的目的所在。

　　汽车技术中那些令人目眩的变革和创新确实复杂，但并不令人生畏。从根本上来说，无论是旧式的福特 T 型车，还是新潮的特斯拉电动汽车，尽管它们很多的工程工艺发生了改变，但是其基本的工作原理却始终没有变化，与之相关的科学定律和机械原理也没有变化。任何掌握科学常识和机械原理初步知识的人，原则上都能够理解最先进汽车中的那些技术。

　　作为一本入门类图书，本书梳理了标志性的汽车新技术，着眼于能够及时反映那些最有趣的科技创新和最有价值的先进技术，其目的之一是填补面向职业培训的汽修课程和面向高级研究人员的理论课程之间的空白，为本科生学习提供一本翔实的技术导论类教材。撰写这本书的思路源自于一个汽车技术和设计的本科课程调查，调查结果发现，为本科生课程找到这类合适的教材很难，几乎所有的汽车技术入门类教材都侧重于机械结构工程师的职业培训，可供选择的其他图书常常又具有太强的学术性和技术性，对本科生的入门学习来说难度太大！本书的定位正在其间：客观地介绍了汽车技术发展背后的科学和工程问题，使具有一定技术背景的读者能够理解汽车新技术的原理、发展趋势，以及存在的问题，并指出了未来可能的发展方向。

基于这个理念，我们力求让本书的内容既易于理解又充满吸引力。对学生、机械工程师、汽车爱好者以及其他对汽车、技术、创新或工艺感兴趣的人来说，本书也应该是易读且令人着迷的。本书涉及的技术确实会让人感到神奇，感到兴奋，感到妙不可言，但是在很多时候，它们往往隐藏在深奥的工程术语和高深的复杂计算之下，这足以彻底浇灭初学者的热情之火，这种状况必须改变。我们认为，汽车本身确实令人兴奋，关于汽车技术的图书照样也可以令人着迷。

本书适合于那些需要了解汽车工程知识的学生，试图在汽车快速创新中保持行业领先的高级技术人员，渴望掌握汽车未来发展趋势的年轻机械工程师，以及想要了解最新技术变革的汽车爱好者。

运气好的话，本书应该能够启迪年轻人，激励工程技术人员深入探索、不断迈进甚至以此为业，为汽车未来的发展做出贡献。现今正是汽车发展的黄金时代，百舸争流，共向未来，新的机会不仅可见，更可行！

本书作为入门读物，不需要深厚的汽车专业背景即可了解相关内容，如果有一定的科学知识和机械基础，会更有助于对本书内容的理解。本书每一章的每一个主题都从最基本的技术原理开始介绍，然后阐述该领域最具创意的工程理念和技术，最后讨论近期最有前景的技术进展。总之，每一章都会提供相关内容的技术背景、技术方向，以及大量创新的实例。

本书内容力求可读、简洁、易于理解，所以只专注于介绍汽车，包括现在的汽车以及汽车的未来发展，而不涉及整个汽车行业，不涉及交通基础设施、汽车制造业或者相关政策的发展，也不对相关科学研究和工程开发工作展开细致分析。尽管有朝一日，汽车相关的技术创新，包括替代燃料、燃料电池、智能交通系统等交通基础设施的改进等，能够重塑汽车的未来，看起来也很有趣，但是确实不是本书要讨论的内容。另外，如果希望能够彻底了解汽车系统设计的先进工程技术和计算方法，只能请读者查询其他图书资料了，本书毕竟只是一本技术入门类图书。简言之，本书是当代汽车创新技术的导论，其内容和技术深度专门面向具有基本科学知识和机械基础的读者群。

基于上述出发点，本书讨论了四个主要技术领域：第一，在前三章中讨论了发动机汽车技术及其发展；第二，在第 4~6 章中讨论了日益普及的汽车电驱动技术，该技术在不久的将来有可能主导汽车市场；第三，在第 7 章和第 8 章中讨论了汽车底盘和车身设计的创新技术；第四，在最后一章中简要讨论了与先进驾驶辅助系统和无人驾驶汽车相关的传感器和导航技术。

在上述框架内，第 1 章从发动机的基础知识介绍开始，阐述了发动机点火管理、先进燃油输送、燃烧室设计等方面的技术创新，并逐步过渡到先进发动机的低温燃烧基本原理和新型发动机设计。第 2 章在此基础上讨论了重塑发动机的数字化控制技术，包括可变气门正时、可变升程、可变进气以及先进的主动控制技术的发展，数字化控制技术使工程技术人员在汽车设计过程中摆脱了对技术的权衡和对性能的妥协，令发动机的各项性能都获得了大幅提升。第 3 章讨论了发动机和轮胎之间的传动系统，从齿轮换档基本原理开始，一直到变速器的先进创新设计，包括无级变速器、机械式自动变速器、双离合器系统、液力变矩器等，也包括了未来轮胎设计方面取得的进步。

以上为探索汽车动力传动系统的电气化铺平了道路。第 4 章概述了电机及其性能优劣，特别关注了无刷直流电机和感应电机以及相关控制技术，介绍了面向未来汽车技术的先进电机设计进展。第 5 章讨论了传动系统的电气化，从混合动力汽车开始，讨论了各种混合动力驱动架构、能量再生制动特性，以及最近的能量回收技术，探求了纯电动汽车技术，以及未来纯电动汽车面临的挑战和机遇。第 6 章讨论了储能技术，涉及基本的电池工作原理，以及电池先进电化学特性和设计开发的前景。

随后两章探讨了动力总成之外的先进汽车设计，从汽车结构和操作稳定性开始，到先进悬架、主动底盘控制、新材料和碰撞性能等。第 8 章还讨论了汽车空气动力学，从气流和钝体的基本概念开始介绍，对气幕、主动翼板控制、地面效应管理和其他先进空气动力学创新技术及其应用进行了讨论。

最后一章探讨了先进驾驶辅助系统，讨论了目前使用的传感技术，如激光雷达、超声波传感器和雷达等，研究了诸如车道保持、主动巡航控制、防撞控制等先进的汽车控制和驾驶辅助系统，分析了传感技术在应用过程中具有的优势和存在的问题。另外，还分析了先进汽车控制与道路协同的技术潜力，探索了 V2X 的可能性，讨论了先进驾驶辅助系统和无人驾驶汽车技术带来的挑战，并简要阐述了必需的人工智能技术。

希望本书能够帮助读者快速了解现代汽车创新背后的科技原理和前沿技术，了解汽车未来的发展趋势。

就像任何行业综述类图书一样，本书也不可避免地存在遗漏，希望读者能提出宝贵意见，帮助改进后续版本。在本书的撰写过程中也得到了同事的大力支持，我特别要感谢 Justine Ciraolo、Jason Shulman、Marc Richard，尤其是 Kristina Lawyer，他们提出了非常有建设性的建议，如果书中存在错误，肯定是我个人原因造成的。在这里，我还要感谢诸多汽车制造商和汽车零部件供应商，他们为本书提供了图片等支持材料，也提供了他们的思想和见解。

对于所有人的帮助和支持，我深表谢意！

作者介绍

帕特里克·霍赛（Patrick Hossay）教授在斯托克顿大学从事能源和可持续发展技术研究，同时也讲授汽车技术、绿色汽车创新和能源科学方面的课程，他同时还是一位经验丰富的飞机和汽车机械工程师，热衷于经典汽车和摩托车的修复工作。

目录

第1章

燃烧

　　一个多世纪以来，发动机一直是汽车的"心脏"，我们现在就从发动机开始，以发动机"燃烧"的核心工作过程作为起点，开启我们的汽车创新之旅。

　　一般情况下，我们会想当然地认为"燃烧"这个词汇本身已经体现出了发动机的工作本质，认为"燃烧"是某些物质爆炸的过程或者烧毁的过程，但是这样的理解真的正确吗？实际上，这样的观点并不能客观地阐明发动机工作时内部所发生的所有现象。如果想要完整清晰地了解发动机的工作过程，我们首先需要准确地理解到底是什么样的物质，以及它们以什么样的方式在发动机内部进行了燃烧。

　　"燃烧"究竟是一种什么样的现象或过程呢？概括地说，它是一种将有机物质转化为二氧化碳并释放出热量的化学反应过程。由于这个过程中需要氧气的参与，并且要与有机物质发生快速的化学反应，因此，燃烧过程也可以描述为一种快速的氧化反应过程。通常情况下，燃烧过程用下面的式子表示：

$$C + O_2 + 热量 \rightarrow CO_2 + 热量$$

　　简而言之，燃烧过程指的是由碳（C）组成的有机物质（例如木材、纸张、燃油等）与氧气（O_2）在一定的热量下发生反应，产生二氧化碳气体（CO_2），并释放出更多热量的过程。

　　基于这个理解，我们现在可以得出以下一些有用的结论：

　　第一，燃烧过程需要氧气。我们可以将汽车发动机类比为一个大型的气泵，它吸入大量的空气，并通过燃烧过程消耗掉空气中的氧气，然后将形成的废气和颗粒物排出。例如在汽油发动机的实际工作过程中，如果要完全燃烧1gal（1gal=3.78L）的汽油，就需要消耗掉近9000gal的空气。因此可以看出，如果要出色地发挥出发动机性能，其重要的前提之一，就是要为燃烧过程提供充足的氧气。

第二，燃烧是一个持续一定时间的耗时过程，而不是瞬间完成的事件。在上式所表示的化学反应过程中，右侧所示的释放出来的热量同时又可以为左侧的反应过程提供热量，这样就更加有利于确保反应过程的持续性。在发动机内部的化学反应过程也是这样，燃烧绝不仅仅是简单的"砰"的一声瞬间爆炸，而是一种与"波"的推进类似的快速膨胀和不断蔓延的过程。这里所说的"波"，指的是燃油燃烧时所产生的火焰波，火焰波快速膨胀和蔓延，形成了波动做功过程，并进一步借助发动机的力传递机构，将其转换为发动机曲轴的旋转运动。如果能够可控地增强这种火焰波强度，我们就可以从燃烧过程中获取更大的动能；反之，如果我们无法控制发动机的燃烧过程，或者发动机在点火过程中出现了多个不可控的火焰波，就有可能发生"爆燃"现象，这样既降低了发动机的输出性能，对发动机本身的结构强度也是一种巨大的威胁。

现在，在我们研究典型发动机的工作原理之前，先了解一下燃烧反应过程中的化学燃料——燃油，也就是汽油或者柴油。

1.1 燃油

上文中提到了燃烧的化学反应式，式子本身所表述的燃烧过程过于简单了，毕竟实际参与燃烧的燃料是燃油，而不会是单个的碳原子，这样就引出了一个问题：燃油到底是什么呢？它和碳原子有什么关系呢？从化学成分上来看，燃油是一种碳氢化合物，是一种由碳和氢构成的长链，也称其为碳氢链或烃链。原则上，烃链越长，所蕴含的能量就越多，例如，原油的分子链中包含着数十个碳原子，这样的长分子链就含有很多的能量。但是分子链越长，所形成的物质也会越黏稠，例如大家所熟悉的沥青，长的分子链结构导致它非常黏，以至于很难用泵对它进行抽取和泵送，也很难被点燃。因此，为了便于实现对原油的传输，并使之易于燃烧，就需要将这种长而重的烃链提炼为短而轻的烃链，经过这个过程后，就形成了我们平常所说的可用燃油（图1.1）。

现在可以知道，为了便于燃油在发动机内的燃烧，首先需要将原油中的长链分解为短链，这个过程称为裂解。裂解的原理可以表述如下：将具备长分子链结构的原油放置在容器中，进行加热和加压，并添加必要的催化剂，以加快其化学反应速度，这样就可以尽可能快地将其分解成为较短的烃链了。理想情况下，经过分解后获得的汽油分子

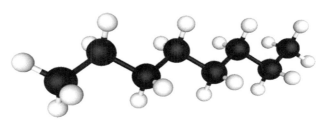

图 1.1　烃链

黑色碳原子和白色氢原子构成了链状结构的汽油分子,图中的汽油分子表现为含有 8 个碳原子的辛烷。
对于原油来说,它的分子链比汽油更长,必须对原油的这些长分子链进行适当的工艺加工,断开或者裂解成
为较小的分子链,这样就能够制备形成汽油了。

包含 4~12 个碳原子,获得的柴油分子包含 13~20 个碳原子,这从包含的碳原子的数量可以看出,所获得的燃油,也就是汽油或者柴油,并非真正的单一化合物,而是一种由化学特性不尽相同的、或轻或重的(或者烃链长度不一的)化合物组成的混合物。

现在我们考虑一下发动机使用的燃油类型。首先,我们必须要了解不同种类燃油的性能,或者更准确地说,我们应该考虑燃油是否易燃。不同种类的燃油性能各不相同,有些燃油在常温常压下不易燃烧,例如柴油;而另外一些燃油则易于挥发和燃烧,例如打火机所用的燃料丁烷等。如果某种类型的燃油经过加热并置于高压环境下时,能够发生自行点燃的现象,这就发生了自燃;但是,如果燃油在发动机中发生了出乎意料的、无法控制的自燃现象(或者发生了无法控制的剧烈燃烧,并形成爆燃现象时),就会对发动机产生非常大的损害。

为了清楚阐述并有助于解决这一潜在的重大问题,汽车行业定义了一种标准的烃链长度,并使之与实际使用的燃油烃链长度进行对比,从而得到一种可以用来评价燃油在高压工作环境下爆燃趋势的评价指标。一般地,考虑到汽油分子通常包含 4~12 个碳原子,这里取中间值,使用包含 8 个碳原子的烃链长度作为比较基准;又考虑到辛烷分子也包含了 8 个碳原子,于是就提出了"辛烷值"的概念,并以此指标来表示燃油在爆燃发生之前所能承受压力的能力,也就是抗爆燃性能。例如,如果某种燃油抵抗爆燃的能力相当于辛烷的 85%,我们就认为其辛烷值为 85;如果另外一种燃油抵抗爆燃的能力高一些,例如 105%,则称其辛烷值为 105,以这样的标准来评价燃油的抗爆燃性能简单明了。有了这样的概念,我们就可以知道,人们通常所认为的"高辛烷值燃油可以提供更大的能量或功率"的说法是不正确的。

如果不局限于简单的理想化的燃烧化学反应式,燃油的真实燃烧过程又该如何表述呢?由于燃油实际上是一种由不同烃链长度的碳氢化合物构成的混合物而且成分复杂,导致很难给出一个统一的解释。但是为了简单起见,可以假设这些化合物都是纯的

辛烷，这样就形成了如下的化学反应表达式：

$$25[O_2+3.76N_2] + 2C_8H_{18} \rightarrow 16CO_2 + 18H_2O + 94N_2 + 热量$$

25 单位空气（氧气和氮气）　汽油　　二氧化碳　　水　　氮气

上式中的 C_8H_{18} 代表辛烷。

这个式子这看起来复杂一些，实际上却很容易理解。汽油分子在反应过程中需要结合一定数量的空气分子才能够实现燃烧，在一个完全的反应过程中，空气与汽油的重量比一般为 14.7，这就意味着，在通常情况下，1g 汽油需要消耗 14.7g 的空气才能够实现这样一个完全的氧化反应，这个空气与汽油的比值就是**空燃比**，它是一种化学计量比，采用希腊字母 λ 表示。如果将 14.7 的比值归一标准化为 1，当空气和汽油的混合气中汽油多一些时，λ 数值就小于 1；如果空气的量多一些，则 λ 数值就大于 1。

很多情况下，14.7 的理论空燃比并不总是最理想的，例如，如果采用浓的空气和汽油的混合气，其中就会含有更多的汽油，它在燃烧时就能够释放出更多的能量，也更加易燃。一般说来，在汽车冷起动至热机完成的过程中，12:1 的空燃比混合气（或 λ=0.8）会使发动机运行更加平稳；汽车在高负载或加速行驶时，利用更浓的混合气也可以使发动机输出更大的动力；而在高速公路上驾驶汽车时，在不需要大功率的情况下，如果还采用浓的混合气工作，将会导致大量汽油的浪费，此时，使用汽油含量较少的稀薄混合气反倒可以提高燃油的经济性，例如，在这种情况下，可以采用空燃比为 24:1（或 λ=1.55）的混合气，效果会更好。

发动机在实际工作中存在的另外一个问题是：反应过程中使用的气体是空气而不是纯的氧气。空气中的氧气含量约占 21%，氮气含量约占 78%，在以前，我们常常认为氮气是不会参与燃烧过程的，这就导致我们一直忽略了氮气的存在。现今的研究表明，当汽车在输出大功率或者大转矩时，燃料在发动机中燃烧时会伴随着非常大的热量和非常高的压力，在这样的工作环境中，吸入的氮气也会与氧气结合，生成一氧化氮（NO），还会生成一些二氧化氮（NO_2），这些统称为氮氧化合物，用 NO_x 表示。氮氧化合物是光化学烟雾的重要成分，当其与大气中的水结合时，将会形成硝酸，进而形成酸雨。类似地，如果发动机使用的燃料过浓，也会导致部分燃料无法完全燃烧，未烧尽的成分将会被直接排入空气中，这些物质就是燃烧剩余的碳氢化合物（UHCs），它也会造成很大的环境污染。由此可见，为了降低燃烧污染物的排放，需要严格的控制燃烧过程中的发热和混合气的浓度，这一问题是我们现今面临的一个非常重要而又长期的技术挑战。

1.2 初识发动机

发动机的结构非常简单，整体上，它包括气缸和活塞两大主体。气缸外形呈圆筒状，一端封闭，另外一端开放，活塞可以在气缸中上下滑动，气缸和活塞共同形成了可供混合气燃烧的空间。在此主体结构的基础上，添加了一些可以实现开启和关闭功能的气门，以便合理地将一定数量的空气和燃料送入气缸，并将燃烧后的废气排出气缸。除此之外，还在活塞底部设计了与曲轴连接的机械机构，这样，当活塞上下滑动时，就可以带动曲轴做旋转运动了（图1.2）。

从图中发动机结构上来看，活塞通过活塞销与连杆连接，连杆的另外一端连接到曲轴的偏心轴颈上，当活塞沿着气缸上下滑动时，便通过连杆推动曲轴产生了旋转运动，进而就可以（通过传动系统）推动汽车行驶了。可以看出，为了确保汽车正常行驶，就需要让曲轴转动起来，这就是发动机工作的主要目的；为了让曲轴转动起来，首先要实现活塞的上下滑动，这也正是燃烧过程所起的作用。当活塞运动至行程顶点附近时，混合气在气缸内被点燃，产生的压力向下推动活塞作下行运动，进而带动曲轴旋转。为了确保活塞能够按照一定的周期规律地推动曲轴旋转，在技术层面，我们设计了发动机的"四冲程"工作过程。

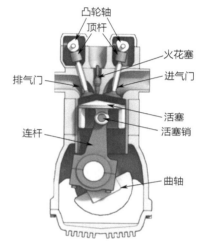

图1.2 发动机基本结构

发动机的主要零件包括：活塞、气缸体、气缸盖、气门、连杆、曲轴等，图中还示意了用于操作气门的双顶置凸轮结构。

图片：Richard Wheeler（理查德·惠勒）

1.3 四冲程发动机的工作过程

发动机活塞的上下滑动过程一般可以划分为四个阶段，这四个阶段对应着发动机的四个工作过程，这就是"四冲程"发动机名称的由来。在每个行程中，活塞总是向上或者向下运动，因此，在所有的四个行程中，活塞就会向上和向下各运动两次。我们现在就来分析一下每个行程的工作情况。

进气行程：在进气门打开的情况下，曲轴旋转半圈，带动活塞从气缸的顶部下行运动到底部，在这个过程中，在气缸的上部形成了负压，从而将空气和燃油的混合气吸进发动机气缸和燃烧室。这种油气混合气进入气缸和燃烧室的过程称为进气行程（图1.3）。

a）进气行程　　　　　　　　　b）压缩行程

图 1.3　进气行程和压缩行程

　　当活塞沿着气缸向下滑动时，燃烧室容积扩大，在排气门保持关闭的状态下，打开进气门，将会吸入油气混合气。随后，油气混合气受到压缩，燃烧室内的压力和温度不断升高，从而为下一步的燃烧过程准备了条件。此时，如果燃油的辛烷值太低，由于燃烧室的高温高压工作环境，燃油可能会在压缩行程完成之前发生自燃，造成提前燃烧；如果辛烷值太高，当进行点火时，油气混合气可能还没有形成足够高的压力和温度。以上两种情况都会导致燃油的能量释放不充分。这就是为什么燃料的辛烷值如此重要的原因。

图片：Richard Wheeler（理查德·惠勒）

　　压缩行程：随着曲轴的继续旋转，活塞被推动上行，此时进气门关闭，气缸内的混合气受到压缩，形成了压缩行程。这一压缩过程导致了油气混合气的压力和温度升高，为接下来的燃油燃烧过程创造了有利条件。

　　做功行程：压缩行程中，油气混合气受到压缩，活塞也快速接近燃烧室的顶端，此时，对于汽油机来说，火花塞就会受控发生放电，形成一个小的电弧，将油气混合气点燃，真正的燃烧过程就此开始了。此时，油气混合气被点燃所产生的火焰从火花塞附近开始扩散，并迅速蔓延到了整个燃烧室，这就形成了火焰波。该火焰波产生了强有力的压力，推动活塞下行，进而施加力至曲轴，推动曲轴旋转并对外做功，这便是做功行程。后面我们还将会看到，通过对发动机进行不同的结构和功能设计，可以控制火焰波在燃烧室内的扩散路径和蔓延均匀程度，这也是当前发动机研究和创新的关键技术点之一（图 1.4）。

　　排气行程：做功行程结束时，曲轴旋转所具有的惯性将推动活塞反向上行，此时排气门打开，活塞的上行将会推动燃烧室内燃烧后的废气排出，形成排气行程，并为下一个新的循环做好了准备。排气过程中，高温废气排出的速度非常快，经过排气门的速度能超过 1500mile/h（1mile=1.6km），这与进气行程期间相对缓慢的进气速度显著不同。一般地，进气过程中相对缓慢的进气速度需要采用更大的气流通道，以保证燃烧室的充分进气，这就要求进气门通道的设计尺寸要比排气门通道的设计尺寸大一些（图 1.5）。

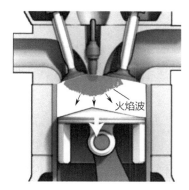

图 1.4　火焰波

做功行程中，火焰波可视为一道燃烧的弧线，它由火花塞点火触发，推进燃烧室中的油气混合气燃烧蔓延，迅速提高气缸内的温度和压力，并推动活塞下行。混合气在高温条件下燃烧的快速蔓延过程也是一种爆燃过程，控制这种爆燃的特征和速度，以及它们在燃烧室中的传播路径，是发动机技术创新的核心问题之一。

图片：Richard Wheeler（理查德·惠勒）

图 1.5　排气行程

排气行程中，排气门打开，发动机曲轴转动推动活塞沿着气缸做上行运动，进而将燃烧的废气挤出，为下一个进气行程做好准备。

图片：Richard Wheeler（理查德·惠勒）

　　总之，发动机按照四个行程循环往复地工作，形成了发动机的基本工作过程，这一工作原理非常简单，可以概括为：吸入可燃混合气→压缩混合气→点燃混合气以高温和高压的形式释放能量→排空气缸内的废气→重新开始新的循环。

　　柴油机的工作方式与汽油机类似，但是也有一些明显的不同之处。柴油的挥发特性比汽油小，这样的特性增加了柴油燃烧的难度，为此，如果要实现柴油在发动机中的燃烧，就需要在燃烧室内形成更大的工作压力和更高的温度环境。实际上，汽油发动机可以将油气混合气压缩到体积的 1/10，而柴油发动机则需要进一步增加 1 倍的压缩量，使压缩比达到 15：1~20：1（我们将在后续章节中讨论压缩比的重要性），在这样的压缩比下，柴油发动机在压缩行程中就能够形成更高的压力，并因为压缩热的产生而获得更高的燃烧室内的工作温度。

　　单纯在如此高的压缩比和压缩热下，柴油本身就可以自燃。但是，为了避免不受控制的自燃，实现发动机的精准做功，一般在柴油机的进气行程中仅仅吸入空气，在压缩行程前期也先不注入柴油，而是单纯的压缩空气，在压缩行程后期，在活塞运动到达上止点（TDC）之前，再将一定量的柴油适时的喷入到燃烧室内，此时，依靠高压缩比的空气所产生的巨大的压缩热，使喷入的柴油迅速雾化蒸发，进而引发燃烧。在活塞到达燃烧室顶部的过程中，燃烧室内的压力将会进一步地迅速升高。

　　通过以上的描述可知，柴油是在压缩行程的后期喷入燃烧室的，因此，在柴油燃烧伊始，柴油和空气的混合气在燃烧室内的分布是不均匀的，有的区域柴油浓度低，有的区域柴油浓度高。发生燃烧后，柴油浓度高的区域会产生更多的烟灰（称为颗粒物或PM），而柴油浓度低的区域则会形成更多的氮氧化合物。这就意味着，从环保角度来看，为了降低柴油机的这类污染物的排放，就需要采用相较于汽油机更加复杂且昂贵的尾气排放后处理技术和方法。

与汽油机相比，柴油机在经济性和动力性方面具有显著优势。柴油机在低速工作时燃烧速度相对缓慢，这导致其输出的动力降低，但是这样的不足可以通过在结构上增大活塞行程来补偿（相当于增大了压缩比），这样就会获得更大的功率或者转矩输出。一般情况下，汽油机的工作行程短，汽油的燃烧速度也快，这些特点使得汽油机的工作转速较高；而柴油机的高效和大功率输出能力常常需要借助于更大的压缩比来实现，大的压缩比也有利于工作效率的提高。

然而，柴油机工作效率的提高并不局限于增大压缩比这一种方法。一方面，在结构上，柴油机工作时，其进气并不需要经过一个狭窄的通道，这样的结构避免了通道变窄造成的能量损耗（这种损耗称之为泵气损耗）；另一方面，汽油机是通过节气门实现转速的控制，而柴油机却没有必要这样做，它可以通过改变燃油喷射量直接控制转速，这种简单直接的控制方式也使其具备了更高的效率优势。这样，我们综合考虑柴油机的这种高效控制优势，以及前文提及的柴油机高温热效率优势，对于柴油机效率通常比汽油机高 30% 这一论断就很容易理解了。

由于柴油机转速较低，使得各工作副之间的机械磨损更小，并且为了应对工作高压，柴油机也对应设计了更加坚固的结构，这样就导致柴油机的寿命比汽油机更长一些。当然，为了符合在汽车上的使用要求，柴油机的体积和重量也会设计和制造得更小更轻，工作转速也有向高速化发展的趋势；而在汽油机设计方面，也逐渐开始借鉴柴油机高效、高强度和长寿命的设计思路。这种技术上相互趋近的发展趋势，已经开始模糊了以前两种发动机在设计和使用过程中所体现出来的显著差别。

1.4 发动机结构

前文已经介绍过，燃烧是发动机的一个重要功能。为了实现这个功能，发动机在结构上设计了多个重要的零部件，包括气缸、活塞、气门、连杆、曲轴、点火装置以及飞轮等，现在让我们更加细致地了解一下这些零部件的实际工作情况。

在发动机行程变换和曲轴旋转过程中，增加转动惯量有利于保持活塞运动的规律性和曲轴旋转过程的平稳性。在结构上，为了实现这个转动惯量，一般在曲轴端部设计安装一个大直径的金属圆盘，称之为飞轮，飞轮尺寸越大，其具备的转动惯量也就越大，但是飞轮的重量也会相应地增加。考虑到转动惯量的定义（转动惯量大小等于物体重量和物体半径平方的乘积，即为 $i = mr^2$），可知，在同样大小转动惯量需求的情况下，如果飞轮的半径越大，飞轮重量也就可以越小，基于此，为了最大程度地减轻飞轮的重量，避免影响发动机曲轴正常的旋转功能和功率输出，往往将飞轮设计成半径较大的薄盘。这一薄盘飞轮的一端通过机械结构与变速器连接，另外一端通过飞轮上的齿与发动机的起动电机机械啮合在一起。采用这样的飞轮结构，增大了发动机的转动惯量，确保了发动机曲轴旋转运动的平稳性，但是不可避免的是，飞轮在维持发动机正常运行的同时，也消耗了发动机的一部分能量，并且会影响发动机转速变化时的响应速度。为了减轻这些负面影响，常用的技术手段是优化飞轮结构，尽可能地实现飞轮的轻量化。

发动机工作过程中，在各个燃烧室内要对喷入的燃油进行点火，在每一次点火过程中，活塞都会通过连杆向曲轴施加一定的爆发性的脉冲转矩。虽然飞轮惯量的作用能够确保曲轴转速近似恒定，但是在曲轴上还是不可避免的会产生一定的扭转振动（扭振），使得转速产生波动，在曲轴较长的六缸和八缸发动机上，曲轴的扭振现象会更加严重，更有甚者，会导致与曲轴端部相连的气门正时机构脱落。为了防止这种情况的发生，有时会在长曲轴的端部连接一个嵌有橡胶材料的小型飞轮，小型飞轮中橡胶的作用相当于对发生扭振的曲轴施加了额外的阻尼，能够吸收曲轴扭振过程中产生的能量，避免潜在的破坏性振动发生，这种结构被称为振动谐波平衡器（图 1.6）。

除了飞轮惯量之外，采用多活塞结构也是保持发动机平稳运转的重要举措。在这种结构下，当一个活塞在气缸内处于压缩行程时，它不会驱动曲轴旋转，但是另外一个活塞则可能处于做功行程，就可以推动曲轴旋转。在结构上，发动机可以设计有多个气缸，从 1 个气缸到多达 12 个气缸甚至更多。例如凯迪拉克在 2003 年生产了一款名为"Sixteen"的概念车，它有 16 个气缸。不同气缸内的燃油按照一定的时间间隔逐次点火，形成了一定的点火顺序，按照特定的点火顺序，就能保证各个活塞之间的协同工作，消除了只有单个气缸在做功行程中产生的转速抖动，以及行程间转换形成的曲轴转速波动现象，从而确保曲轴转速的均匀性。这样的点火机制还能够

图 1.6　曲轴和飞轮

安装在曲轴右端的大飞轮增加了系统的惯性矩和转动动量，与左侧的谐波平衡器相互配合，就可以实现曲轴更加平稳的旋转。

图片：捷豹

确保相邻两个气缸不会发生同时点火燃烧等同步现象，否则，一旦两个相邻气缸同时工作于吸气行程，将会导致两个气缸吸入的油气混合气不均匀，形成"抢气"现象。

安装各种零部件所需要的基体是发动机缸体，发动机缸体由铸铁、铝或者其他材料加工而成，虽然采用的材料可以各不相同，但是它们的基本结构是相似的，都要在一个较大的实体结构中加工形成气缸，并将关键零部件合理地安装在缸体上。在缸体的底部安装有曲轴，这一部分结构通常称之为曲轴箱；而气缸通常位于缸体的上部；气门则安装在一个单独的气缸盖中，气缸盖位于缸体的顶部，还能够起到封闭燃烧室的作用，使燃烧室成为一个封闭的腔体。

当然，发动机气缸的布置方式可以不同，缸体也就随之设计成不同的形状。普通V8 发动机得名于气缸的 V 字形布置，这是一种常见的布置方式，它允许在一个相对紧凑的缸体上加工出更多数量的气缸。如果发动机的气缸数少，也可以将各个气缸排列成"直线"形，此时，顶部只需要一个气缸盖即可。当然，如果有足够的空间，也可以把八个气缸排成"直线"形，这样就可以获得更大的功率输出，曲轴的旋转速度也会更加平稳，但带来的问题是缸体的尺寸会更大一些。一般情况下，家庭普遍使用的小型汽车通常采用的是四缸发动机。如果再考虑到发动机的冷却因素，对于采用风吹拂冷却（也就是风冷，而不是液体冷却）的发动机，可以将各个气缸水平对置在发动机的两侧，这样就可以尽可能地增大气缸和空气的接触面积，从而确保良好的冷却效果。例如，多年来大众汽车公司在其生产的甲壳虫轿车以及小巴车上采用了风冷结构的气缸水平对置发动机，炫酷的保时捷 911 连续 30 年采用了这种典型的发动机结构。其实不仅仅对于汽车发动机，对于很多小型飞机发动机而言，这种空气冷却结构也已经成为一种标准。总之，发动机气缸的配置不应拘泥于一种形式，它的结构多种多样，对于某一特定的车型和空间布置要求，在设计和选择发动机时，应该结合实际需求，在发动机的尺寸、形状、功率和其他性能等方面进行综合的权衡和优化。

图 1.7　发动机冷却

该图清晰地显示了气缸、油道和水道的位置，油道和水道在缸体内部围绕着气缸布置，用于气缸的冷却和润滑。

从结构上看，发动机缸体内设计有燃烧室，燃料燃烧时会产生大量的热量，需要及时地散发出去。为了降低发动机的工作温度，在缸体内部往往设计有很多通道，使冷却液能够在这些通道内流动（图 1.7），然后流向散热器从而带走热量，这样，发动机的工作温度就可以稳定在合理的范围之内了。同时，为了控制发动机的工作温度，也应该减少运动部件之间的摩擦，降低磨损。为此，一般在发动机缸体的底部加工形成一个油底壳，其中装有机油，还配备有油泵，机油在油泵的作用下，被输送到了发动机的关键零部件位置，并返回油底壳。在这一循环过程中，一方面，在运动副之间形成了润滑膜，降低了机械磨损；另一方面，也达到了为关键零部件冷却的效果。

除此之外，为了尽量减少缸体零部件之间的工作磨损，降低摩擦热量的积累，确保运动副正常工作，对于具有运动关系的零部件，一般都采用了低摩擦设计。以气缸的内壁为例，这是发动机的重要位置，在高温工作环境中，既要保证尺寸的稳定性，也要承受与活塞之间的剧烈摩擦，因此，它需要具备尽可能低的摩擦系数。机械工程师针对以上工作要求，精确设计了一种特殊的气缸内壁表面纹理，使机油能够更好地黏附在气缸内壁上，这种纹理化的表面能够确保机油膜在工作时产生一定的张力，从而减少气缸壁与活塞之间的摩擦。还有一些其他的最新研究成果，例如在气缸壁表面采用微凹坑纹理也具有类似的良好效果。类似的纹理设计技术有可能是引领未来技术创新的一个重要方向。

对于其他的运动副，例如静止的缸体与旋转的曲轴之间的连接，也采用了特殊的结构设计，以确保能够承受曲轴的作用力和相互间的摩擦，这一结构就是轴承。曲轴通过主轴承固定在缸体合适的位置上，通过使用推力轴承保持曲轴不产生轴向窜动。类似地，曲柄连杆机构则是利用滑动轴承与曲轴连接。从油底壳中泵出来的润滑油，通过缸体中的冷却通道注入曲轴特定的位置，实现对这些轴承的润滑，使其运动副的零部件之间不会发生直接的接触摩擦，而是被一层具有压力的润滑油膜悬浮隔离开来，这样的润滑方式就是动压润滑。与此同时，油泵也将润滑油泵送到气门连杆等发动机缸盖处的运动部件上，对它们也进行必要的冷却和润滑。据估计，发动机零部件之间的摩擦损耗平均占用了发动机输出功率的 10%~30%，这样看来，减少摩擦也是现代发动机性能和效率提升的关键技术手段。

另外，发动机盖与缸体之间在结构上应该是紧密密封的，需要确保燃烧室是一个密闭的腔体。但是考虑到进排气的需要，也应该在气门位置处设置密封紧密的气门座，既要允许气门可以自由地开启和关闭，也要确保气门在关闭的时候具有紧密密封的效果（图 1.8）。另外，还要考虑为火花塞的安装固定留出适当的位置。以上所有这些零件（发动机盖、气门结构、火花塞结构等）共同包围形成了燃烧室的上部腔体结构，这一结构对发动机工作性能

图 1.8　气门座

发动机进气门配合面、排气门配合面以及配合面的角度，都需要进行精密加工，以确保气门密封的紧密性。

的发挥有着非常重要的影响。除此之外，考虑到燃烧室在结构上要确保高压工作条件下的密封性，还需要在缸体与缸盖的连接处使用由多层薄金属片叠加而成的气缸垫片，如果这个垫片失效，缸体内部冷却道中的冷却液就有可能进入气缸，当活塞在工作过程中遇到了这些几乎无法被压缩的冷却液时，极有可能破坏发动机的正常工作状态，导致发动机损坏的灾难性后果。

1.5 配气机构

为了确保发动机正常工作，需要气门在正确的时刻开启和关闭，实现这个功能的过程就是气门正时。很明显，我们必须要保证进气门在进气行程中处于打开状态，排气门在排气行程中处于打开状态。一旦进气门在发动机做功过程中打开，将导致发动机工作输出能力的恶化。为了确保发动机正常工作，我们在发动机上设置了细长的凸轮轴，其功能是确保气门在正确的时刻开启和关闭，并且使气门的开启和关闭过程与发动机曲轴的运动状态密切配合（图 1.9）。

在发动机凸轮轴上设计有一系列的偏心凸起，每个偏心凸起的位置都对应着一个气门，当凸轮轴旋转时，偏心凸起将迫使对应的气门按照一定的顺序和开度完成开启或者关闭的动作（图 1.10）。

图 1.9 凸轮轴

凸轮轴上凸起的形状和角度设计决定了气门的运动状态以及正时情况。

图片：ThyssenKrupp Presta Chemnitz GmbH（蒂森克虏伯公司）

图 1.10 配气机构

若凸轮轴位于气门上方，称之为顶置凸轮轴，随着凸轮轴的旋转，凸轮轴上的凸起将推动气门杆，进而使气门随着气缸行程状态的变化而协调地打开和关闭。

图片：Volvo（沃尔沃）

在结构上，凸轮轴通过一定的传动装置与发动机曲轴连接，并随着曲轴的旋转状态而协调转动。在一个四冲程循环过程中，曲轴转动两圈，进气门和排气门打开和关闭各一次，凸轮轴一般也要对应地转动一圈。为了确保凸轮轴与曲轴之间的协调转动，一般采用简单的齿轮传动、链传动、或者带传动等装置实现对曲轴和凸轮轴之间的连接，齿轮传动和链传动的可靠性较高，但是也会产生较大的噪声（图1.11），如果采用带传动，工作噪声要小一些，工作起来比较安静，但是也更易磨损，需要频繁地更换传动带。

气门的升程与凸轮轴上凸起的形状设计有关，并且对发动机的工作性能具有至关重要的影响。如果气门的升程小，气门的开度也小，此时进入气缸的可燃混合气也就减少了，燃烧后排出气缸的废气也会相应减少；反之，更大的气门升程将会提高发动机的"呼吸"能力，实现更多可燃混合气的吸入和更多废气的排出，但是，这种结构也有可能迫使发动机处于过度工作状态，例如，发动机可能会吸入浓度过高的可燃混合气，但是却无法实现充分的燃烧，这种情况对发动机的燃油经济性和废气排放均会产生不利的影响。为了解决这一问题，可以通过优化凸起形状实现合理的工作升程设计，这种优化方法在部分工况下能够提高发动机的输出功率，但是在另外一些工况下或许并不尽然。

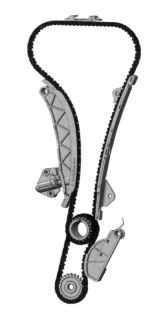

图1.11　先进链条传动

正时带传动能够降低噪声，但也容易磨损，需要及时地更换，否则，一旦出现故障，活塞在上行过程中就有可能碰撞到打开的气门，导致气门和活塞出现损坏。为此，博格华纳公司（BorgWarner）研发了一种先进的链传动装置，既具有链传动的可靠性，又具有带传动噪声小的特点，这种"静音链条"结构有助于进一步改善发动机的燃油经济性。

图片：BorgWarner（博格华纳）

1.6　气缸设计

我们已经知道，燃烧过程是发动机工作的核心。气缸结构、所使用的材料等诸多因素决定了燃烧的效果，并从根本上决定了发动机的工作性能。然而，在气缸设计过程中，也和汽车上其他关键零部件的设计过程一样，必定要涉及多种技术的合理应用和协同优化。一般地，在诸如发动机气缸零部件设计过程中，我们既希望它重量轻，也希望它具有更高的强度，而实际上，这两者并非总能够兼而得之。除此之外，我们也希望气缸中的运动副不论是在低温工作环境还是高温工作环境中，都能够灵活运动，但这其实也是一个非常苛刻的要求。以上这些充满矛盾性的技术需求迫使我们在设计过程中要综合考虑各种影响因素，对涉及的各种技术手段进行合理的取舍和优化。有利的是，当今新技术的发展为我们提供了更多可行的实施方案，让我们在面对这些矛盾性功能设计时，不必再纠结于技术实施和性能表现的折中权衡，很多时候，"鱼和熊掌"开始变得兼得了（图 1.12）。

图 1.12　发动机结构

沃尔沃 1.5L 三缸直喷发动机采用了模块化的结构设计，它的基本组件构成并没有太大改变，像其他发动机一样，包括了缸体、缸盖、气门、配气机构、曲轴箱和活塞（图中没有表现出来），但是模块化的结构确保它能够进行规模化生产，并从中获得更多的经济效益，同时，也能够实现更多的动力总成配置模式，非常先进。

图片：Volvo（沃尔沃）

在过去的几年中，材料科学和设计技术获得了明显的进步，并应用在了发动机设计中，逐渐改变了发动机缸体的结构和工作特点。缸体作为发动机的基体，看起来非常简单，实则不然，它必须足够坚固，既要能够承载发动机工作时燃烧室内巨大的负荷压力，也要能够将发动机上各个零部件有效地连接在一起。为此，首先，需要对缸体本身进行精密的成形加工，以方便发动机的准确装配；其次，要在缸体上精确地设计冷却和润滑通道，以便于为发动机提供合理的冷却和润滑；同时，所采用的材料必须要满足高温工作和快速散热的要求，从而增强发动机的高负荷工作能力；另外，由于缸体重量在发动机总重中的占比较大，使得缸体会对发动机整机重量及其工作性能产生直接的影响，因此，也需要尽可能地减轻缸体的重量。

现今，材料科学和加工技术的最新进展正在重新定义缸体这个看似非常简单的零部件。对于之前一代或者二代发动机而言，它们的缸体材料几乎都是铸铁，铸铁材料有其本身的优势，它的强度高，能够将发动机上的各种零部件可靠地装配在一起；它也能够承受高温工作环境，具有良好的高温工作性能和可加工性能，成本也很低。但是，现今的情况发生了变化，铝合金、镁合金和其他先进复合材料的使用，正在改变我们对发动机缸体材料及其制造工艺的传统认知。

自20世纪70年代以来，铝合金材料已经越来越多地应用于发动机缸体制造中，但是在实际应用中也产生了很多问题，这些问题主要是由于缸体功能的多样性所引起的。发动机缸体不仅要作为其他零部件的安装基体，同时，缸体材料的性能也极大地影响了气缸工作表面的主要性能。一般地，气缸所用的材料必须能够承受活塞剧烈的摩擦，具备优良的热稳定性，为此，在采用铝合金材料制造缸体时，为了耐受高温高压的工作环境，常常使用钢制缸套，以承受活塞与气缸壁之间的摩擦。但是，使用这种钢制缸套也会增加发动机的总体重量和尺寸，为此，就需要寻找其他更好的解决方案。在这方面，现在已经取得了一定的进展，使用比较多的方案是通过电化学方法去除气缸表面的铝合金材料，同时留下一层坚固耐磨的硅质硬化层，从而在不增加缸套等零部件重量的情况下，获得更加坚固的气缸壁。这一方案的实施工艺多种多样，各具优势，但也存在各自的局限性，有可能降低实施效果。还有一种更好的解决方案，就是安装可拆卸的气缸套，并且在气缸套周围设计冷却通道，称之为湿式气缸套结构。这一工艺在法国汽车制造商中颇为流行，但是也带来一些问题，例如，这一工艺会增加发动机的质量和尺寸，有违使用铝合金材料以实现缸体减重的初心。最近出现了一种新的技术，这就是低摩擦等离子体金属涂层技术，这一技术或许能促使在铝合金材料或镁合金材料缸体中取消缸套的使用，实现重量更轻、体积更小的目标。福特眼镜蛇版Mustang GT500汽车发动机上使用了这项新技术，福特称之为"离子高速熔焊热喷涂工艺（Plasma Transferred Wire Arc，PTWA）"，福特利用该工艺在气缸内壁上喷涂了熔融金属层，使气缸内壁具备了坚固耐磨的特性，从而避免了气缸套的使用，减轻了发动机重量。另外，该车型在原材料使用方面，能够重新利用回收的发动机零件[1]，从而实现了材料的循环使用。

镁合金与铝合金一样坚固，但是密度更低，在发动机中也会有更好的应用前景，这已经成为共识。大众和保时捷公司在20世纪60年代就开始使用镁合金材料制造发动机缸体，在那时，他们遇到了很多技术障碍。最近，宝马汽车公司考虑在其N53发动机缸体中使用镁合金材料，但是也不得不嵌入铝合金材料，以便于形成合理的气缸和冷

却液通道。现今，出现了一款专门适用于发动机缸体的新型镁合金材料 AMC-SC1，可以用其生产获得比使用铝合金材料更轻的缸体，强度也会更高，而材料可加工性能和加工成本却与铝合金材料相差不大[2]。类似的镁合金新材料还有很多，随着技术的进步，如果在将来的某一天，你突然发现汽车零部件中使用了越来越多的镁合金材料时，大可不必感到惊讶。

先进的金属复合材料或金属基复合材料（Metal Matrix Composites，MMC）在发动机上的应用前景也非常广阔。这种材料以金属结合剂或金属基体作为主要成分，与增强陶瓷、有机物或另外一种金属结合，可以精确地制造出具有某些专门特性的材料，致密型石墨铸铁（Compacted Graphite Cast Iron，CGI，也称为蠕墨铸铁）就是这样一种具有广阔应用前景的优质缸体用材料。汽车制动部件要求坚固、轻便、耐磨损且导热性高，蠕墨铸铁已经应用于该零件的生产制造，而发动机缸体对材料特性的理想要求也与制动部件一致，因此，将蠕墨铸铁用于气缸制造应该是一种不错的选择。从材料结构看，尽管所有的铸铁都含有石墨颗粒，但是蠕墨铸铁使用的石墨颗粒比普通铸铁中的石墨颗粒要大一些，这些颗粒与周围的铁基质紧密地交织结合在一起，形成了比铝合金材料更高的强度、更好的导热性以及更出色的内部阻尼性能，这也意味着在同样的强度要求下，使用蠕墨铸铁可以将零件做得更薄。例如，采用这种材料制造的缸体体积会更小，但是强度却比采用灰铸铁材料增大了 75%，抗疲劳性比使用铝材提高了 5 倍[3]。但是也应看到，蠕墨铸铁和其他金属基复合材料也有其缺点，它的机械加工性能不是很好，这就限制了这种材料的应用范围，不过，不断涌现的新的加工技术已经推动了这些材料更广泛地应用。这种材料的另外一个缺点就是成本高昂，在汽车领域，这是我们必须要关注的，高成本也会限制它们的广泛应用。

一些技术人员正在尝试将另外一种更加特殊的复合材料用于发动机缸体的制造，这就是碳纤维。碳纤维是将塑料基质进行了纤维化和碳化处理，通常具有较低的耐热性和中等的强度（毕竟其基本材料为塑料），现在已经用碳纤维材料制造了专业赛车发动机缸体[4]，并进行了初步测试，在重量上，它比铁质材料要轻很多倍，也仅为铝合金材料缸体重量的一半。但是也应该注意到，碳纤维材料能够承受的低工作温度和低

2　C.J. Bettles et al.，AMC-SC1：A New Magnesium Alloy Suitable for Powertrain Applications. SAE Technical Papers，March，2003.

3　P.K. Mallick，Advanced materials for automotive applications：An overview. In J. Rowe（ed）Advanced Materials in Automotive Engineering. Woodhead Publishing，Cambridge，2012，5–27.

4　D. Sherman，"Is This the Engine of the Future? In-depth with Matti Holtzberg and His Composite Engine Block"．Car and Driver May 6，2011.

压力负荷也限制了其在发动机制造中的广泛应用，如果能够解决这个问题，在将来的某一天，我们就可以看到这种复合材料在量产发动机缸体中的大量应用。退一步讲，即便是最终证明碳纤维材料在发动机缸体制造中没有应用价值，我们曾经所做的这些探究工作，也必将在人类技术创新的历史征途中留下深深的烙印。

我们在后续章节中会更加深入地介绍一些先进的金属材料和其他复合材料。

1.7 活塞

活塞也是发动机的核心部件之一，燃料燃烧释放的能量通过活塞的作用转变为机械力，进而通过曲柄连杆机构传递至曲轴，促使曲轴进行旋转运动，从而实现了发动机通过旋转运动输出动力的功能。可以看出，在这个过程中，活塞的作用非常重要，如果活塞在形状、重量和结构上有微小的改变，都会从根本上影响发动机的工作性能。相较于过去，当今的发动机体积更小、工作温度更高、旋转速度也更快，工作时承受的负荷也更大。例如，在 6000r/min 的旋转速度下，每隔 0.2s 就要承受一次超过 6t 大小的压力，其工作温度也常常要超过 500°F（大约 260℃），在这样的工作条件下，需要尽可能高效地将燃烧室内巨大的工作压力转换为活塞的直线运动。为此，在结构设计方面，必须实现活塞与气缸壁的精密配合，但是又不能配合得过于紧密，以免阻碍其上下顺畅滑动。同时，还要考虑工作过程中气缸内存在的巨大工作温度差，在这样的工作环境下，也要保持活塞与气缸之间的这种紧密的配合精度。

很明显，要实现以上这些目标要求，并不是一件容易的事情。

汽车出现之初，活塞是由铸铁材料加工而成的，那时的活塞尺寸很大，基于当时的金属冶炼技术水平和科学认知，人们普遍认为只有大块的铸铁才能够承受发动机内巨大的工作压力和由此带来的工作副磨损。但是随着技术的进步，人们开始逐渐认识到铸铁材料的散热能力差，活塞使用铸铁材料后，散热性能不佳会导致发动机工作时气缸盖部分温度过高，进而引起燃烧室内的油气混合气发生较大程度的热膨胀，这种热膨胀使得油气混合气的燃油密度降低，进而降低了发动机的功率输出。到了 20 世纪 20 年代，人们发现铝合金的导热能力是铸铁的三倍多，此后，铝合金开始替代铸铁，逐渐成为了制造活塞的主要材料。

涉及活塞的另外一个棘手问题是重量，像发动机上其他的具有往复运动和旋转运动的部件一样，活塞的重量也是影响发动机工作性能的重要因素之一。如果重量过大，若要改变诸如活塞、曲轴、连杆、气门等快速运动部件的动量或工作状态，就需要额外消耗大量的能量。由此看来，对这些运动部件的减重将有助于降低发动机的能量损耗，这比缸体等静态部件的减重更有意义。在发动机高速旋转状态下，活塞可以在不到 1ms 的时间内加速到 50mile/h，再快速减速到零，然后再反方向加速到 50mile/h，在实现这一往复运动过程中，活塞重量越大，就需要消耗更多的能量，花费更长的时间。由此看来，对活塞等运动部件的减重，对于发动机的旋转加速性能、最大工作转速以及燃油经济性等都会有不小的裨益。

现如今，活塞设计比以往任何时候都更精密，体积更小，重量更轻，也更耐用。精密的制造工艺既确保了活塞的强度，也使得燃烧室形状更加复杂和精确；虽然活塞的裙部变得更薄，但是却更加坚固耐磨（图 1.13）；除此之外，通过减轻活塞重量，改良合金材料的应用工艺，也解决了活塞热膨胀不均匀的难题，使得活塞与气缸壁之间的配合更加紧密，更加精确。

控制活塞工作时的温度也不是一件容易的事情。在发动机工作过程中，活塞直接暴露在燃料燃烧所形成的高温环境中，但是活塞本身没有缸体那么大的重量和体积，不能充分及时地吸收和向周围散发热量，同时，轻薄的活塞零件在不同的部位，其升温速率也大不相同。为解决热膨胀不均匀问题，还需要对活塞进行精确的结构不对称性设计和锥度设计，以确保其在高温和大温差工作环境下也能够保持和气缸壁间的高精度配合。

图 1.13　先进活塞制造技术

未来可以通过 3D 打印实现新型活塞结构的加工。IAV 汽车工程公司正在开发图中所示的具有蜂窝结构的活塞，它具有更加出色的强度，与传统产品相比，重量降低了 20% 左右，同时，也减轻了工作时的热膨胀现象。

现代发动机所使用的活塞尽管轻而薄，但还是要保证其具有足够的强度，发动机的转速越高，工作压力越大，就越需要对活塞进行硬度强化。工程上一般采用阳极氧化或激光淬火等技术，对于汽油发动机活塞而言，有时也要借鉴柴油机上的一些工艺，例如在铝合金活塞的上部环槽处嵌入铸铁套或者钢套，以提高其强度；或者将高性能的汽油机活塞分成两部分，分别进行设计和加工，这样有利于在活塞内部设置冷却通道，冷却油能够在这些冷却通道中流动和晃动，产生更好的冷却效果，将活塞头部聚集的热量及时扩散到活塞环处，我们称其为鸡尾摆动冷却效应（Cocktail Shaker Cooling），它可以大大降低活塞上热量的聚集。

对于高性能活塞的设计，需要考虑到活塞表面的摩擦和磨损问题。活塞与气缸壁之间是一个滑动摩擦副，是发动机中最大的承载面，摩擦副间不容易形成滑动支撑油膜，由此造成的摩擦损失就占据了燃油消耗总量的 5%~8%[5]，相当于曲轴和配气系统摩擦损失的总和。因此，为了减少这种摩擦带来的能量损失，现在都在活塞裙部涂了一层很薄的石墨薄膜，从而降低了摩擦力。在这个方面，截至目前，已经相继开发出了包括石墨、二硫化钼和碳纤维的活塞涂层技术，与无涂层的活塞工作情况相比，有望减少10% 的摩擦损耗[6]。

虽然铝合金材料的加工性能好，能够满足非常复杂活塞形状的加工需求，加工精度也可以做到很高，但是在应用过程中，也并非完美，也会遇到一些新的挑战，有必要进行改进。现今，在乘用车用柴油发动机活塞上开始采用了高强度钢制材料，它的强度高，活塞的尺寸可以制造得更小，重量也更轻，特别是活塞销到活塞上表面的距离，也就是活塞头部的尺寸，可以设计得更短，这样就可以有效地减轻活塞重量，增加连杆部分的长度，在保持发动机整体尺寸不变的情况下，扩大活塞行程；或者在同样行程条件下，减少缸体尺寸，从而显著减小发动机的整体尺寸和重量（图 1.14）。然而，考虑到钢的导热率比铝低，一般情况下最好将钢制活塞分成两部分设计（相当于两个零件），从而可以方便地在活塞内部设计加工冷却液通道，但是这样做也会显著提升加工工艺的复杂性。不过，从另外一个角度来看，由于钢的热膨胀率小于铝，采用钢制活塞也会带来一定的好处，那就是活塞的热膨胀程度会有所降低，这有利于活塞工作过程中形状的保持。针对汽油机活塞，未来是否能够开发和应用先进的钢制材料还有待观察。在第 8 章中，我们会对此进行更加详细地分析。

后市场零部件供应商曾经推崇在活塞头部实施陶瓷涂层工艺，从而在活塞顶部形成坚固的绝热层。锆陶瓷材料很符合这一要求，它的绝缘和热膨胀性能可以与活塞材料匹配得非常好，从而确保长期正

图 1.14　钢制活塞

汽车发动机上使用了很多铝合金或者铸铝材料的活塞，为了提高性能，也使用过共晶合金或者高强度锻造铝作为活塞材料。图中是 Mahle（马勒）公司为轻型客车发动机开发的首款整体式锻钢活塞，它有望在不久的将来广泛应用于柴油发动机上。

资料来源：Mahle（马勒）

5　C. Kirner, J. Halbhuber, B. Uhlig, A. Oliva, S. Graf and G. Wachtmeister, Experimental and simulative research advances in the piston assembly of an internal combustion engine. Tribology International 99, 2016, 159–168.

6　M. Ross, "Pumped Up: Piston Evolution." Engine Technology International.com March, 2015.

常使用[7]。有证据表明，这种材料的热绝缘能力有助于保持气缸内的热能，提高热效率[8]。然而，这样的涂层工艺成本却非常高，其获得的收益也不是很大，另外，燃烧室内虽然因此进一步升高了温度，但是这样的高温也会促使产生更多的氮氧化合物排放，发动机排放的环保性降低，这也导致汽车厂商并不十分看好这种技术[9]。

随着对发动机性能要求的提高，连杆也像活塞一样，承受着越来越高的负荷压力和工作温度。在材料方面，高性能的连杆通常由锻钢制造而成，有时也使用铝合金材料制造，铝基金属复合材料在连杆的制造中具有一定的应用前景。当然，也可以利用钛合金材料制造连杆，由于连杆的设计比活塞更简单，因此，用钛合金材料制造连杆比制造活塞更容易，制造的连杆重量极轻，性能上表现得更加坚固，成本上也具有优势。实际工作过程中，由于连杆不会像活塞那样承受极端的温度变化，因此，在减轻连杆重量方面，也就有更多的工艺方法可供选择。现阶段，很多企业正在尝试将一些新型复合材料用于连杆的制造，例如，兰博基尼正在探索应用碳纤维材料制造连杆的可能性，其重量仅为传统钢制连杆的一半[10]。

同样，活塞环的设计也在不断进步。活塞环起到和气缸壁之间的密封作用，但是在紧密配合时，它们之间的摩擦也占据了发动机总摩擦损耗的一大部分。从结构上来说，活塞环的上环具有紧密密封的作用，称之为压缩环，活塞环的下环起到确保发动机机油不会从曲轴箱进入燃烧室的作用，称之为油环。油环可以把多余的机油从气缸壁上刮除，并通过环槽上的排油孔返回到曲轴箱中，只在气缸壁上留下一层薄薄的润滑油膜，既保证活塞顺畅滑动，又不会对燃烧室造成过度污染。活塞环的数量、横截面尺寸和布置位置可以多种多样，汽车制造商倾向于设计较少数量的活塞环以减少摩擦损失。在横截面尺寸方面，近年来一些压缩环的厚度不到 1mm，不及十年前压缩环厚度的一半[11]。另外，为了减少活塞环的摩擦和磨损，有时也在活塞环上采用

7　D. Das，K.R. Sharma and G. Majumdar，Review of emission characteristics of low heat rejection internal combustion engines. International Journal of Environmental Engineering and Management 4（4），2013，309–314.

8　K.S. Mahajan and S.H. Deshmukh，Structural and thermal analysis of piston. International Journal of Current Engineering and Technology 5（June），2016，22–29. Available at http：//inpressco.com/category/ijcet；
K. Thiruselvam，Thermal barrier coatings in internal combustion engine. Journal of Chemical and Pharmaceutical Sciences 7，2015，413–18；and A. Sh. Khusainov，A.A. Glushchenko，Theoretical prerequisites for lowering piston temperature in internal combustion engines. International Conference on Industrial Engineering，ICIE 2016 Procedia Engineering 150，2016，1363–1367.

9　D. Das，K.R. Sharma and G. Majumdar，Review of emission characteristics of low heat rejection internal combustion engines. International Journal of Environmental Engineering and Management 4（4）2013，309–314. Available at http：//www.ripublication.com/ ijeem.htm

10　D. Undercoffler，"Lambo Expands Carbon-fiber Footprint." Automotive News July 4，2016.

11　V.W. Wong and S.C. Tung，Overview of automotive engine friction and reduction trends—Effects of surface，material，and lubricant-additive technologies. Friction 4（1），2016，1–28.

陶瓷涂层工艺，随着新的工艺技术出现，类似涂层新工艺的应用成本也会大幅降低[12]（图 1.15 和图 1.16）。

图 1.15　新型活塞

现今的活塞设计技术已经有了很大的改进，活塞环比以前更小巧，工作滑动也更顺畅。图中所示的 Federal-Mogul 公司的 Elastothermic 活塞具有内部冷却液通道，可以将活塞头部的温度降低大约五分之一。

资料来源：©2018 Federal-Mogul LLC

图 1.16　活塞涂层

陶瓷涂层可以将活塞的表面摩擦降低 1/3，Federal-Mogul 公司的这种先进涂层材料包含固体润滑剂和碳纤维，可以显著降低摩擦，改善磨损。

资料来源：©2018 Federal-Mogul LLC

1.8　气缸盖

气缸盖以及气缸盖上的气门结构共同形成了燃烧室上部的密封面，它必须设计的足够精密，能够保证燃烧室的密封性能，并确保气门座也能够在高温工作环境下保持紧密的配合。

或许气缸盖上最需要关注的地方就是气门的数量和布置方式，早先经典发动机的燃烧室只有一个进气门和一个排气门，到了 20 世纪 80 年代初，为了实现更大的进排气需求，传统的设计惯例被打破了。在 20 世纪 80 年代中期，玛莎拉蒂针对 V 型 6 缸 2.0L 排量的涡轮增压发动机设计了紧凑的 6 气门结构，并进行了试验研究。相对于 4 气门结构，6 气门结构不十分常见，特别是针对小型发动机应用而言，6 气门结构会带来更高的技术要求，例如，采用多气门缸盖设计时，一般需要采用更高转速的发动机，此时，进排气的频率就需要更高一些；同时，由于进气时油气混合气的温度和能量比排

12　L. Kamo，P. Saad，W. Bryzik and M. Mekari，Ceramic coated piston rings for internal combustion engines. Proceedings of WTC2005 World Tribology Congress III September 12–16，2005，Washington，DC，USA.

气时低，所以也需要有意地增大进气门尺寸或者增多进气门的数量，以便于为低温混合气进入气缸提供更大的进气截面，从而满足大量进气的需求。不过需要注意的是，气门数量并非越多越好，增多气门数量会使得配气机构更加复杂，也为气缸盖的设计带来了更多限制，提出了更高的要求。同样，一味地通过增大气门进气截面尺寸来提升发动机功率有时也是徒劳的，很多情况下，气门的尺寸并非总是发动机性能提升的主要限制因素。

需要关注的另外一个难题是：如何在气缸盖上合理地设计这些气门？燃烧室的上部空间结构应该采用何种形状？为了解决这个问题，需要考虑三个主要因素：首先，要保证进入燃烧室的可燃混合气具备高能量，并能够充分雾化，这可以借助于进入燃烧室的搅动气流来确保进气的高动能。其次，在压缩行程的最后阶段，需要采取措施，增强雾化后的可燃混合气的能量密度，以便为燃烧做好准备，这一过程也称之为挤气。最后，在燃烧结束后，迅速彻底地排空燃烧室内的废气，为下一个进气循环做好准备，称之为扫气。下面将分别进行讨论。

首先，要确保高能可燃混合气进入气缸，这有助于后续燃烧时形成理想的能够快速推进的火焰波。在这个过程中，气门的位置和活塞的形状至关重要，合理设置气门的位置，使可燃混合气能够斜着进入燃烧室，并不停地翻转和滚动，实现气流在燃烧室内的螺旋形流动，形成气流滚动和涡旋，这是我们需要达到的理想目标。如果气流没有形成这种高动能的工作状态，油气混合气被吸入燃烧室时的密度就不均匀，对于高速发动机来说，这种低动能进气在燃烧时就有可能导致火焰波的蔓延速度降低，降低了发动机的输出功率（图 1.17）。

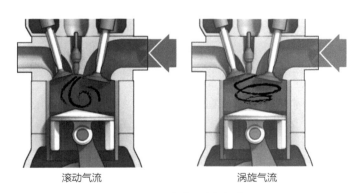

滚动气流　　　　　　　　　　　涡旋气流

图 1.17　滚动和涡旋气流

在高性能发动机中，油气混合气在进入气缸时要具有合适的滚动和涡旋形态，这是燃料气化和乳化的关键过程，也会确保可燃混合气进入气缸时具备更高的能量，从而可以加快后续燃烧火焰波的蔓延速度，满足高速发动机的高效清洁的性能要求。

其次，在压缩行程终了前一段极短的时间内，可以利用活塞和气缸盖上设计的各种结构形状对混合气进一步压缩，即形成挤气，为后续获得干净而又能够快速燃烧蔓延的火焰波做好准备。理想情况下，这一过程会为油气混合气提供一定的能量，增强油气混合气的动能，现代的发动机设计都会尽可能地利用这种结构特点。在这一过程中，形成的发动机上止点和气缸盖之间的空间体积称为燃烧室容积，按照以往的设计，这个空间会非常小，现代发动机活塞与气缸盖最小间隙有时还不足 1mm。这样的结构设计，能够进一步促使进气获得更高的能量，并且处于不稳定的气流状态，这种状态也会大大提升后续的燃烧速度，并使得活塞可以尽可能多地获得燃料燃烧时释放的能量。另外，在进行燃烧室的形状和活塞头部的设计时，其目标也是要最大程度地利用这种燃烧释放的能量。需要注意的是，在挤气过程中，要避免燃料的提前点火，并且要保持低的氮氧化合物（NO_x）排放量，而氮氧化合物的排放量会随着点火温度的升高而增加。在下一章中，我们将介绍它的工作机理。

最后，扫气是另外一个需要考虑的因素，在气门结构设计和进气方式设计方面，采用高能进气和湍流进气有助于将废气排出气缸。其中一种技术方法是采用气门重叠的控制方式，在排气门尚未完全关闭的时候，进气门提前一段时间打开，形成气流交错（cross-flow），借助于进气能量将废气排挤出气缸。也可以通过合理的设计气门之间的相对位置，增强气流交错的效果，以便于气流可以从进气门进入气缸，并顺利快速地排挤废气流至排气门排出。

那么，如何设计气缸盖结构以达到以上的这些目的呢？正如大家所猜测的那样，这里其实并没有唯一正确的答案，多年以来，汽车行业已经实施了许多种切实有效的燃烧室设计方案。例如，早期采用的"扁平头"结构设计，气门在燃烧室两边并行放置（T 结构），或者呈现彼此交叉状放置（L 结构），所有的气门朝上，并分布在对应的气缸周边。这种结构曾经一度流行，但现在已经过时了，因为它无法满足现代高性能汽车发动机所需要的压缩和控制性能。现今，发动机缸盖有三种主流的设计趋势，前两种采用 I 型头结构，气门直接面对活塞，气门杆可以直接连接至一个或两个顶置凸轮轴，形成顶置凸轮结构，这种燃烧室的形状通常为一个倒置的杯状腔体，因此得名为浴盆形燃烧室；也可以将气门位置按照一定的角度设计，一侧的气门高于另外一侧气门，形成楔形燃烧室。

心形燃烧室是浴盆形燃烧室的一种变形，它形成了两个工作区域，一个大的工作区域在火花塞附近，另一个区域在火花塞的对面，形成一种心形结构，火花塞位于缸盖中心，在点火时，这种结构有利于形成理想的火焰波，但是，它也导致气门之间彼

此靠近，从而带来传热散热不良的问题，进而限制了发动机所用燃料的辛烷值范围
（图 1.18），对燃油标号的选取造成了约束。

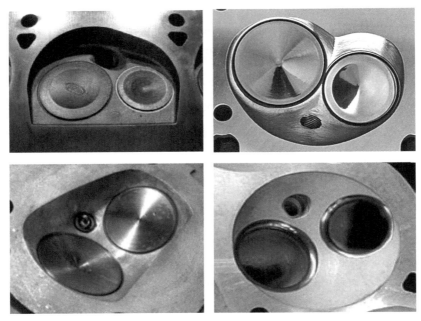

图 1.18　燃烧室设计

几乎每个发动机制造商都使用了某种类型的楔形设计（左上），气门在不对称的楔形长边上并排放置，火花塞放置在短边上，这种燃烧室结构设计有利于形成进气湍流，在压缩行程的后期，可燃混合气从楔形燃烧室狭窄的一侧推到较宽的一侧，从而获得理想的挤气效果。心形燃烧室（右上）也是一种常见的燃烧室形状，其进气门和排气门紧挨在一起。浴盆形燃烧室（左下）为对称的形状，可以将气门竖直放置或者以相对较小的角度放置。半球形燃烧室（右下）可能最为知名了，这在很大程度上要归功于道奇（Dodge）推广的"hemi"发动机，这种燃烧室具有出色的扫气能力和良好的气门隔热性能，获得了颇多的赞誉。

　　第三种常见的燃烧室形状为半球形，这可能是最知名的一种燃烧室设计结构了，之所以知名，这在很大程度上归功于道奇（Dodge）推出的"hemi"发动机。半球形燃烧室的顶部结构有利于燃气湍流的形成，并有利于使用气门位置相对布置结构，达到更加出色的气流交错扫气效果。另外，由于这些气门位于气缸盖的两侧，因此它们之间的热隔离效果会更好一些，这有助于气门工作温度的降低，也有助于避免发动机的爆燃。这种燃烧室结构也可以容纳更多数量的气门，在需要更多气门布置的情况下，就要变形成为一种屋棚式结构，燃烧室顶部往往要更平直一些，从而可以设置更多的气门座。

　　近年来，材料和制造技术方面的科技创新提升了气门的工作性能。不锈钢材料在气门中的使用非常普遍，各种合金材料的使用更是提高了气门的硬度和热传导性能。最近，钛合金材料也在气门中进行了应用，相较于不锈钢气门，它的重量减轻了40%。前文曾经阐述过，具有往复运动功能的零部件的重量会影响发动机的工作性能，气门作

为这一类往复运动的组件，它的重量也会影响发动机的最高工作速度，如果气门重量能够减轻一点，就可以显著减少操作气门所需的能量，进而增大气门的升程，这也就意味着发动机的响应特性和工作速度会得到显著提高。充钠结构气门是另外一个有趣的应用形式，气门杆中充满了金属钠，钠在高温下液化，会在气门杆中来回晃动，从而将头部的热量传递出去，这是一种通过液体晃动传热和冷却的应用。

1.9　点火

当设计好的燃烧室内充满了可燃混合气，在准备点火时就会遇到一个大问题：何时"点火"？必须在正确的时刻点燃混合气，不能太早，否则就会在活塞完成压缩行程之前引起气缸内压力的急剧升高；但是也不能太晚，否则就意味着在做功行程完成之前不能完全获得燃料燃烧后的全部能量。

通过前文已经了解，实现气门和活塞的同步运动比较容易，无论发动机转速如何，行驶条件如何，都是曲轴每转一圈，凸轮轴对应着转了半圈。但是，对于点火正时的配合，情况就发生了变化，正确的点火时刻需要随着发动机的工况随时进行调整。前文已经述及，燃烧是一个过程，火花塞点燃混合气形成火焰波的过程不是瞬时的，它需要一定的时间以实现火焰波的蔓延，并且该时间也受到可燃混合气的能量和浓度特性的影响。可燃混合气的空燃比越小，火焰波的传播速度就越慢；如果在压缩行程中对混合气进行了大幅压缩，产生了更高的能量，则会加速火焰波的传播速度。发动机的工作转速是随时变化的，例如，有时大约运转在 800r/min 的怠速工况，有时又运转在 6000r/min 甚至更高转速的工况，不论在哪种工况，我们都需要在正确的时间点燃燃料，实现火焰波的高效传播。因此，就需要根据发动机转速变化情况实时调整点火时间，令火焰波的扩散蔓延能够出现在活塞下行运动开始的早期，只有这样，活塞才能够实现燃烧能量的高效转化。

为了确保正确的点火时间，需要在活塞到达压缩行程上止点之前启动点火，称为点火提前。假设我们没有提前点火，火花塞在压缩行程正好处于上止点时才点火，那么燃烧对活塞所产生的主要推力将滞后于做功行程，活塞将在燃烧过程完成之前到达行程下止点。又因为火焰波的传播速度是相对固定的，并不会因为发动机转速的变化而变化，所以，发动机转动得越快，这种滞后现象就越明显。通常，我们以点火时活塞到达上止点之前的曲轴旋转角度来衡量点火提前量，称之为点火提前角（Before Top Dead Center, BTDC），一般用这个角度数值来表示点火正时的情况。

举例来说，如果发动机在低转速下需要火花塞以 15° 的提前角点火，那么在高转速下，可能就需要将这个提前角设置为 30° 或者更大，这样就可以使点燃后膨胀的可燃气体充满燃烧室，并在活塞做功行程结束之前获得最大动力（图 1.19）。老旧汽车一般通过简单的机械结构来实现两种点火正时的设置，一种用于低速，一种用于高速。现代汽车则是利用计算机控制发动机的点火和运转（下一章将对此进行详细介绍），可以对点火正时进行更加灵活的设置和控制。理想情况下，我们希望尽可能地提前点火时间，使我们能够从做功行程中获取尽可能多的能量（图 1.20），但是随之而来的问题是，如果点火提前角设置得过大，将形成和加剧发动机的爆燃。

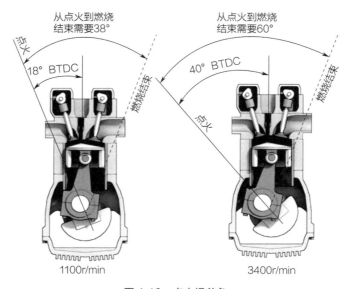

图 1.19　点火提前角

要确保燃烧开始的时刻恰好是活塞到达上止点之时，就需要在活塞到达上止点之前进行提前点火，并根据发动机转速不断进行调整。发动机转速越高，所需的点火提前角就越大。

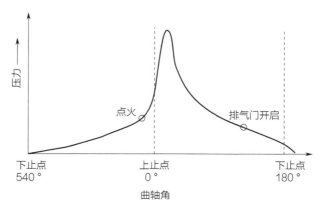

图 1.20　燃烧室压力

理想情况下，燃烧室压力大约在上止点之后 15° 左右刚好达到最大，此时，通过活塞可以最大限度地转化燃料燃烧的能量。为了确保恰当的扫气，排气门需要在燃烧压力完全下降之前打开。

1.10　发动机爆燃

在理想情况下，发动机火花塞发出的电弧将点燃油气混合气并形成一个核心火焰区域，之后，火焰波将蔓延传播，并迅速产生一个强大而平稳的推力，推动活塞做功。如果燃烧后产生的是一个突然的、瞬间爆发的冲击，即使这个冲击再有力量，也无法推动活塞稳定运动。我们可以把这个过程想象成游乐场中的旋转木马，要使它保持旋转，就需要均匀且用力地推动它，想象一下，如果用大锤猛击旋转木马，会发生什么情况呢？还会持续稳定旋转吗？如果发动机发生了类似的不可控制的非均匀燃烧，就会产生冲击，形成爆燃。爆燃是一个通用的术语，实际上指的是提前点火和形成推力两个事件之间的平衡发生了错乱。

不正常的提前点火指的是可燃混合气被点燃之前的点火过程，它发生在火花塞点火之前。为了完全理解造成这种情况的原因，我们需要回顾一下汽油的一项关键指标——辛烷值。辛烷值表明了可燃混合气承受压力的能力，辛烷值大，意味着可燃混合气可以进行高倍率压缩，不必担心会触发自燃，而辛烷值小，则表明可燃混合气在相对较低的压力下便可能发生自燃。因此，如果发动机使用辛烷值小的燃油，压缩行程引起的热量和压力就有可能会让可燃混合气在火花塞点火之前触发燃烧，也就产生了自燃。如果火花塞或气门过热，将会在压缩行程中附加上更多的热量，更有可能引发不正常的提前点火，这显然不是一件好事。如果点火时间过早，活塞仍处于压缩行程上行的过程中，燃烧产生的能量将对活塞实施向下的推力，这就会在发动机旋转的反方向上施加额外的力，造成发动机的反向旋转趋势。

与不正常的提前点火不同，爆燃不会在火花塞点火之前发生，相反，它是指火花塞点火时增加了燃烧室中的热量和压力，从而在燃烧室中的其他位置引发了自燃（图1.21），此时，在燃烧室中的多个位置会出现燃料同时被点燃的情况，形成了分布的多个燃烧点，而不是具有均匀推力的单一的着火燃烧点。这种情况下，多个着火燃烧点导致燃烧过

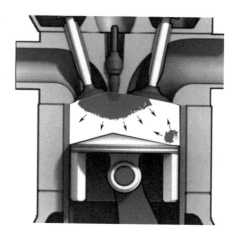

图1.21　爆燃

理想的点火是在燃烧室中在单个点火点产生火焰波，并燃烧蔓延。爆燃可能是在火花塞点火之前，可燃混合气发生自燃引起的非正常提前点火所造成；也可能是由于火花塞点火时，造成燃烧室热量和压力增高，从而在点火点之外的其他位置发生多点燃烧，引起爆燃。

程更加混乱，推动活塞的能量变得非常的分散而不均匀，形成混乱而剧烈的爆燃。这也是导致轴承和活塞损坏的常见原因之一。

爆燃是设计点火正时需要面对的核心关键问题，爆燃的另外一个原因也可能是点火提前角过大。如果火花塞点火时间过早，油气混合气的压缩强度不够，气缸内的压力升高不足，此时所形成的火焰波还不能完全地燃烧蔓延至整个燃烧室，随着气缸压力和温度的进一步增加，一旦超过了燃油的自燃点，就会导致在气缸内（或燃烧室内）的其他位置发生自燃，从而形成了多点燃烧。对此的解决方案是减小点火提前角，使活塞在点火之前再上行运动一点。但是，如果点火提前角减小得过多，燃烧能量的利用率反倒又会降低。如何有效地解决好这个矛盾，也是一个非常棘手的问题。

与爆燃有关的核心参数是可燃混合气的压缩程度，也就是压缩比（Compression Ratio，CR），它是油气混合气在燃烧前的压缩量，其定义为：气缸和燃烧室最大容积（活塞运行到下止点）与最小容积（活塞运行到上止点）之比。最小容积又称为燃烧室容积（常用 V_c 表示），由活塞运动引起的容积变化部分称为位移容积（常用 V_d 表示），因此，当活塞处于下止点时的最大容积就是这两个容积的和，这样，压缩比就可以表示为（$V_c + V_d$）/V_c。

压缩比的设计过程是发动机性能综合和技术优化的平衡过程。大的压缩比可以让发动机在给定燃油量的条件下获得更大的能量输出，从燃料燃烧中获得更多的动力，使发动机的燃油经济性和动力性得到显著提升。但是，随着压缩比的增大，发动机也需要使用更高辛烷值的燃料，以保证在工作时的高压环境下不会引发自燃，如果压缩比太大，则会引起不正常的提前点火和爆燃。尤其是当发动机在高负载下运行时，发动机的工作温度会有所升高，不正常提前点火的可能性就会进一步增大。一般地，高性能汽油机的压缩比为 8∶1，这个压缩比可以避免发动机在高负载工况下发生爆燃；而以高效率为目标的汽油机压缩比可以接近 13∶1。通过选用合适的燃料，并运用先进的控制技术，压缩比也可以提高至 14∶1。相比之下，柴油机压缩比一般在 14∶1 到 23∶1 之间。

由于发动机散热、工作转速和爆燃都与压缩比有关，这就使得发动机的各个性能参数之间存在着相互耦合。例如，发动机的发热和热不稳定性会随着压缩比的提高而增大，但是如果在活塞上采用管道式液体冷却结构，就能够有效提高活塞的散热能力，降低活塞的工作温度，降低爆燃的风险，从而可以采用更高的压缩比。再如，利用浓的可燃混合气在加快燃烧速度的同时，提高了发动机工作发热温度，但是也能够在一定程度上实现对燃烧室的冷却，从而降低了爆燃的可能性。

1.11 燃油喷射系统

将燃油和空气以合理的配比输送到气缸内至关重要。在燃油燃烧之前，必须将燃油雾化（以小颗粒的形式悬浮在空气中）、乳化（与空气充分混合）、并气化（转变为稳定且均匀的气体）。如前所述，如果没有与氧气充足接触，燃油将不会发生燃烧，因此，燃料的输送与空气的输送不可避免地要同时进行。但是，我们又希望在燃烧过程中避免产生氮氧化合物，如果气缸或燃烧室内的工作温度太高，以至于分解了空气中的氮气，就会形成我们不希望产生的氮氧化合物，导致排放恶化。自 20 世纪 70 年代以来，为了减少氮氧化合物的排放，引进了废气再循环技术（Exhaust Gas Recirculation，EGR），利用这一技术，在下一进气行程中，将一小部分排放后的废气返回到燃烧室，这样，一方面可以降低燃烧温度，另一方面也有利于减少氮氧化合物的形成。

早期的发动机并没有对油气混合气配比进行精确地控制。例如，为怀特兄弟飞机提供动力的发动机只是将燃油喷射到歧管上，并利用发动机工作产生的热量促使其蒸发。进入到 20 世纪 80 年代，化油器在汽车上获得了广泛的应用，在化油器中，进入发动机的气流被引导快速通过一个狭窄的通道（文丘里管），产生的真空负压将油箱中的汽油吸出，并完成气化过程。化油器系统能够满足汽车发动机的正常工作需求，但是油气混合的效果还是不十分理想，无法满足当今发动机精确控制的要求。自 20 世纪 90 年代初以来，化油器逐步被燃油喷射装置所取代，这是一种可以实现精确控制的燃油喷射系统，但是，早期的燃油喷射系统只是通过喷嘴将燃油喷射到中央节气门上，称之为节气门燃油集中喷射系统（Throttle Body Injection，TBI），该系统所发挥的效果与它所取代的化油器并没有太大的不同。

燃油集中喷射 TBI 和化油器系统，就其工作原理来看，就存在一些无法解决的问题：一般地，空气和燃油在进气歧管的端部开始混合，必须穿过进气歧管才能进入气缸，当油气混合气到达气缸的时候，很难确保空气和燃油仍旧保持充分的乳化和气化状态，再考虑到悬浮的燃油颗粒一般比周围的空气要重一些，如果油气混合气流趋于平稳或者变慢，燃料颗粒将不可避免地发生沉降，在发动机低速工作时，气流速度低，这一沉降问题变得尤为突出。为了解决这个问题，在结构设计上，必须保证进入进气歧管的混合气能够持续地维持高能湍流状态，从而确保燃油颗粒始终处于悬浮状态。从进气歧管的结构上看，我们希望进气歧管的路径尽可能平滑，并且尺寸尽可能大，以便于空气可以以最小的阻力进入气缸。但是，扩大进气口就意味着吸入空气的速度会降低，气流所具有的能量也降低，这就很容易导致燃油颗粒从油气混合气中产生沉降。同时，为了确保油气混合气始终具有足够的动能，进气歧管也要避免光滑的内壁和大半径拐角，而是要采用尖锐边缘、粗糙壁面和尖锐拐角设计，这样可以有效的促进气流湍流的形成，但是，这样的设计也增大了流体阻力，在发动机高速运转时，将造成很大的功率损失。然而，为了确保在发动机低速运转条件下燃料能够实现持续不断的乳化，我们不得不接受这样的功率损失，这也是一种不得已的技术妥协办法。

现今的发动机燃油喷射系统研究已经着手解决类似的问题了。一种方法是在气缸之前喷油，称之为进气口喷油，另一种方法则是将燃油直接喷入气缸，称之为缸内直喷，这样就省去了油气混合气在歧管中的输送过程，可以独立地对空气和燃油进行非常精确地控制。采用这样的方法，进气歧管仅仅用来输送空气，因此可以采用更加光滑的流线型管道设计，减少了进气损失，提高了效率。在进气系统端部的腔内，可以存储一部分空气，这样就可以降低进入进气歧管的空气流量，并起到一定程度的增压作用。同时，该储气腔也起到了缓冲空气压力波动的效果，并将更高密度的空气送至气缸。以上结构形成了发动机的进气通道。

最常见的燃油喷射位置是在进气口处，它将燃油喷射到气缸外部的气门前端，通过合理设计喷雾模式，可以获得理想的燃油雾化效果以及喷油形状，有助于形成有利的气流涡旋，相比以前的化油器或集中式喷射系统，进气口喷射模式可以更为精确地控制燃油的流动过程。早期采用的喷射模式是连续燃油喷射，现在则采用了与进气行程相协调的脉冲式的序列燃油喷射模式。

最近几年以来，汽油发动机的缸内直喷技术在控制精度方面有了显著提高。它借鉴了柴油发动机的相关技术，改变了汽油和空气在进入气缸前的混合方式，直接将汽油束精确地喷入气缸，形成了汽油直喷技术（Gasoline Direct Injection，GDI）。这种技术出现之初，由于没有足够好的控制技术作为支撑，导致汽油在高压喷入时精度不高，成本也居高不下。直到最近，随着控制技术的进步，实现了汽油喷射量和喷射方式的精确控制，使得汽油机在燃油经济性和工作性能方面都体现出了明显的优势。与柴油发动机类似，汽油发动机 GDI 技术也是使用了稀薄的油气混合气以降低发动机低转速下的吸气损失，并采用狭窄的节气门结构，利用负压吸入的方式避免能量损失。当对发动机的加速性能和转矩输出性能要求较低时，可以通过调整燃油喷射脉冲时间以实现稀薄燃烧（降低油气混合气的密度）；对于中等驾驶强度需求，可以燃烧常规混合比的油气混合气；对于冷启动或者需要大功率的驾驶需求，就要燃烧高浓度的油气混合气，以实现发动机的大功率输出。

汽油直喷技术不仅可以实现精确的可燃混合气控制，还可以非常容易地调节油气混合气在吸气过程中的浓度分布，从而控制气缸或燃烧室内油气的高浓度和低浓度分区。尽管并非所有的汽油机直喷系统都能够做到这一点，但是正是由于存在这样的特点，使得直喷系统可以采用稀薄燃烧技术而不会影响燃烧效果（图1.22）。对于常规发动机来说，一般都是尽可能地在整个气缸中充满密度均匀的油气混合气，也就是均质充气，但是这里也存在问题，非常稀薄的均质混合气可能无法提供足够的燃料以确保火花塞点火成功，如果采用过浓的油气混合气实现燃烧，发动机在低负载下运行时又会产生爆燃现象。为了给低负载下的发动机提供更多的稀薄混合气，采用直喷系统时，现在可以借助于气缸内分层充气技术，也就是通过对进气过程的控制，在火花塞附近形成高浓度混合气，远离火花塞的区域分布相对低浓度的混合气。这样，通过降低点火区域之外的混合气浓度，有助于减少发动机爆燃的发生，提高燃烧效率，这是GDI直喷技术一个主要的潜在优势。

图1.22　先进点火系统

稀薄燃烧和废气再循环技术EGR可以提高发动机的工作效率，但同时也对点火的可靠性提出了新的挑战，先进的点火系统可以帮助解决这一问题。例如，博格华纳公司的EcoFlash系统利用高频点火技术（HFI）延长放电电晕，几乎可以同时点燃整个燃烧室中的油气混合气，从而可以精确可靠地点燃稀薄混合气。将图中左侧的放电电晕图像与右侧的常规火花塞放电进行比较，可以清楚地看出两者之间的区别。

图片：BorgWarner（博格华纳）

实现精确的分层充气绝非易事，这需要在压缩行程的最后阶段非常短的时间内将汽油喷入指定区域并完成气化，所需要的汽油喷射速度和喷射压力要由高压燃油喷射系统提供，其工作压力接近 $1500lbf/in^2$（$1lbf/in^2 = 6.89kPa$），约为进气口燃油喷射歧管中通常压力（$40\sim70lbf/in^2$）的 30 倍。设计这种高压燃油喷射系统也有一些难度，通常采用以下三种方法实现：壁面引导（Wall-Guided），也就是将活塞头部和燃烧室内壁设计成特定的形状，以引导喷射轨迹；气流引导（air-guided），也就是依靠气流涡流和翻滚模式引导；喷雾引导（spray-guided），也就是与火花塞相邻的喷射器直接将油雾喷射在火花塞附近，在这一区域形成高浓度混合气[13]。现有的任何直接喷射系统都会具有以上三种方法所提及的某些特征，但是，在设计应用过程中，一般都会选择其中的某一种方法作为燃烧动力学的主要设计因素。

采用直接喷射时，汽油的喷入一般发生在压缩行程的早期阶段，如果采用壁面引导技术（或者也可以称之为形状引导技术），有利于在汽油喷入与点火之间预留出足够长的时间。通常，汽油喷嘴位于燃烧室靠近进气门的一侧，而火花塞则位于燃烧室的中心位置，喷嘴靠近进气门可以使汽油更轻松地与进入的空气混合，也有利于喷嘴的冷却。通过喷嘴喷入的油雾，与上行的活塞发生碰撞，遇到经过特殊设计的活塞头部结构，使油雾具有了所需的形状（图1.23）。活塞头经常采用碗形设计，但是这种活塞结构不利于形成均质可燃混合气。另外，如果将汽油直接喷射到活塞和气缸壁上，也会导致不完全气化或湿壁，并在燃烧后排放出更多的 CO 和未燃尽的碳氢化合物[14]，正因为如此，一般也不会单独使用壁面引导这种喷射方法。

直接喷射的气流引导方式类似于壁面引导，但是在确定充气形状时，它的进气漩涡相较于壁面引导更加可控，这个过程中，活塞头部的形状变得不那么重要了，进气口的设计则成了关键。进气口的设计要有利于汽油混合气生成希望的气流涡旋和翻滚模式，一般会设置特定的方向，并通过设置挡板或者使通道变窄等导流方式来获得理想的气流滚动模式，这有助于将油气混合气集中在火花塞周围。对于有两个进气门的结构，只

图1.23 活塞头部

为了形成燃油进入燃烧室的合理轨迹，壁面引导式燃油直喷系统（GDI）需要依赖于活塞头部几何形状与喷嘴喷油模式的相互作用，图示的别克昂科雷发动机中，为了配合燃油喷射，专门对活塞头部的形状进行了设计。

需要使用一个气门进行分层模式控制即可，此时可以对另外一个气门实施不同的控制策略，有助于设置形成更多的高速模式。在气流引导方式下，活塞头的几何形状对于充入混合气的形状形成并不是非常重要，这有利于降低对活塞的浸润，但是这一方法也存在

13　G. Fiengo, A. di Gaeta, A. Palladino, and V. Giglio, Common Rail System for GDI Engines. Springer Briefs in Electrical and Computer Engineering. Springer, London, 2013.

14　G. Fiengo, A. di Gaeta, A. Palladino, and V. Giglio, Common Rail System for GDI Engines. Springer Briefs in Electrical and Computer Engineering. Springer, London, 2013.

无法完全解决的问题，那就是高负载下的输出性能和效率受限。

近期发展起来的喷雾引导式直喷系统 GDI 可以有效地解决上面遇到的问题。这种系统将喷油嘴定位在靠近燃烧室中心的火花塞附近，可以更精确地控制喷入汽油的动态过程（图 1.24），也可以更可靠地对汽油进行均匀喷射，更高效地利用充入的空气，使发动机在不同转速下都可以获得最佳的工作效率和性能。更好的喷油控制还可以消除活塞浸润，并提高废气再循环 EGR 的利用率，而且火花塞周围的高密度混合气有助于避免火花塞的点火失败或者误点火，以及随之而来的燃烧室中废气含量增高的问题。然而，喷油器设置在火花塞旁边也带来了一些问题，会使喷油器受到不希望的高温高热的影响，产生额外的烟灰和灰垢。烟灰的积累会影响喷油器孔的形状，进而影响汽油的喷入效果。因此，尽管喷雾引导式直喷系统可以提高效率，但是它也需要采用准确的汽油喷射控制方法，同时，它还要求火花塞强度足够高，以确保其能够承受忽冷忽热的热应力变化（图 1.25）。

图 1.24　马自达 SkyActiv 燃油喷射装置

马自达通过活塞腔实现火花塞周围的油气混合气的分层，允许在预热期间延迟点火正时，以加快排放系统的预热，并有助于避免火焰波过早地接触到活塞头部。

图片：Mazda（马自达）

图 1.25　压电喷油器

大陆集团的这种压电喷油器使用了先进的压电技术，该装置可以承受超过 36000lbf/in²（2500bar）的压力，配有压电伺服驱动器以及自调节伺服阀和针阀，可以实现非常精确的定量和变量喷油控制，在每个燃烧循环中，最多可以进行 10 次喷射，它的这些精确的控制方式可以改善发动机的燃油经济性，减少排放，其效果显著。

图片：Continental AG（大陆集团）

压电喷油器可以对汽油提供所需的精确控制，它使用了一种晶体材料，在晶体结构中存在着极性相反的正电荷和负电荷，称为偶极子，当晶体置于电场中时，这些偶极子发生反应，晶体材料的尺寸就会发生膨胀，利用这种杠杆放大机理就可以开启和关闭喷油孔。这种结构可以将每次喷油脉冲时间控制在几毫秒之内，从而实现汽油喷射的精确控制。经典的螺线管喷油器利用电磁结构驱动喷油脉冲，这种装置的价格不高，但是响应时间较长，并且无法进行分级控制，因此难以满足直喷系统对精确喷油控制的要求。相反，压电喷油器可以通过改变电压控制喷油过程，调整喷油器的开度，在 1~150 mg/pulse 的范围内实现汽油喷射量的高精度控制。它也可以在每个燃烧周期内施加多个脉冲，也可以用来点燃非常稀薄的混合气，这种技术称之为分流喷射技术（Split Injection）[15]。

利用分流喷射技术可以在进气期间进行少量的预喷射，这有助于冷却气缸和燃烧室，也有助于利用气缸内的汽化热。汽化热是汽油从悬浮液滴转变为气体时吸收的热量，预喷射的雾化汽油在蒸发时吸收周围的热能，导致气缸内的空气冷却，从而密度变大，燃烧室的温度也降低，这一过程非常有助于避免发动机的爆燃[16]。在这之后，其余的汽油以较长的时间脉冲喷入气缸。在一些柴油发动机中，压电喷油器在每个循环内最多可以实现七次喷油。

汽车行业在使用高压直喷技术的同时，并没有放弃低压进气口汽油喷射的方式，两者效果相互补充。高压直喷技术可以使燃烧室的温度降低，有助于避免爆燃；进气口汽油喷射方式也可以降低吸入空气的温度，从而提高空气密度，提高进气效率（参见下一章关于容积效率的介绍）。在很多情况下，可以取两者所长综合使用。汽油高压直喷技术 GDI 对燃烧室的冷却效果有助于减少爆燃，进而可以采用更高的压缩比，以提高效率；进气口汽油喷射方式则为汽油的气化提供了更多的时间，对于不能应用直喷技术的场合还是非常有用的。在发动机高负载工况下使用高压直喷技术时，燃烧室的冷却就变得非常重要，从而体现了高压直喷技术的优势。在发动机低负载工况下一般综合使用这两种喷射方式，这样有利于保持喷油器口的清洁，有助于提高工作效率。

联合使用汽油高压直喷和进气口汽油喷射方式还可以避免单独使用某一种方式时出现的一些问题。汽油高压直喷的喷油压力大约是进气口汽油喷射方式的 50 倍，这会增大发动机的工作噪声；而在一些高压直喷汽油发动机上的气门上，有可能会产生明显的积炭，此时，利用进气口汽油喷射方式，将燃油喷射到气门的前端，则有助于清洁气门；但是如果单独采用高压直喷技术，就不会有这种清洁效果了。更关键的是，在车辆快速加速过程中，发动机也要加快旋转速度，高压直喷系统 GDI 无法快速地完成由分层燃烧阶段向高浓度均匀可燃混合气燃烧阶段的过度，如果联合高压直喷技术和进气口

15　C. Park，S. Kim，H. Kim，S. Lee，C. Kim and Y. Moriyoshi，Effect of a split-injection strategy on the performance of stratified lean combustion for a gasoline direct-injection engine. Proceedings of the Institute of Mechanical Engineers：Journal of Automotive Engineering 225（10），2011，1415–1426.

16　S.P. Chincholkara and Dr. J.G. Suryawanshib，Gasoline direct injection：An efficient technology. 5th International Conference on Advances in Energy Research，ICAER 2015，December 15–17，2015，Mumbai，India Energy Procedia 90 2016，666–672.

汽油喷射技术，就可以解决上面的这些问题。两种喷射方式的结合也确实产生了良好的效果，例如，丰田 D-4S 发动机综合使用了这两种燃油喷射技术，可以周期性地进气以吹走喷油器上的积炭，实现了自清洁的功能 [17]。

2014 年以来，梅赛德斯一直在其 F1 赛车发动机中使用先进的复合喷油技术，称之为湍流射流点火技术（Turbulent Jet Injection，TJI），法拉利也在效仿这种技术。湍流射流点火技术 TJI 是在一个小型预燃烧室内利用集成火花塞的射流喷油器代替了单独的火花塞（图 1.26），当向主燃烧室喷入汽油时，约有 3% 的汽油被喷射到预燃烧室，在预燃烧室的喷油嘴周围充满了足量的油气混合气。燃油点火时，在预燃烧室内形成喷射火焰，再通过专门设计的喷嘴将火焰引入到主燃烧室，并控制主燃烧室内的油气混合气多点被同时点燃，产生了多个着火点，从而实现了更高效的燃烧，输出更大的动力，实现更低的排放，

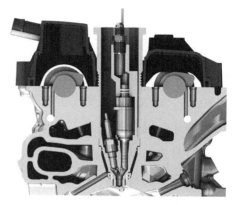

图 1.26　湍流射流点火技术（TJI）

湍流射流点火技术 TJI 用小型预燃烧室及点火系统代替了传统的火花塞结构，可以将预燃烧室内点火形成的火焰波快速引入到主燃烧室。

资料来源：Mahle（马勒）

也避免了发动机的爆燃现象。这种技术可实现超稀薄燃烧，空燃比可以超过 29：1（$\lambda=2$），理论上甚至可以达到 60：1。在过去的 20 年中，制造商一直在努力设计一种高效清洁的超稀薄燃烧发动机，精确的燃油喷射技术已经为其实现提供了技术手段。

1.12　低温燃烧

技术人员也在研究汽油低温燃烧（Low-Temperature Combustion，LTC）的可能性，希望汽油发动机也能够像柴油发动机那样以压燃的方式点火，并且能够在较低的温度下燃烧，在一定程度上减少燃烧释放的热量，以利于大幅降低因过热燃烧所产生的有害氮氧化合物，或因汽油浓度过高而产生的有害颗粒物 PM，并提高燃烧效率。在当前已经量产的部分车型上，通过利用废气再循环系统 EGR 将 10% 的废气重新引导回燃烧室，

17　C. Schweinsberg, "Toyota Advances D4S with Self-Cleaning Feature on Tacoma." Wardsauto.com August 27, 2015.

并使之冷却，这在一定程度上实现了低温燃烧的目标，这已经是一项非常成熟的技术了。另外一种有希望显著改进汽油机性能的途径是进行一种全新的设计，它可以像柴油机现有的技术那样获得较高的热效率，又能够避免柴油机的污染物排放问题。考虑到汽油的自燃温度点比柴油低得多，就需要采用一定的手段实现这一技术，一是要充分利用现今已有的汽油喷射系统，对喷油量进行精确地控制，同时，也要对燃烧过程进行精确地控制。

技术人员也在研究通过均质充量压燃技术（Homogeneous Charge Compression Ignition，HCCI）实现汽油超高效燃烧的可能性，它是将进气行程中得到的稀薄且密度均匀的油气混合气压燃，而非利用火花塞点燃，其目标是为了同时获得类似于柴油机的高效特性和汽油机的低排放特性。随着燃烧室内压力的升高以及混合气密度的均匀分布，在气缸内没有产生火焰波，而是自发实现了压燃反应，使缸内压力迅速而又均匀地上升。类似的低温工作和快速燃烧反应能够降低氮氧化合物的排放。

以上技术实现的关键在于燃料，在 HCCI 压燃反应过程中，汽油必须在燃烧之前完全气化，否则，残留的液滴将会造成更多污染物的排放。更为重要的是，HCCI 技术取消了发动机对于火花塞和喷油器的正时辅助功能，实现了汽油混合气的压燃，因此，汽油本身的化学特性对于点火正时至关重要。另外，HCCI 所使用的油气混合气应该是均匀的，不能有常规火花塞点火发动机允许存在的汽油密度和气化均匀性差异问题。对于 HCCI 而言，常规的汽油纯度是不够的，这些汽油的自燃温度点不固定，很难实现准确的燃烧控制，特别是在低负载条件下。解决办法之一，就是使用辛烷值非常准确的汽油。可以看出，以上所有这些特点都意味着使用 HCCI 技术时，要对汽油及其燃烧过程进行非常精确地控制，否则，就算是在控制更加简单的实验室中进行 HCCI 实验时，有时也会排放出更多的 CO 和不充分燃烧物[18]。对于使用涡轮增压技术的发动机而言（它可以向燃烧室提供更多的空气，实现汽油的完全燃烧，我们将在下一章中讨论），要实现 HCCI 下汽油的完全可控燃烧也是存在一定难度的[19]。

18　A.A. Hairuddin, A.P. Wandel and T. Yusaf, An introduction to a homogeneous charge compression ignition engine. Journal of Mechanical Engineering and Sciences 7（December），2014，1042–1052；and P. Kumar and A. Rehman, Homogeneous charge compression ignition（HCCI）combustion engine—A review. IOSR Journal of Mechanical and Civil Engineering 11（6）Ver. Ⅱ，2014，47–67.

19　S. Saxena and I.D. Bedoya, Fundamental phenomena affecting low temperature combustion and HCCI engines, high load limits and strategies for extending these limits. Progress in Energy and Combustion Science 39，2013，457–488；M.M. Hasan and M.M. Rahman, Homogeneous charge compression ignition combustion：Advantages over compression ignition combustion，challenges and solutions. Renewable and Sustainable Energy Reviews 57（May），2016，282–291；and M. Izadi Najafabadi and N.A. Aziz, Homogeneous charge compression ignition combustion：Challenges and proposed solutions. Journal of Combustion 57（May），2013，1–14.

对于低温燃烧，我们需要一种足够浓的可燃混合气来支持自燃，但是又不能太浓，以防汽油无法实现有效地完全燃烧。对此，分层压燃技术（Stratified Charge Compression Ignition，SCCI）可能是一种可行的解决方法，在部分负荷下，它可以利用稀薄可燃混合气技术提高燃烧效率，再结合发动机的压燃技术，效率应该会进一步提高。

发动机在不同的负载和工作状态下，我们都需要确保获得满意的燃烧效果，理想的压燃式发动机需要一种特性介于汽油和柴油之间的燃料，并且燃点能够随着发动机负载的变化而精确变化。柴油发动机利用脉冲喷油技术，通过燃油喷射来控制燃烧点，这样也会产生大量的氮氧化合物 NO_x 和烟灰颗粒物；汽油发动机燃烧产生氮氧化合物 NO_x 和烟灰颗粒物较少，但是很难采用压燃技术。为了有效地解决这个短板问题，现在正在研究"反应控制压燃技术"（Reactively Controlled Compression Ignition，RCCI），它通过进气口喷入汽油，通过缸内直喷技术喷入少量的柴油，并利用柴油多次喷射的方法，在气缸内形成一定的燃油密度梯度，在后续的活塞挤压及之后的行程中，就可以实现燃油反应效果的准确控制。也可以利用辛烷值更高的替代燃料来满足更精确地燃烧控制[20]，这样就可以同时实现发动机的高效率和低排放，两全其美。

这听起来像科幻，其实不然。福特公司研究了一种乙醇"Bobcat"发动机，以取代其超级卡车中的 6.7L 柴油发动机，其中的乙醇喷射系统（Ethanol Boosting System，EBS）在发动机中等负荷时的工作类似于进气口喷油的汽油机。为了满足高负荷工作要求，发动机由单独的油箱提供 E85 乙醇汽油，E85 汽油的辛烷值高，冷却能力好，使得发动机压缩能力可以更强，并输出更大的功率。这种发动机还在研究过程中，福特和其他公司希望在不使用昂贵的柴油发动机排放处理设备情况下，实现类似于柴油发动机的全部功率和转矩输出。马自达在其新一代马自达 3 汽车中使用了改进的 HCCI 发动机，这是第一次在量产车型上使用了汽油压燃技术，制造商宣称，其采用的超高增压 SkyActiv-X 发动机使用了超稀薄燃烧技术，可以降低排放近 1/3（图 1.27），其效果同样给人留下了深刻的印象[21]。

20 S. Saxena and I.D. Bedoya, Fundamental phenomena affecting low temperature combustion and HCCI engines, high load limits and strategies for extending these limits. Progress in Energy and Combustion Science 39，2013，457–488；and S.L. Kokjohn，R.M. Hanson，D.A. Splitter and R.D. Reitz, Fuel reactivity controlled compression ignition（RCCI）: A pathway to controlled high-efficiency clean combustion. International Journal of Engine Research 12 Special issue paper 209.

21 A. Stoklosa, "Driving Mazda's Next Mazda 3 with Its Skyactiv-X Compression-Ignition Gas Engine." Car and Driver September，2017.

图 1.27　火花控制的压燃发动机

马自达 SkyActiv-X 发动机使用了火花控制压燃技术（Spark-Controlled Compression Ignition，SPCCI），既具备了火花塞点火系统可靠性好和排放低的优势，也实现了压燃系统所具备的燃油经济性。尽管从名称上看，"火花"和"压燃"似乎相互矛盾，实际上这是一种混合的点火系统，通过平稳可靠的稀薄燃烧获得效率的提升。该系统先是由火花塞点火以提高气缸压力，然后再利用压燃技术实现稀薄燃烧。在压燃不理想的情况下，发动机还可以恢复到传统的火花塞点燃模式。

图片：Mazda（马自达）

　　以上所介绍的这些创新技术在早期的发动机上是不可能实现的，它们需要非常先进而复杂的发动机管理技术，需要精确确定车辆的行驶条件和发动机的工作参数，并根据需要实时准确地分配燃料。综合考虑发动机转矩、转速和其他工作参数变化，发动机管理系统应该能够适时地调整燃料喷射和充气方式。在整个燃烧过程中，均质燃料充气方式可用于改善排放；在中等转矩工作时，可以采用简单的分层充气技术；在低转矩工作情况下，采用废气循环再利用系统（EGR）可以改善排放；当需要更大功率时，可以采用双喷入方式，也就是在气缸大部分区域采用均质充气，在火花塞局部采用高浓度混合气。论述至此，我们隐约可以体会到控制技术对发动机的重要性了，我们将在下一章进一步阐述控制技术是如何从根本上改变发动机的工作性能的。

第2章

拒绝妥协

一百多年以来，在汽车领域总是涉及各种各样的技术折中主义。在汽车发动机的设计过程中，在满足发动机一部分技术指标和性能要求的同时，不得不放弃其他的一些技术指标和性能目标。也就是说，不得不在各个方面进行技术的综合权衡，有所得，有所失。例如，我们设计获得了高速发动机的同时，也意味着这台发动机在低速工作时的效率和性能会大打折扣；如果我们优化了发动机的低速低转矩工作特性，就不得不放弃发动机高速工作时的一部分功率输出性能。与此类似，以汽车高效巡航性能优化为目标而设计的发动机进气口结构，通常也会导致汽车加速性能的降低，而提高发动机的压缩比，虽然可以提高巡航时的工作效率，但是在需要大功率输出时也会引起爆燃现象的发生。以上这些，都表明我们在发动机设计过程中无法做到十全十美，不得不做出一定程度上的技术折中权衡和优化取舍。时至今日，情况有所变化了，我们有了计算能力更强的微处理器，有了更为先进的材料和更加科学的设计方法，借助于这些先进技术，就可以在一定程度上摆脱以往这种技术权衡和折中妥协的做法了，可以在更多的工况下实时在线调整发动机的工作特性，从而确保发动机在各种工作条件下高效地工作。

2.1 先进的数字化控制

现如今，有了功能日益强大的计算机系统，在发动机工作过程中，它能够实时地控制和调整发动机的工作特性，这促使我们在发动机控制技术方面创新能力的不断提高。这些专用的计算机系统也被称之为嵌入式系统，它与一系列的执行器、传感器、微处理器、控制器、仪器仪表等协同使用，结合更加精密和智能化的电子器件，虽然增加了系统的复杂性，但是也大大增强了发动机原有的机械性能，提升了汽车的功能和适用性。

尽管先进的数字化控制技术重新塑造了汽车的性能标准，也具备实施的技术可行性，但是汽车数字化控制技术的发展并不均衡，远没有达到完善的水平，还存在一些问题需要格外的关注。早些时候，在硬件方面一般是利用嵌入式系统对各种零部件单独进行控制，后来逐步开始综合利用微处理器、传感器和其他功能设备对相关零部件进行协同控制；与此同时，软件的开发也相对简单，没有明确的软件整体框架设计[22]，而每个汽车制造商都开发了自己的优势技术，在汽车中设计和应用了各自的控制结构、控制策略和功能产品。由此导致的后果是，随着汽车功能要求的不断增多，汽车所需要的软硬件模块也像是打补丁一样，一个累加上另外一个，数量不断增多。就这样，在一辆典型的汽车中，会使用高达 100 多个电子控制单元（Electronic Control Units，ECU），为了使车内这么多的电子控制单元协同工作，就不得不采用各种不同的通信总线。考虑到汽车的每个硬件单元一般都会配备各自的功能软件，这也就意味着当汽车要增加新的功能时，就不得不增加另外一种与之匹配的新的控制器，由此造成了整车系统硬件的繁多和高度异构化，也为软件集成和开发增加了更多的困难。为此，不得不编写数千万行的代码，不得不通过数千个信号的传输以实现各个 ECU 之间的通信协调[23]。

随着控制器数量的增多和成本的升高，以及控制策略复杂性和冗余性的增加，如果还继续采用以上的数字化控制架构，将会导致 ECU 的数据处理能力不堪重负，很快就会达到极限。此时，就需要为汽车开发集成度更高的控制架构，实现汽车各部分的互通互联，以及数据和信息的共享[24]。为实现这一目的，硬件上可以采用性能更加强大的多功能微处理器实现控制能力的集成优化，也可以使用多核处理器实现一个控制单元对多项工作任务的处理，将多个工作点的控制集成在一个控制器中进行总控，或者也可以采用其他类似的先进技术，其总的目标就是实现汽车数控系统效率的大幅提高，并显著降低其成本和复杂程度[25]。软件方面，国际上已经有了为汽车专门开发的专用软件架构，

22 R. Hegde，G. Mishra and K.S. Gurumurthy，Software and hardware design challenges in automotive embedded. systems. International Journal of VLSI Design and Communication Systems 2（3），2011，164–174.

23 R. Coppola and M. Morisio，Connected car：Technologies，issues，future trends. ACM Computing Surveys 49（3），2016，1-36；and A. Sangiovanni-Vincentelli and M. Di Natale，Embedded system design for automotive applications. IEEE Computer Society 40（10），2007，42–51.

24 "Automotive Technology：Greener Vehicles，Changing Skills." Electronics，Software and Controls Report，Center for Automotive Research（CAR），May 2011.

25 Ibid；and R. Hegde，G. Mishra，and K.S. Gurumurthy，Software and hardware design challenges in automotive embedded systems. International Journal of VLSI design & Communication Systems 2（3），2011，165–174.

称之为 AUTOSAR（Automotive Open System Architecture Consortium）。利用这一架构，可以缩短汽车性能开发和完善的周期，降低开发成本[26]，也体现出了汽车模块标准化的设计和扩展能力，以及模块之间信息互联互通的巨大优势。

尽管存在着各种问题，但数字化控制技术也确实为汽车创新提供了前所未有的机会，使现代汽车越来越智能化，这不仅体现在发动机设计上，也广泛涉及变速器、制动器、悬架、转向、安全功能以及日益完善的信息娱乐系统。在这里，我们不妨以现代汽车发动机的控制模块（Engine Control Module，ECM）为例，它在工作过程中，接收数十个传感器测量得到的信号，包括空气或可燃混合气进气量、发动机爆燃、系统电压、发动机温度、油压、气压、车速、排气质量、曲轴位置、凸轮轴位置以及其他许多参数，控制模块在接收到这些传感器测量的信号之后，其微处理器以每秒高达数百万次的速度进行计算和通信，然后再去主动调节点火时间、进气参数、油气混合度、燃油喷射脉冲时间以及其他参数，从而更好地增强发动机的动力性能、燃油经济性能和排放性能。虽然这样的架构使得系统更加复杂，但是也确实能够提高汽车的工作性能，使之工作更高效，排放更环保。

2.2 传感器

为了更好地实现数字化控制，首先需要明确所要处理的信息情况，也就是需要处理哪些信息，以及采用何种传感器。可供选择的传感器很多，光敏传感器或者磁敏传感器可以用作曲轴位置传感器（Crankshaft Position Sensors，CKP）和凸轮轴位置传感器（Camshaft Position Sensors，CMP），它对转动位置的测量非常准确；新的数字化的发动机冷却液温度传感器（Eengine Coolant Temp Sensors，ECT）、节气门位置传感器（Throttle Position Sensors，TPS）、车速传感器（Vehicle Speed Sensors，VSS）、燃油压力传感器（Fuel Pressure Sensors，FPS）等，比过去曾经使用的机械式传感器更加精确，响应速度也更快。在温度测量方面，在现代车辆中仅仅测量冷却液的温度是不够的，需要对更多的温度点进行测量，例如进气温度、排气温度、燃油温度、变速器油温度以及排放温度等。另外，还需要一些新型的传感器，可以测量歧管气压、发动机爆燃和污染物排放质量等。

在发动机控制中，一个关键的参数就是进气质量，在进气质量的测算过程中使用

26　J. Schlegel，"Technical foundations for the development of automotive embedded systems." Available at：hpi. de/fileadmin/user_upload/fachgebiete/giese/Ausarbeitungen_AUTOSAR0809/Technical_Foundations_schlegel.pdf.

了歧管气压传感器（Manifold Air Pressure Sensor，MAP），它的功能类似于应变片，通过感知敏感元件受到压力后的轻微变形，就可以测量获得气压值。在早期，获得歧管气压之后，再结合发动机转速，就可以估算出进入发动机的空气质量了。现如今，有了流量计（Mass Airflow，MAF），可以用它直接实现进气质量的准确测算。然而，考虑到进气质量和进入的空气密度有关，而空气密度是随着工作环境变化而变化的，如果仅仅通过测量进入发动机的空气体积来估算进气质量，就没有考虑工作环境因素的影响，其结果必将是不准确的。例如，随着工作温度和工作海拔的升高，空气会更加稀薄，空气密度发生了变化，进而会直接导致测量的不准确。为了解决工作温度的影响，一般会在流量计入口处设置一个用于温度测量的金属线，即热敏电阻，其阻值会随着工作环境温度的变化而对应变化，通过精确测量该电阻值的变化，就能够获得吸入空气的温度情况，进而获得当时空气的工作密度。实际车载应用中，会有一个集成电路对读取的电阻值进行数据处理，再输入到发动机控制模块中，通过计算，就可以快速准确地获得吸入空气的质量，也就是进气量，这样的测量方法是不是很酷呢（图2.1）！

前文曾经提到过发动机爆燃现象，爆燃信息对于发动机控制也至关重要，在这里，可以使用爆燃传感器（Knock Sensor，KS）进行相关信息的测量。爆燃传感器中使用了压电晶体材料，压电晶体在受到力的作用时会变形，在变形后就会产生一定的电荷量。工作过程中，爆燃传感器通常放置于发动机缸体或缸盖中，当压电晶体受到爆燃挤压或振动时，其中的偶极子会因为受到扰动而变形，晶体上就会产生少量的电荷，将该电荷变化信息输送至发动机控制模块中，经过计算，发动机控制模块再实时地控制发动机的正时状态，以避免爆燃的发生。

图 2.1 进气量测量

流量计（MAF）中使用了热敏电阻，利用电阻值随温度变化的原理测量吸入气体的温度情况，并以此计算进气质量。

准确地控制可燃混合气能够确保汽车的环保性能，其中的一个关键因素就是要能够正确地测量和评估发动机的排放情况，之后才能够对混合气进行主动控制，氧传感器能够发挥这样的作用，它通过测量排气中的氧气含量来实现这一功能。氧传感器通常是薄的氧化锆（ZrO_2）陶瓷管，两面涂有铂，头部一侧放在排气管中，从而暴露在排出的废气中，另一侧则暴露于外部的空气中，两侧氧含量的不同将使其发生化学反应，释放出氧离子并穿过陶瓷薄膜。也可以这样理解，由于氧传感器两侧的氧气压差，导致氧离子穿过了氧化锆，随着两侧氧气含量差异的变化，氧离子流也随之变化，这就产生了电压差，其工作过程类似于一个小型的电池，因此也称其为能斯特电池（Nernst cell）。实际上，单纯从氧传感器获得的电压差无法准确地知道排放中氧气的含量，但是这却可以了解废气相对于外界空气的氧浓度变化情况，这一信息足以让我们清楚地知道发动机燃烧是否充分。当混合气过浓时，排气中几乎没有氧气，氧传感器输出电压就会升高；当混合气稀薄时，排气中就会含有更多的氧气，从而输出较低的电压。然而，氧传感器只有在高温（316℃）环境下才能工作，如果仅通过发动机排放的高温废气对氧传感器加热，则在发动机起动之初温度较低，无法使用氧传感器，在氧传感器读数正常之前，需要花费很长的加热准备时间。为了及时地获得发动机排放的氧浓度情况，一般要在氧传感器的外壳中设计一个加热器，它既可以使氧传感器更快地工作，也能够确保获得准确的读数。

当然，以上对于传感器的介绍并不全面，仅仅重点阐述了与发动机控制模块相关的关键传感器的少数特性。在实际工作过程中，还存在很多利用传感器信息进行实时故障诊断的情况，如利用动力总成、底盘、悬架、差速器以及汽车其他零部件上各种传感器获得的信息，通过车载诊断系统（On-Board Diagnostic，OBD）进行连续不断的数据传输、信息通信和故障状态分析。另外，我们将在第9章看到，在汽车控制系统中，越来越多地使用了声光类传感器，例如常规雷达、激光雷达、超声波传感器等，以及先进的 GPS 导航和通信技术，从而实现了车-车自动协同控制等更多的附加功能，我们将在后文中探讨这些新技术在汽车上应用的可能性。

现在，让我们先看一下先进数字化控制技术是如何重新塑造发动机性能的。

2.3 发动机控制

在利用数字化控制技术实现汽车先进功能方面，非发动机控制莫属。发动机的数字化控制技术应用主要体现在三个方面：可燃混合气控制、点火正时控制以及废气再循环控制。在后文中，我们也会介绍到可变节气门数字化控制技术。利用数字化控制技术，能够在有效识别驾驶人意图和驾驶条件的基础上，准确测量和识别发动机的工作模式，并在每个模式中对发动机实施控制，使其始终处于最优工作状态。这样做就有效地避免了发动机各种性能权衡取舍的技术折中主义做法，保留了早期发动机设计和控制过程中不得不舍弃的一些性能，使得发动机在每种工作模式下都能够采用与其要求性能适应的最优控制逻辑，从而使发动机在任何工况下都可以工作在最优状态。对于涉及的发动机控制模块，不同的汽车制造商设定的工作模式各不相同，但是大部分都包括下面的七个基本模式，即：发动机起动、发动机预热、开环控制巡航、闭环控制巡航、高负载（或急加速）、减速（大幅减速和小幅减速，减速度会有所变化）以及怠速等。

发动机起动时，控制模块自动选择相应的起动控制模式，并提供起动发动机所需的浓混合气，控制喷油器喷油，促使发动机快速起动。在起动过程中，会根据发动机的工作温度选择合适的空燃比，从极浓的 2∶1 比例变化到中等浓度的 12∶1 的比例，这一过程都是由存储在可编程只读存储器（Programmable Read-Only Memory，PROM）中的数据和程序确定的。当然，对于采用汽油缸内直喷技术（GDI）的发动机，它不需要太浓的混合气，燃油的分配又非常准确，这时的发动机程序就要随之进行比较大的调整。不论采用何种喷油技术，在发动机起动期间，发动机控制模块都要检查电池的电压，以便采用必要的补偿措施，否则，燃料喷射正时和响应速度会因为工作电压低而受到严重的影响。

发动机转速一旦达到怠速状态，发动机控制模块就会切换到怠速模式。此时，需要继续维持发动机的空燃比，确保发动机在最低稳定转速下工作，避免失速。在发动机温度控制方面，过去几十年以来一般采用节温器，通过控制冷却液循环，实现发动机的快速预热。而现如今基本都采用了电子辅助温度控制系统，它能够结合驾驶需求，实施理想的发动机温度控制，从而优化了发动机的运行状态。例如歧管气压传感器温度控制系统通过歧管气压传感器测量气压，获得发动机的负载信息，将之提供给发动机控制模块，发动机控制模块据此调整预热参数，使发动机工作在理想状态，同时，这一系统也可以提供燃料燃烧和发动机的工作温度信息、碳氧化合物变化信息，以及燃油经济性信息等。这个系统工作时，氧传感器被加热，怠速、喷油脉冲时间、混合气浓度等参数自动随着发动机工作温度的变化而进行相应的调整。

一旦完成热机，发动机控制模块将进入开环控制状态。这时，发动机控制模块先是依靠所获得的有限的传感器测量数据，并通过查表得到可编程只读存储器中存储的空燃比，并以此数据为依据进行燃油和空气的混合配比管理，这种开环控制状态一直持续到氧传感器传回有用的信息为止。这只是一个短暂的过程，在这期间，发动机控制模块仅使用发动机转速这一参数来控制点火时间，并没有考虑到负载变化对正时的影响。一旦氧传感器预热完成，并且传回有效数据，就可以使用这些数据修正混合气配比浓度信息了，从而获得理想的、高性能的，并且排放清洁的发动机工作状态。此时，发动机控制模块将从开环控制状态过渡进入到闭环控制状态，此后就可以快速有效地降低发动机的排放水平了。在汽车制造商的实际应用中，一般采用三元催化转化装置（Three-Way Catalyst，TWC）来净化发动机排放，如果燃料是按照燃烧反应的化学配比供给的，燃烧后的排放效果最好，因此，如何实现理想的混合气配比就成了一个关键问题（图 2.2）。为了解决这一问题，发动机控制模块可以使用流量计获得的信息，清楚地知道实际进入燃烧室中的空气质量，进而可以计算出需要的喷油量，并进行合理的控制。

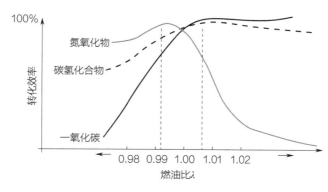

图 2.2　三元催化转化

对于按照理想化学反应配比的混合气，在燃烧时也会排放很多氮氧化物（NOₓ），此种状态下，可以引入三元催化转化器，它能够高效地减少此时未完全燃烧的碳氢化合物、一氧化碳和氮氧化物等排放。因此，为了确保汽车的环保性能，发动机控制模块的一个工作目标就是通过闭环控制，获得按照化学反应配比的混合气，为三元催化转化器的高效应用创造条件。

不同于开环控制，闭环控制技术可以根据需要的性能目标自动控制发动机的工作状态。发动机控制模块不仅要对可燃混合气进行配比管理，还要根据发动机温度、流量计流量、进气压力、发动机转速、爆燃情况等信息，控制燃油喷射脉冲时间、点火时间以及其他变量，其中的爆燃问题格外受到重视。为此，发动机控制模块一般会控制点火提前角以提升工作性能。然而，理想的点火提前角的大小受到爆燃现象的制约，一旦传感器感知到爆燃信号，点火时间就要稍微延迟一些以避免爆燃的发生。不同的发动机厂商会采用不同的控制策略，但是总体是通过发动机控制模块先减少提前角，以消除爆燃，然后再逐渐增大提前角，直到找到爆燃工作点，这样就可以尽可能地在爆燃临近点附近工作，既提高了发动机的工作性能，又防止了爆燃的发生。发动机控制模块也可以对以前的爆燃情况进行学习，来掌握并实施控制发动机高效运行的方法，斯巴鲁公司称其为"精细化爆燃学习技术"（Fine Knock Learning）。在实际应用中，发动机的旋转速度非常快，在 3000r/min 的工作转速下，1ms 内发动机可以旋转 18°，因此，为了实现点火提前角的微调，发动机控制模块就要具备精确而快速的实时处理能力。

发动机控制模块的控制参数并不局限于油气混合配比和点火时间，当需要控制更多参数时，它也能发挥相应的作用。它可以控制废气再循环过程，使一定比例的废气降温后，重新循环进入到燃烧室参与燃烧，这样就可以降低燃烧室内的工作温度，有利于减少氮氧化物（NO_x）的生成。如果发动机具有二次空气喷射系统（Secondary Air Injection，SAI），它也可以控制二次空气喷入到催化转化器的过程，以确保剩余废气的完全燃烧。它还可以根据来自喷油器的信号对系统的电压进行一定程度的调整。另外，发动机控制模块也能够监测和控制动力传动系统的参数，例如，如果汽车具有液力变矩器锁止功能（这一部分内容将在下一章中介绍），它就可以发出指令，控制电磁阀锁定离合器，从而消除影响效率的打滑现象。总而言之，发动机控制模块的闭环控制可以实现复杂的控制逻辑，不论车辆是在定速巡航工况，还是处于变速工况，都能够确保发动机处于高性能工作状态。

当节气门位置传感器或者节气门开度传感器检测到发动机处于高负载工作状态时，发动机控制模块可以重新调整工作模式，以便为发动机提供更浓的混合气，满足急加速工况需求。当然，这样做也会导致汽车排放性能的恶化和经济性能的降低，但是，不论是汽车设计人员还是汽车管理机构，均认可这种控制方式的合理性，因为在有些时候，出于对汽车行驶安全性的考虑，确实需要优先保证汽车具备一定的加速能力。

汽车在减速过程中，发动机控制模块将控制实现稀薄混合气的供给，以减少排放，并提高燃油经济性，如果此时供给了浓混合气，将会产生排气回火现象，这是应该尽量避免的。当汽车急减速时，需要完全切断燃油供给，从而实现更有效的发动机制动，并减少排放。此时，发动机控制模块将根据歧管压力信号和节气门位置信号，迅速调整闭环控制模式，避免发动机失速。当车辆停止时，ECM 再控制发动机返回到怠速控制模式。

以上的控制过程看起来很复杂，但实际上仅仅列出了发动机控制模块的一些简单功能，我们甚至还没有涉及变速器控制、燃油蒸发控制、排放控制、空调和供暖控制以及许多其他部件和功能的控制。但是，这些内容表达的观点已经很清晰了，就是发动机控制模块提供了一种超出常规的数字化控制方式，它不再是一种简单的单输入单输出系统（Single-Input/ Single-Output Systems，SISO），而是借助于复杂的算法和多种控制策略，实现了越来越复杂的工作方式[27]。它将不同传感器获得的信息综合在一起，比使用单一传感器能够更加全面地获得系统的性能状态，这是一种新的传感器融合工作模

27 H. Morris，Control systems in automobiles. In J. Haappian-Smith（ed）Modern Vehicle Design. Butterworth-Heinemann，Oxford，2001.

式。发动机的这种控制方式将会继续朝着人工智能的方向发展，有望通过经验学习，实现控制逻辑的自主监控、调整和修改。未来的发动机控制模块将可以实现点火时间、燃油输送、爆燃控制与发动机工作的最优配合，甚至会根据驾驶人的驾驶意图自动地做出相应的调整。

我们将在第 9 章中更多地展示这类系统。

2.4　可变气门

几十年前，还无法对发动机的工作过程进行准确的控制，但是现在，我们已经做到了混合气配比控制和点火正时控制，尤其是在气门控制方面取得了令人瞩目的进步。以前，气门是通过机械结构完成控制的，其状态无法在发动机工作过程中实时调整，现如今，已经能够动态地实现气门工作过程的准确控制，不再纠结于所采用的控制技术是否会对其他零部件的控制性能造成不利影响，不再需要各种相关技术的综合权衡和折中妥协了。我们可以借助于这种技术，使汽车在高速行驶时，既可以令发动机高速运转，使人体会到一种跑车般的畅快淋漓感，也不会降低其工作效率。

上一章已经讨论到，在常规发动机进气过程中，会有进气门的开合动作，在排气过程中，会有排气门的开合动作，这里存在的问题是：进气的速度并不会随着发动机的转速而变化，导致发动机加速时，进气的速度通常无法及时跟上。如果发动机使用的是传统的机械式凸轮结构，气门的升起速度响应会相对缓慢，也就是说，当气门进行"开启"动作时，吸气动作的响应要滞后一些，需要多花一些时间才能够使空气完全自由地流过该气门。实际上，在气门打开的前三分之二时间内，流经气门的气流是受到明显阻碍的 [28]。为解决此问题，可以延长节气门开启的时长，这种方法看起来容易，实际实施的难度却很大。理想情况下，最佳的气门开关时间应该随着发动机转速和负载的不同而有所变化，或者说，气门的打开和关闭时刻需要根据发动机不同负载下的确切需求而定。

在发动机高速重载工况下，气门控制的关键是：使进气门提前开启，排气门延迟关闭，实现气门重叠（图 2.3）。正像前文所讨论的，这种方案除了可以保证更长进气时间外，还可以增强扫气效果，使吸入的气体能够帮助挤压出废气。通常情况下，进气门在上止点前 10° 打开，以确保进气门在进气过程中能够完全打开，此时，气缸中会

28　R. Stone and J.K. Ball, Automotive Engineering Fundamentals. SAE International, Warrendale, PA, 2004.

产生较大的交叉气流，会在排气歧管中生成脉动压力，产生压力波，这样的压力波有助于主动地将废气排挤出气缸外。

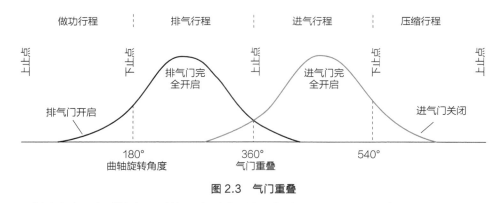

图 2.3　气门重叠

进气门提前开启和排气门延迟关闭形成了气门重叠，进入气缸的空气和废气产生交叉流动，从而能够更有效地排空燃烧废气。

气门重叠技术在发动机高速工作时能够产生非常好的效果，但是在低速或者低负荷工作条件下，这种效果就荡然无存了。实际上，在低负荷下，在燃烧室中保留一部分废气反而是有利的，在进气门关闭前减少了吸气量，从而也减少了泵气损失，留在燃烧室中的废气多一些。在低负荷工作时，氮氧化物的排放就少一些，这种效果类似于废气再循环技术，如果单纯从工作效果上来看，有点像将发动机的燃烧室尺寸变小了。

延长气门开启时间，不仅会因为气门重叠带来一些好处，也会因为排气门提前开启而产生一些优势。理想情况下，我们希望在开启排气门之前，将气体燃烧膨胀产生的能量全部用于做功输出，然而，我们却又不得不考虑另外一件事情：将废气排出燃烧室也是需要一定能量的。在做功过程中，如果在活塞到达下止点之前打开排气门，就可以在排气开始阶段，利用燃烧室内剩余的压力和能量将废气排出，这部分能量就是我们所说的排气损失。发动机高负载高转速条件下，提前打开排气门，有助于在活塞上行排气前延长燃烧室内的压降时间，有利于减少排气损失；但是，如果发动机在低负载条件下提前打开排气门，更长的压降时间则会造成能量和转矩的损失。

同时，我们也要考虑进气门的关闭时机，为了在发动机大负载下能够获得最大的功率输出，我们希望在关闭进气门前能够实现进气量的最大化。想当然地，我们会认为在活塞到达下止点时关闭进气门最好，实际上这是错误的。在进气过程中，气体在进气歧管中具有一定的运动动量，这个动量会推动气体进入气缸，因此，在发动机高速工作时，在这个动量的推动下，延迟关闭进气门有利于更多气体进入气缸，这也将增大气缸内的工作气压。为此，我们可以充分利用这一原理，在活塞经过下止点后再关闭进气门，从而获得最大的进气量。但是需要注意的是，这个方法在发动机高速工作条件下效果很好，而在低速工作条件下则不尽然，此时，延迟关闭进气门会导致进气能量溢出燃烧室，造成能量的损失，不利于后续的压缩行程工作。

设计气门升程参数时，我们也会遇到类似的困惑。一般情况下，我们可能倾向于增大气门升程，这样的话，可以在气门打开时减少气体流动的阻力，有利于更快地吸入混合气并排出废气。在发动机高速运转的条件下，这样做是可以的，但是在低速时就不行了，它会造成更多的气门升程损失，或者说，发动机低速工作时，气门升程越大，气体进入燃烧室就越慢、越平缓，越不会形成湍流[29]，并且也有湿壁的风险，造成了能量的损失。相反，如果在低负载下使用小的气门开度设计，则简化了配气机构，也减少了能量损失。由此可见，小的气门开度不利于发动机高速性能的发挥，大的气门开度也不利于发动机低速性能的发挥[30]。在过去，我们通常只能采用固定升程的结构设计，现在好了，有了更加合适的新型的设计方法，升程参数能够按需调整了。

在过去二十余年中，对发动机气门正时和气门升程的控制越来越复杂，通过设置高速和低速两套凸轮轴实现相位调整的正时系统已经获得了普遍应用。在常规的、使用单个凸轮轴结构的情况下，气门相位变化是固定的，可以让气门正时滞后大约 10°，从而在气门提前打开的情况下显著提高发动机的负载工作能力。如果发动机使用了单独的进气凸轮轴和单独的排气凸轮轴结构，每个凸轮轴可以独立设计和调整，此时，发动机负载和转速的高效调整范围就可以更大一些。类似地，使用两套或者多套独立的正时系统结构，将会带来更好的控制效果，但也使得结构趋于复杂。如果正时能够随着发动机工作状态的变化而自动进行连续调整，其控制效果必将更加优秀（图 2.4）。

还有更好的气门控制方法，就是凸轮轴形状调整技术（Cam Profile Switching，CPS），它使用了两组不同形状的凸轮，只需要在两组不同形状凸轮之间进行切换，就能够实现对正时和升程参数的调整。发动机工作过程中，一组凸轮用于发动机常规工况时的控制，另外一组凸轮专门为发动机高速工况而设计，但是这种方法也仅仅是在两组凸轮中选择一组实施控制，所起的作用较为有限。为了改善这种限制，发动机制造商采用了更多、更复杂的方法实现对气门升程和正时的控制，例如，断续或者连续的可变气门正时控制（Variable Valve Timing，VVT）、可变气门升程控制（Variable Valve Lift，VVL）或者两者兼用。宝马汽车公司利用凸轮轴斜齿链轮实现对气门正时的连续调节，

29　T. Wang，D. Liu，G. Wang，B. Tan and Z. Peng，Effects of variable valve lift on in-cylinder air motion. Energies. 8，2015，13778–13795.

30　F. Uysal，The effects of a pneumatic-driven variable valve timing mechanism on the performance of an otto engine. ournal of Mechanical Engineering 61（11），2015，632–640.

图 2.4　丰田新款 dynamic force 发动机

丰田 2.0L 直喷直列 4 缸发动机采用先进的燃烧技术和可变气门正时技术，实现了高达 40% 的热效率。

图片：丰田汽车公司

他们开发了 Valvetronic 可变气门调整系统，利用电控凸轮轴和摇臂改变凸轮轴和气门杆之间的位置关系，使气门升程能够在 0.3~9.7 mm 范围之间进行调整（图 2.5）。通过对升程参数的灵活控制，适应了发动机转速的变化，相较于常规发动机控制，这一结构大大降低了气门的工作损失。

图 2.5　宝马可变气门正时系统（VANOS）

宝马可变气门正时系统将链轮置于凸轮轴末端的斜齿上，通过油压调整链轮，实现凸轮轴相对位置的调整，来调整正时参数。

资料来源：BMW（宝马）

　　不同厂商所使用的可变气门正时控制方法也各不相同。本田公司早期的发动机所使用的技术称之为 VTEC，它采用了改变凸轮轮廓的方法，发动机工作过程中，可以在两组凸轮轮廓之间切换，低速工况下能够实现平稳高效的运行，当发动机转速达到 4500r/min 时，切换到另外一组凸轮，以确保高速工况下也能发挥出良好的性能。本田公司在最新的发动机上使用了新型的 VTEC 技术，它是一个三级独立的凸轮轴结构，能够适应高、中、低三种不同转速下的发动机工作。通用汽车公司所采用的方法则是进气门升程控制，利用凸轮改变摇臂的中心点，从而实现升程参数的调整。菲亚特公司的 MultiAir 系统使用了电液控制技术，利用机油压力驱动进气门，实现了升程和正时参数的同时控制。

　　如前文所述，使用复杂的气门控制技术可以实现对发动机工作参数的调整，我们甚至可以使用这一技术重新设计发动机的四个行程过程，阿特金森（Atkinson）循环发动机控制就是一个很好的例子。阿特金森循环发动机是奥托四冲程发动机的一种变形，其起源可以追溯到 19 世纪中期。它的基本控制思想是：既然希望发动机在做功行程中获得更多的燃油燃烧功率，那么就要放弃奥托循环所采用的等长度行程设计，而采用一种更长尺寸的新型做功行程设计（图 2.6），增长活塞工作行程，使发动机可以从燃烧过程中获得更多的能量。丰田普锐斯是第一个采用这种发动机循环的量产车型，它延迟了发动机进气门的关闭时间，使得一部分进气可以返回到歧管中，有效地缩短了进气行程，相对地，就使做功行程增加了，这一措施显著提升了发动机的效率，但是也损失

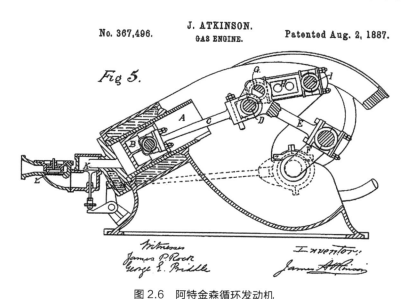

图 2.6　阿特金森循环发动机

阿特金森循环最初可追溯到约翰·阿特金森（John Atkinson）在 19 世纪中期提出的想法，它使用了多连杆机构实现更长的做功行程和更短的进气行程，与等行程设计相比，它使活塞获得了更多的燃烧能量。

了一部分功率。为了解决这个问题，可以通过涡轮增压等方法压缩吸入的气体，补偿压缩行程过短造成的功率损失，这就需要采用米勒循环技术。很多厂商正在尝试调整VVT 技术以获得米勒循环或者阿特金森循环，然而实际上，这些新的工作循环并不是对发动机工作状态的微调，而是改变了四冲程发动机的基本工作方式，这样的技术真的会有期待中的效果吗？

同样令人感到炫酷的是，利用先进的气门控制技术可以随意改变发动机的排量。通过同时关闭进气门和排气门，可以停用部分气缸（cylinder deactivation），使发动机的输出仅仅是少数气缸工作的结果，这也是发动机的一种可变排量（variable displacement）工作方式。在这种工作方式下，停用气缸的进气门和排气门始终保持关闭状态（图 2.7），也不再对停用的气缸供给燃油和空气，停用的气缸起到了一种空气弹簧的作用，活塞上行时，压缩气缸内已有的空气形成了一种空气弹簧效应，实现能量的存储；活塞下行时释放这些能量，活塞仅仅处于运动状态，不会帮助也不会严重阻碍发动机的正常工作，这种工作方式可以回收超过 90% 的能量。当需要发动机产生更大动力时，被停用的气缸将重新投入运行。依靠这种方式，可以显著提高发动机低负荷工作条件下的工作效率，也可以保证在高负荷工作条件下的性能输出。对于 V8 发动机而言，在汽车巡航时，发动机可以像四缸发动机一样工作，按照近似于四缸发动机的性能输出；在需要更高功率输出时，又可以恢复到八缸发动机的工作状态[31]。

以上的先进技术已经让人目眩迷离，但是技术的进步还远不止于此。可变气门控

图 2.7　马自达气缸停用技术

用第一和第四气缸上的液压间隙调节器移动摇臂支点，可以实现发动机排量的调整。摇臂支点一般在中心点处，当气缸停用后，支点调整到了气门侧，气门就能够保持关闭状态。由于工作时只有两个气缸点火工作，容易引起发动机的振动，为了减振，需要在变速器中设计离心减振器。

图片：马自达

31　F. Millo，M. Mirzaeian，S. Luisi，V. Doria and A. Stroppiana，Engine displacement modularity for enhancing automotive s.i. engines efficiency at part load. Fuel 180（September），2016，645–652.

制技术的最大优势就是可以对每个气门都能够进行个性化的、独立的、精确的控制，例如，一些大型船用发动机对每个气门采用了单独的电磁控制，瑞典 Freevalve 公司也制造了一台原型发动机，使用了气动执行器实现气门的独立控制。在控制过程中，通过计算机，可以快速地打开和关闭气门，迅速地调整每个气门的正时和升程参数，使之实时地适应发动机工作条件的变化。相对比，如果还继续使用凸轮轴机构的话，则不得不花费更长的时间以完成气门的开启和关闭过程（这个时间可以由椭圆凸轮角定义）。利用独立的电磁控制气动系统，气门从关闭到完全打开非常迅速，其升程曲线几乎是垂直的阶跃形状。采用这样的技术，也避开了原来的系统设计过程中不得不考虑的多参数权衡和多性能折中妥协的设计思想（图 2.8）。

另外，采用该技术，可以取消发动机原有的凸轮轴、推杆、摇臂和滚子，减小了运动副之间的摩擦，也明显降低了发动机的重量和体积。Freevalve 公司针对直列四缸涡轮增压发动机，进行了可变气门独立控制的试验，根据试验报告，发动机的峰值功率提升了 40%，也提高了燃油经济性，降低了冷起动时的污染物排放，其整体更轻，也更小，并且其成本并不比对标的发动机高（图 2.9）[32]。

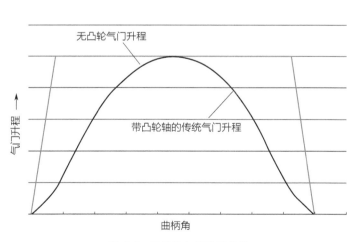

图 2.8 无凸轮气门升程曲线

与机械凸轮轴控制气门的模式相比，独立的电磁控制气门模式的运动响应速度更快，升程曲线近似于垂直的阶跃形状，可以实现更快、更精确的气门正时调整。

图 2.9 Freevalve 公司的气门

瑞典 Freevalve 公司的电控气动气门执行器与传统发动机气门结构设计大为不同。

资料来源：Freevalve

探索各种各样的气门控制新技术非常有趣，这样的技术可以实现对发动机工作复杂而又精确的控制，可以用于均质压燃发动机（HCCI）或米勒循环发动机，可以实现多气缸停用工作模式，也可以实现废气再循环工作模式，当然，还可以实现上述各种模式的复合应用。

2.5 歧管进气

数字化控制实现了更准确的燃油供给和点火，也确保了将空气更合理地送至气缸。前文中，我们曾经将发动机比喻为一个大型的空气泵，它在高速工作时，每分钟需要多达 40lb（1lb=0.45kg）的空气，大约 500ft³（1ft³=0.028m³），这就需要在气门打开的短短几毫秒的时间之内，以一定的压力和速度完成空气的供给，完成燃烧室废气的排出，实现这一过程的方式，将会决定发动机的工作能力。

为了向燃烧室提供尽可能合理的空气量，以达到燃料完全燃烧的目的，我们在这里定义了容积效率（Volumetric Efficiency，VE）这个概念，它是指吸入空气的体积与气缸体积的比值。因为曲轴每转动两圈，对应每个气缸的一个进气行程，由此就可以计算得到，曲轴每转动一圈时，如果吸入的空气量是发动机排量的一半，那么，发动机的容积效率就是 100%。一般发动机的间隙排量很小，为了简单起见，这里忽略不计，于是就可以假定发动机的排量和气缸体积一致，并可以用气缸体积来表示。这样，当发动机在 100% 的容积效率下工作时，就相当于曲轴每转动两圈，发动机吸入了相当于气缸体积（排量）的气体。当然，实现气体在每个气缸内的均匀分配对发动机的功率输出也是非常重要的。典型的自然吸气发动机的容积效率在 75%~90% 之间，通过准确的控制技术，容积效率可以进一步提高。

气压是影响容积效率最重要的因素，进气歧管中的气压不是恒定的，在进气期间，发动机的吸气导致歧管中的气压降低，形成的低气压波通过歧管传导至通风室，而通风室中的气压相对较高，会将空气压入歧管，这样就形成了往返振荡的高压脉冲波，这种高压脉冲气体最终被压入气缸。进气行程结束后，活塞开始上行，并且进气门关闭，此时，在气缸内的高压气遇到了活塞上行产生的反向压力，形成了高压冲击波。高压冲击波沿着进气路径返回，遇到气门后又被反射回来，也形成了一种气压振荡波，这种气压振荡波受到气缸长度和体积的影响，其工作形态类似于风的脉动，与亥姆霍兹共振（Helmholtz Resonation）有些类似。

这些具有压力的气体可以提高发动机的性能，但也可能对发动机造成伤害。例如，对于具有更大通风室容积的高速发动机来说，进气歧管内的高压脉冲波会将更高密度的空气输送到气缸，从而有益于发动机输出更大的功率，但是这种高压脉冲波也会降低节气门的响应速度，从而导致发动机输出转矩的降低。实际上，在发动机一定的转速范围之内，进气歧管内的这种高压脉冲波将会在下一次进气门打开时将更多的空气推入到气缸，这将导致容积效率超过 100% 情况的发生[33]。在这种情况下，如果进气歧管的长度设计合理，气压振荡状态又与发动机的转速同步，高压振荡波又恰恰在进气门打开的时候到达进气口，这就会形成超级充气效应，又称为冲压效应（ram effect）[34]。但是，这种效应发生的转速范围很窄，具有一定的偶然性，需要气流脉冲的传播频率和发动机转速同步才行。因此，在进行发动机设计时，更多情况是需要根据设计目标的要求，对实施的技术方案及其效果有所取舍。例如，在特定的转速点上，我们可以有针对性地设计专门的进气歧管尺寸，以充分利用这种高压脉冲波来获得更大的功率输出，同时，可以借助于发动机内气压振荡发出来的声调变化（acoustic tuning），来判断气压是否升高，转矩是否增大；但如果这种专门的进气歧管尺寸已经设计完成，发动机在其他转速点工作时，就无法进行这样的判断了，发动机的工作特性也会有所降低。

最好的情况是，当发动机工况发生变化时，进气系统的结构也能随之变化。有时进气歧管需要设计得短一些，以便于低气压波能够沿着管道传播，并在一个短进气行程内形成高压返回波；有时进气歧管也需要设计得长一些，以便于气门关闭时，高压波能够沿着管道传播，并在下次进气门打开进行吸气时，能够恰好反射回来，便于高密度气体的输送。发动机高速工作时，气压脉冲波的传播速度相对固定（相当于声速），较短的歧管设计可以使气压脉冲波及时反射回来（图 2.10）；发动机低速工作时，由于每次气门开启的时间间隔要长一些，与之相应地，进气歧管也应该设计得长一些为好，但是在这种设计下，如果发动机工作在高速区域，长的进气歧管设计会形成对气流的阻碍，降低了容积效率。这样看来，对于进气歧管的尺寸设计，似乎也需要根据性能的重点要求，采取一定的折中方法，有所权衡和取舍了。

但是，越来越先进的机械设计技术和数字化控制技术，帮助我们逐渐摆脱了对技术权衡和折中妥协做法的依赖。可变进气系统（Variable Intake Systems，VIS）可以随着发动机的转速变化，自动调整进气通道的有效长度。当发动机高速工作时，采用短通

33　J.G. Bayas and N.P. Jadhav，Effect of variable length intake manifold on performance of ic engine. International Journal of Current Engineering and Technology Special Issue 5（June），2016，47–52.

34　J. Bayas，A. Wankar and N.P. Jadhav，A review paper on effect of intake manifold geometry on performance of ic engine. International Journal of Advance Research and Innovative Ideas in Education 2（2），2016，101–106.

道，可以尽可能地减小气流阻力，随着发动机转速逐渐提高，气流的速度也逐渐增大，这又有利于在短时间内用尽可能大的压力将空气送入气缸。当发动机低速工作时，采用长的进气歧管通道的效果会更好，可以借助于亥姆霍兹共振效应，形成流向燃烧室的主动压力，并使压力波的振荡与发动机转速同步，从而有利于推动空气进入燃烧室。

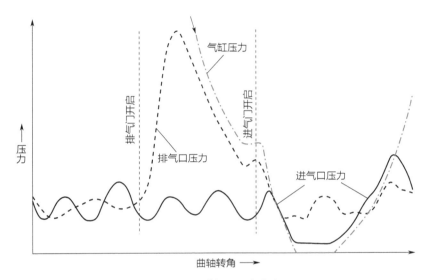

图 2.10　进气口压力脉冲

随着发动机气门的开启和关闭，进气口压力随之变化，当进气门开启时，形成明显的进气压降，然后压力再迅速回升。

可变进气系统有多种实现形式，进气歧管可以采用分段固定长度设计，例如，可以设计为两个或多个设定的长度，也可以采用连续变化长度设计。早在 2001 年，宝马汽车公司便成为全球首家能够提供无级可变进气歧管长度设计的制造商，它提出了差分可变进气系统（Differentiated Variable Air Intake，DIVA），在进气歧管内部设计有转子，该转子可以调整空气进入螺旋形歧管的进入点，从而实现对进气管有效长度的调整，长度的调整范围从不到 9in（1in=0.0254m）到超过 26in，当发动机在 3500r/min 转速下工作时，进气歧管的有效长度调整为最大，随着转速进一步升高，长度将逐渐缩短。这种可变进气方式虽然有效，但是需要对每个气缸配备较大尺寸的螺旋管道，增大了体积，也限制了它的应用。总体来看，自 20 世纪 90 年代以来，不论是分段定尺寸进气歧管设计，还是连续变尺寸进气歧管设计，都已经获得了广泛的应用（图 2.11）。

可变进气系统能够确保进入气缸的气流处于高速状态，也可以增强气流的涡旋状态，促进燃料的完全快速燃烧，避免发动机爆燃。在形状考量上，进气歧管可以设计成锥形，以实现更好的气流加速和涡旋形成，特别是在采用稀薄燃烧技术的时候更是如此。这种模式的进气系统设计机理很明了，它能够根据气压和节气门位置变化情况，操作执行器打开或者关断进气路径，效果就相当于延长或者缩短了进气路径，这样，进气气压脉动就能够更加适应发动机的转速，有利于形成主动压力脉冲，从而使发动机能够在较宽的转速范围内得到性能提高，这实际上是由各个定长进气歧管长度对应的不同性能的多个峰值曲线族代替了以前的单个峰值转矩曲线（图2.12）。当然，相对于两段或者三段固定长度进气歧管结构，采用长度连续可调的进气歧管结构会更好地适应发动机转速和负载的变化，提高发动机的性能，在应用于自然吸气发动机时，可以连续改变容积效率，甚至可以超过100%，但是连续可调的歧管设计也会导致结构复杂，成本升高。

图 2.11　马自达可变进气系统

这是一款马自达 2.6L 700hp 转子发动机，装有连续可变长度的进气歧管，长度能够随着发动机转速的变化而调整，从而获得最佳的性能。

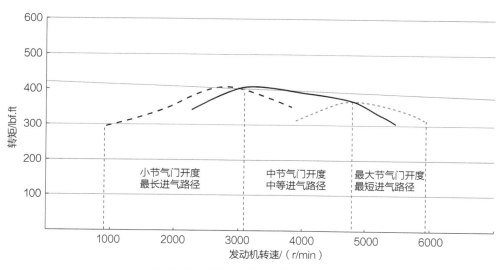

图 2.12　三级可变进气系统的工作转矩

在理想的可变进气系统中，每个进气歧管长度都会对应着特定的峰值转矩曲线。当发动机转换进气歧管设置时，它也进行了不同特定发动机转速下的最优曲线转换，从而在更宽的转速范围内实现发动机工作转矩输出能力的提高。

2.6 强制进气

将高压气流输送到气缸的另外一种方法，就是利用增压器进行强制进气，增压器结构各不相同，但是都离不开叶片和离心结构。发动机曲轴的动力通过链轮、传动带或者齿轮结构传递至增压器，增压器随之转动，进而实现对气流的增压。发动机采用增压结构后，能够增大 1/3 的转矩输出，功率的输出会增加得更多一些。

当然，发动机增压技术在增大功率输出的同时，也会带来一些问题。一个问题是，增压器能够有效提高气缸内的气压，但是也增大了压缩行程中的受力程度，增加了爆燃发生的风险，然而，如果在低压缩比发动机上使用增压器，就可以避开这个风险。另外一个问题是，使用增压器增大了进入发动机的空气流量，这也需要配合燃油量的增加，以确保合适的油气配比，但是，这样会造成燃油经济性的降低。然而，如果我们将注意力放在增压技术带来的巨大优势方面，就知道它能够有效地提升发动机的功率，在同等输出功率下，可以减少发动机尺寸，这样综合来看，发动机的燃油经济性反倒获得了提高。

当然，增压器也要依靠发动机产生的一部分功率驱动，这样才能实现发动机输出功率的提高，这样做其实也增加了发动机的负荷。因此，在发动机传递至增压器的功率和曲轴输出的功率之间，应该进行一定的功率分配权衡，以确保效率最优，这也应该算是一种折中妥协的设计方法了。一个替代的方法是使用发动机排出的高温废气的能量去驱动增压器，这就构成了涡轮增压器（图 2.13）。据统计，燃油燃烧产生的能量中，有 1/3 是通过废气排放浪费掉了[35]，使用涡轮增压器可以利用这一部分浪费的能量去提高发动机的功率输出能力。涡轮增压的基本工作原理是：将一个涡轮放置在排气系统中，排放的高温废气能够驱动它旋转，进而再带动与之相连的进气系统中的压缩机旋转。涡轮增压器的工作转速可以高达 150000r/min，由于它是由排出的高温废气驱动的，所以它的工作温度也非常高，因此，涡轮增压器需要进行仔细的动平衡设计，选用高强度轴承，并进行精确的工艺加工。采用涡轮增压器后，由于高温废气的进入，进气口的空气

---

35   P. Punov，Numerical study of the waste heat recovery potential of the exhaust gases from a tractor engine. Proceedings of the Institution of Mechanical Engineers，Part D：Journal of Automobile Engineering 230（1），2015，37–48；and P. Fuc，J. Merkisz，P. Lijewski，A. Merkisz-Guranowska and A. Ziolkowski，The assessment of exhaust system energy losses based on the measurements performer under actual conditions. In E.R. Magaril and C.A.Brebbia（eds）Energy Production and Management in 21st Century—The Quest for Sustainable Energy. WIT Press，Ashurst，2014，369–378.

温度会有所上升，因此，需要采用一种称之为中冷器（intercooler）的热交换装置实现对高压进气温度的冷却，采用中冷器降温，也有助于增加进气的密度。

图 2.13　涡轮增压器

涡轮增压器包括一个由排放废气驱动的涡轮（右），与泵入空气的压缩机（左）相连，产生的高压进气气流显著提高了发动机的功率。

我们已经知道，涡轮增压器工作于极端高温和高速状态下，有可能形成这样一种不受控的主动回馈结构：它一方面显著提高了发动机的功率输出，同时也增加了废气排放的能量，废气能量的增加又反过来驱动增压器的涡轮旋转得更快，于是就使得废气排放再次加大，如此循环，很容易导致发动机过载，引发破坏性的后果。为了避免出现这种情况，可以增设废气旁通阀，让一些废气不再流经涡轮，从而限制了这种泵压的正向增强趋势。类似的情况也需要在换档或者减速过程中予以关注，此时，需要泵压迅速消失，为了达到这种目的，可以使用卸压阀快速降低进气压力，从而降低发动机的转速。

在使用涡轮增压器提高发动机性能过程中，需要选择具体的技术方案。考虑到涡轮增压器的工作特点，它的加速过程是需要一定时间的，也就是说从涡轮受到废气冲击到产生实质性的增压效果之间存在着时间延迟，这称之为涡轮迟滞。使用小的涡轮能够实现更快的加速响应速度，有利于减少涡轮迟滞，但是也会降低发动机功率输出。当然，也可以使用两个小涡轮代替一个大涡轮，采用并联或串联结构的涡轮机组，当发动机低速工作时，使用一个小涡轮工作，当需要发动机高速运转时，使用第二个涡轮或者两个涡轮一并工作。利用这一策略，能够有效地控制涡轮迟滞现象，同时，也提升了发动机的性能。

另一个好的方案是采用可变截面形状的涡轮增压器。在柴油发动机上使用可变截面形状的增压器（Variable Geometry Turbos，VGT）已经有 20 年历史了，它提高了柴油机在低速工作时的输出转矩。可变截面形状增压器一般通过调整叶片的位置改变涡轮的有效形状，在发动机转速范围内实现气流的快速加速和增压，在形成高增压能力的同时，涡轮迟滞现象也不会很明显（图 2.14）。因为汽油发动机的废气温度比柴油发动机高很多，需要增压器承受更高的工作温度，使得可变增压器在汽油发动机中应用存在一定的困难。然而近些年随着材料科学和工艺的快速进步，该技术在汽油发动机上也得到了应用。

图 2.14　可变截面形状涡轮增压器

保时捷可变截面形状涡轮增压器在涡轮外部使用了导向叶片，发动机低速工作时，电控叶片倾斜形成狭窄的间隙，有利于加快排气的速度，从而使涡轮更快地旋转并避免迟滞现象。在发动机高速工作时，叶片会打开，实现全力增压。该产品在结构上省去了旁通阀。

将新型涡轮增压技术和其他技术相结合，可以产生可观的技术创新效果，获得更大的收益。例如，英国里卡多公司（Ricardo）在 Hyboost 项目中，联合使用了电动增压器、涡轮增压器，以及能量回收和存储技术，大幅减小了发动机的尺寸[36]。它综合使用了现今市场上已有的技术，利用回收的废气能量和制动能量，驱动缸内直喷涡轮增压发动机上的电动增压器，使得一台三缸 1.0L 发动机的动力相当于 2.0L 发动机，并且碳排放量大幅降低[37]，但是这项技术的成本也很高。同样地，在一级方程式赛车和奥迪的勒芒柴油赛车 R18 上，也联合使用了电动机和涡轮增压器，电动机可以增强汽车的低速加速能力，大涡轮增压器可以在高速状态下实现无迟滞加压效果。沃尔沃在 2.0L 的 T6 Drive-E 发动机动力总成中集成了机械增压器和涡轮增压器，可以产生 233kW 的功

36　S. Rajoo，A. Romagnoli，R. Martinez-Botas，A. Pesiridis，C. Copeland and A.M.I. Bin Mamat，Automotive exhaust power and waste heat recovery technologies. In A. Pesiridis（ed）Automotive Exhaust Emissions and Energy Recovery. Nova Science Publishers，New York，2014.

37　https：//ricardo.com/news-and-media/press-releases/hyboost-demonstrates-new-powertrain-architecture.

率，燃油经济性也非常好，3.79L 汽油可以行驶 35mile[38]。梅赛德斯公司在技术应用上更进一步，将方程式赛车的电动机 / 发电机总成（Motor Generator Unit，MGU）置于超级跑车（Hypercar）中，将电动机 / 发电机连接在涡轮增压器轴上，当涡轮降速时，发电动机可以回收能量，并存储在电池中，这些能量又可以用来驱动压缩机旋转，并消除涡轮迟滞现象[39]。

2.7　压缩比控制

可以看出，强制进气、可变歧管、可变气门以及到目前为止讨论的其他内容，都涉及了同一个目标：避免爆燃。通常，我们希望增大压缩比，从燃料中汲取尽可能多的能量，但是实际上又不能使压缩比过大，否则会发生燃料自燃，这样矛盾就产生了。与其通过调整外围参数实现这一目标，为什么不直接深入到问题的核心，直接对发动机的压缩比进行控制呢？现在，先进的工艺和数字化控制技术已经为我们提供了可能的解决方案。

长期以来，发动机压缩比的设计一直是各种参数权衡的过程，既要保证发动机的诸多性能，又要具备可实施性；既要有所优选，也要有所放弃，这充分体现了汽车技术中综合、权衡、折中妥协的设计理念。压缩比是发动机的设计基础，但是它又不像气门正时或者燃油配比那样容易调整，因此在新的发动机设计之初就需要认真规划。发动机在低速轻载运行时，大压缩比有利于提高燃油经济性，也意味着高的工作效率，将压缩比从 8 提高到 12，可以将发动机燃料燃烧化学能到机械能的转化效率提高 20% 以上，这也体现了热效率的提高（图 2.15）[40]。当发动机在低负载条件下工作时，燃料自燃的风险比较低，但是随着负载增大，也增大了爆燃的可能性。当发动机在高负载条件下工作时，燃料燃烧的温度也会升高，在同样的压缩比条件下，更容易引起自燃。当然，如果发动机只采用较小的压缩比，即使它在高负荷下工作，也可以使用更大的增压技术增大压缩比，此时不必太关注爆燃的风险。

从以上分析可以看出，发动机压缩比的最终确定需要综合平衡和折中考虑各种性

38　G. Witzenburg，"Volvo's T6 Engine Part of Bold Powertrain Strategy." Wards Auto June 15，2016. Available at www.wardsauto.com/engines/volvo-s-t6-engine-part-bold-powertrain-strategy.

39　A. MacKenzie，"Revealed：2019 Mercedes-AMG Project One Powertrain." Motor Trend May 30，2017. Available at www.motortrend.com/news/revealed-2019-mercedes-amg-project-one-powertrain/.

40　K. Satyanarayana，R.T. Naik and S.V. Uma-Maheswara Rao，Performance and emissions characteristics of variable compression ignition engine. Advances in Automobile Engineering 5（2），2016，1–5.

能参数，高压缩比能够产生更高的热效率、更强劲的功率输出以及更好的燃油经济性，但是也会引起爆燃。在过去，设计人员通过综合权衡，曾经给出过一种折中后的压缩比数值：对于汽油发动机来说，典型值是 10：1，最低可以到 6：1。但是马自达使用的压缩比则高达 14：1。

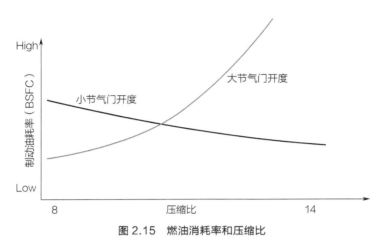

图 2.15　燃油消耗率和压缩比

发动机工作在节气门全开的高转矩工作状态时，如果采用小的压缩比，发动机的制动油耗率（Brake Specific Fuel Consumption，BSFC），即燃油消耗率就会降低，随着压缩比的提高，燃油消耗率呈指数级增长。发动机在低负载工作状态下，随着压缩比的增加，燃油消耗量降低。因此，可以看出，随着发动机工作状态的变化，有必要相应地对压缩比进行调整。

资料来源：D. Tomazic，H. Kleeberg，S. Bowyer，J. Dohmen，K. Wittek，and B. Haake（FEV），Two-Stage Variable Compression Ratio（VCR）System to Increase Efficiency in Gasoline Powertrains DEER Conference 2012，Dearborn，October 16th，2012.

如果能够设计一种可以在工作过程中实时调整压缩比的发动机，或许会避开现阶段所不得不采用的技术权衡和性能折中的设计理念（图 2.16）。如果发动机只采用固定压缩比，则会限制多种替代燃料的应用，如果采用压缩比调整技术，则可以实现从植物油到柴油、从氢能到甲烷的多种燃料的使用。采用可变压缩比技术（Variable Compression Ratio，VCR），在保证燃油效率并输出足够功率的条件下，可以实现发动机更强劲的进气，从而大幅减小发动机的尺寸，使之体积更小，重量更轻，动力更强劲。需要注意的是，在进行压缩比调整过程中，一般需要在改变机械结构的同时，不会导致发动机重量更大，或者控制更复杂。在压缩比的调整方法方面，从理论上来说有两种技术方案：一种是改变气缸的容积，另一种是改变活塞的行程。

调整气缸容积的一种简单方法是改变活塞头部的结构。高性能发动机制造商会经常加工或更换活塞头以实现压缩比的调整。例如，福特汽车公司和戴姆勒·奔驰汽车公司试验了一种头部和裙部可以滑动的活塞结构，实现了对活塞头部高度的调整。在活塞内部设计液压系统，推动活塞头相对于内部活塞体的上下移动，也可以实现活塞高度以及压缩比的调整。这种通过活塞头部结构的改变对气缸容积进行调整的方法虽然不需要改变发动机的整体结构，但是却增加了发动机的复杂性和转动惯量。

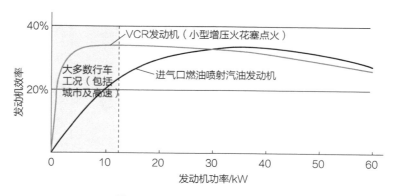

图 2.16　VCR 发动机的效率提升

VCR 发动机一般不会在全部工作范围内实现效率的提高，但它确实能在最常用的驾驶工况下显著提高效率。

资料来源：A. Baheri and M. Tajvidi，Simulation and analysis of an internal combustion engine with variable compression ratio. International Journal of Engineering Sciences & Research Technology 4（12），2015，757–763.

在不改变活塞结构的情况下，通过移动气缸盖也可以实现压缩比的调整。多年前，萨博（SAAB）汽车公司的工程师利用一种铰接气缸盖实现了这一功能，气缸盖和气缸体组合为一个整体，并与下部的曲轴箱连接，轻微地移动气缸盖，可以将压缩比从 8∶1 调整到 10∶1，配合以强制进气，使得系统效率、燃油经济性和输出功率都获得了提升，在 1.5L 发动机上可以获得 225hp 的功率[41]。但是美中不足的是，具备该技术的发动机量产成本也很高。

通过在常规活塞的头部再增加一个可以调节的活塞，能够更简单地获得类似的压缩比调整效果，当可调节的活塞进出气缸的时候，就改变了气缸的容积和压缩比。莲花汽车公司研发的 Omnivore 发动机就使用了这种技术，它是一种二冲程发动机，缸体和缸盖一起铸造，一个小型活塞能够滑入和滑出气缸，从而有效地改变了燃烧室的容积。该发动机可以使用多种燃料工作，发动机的名称也由此而来[42]。

另外一种调整压缩比的方法是改变活塞行程，最直接的办法就是改变连杆的长度。通过适当地增加连杆长度，气缸的容积就可以显著减小，也就改变了的压缩比。德国

41　M.P. Joshi and A.V. Kulkarni，Variable compression ratio（vcr）engine：A review of future power plant for automobile. International Journal of Mechanical Engineering Research and Development 2（1），2012，9–16.

42　Case Study：Omnivore Research Engine. Available at www.lotuscars.com/engineering/case-study-omnivore-research-engine.

FEV 公司采用了一种偏心活塞销连接的方法，通过连杆内置的两个塞子实现偏心的调整（图 2.17），它不需要额外的主动控制，只是根据惯性力和燃烧压力信息就可以将压缩比从 8.8 : 1 调整到 12 : 1[43]。保时捷公司也在研究海力达国际公司（Hilite International）的相关产品。

很多变压缩比设计体现在对曲柄连杆机构的改进上，似乎这种方法在汽车制造商中更受青睐，得到了普遍使用，这可能是因为这种结构工作稳定，容易通过机械控制实现，并且只增加了非常小的发动机振动质量。还有一些方法通过采用偏心齿轮替代曲轴旋转，或者采用作动器对曲轴的相对位置进行调整，通过专门设计一定的进气排气策略，在节气门位置超出一定的范围时降低压缩比。日产、标致、讴歌以及其他公司多年来一直采用与之类似的变压缩比方法，目前最有前景的方法似乎是在活塞杆和曲轴之间设计一套多连杆机构，相当于改变了曲轴的位置，这套多连杆机构通过控制偏心转子执行器、液压活塞以及其他的机构来实现活塞行程的改变。

图 2.17　可变连杆

FEV 公司采用了一种偏心活塞销连接的方法，通过连杆内置的两个塞子实现偏心的调整，减小了 VCR 发动机可变压缩比改装的工作量。

图片：FEV

最先进的多连杆技术来自英菲尼迪公司（图 2.18），这家日本汽车制造商在 2019 年第一次在 QX50 车型上使用了变压缩比技术，创新性地设计了一种 2.0L 四缸涡轮增压发动机[44]。活塞连杆并不直接与曲轴相连，而是连接到了多连杆机构上，一侧连接活塞，另一侧连接执行器的臂，曲轴位于中间。电动机驱动执行器臂运动，并带动多连杆机构的一侧上下运动，这将带动多连杆结构的另外一侧，也就是活塞连杆的一侧也发生运动，从而可以调整活塞的行程。这种结构可以实现奥托循环或者阿特金森循环，需要大压缩比时，可以使用长的活塞行程。由于活塞连杆在工作过程中几乎都处在竖直位置，而且多连杆结构的设计也保证了更加稳定的往复运动，所以该发动机与常规发动机相比，工作更平稳，也更安静。

43　S. Asthana，S. Bansal，S. Jaggi and N. Kumar，A comparative study of recent advancements in the field of variable compression ratio engine technology. SAE Technical Paper 2016-01-0669，2016.

44　"Infinity Develops a Variable Compression Ratio Engine"．Available at www.ADandP.media.

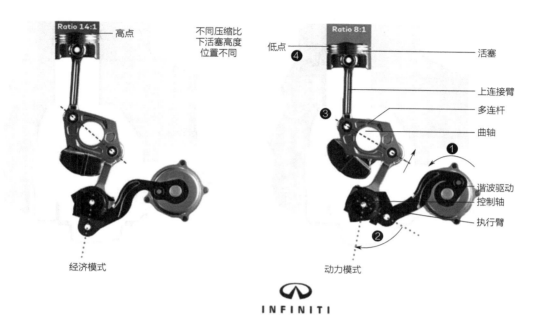

图 2.18　英菲尼迪变压缩比 VCR 发动机

英菲尼迪生产了第一台量产的可变压缩比发动机，谐波驱动器带动执行器臂运动，使控制轴旋转，从而改变了活塞的行程，调整了压缩比。

资料来源：英菲尼迪

　　法国 MCE-5 公司开发了智能可变压缩比系统（VCRi），并应用在了四缸发动机上（图 2.19），它的设计和英菲尼迪的技术并不完全一样。MCE-5 公司一开始与标致汽车合作，现在和东风汽车合作，它希望在未来的几年内能够实现第一台变压缩比米勒循环发动机的量产。在该结构中，与气缸临近的液压活塞与下部连杆一起运动，从而改变了活塞的行程[45]。这种设计可以实现对每个气缸的单独控制，功能先进，非常具有创造性，但是也需要对活塞进行复杂的控制才行。它是否具有产业化优势还不得而知。但是供应商却持有肯定的态度，他们认为，这样的设计能够实现更快速准确的变压缩比控制，减轻爆燃，并能够与均质充量燃烧（HCCI）等燃烧模式相配合。同时，这种结构也削弱了气缸组件累积误差对发动机性能的影响，可以采用更大一些的公差配合，从而降低生产加工的难度和成本[46]。

45　Cost，Effectiveness and Deployment of Fuel Economy Technologies for Light-Duty Vehicles. Committee on the Assessment of Technologies for Improving Fuel Economy of Light-Duty Vehicles，Phase 2，Board on Energy and Environmental Systems Division on Engineering and Physical Sciences National Academy of Sciences，Washington，DC，2015.

46　作者在 MCE-5 公司与 Frederic Dubois 的交流。

图 2.19　智能变压缩比（VCRi）发动机

法国 MCE-5 公司的智能变压缩比技术可以将压缩比从 8：1 连续变化到 18：1。利用发动机惯量驱动
调节机构，使压缩比在不到 0.1s 内发生变化，并且可以实现压燃点火模式。

资料来源：MCE-5 DEVELOPMENT

　　总之，变压缩比的调整范围可以很大，它的主要潜在优势在于效率的提升。

　　以上阐述的这些机构设计以及任何一台现代发动机的总体设计都是一项复杂的工作，牵一发而动全身：增压的同时必须要降低压缩比；增大气门升程提高了功率，却损失了效率；延长进气歧管实现了更好的巡航性能，却降低了动力输出。诸如此类的矛盾性两难问题还有很多，无法完全列举。幸运的是，在现如今，随着技术的进步，类似的两难问题越来越容易解决了，也渐渐地不再需要以前的技术权衡和性能妥协的解决方法了。也就是说，现代汽车电子技术和工艺创新的进步已经消除了一些曾经困扰汽车设计的两难问题，让发动机比以往输出的功率更大，效率更高，也更清洁，这样的技术实在是太炫酷了！

第3章

传动系统

　　发动机设计和控制方面的最新进展令人耳目一新，但是仅仅依靠发动机技术的进步还不足以推动汽车工业的跨越式发展，还需要依靠先进技术将发动机的动力有效地传递到车轮，或者说，发动机和车轮之间的传动系统的设计和性能也应该像发动机技术一样先进和高效，事实也确实如此。如同发动机一样，现阶段传动系统零部件及其控制的技术创新进一步促进了汽车工业的变革，深刻地改变了汽车的工作性能和驾乘体验。

　　传动系统应该具备各种完善的功能。例如，一种显而易见的需求是，应该有一种耦合连接器，它能够及时地连接或者断开发动机与传动系统之间的动力传输，如果没有这个耦合器，汽车将会不停地随着发动机的旋转而行驶下去，当然，这个耦合器的功能并不局限于单单使汽车停下来。另外，我们也需要换档，其原因也很明显，发动机工作时能够产生有用功的转速范围并不大，我们可以合理地假设为 1500~6000r/min 之间，假设汽车在 5mile/h 的速度下行驶时，车轮的转速为 80r/min，汽车在 70mile/h 速度下行驶时，车轮的转速为 1200r/min，车轮的转速在这里有 15 倍的差距。然而对于发动机来说，尽管它的转速范围看似很宽（如上文所述），但是它能够发出功率并高效工作的转速范围却非常窄，根本无法达到 15 倍的差距。如果不使用齿轮及变速装置，而是将发动机与车轮直接连接起来，就算汽车行驶在 30mile/h 的速度下，发动机的功率、转矩和效率表现也会是非常糟糕的。再者，当汽车转向时，左右车轮的转速不一样，外侧车轮比内侧车轮转过的路径要长，如果我们处理不好这个问题，在转向时轮胎就会发生打滑，不仅导致轮胎的快速磨损，也会使汽车丧失操作稳定性，带来可怕的安全问题。以上这些仅仅是诸多问题中的几例，如果要解决所有的问题，我们需要的就不仅仅是基本的动力传动功能了，而是更加先进完备的传动系统，这里涉及了大量的技术创新工作。

传动系统设计不仅需要好的创意和先进的材料，而且也需要科学的数字化控制技术以及合理的可实现性。在自动变速器和手动变速器的控制中，我们已经大量利用了数字电子化控制代替传统的液压控制，采用了先进的传感器以及复杂的控制策略，例如人工智能、模糊控制以及其他先进算法，使得控制效果不断超出我们的想象。正在开发以及已经量产的先进系统已经在不同程度上可以预测汽车行驶过程中的转矩和功率分布情况，能够及时地识别轮胎打滑，并对轮胎的受力分布进行调整和补偿。现代技术的应用甚至促进了智能轮胎的产生，它能够测量、评估、并自适应行驶路面的情况。简而言之，所有这些都展现了传动系统的未来！

3.1 传动系统的作用

我们已经知道，发动机输出的动力通过传动系统推动汽车行驶，这一过程究竟是如何实现的呢？汽车行驶过程中需要克服轮胎所受到的滚动阻力、传动轴承的摩擦力、爬坡阻力还有行驶过程中施加在汽车上的空气阻力。我们将在第 8 章中对此进行详细的讨论，但是在这里需要强调的是，空气阻力的大小随着汽车行驶相对速度的增加呈指数增长，而滚动阻力则呈线性增大。因此，可以说汽车在低速行驶状态下，滚动阻力占主导，但是在高速行驶状况下，空气阻力将成为主导（图 3.1 ）。

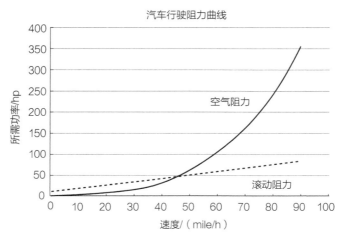

图 3.1 汽车行驶阻力

随着汽车行驶速度的提高，滚动阻力和空气阻力增加。但是，空气阻力是速度的平方函数，使其在汽车高速行驶时成为主要阻力。

　　发动机输出的转矩需要满足车轮的转矩需求，以便于克服汽车行驶过程中的阻力。我们先看看发动机输出的转矩和功率情况。发动机在一定的转速下输出的转矩直接与活塞在做功行程中受到的力相关，它是活塞通过连杆施加在曲轴上的力与曲轴有效臂长的乘积，因此我们使用力和长度的单位来衡量转矩，例如"磅英尺（lbf·ft）"或者"牛米（N·m）"，工程师也希望采用磅力（lbf）来表示力的单位，这可以与作为质量的单位"磅（lb）"区分开来。我们也已经知道，发动机只能在一定的转速范围内具有较好的输出性能，低于或者高于这个转速范围，发动机的燃烧效率就要大打折扣，因此，发动机在低速或者高速工作时，输出的转矩曲线就会降低，而在中间速度范围内，就可以输出最大的转矩特性。在前面章节中我们已经讨论过，发动机及其控制技术已经获得了很大的进步，已经扩大了发动机最大转矩输出的转速范围，转矩曲线变得更宽，输出最大转矩数值的一致性也更好，或者说转矩曲线的形状变得更平直了。

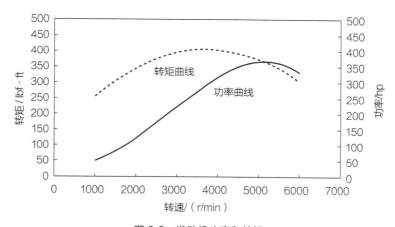

图3.2　发动机功率和转矩

　　这是一个典型的发动机转矩和功率曲线，可以看出，随着转速升高，转矩进入平台期并基本稳定，而功率还要继续升高，直达发动机的工作能力限值。

　　转矩和功率是两个完全不同的概念，其定义也不同（图3.2）。通过基本的物理知识我们可以知道，转矩表达了在某一时刻的旋转力，功表示力与距离的乘积，功率则表示了单位时间内的做功能力。举一个例子，用50lbf的力推动一辆已经机械制动的汽车，如果没有推动，这时候就没有做功（尽管人通过肌肉出了力，肌肉也表现了绷紧的动作，但是也只是肌肉做了功，推动汽车移动一段距离的目的却没有达到）；如果松开制动装置，再推动这辆车移动20ft，这样就会产生1000ft·lbf（1356W）的功（力50lbf×距离20 ft），这里的单位采用ft·lbf表示功，以区别转矩的单位lbf·ft，这里也使用了磅力lbf以区别重量或者质量单位磅lb。尽管做了这么多的功，我们仍旧不知道用了多大的功率，由于功率是和时间相关的一个量，为此，我们就需要考虑花费了多长时间来完成这项工作。如果花费了 1h 的时间将车移动了 20ft 的距离，我们做出的功率就为 50 lbf × 20 ft/60 min ≈ 17ft·lbf/ min，考虑到 1hp（1hp=0.746kW）定义为在一分钟时间内将一个 550 lbf 质量的物体移动 1ft 所做的功（即为 550 ft·lbf/min），我们施加的功率就大约为 0.03hp，如果我们在 5s 内将汽车移动了 20ft，那么我们施加的功率就是 50 lbf × 20 ft/0.083min ≈ 12048 ft·lbf/min，接近 22hp。通过以上的例子，功率大小的概念就应该很清楚了。

理解功率概念的关键是，功率不仅仅体现了做功的大小，也体现了做功的快慢。回到发动机工作上来，发动机转矩仅在做功行程中产生出来，大约在活塞杆垂直于曲轴半径方向时达到最大，发动机的功率则是所有气缸产生的功率的总和。发动机转速越高，在单位时间内就会有更多的做功行程，也就会产生更高的功率。如果再将发动机转速提高 1 倍，在其他参数不变的情况下，发动机的功率也会随着提升 1 倍。对于发动机转矩来说，就像我们在图 3.2 中看到的那样，与发动机转速的相关性不大。

当然，发动机功率的增加并不会一直持续下去。在第 2 章我们已经了解到，发动机加速到最高工作转速附近时，它的吸气能力和燃烧能力将会降低，因此，在发动机的一些工作点上，我们会看到发动机功率会随着转速的增加而有所降低。正因为如此，我们就不应该仅仅通过最大功率这个参数评价不同发动机的性能，最大功率仅仅表明发动机在特定转速下的功率最大值，无法具体体现发动机在其他转速点的工作能力（图 3.3）。

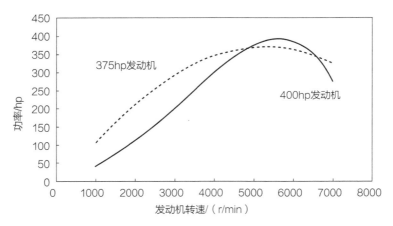

图 3.3　不同发动机的功率曲线

通过最大功率来评价发动机的性能是不全面的，例如图中的情况，尽管一台发动机的最大功率要高，但是小功率发动机却能在更大的工作转速范围内产生更大功率，因此，仅凭发动机的最大功率这个参数来评价发动机的性能就有可能产生错误的结论。

我们不应过度关注功率这个参数的另外一个原因是：真正重要的不是发动机的功率，而是通过传动系统传递到车轮上的功率。通过传动系统中的齿轮传递转速和转矩，可以实现车轮驱动功率和转矩的调整分配。齿轮类似于一种旋转杠杆，可以实现转速和转矩的变化，当小齿轮驱动大齿轮时，输入端小齿轮的转速快，输出端大齿轮的转矩大；如果反过来，大齿轮驱动小齿轮时，大齿轮的相对转速会慢一些，小齿轮的转速会快一些，但是小齿轮传递的转矩会降低。不论是以上哪种情况，齿轮啮合不能无端创造出功率，他们传递的功率是不变的，只不过传递功率的转速点要发生变化。也就是说，发动机的动力输出经过传动系统，在车轮端形成的转矩是要发生变化的（包括转矩和对应的转速点）。或者也可以这样说，发动机的转矩曲线虽然只有一种，但是我们可以通过选择不同的齿轮传动结构（或传动比），从而在车轮端获得更多的工作转矩特性曲线。

汽车加速也是需要一定功率的，汽车在平直路面行驶过程中，一部分功率用来克服行驶滚动阻力和空气阻力，剩余的功率越大，汽车的加速性能就越好。举例来说，当速度仅为 10mile/h 的时候升入五档，此时车辆就无法快速加速了，因为此时车轮获得的牵引力不足以克服汽车的行驶阻力。当车辆处于低档位时，车轮端能够获得更大的牵引力，从而实现强劲的加速；但如果一直不换档，车辆很快就会达到档位允许的最高速度而无法继续提速。由此可以看出，采用变速器传动的优势是：我们可以在低速下实现快速加速，通过换档，可以实现在高速状态下的加速。

理解以上内容就可以评估汽车的一些关键性能了。例如，在汽车行驶的一些速度点上，如果发动机输出功率的能力与汽车行驶需求的功率相等，就会达到汽车的最高车速（在稳定性、机械结构等参数允许的情况下）。汽车在低速行驶时，一般使用变速器的低速档，此时会有更多的剩余功率（图 3.4），或者也可以说，降低传动比可以增

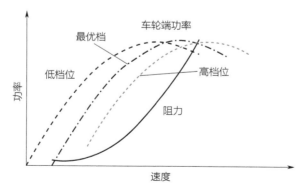

图 3.4 换档性能

发动机功率传递到车轮，克服了汽车行驶时的路面阻力和空气阻力后，剩余的功率决定了汽车的加速能力，低档位下的最高车速会受到限制，高速档下的加速能力会受到限制。

强低速超车时的加速能力；相反，在变速器处于高速档位驾驶汽车时，虽然发动机的工作转速有所降低，并且工作更高效更平稳，但是此时的剩余功率也会有所降低，使高速时的超车性能受到限制。早期的高性能变速器经常将最高档设定为直接档（传动比为1∶1），但通常的超速档传动比这个要大。

以前，换档过程通常会伴随着转矩的突变，这是因为换档时发动机转速仍然在攀升，从而导致有效转矩的下降，我们称之为转矩中断（torque interruption）。如何最大限度地减少转矩中断，从而在加速过程中实现持续而平稳的转矩传递，是判定车辆性能好坏的一个关键。当车辆加速时，人们会很自然地体验到这种效应，这是因为升档时发动机的转速会随之降低，如果配合不当，加速过程就不会特别平顺。这样，每次换档时驾驶人都会体验到冲击，曾经这种不太好的体验是一种常态，但是随着变速器技术的提升，换档冲击显著降低了。

设置更多的档位有助于减少转矩中断，可以使发动机的工作范围更多地集中在其高效区，从而提高燃油经济性。在发动机的万有特性图中，处于低速端的范围是发动机单位功率燃油消耗（Brake Specific Fuel Consumption，BSFC，即燃油消耗率）最小的区域（图3.5），如果汽车在不同速度下行驶时，变速器的使用可以使发动机工作点尽可能在这个区域内，就会提高其燃油经济性。实际上，以工作高效为目标，现今使用多档变速技术的量产汽车越来越多，它可以使发动机工作在高效范围，避免了发动机转速的波动（转速的波动对效率的损害非常大）。十年前汽车上普遍使用的四档、五档变速器，已经逐渐被现在的至少六档或者八档变速器替代，甚至增加到九档、十档，甚至更多档位。

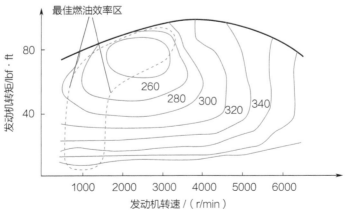

图3.5 燃油MAP图

燃油MAP图表明了发动机不同转速和转矩范围内的燃油消耗率BSFC[g/（kW·h）]，左侧为低油耗区，因此，对于任何给定的转矩要求，最有效的工作区域就是发动机转速较低的左侧。

　　换档过程中，可以有不只一个换档点，此时，换档时机就非常关键了。如果一直
到最大牵引力的时候才开始换档，虽然换档的功率很大（图3.6），车辆加速也快，但
是会导致过高的燃油消耗量；另一方面，提前换档虽然可以显著提高发动机的燃油经济
性，但是加速性能也将受到不利影响。同时我们也将看到，自动变速器的换档时间依赖
于车辆的设计取向和驾驶工况，如果汽车配备了不同的驾驶模式，则驾驶人对驾驶模式
的选择也会是换档时机的一个重要影响因素。

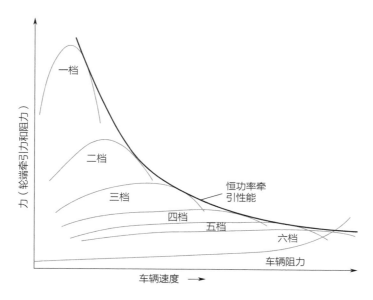

图 3.6　牵引力

　　作用在车轮上的牵引力随着变速器传动比的不同而变化，当汽车加速时，必须换档以继续输出驱动力。
但是，在某些速度下，如果滚动阻力和空气阻力超过了牵引力，就无法继续加速了。除此之外，如果变速器
设计了更多的传动比，每个档位之间都不会使牵引力降低太多，同时，汽车在不同速度下行驶时，发动机也
可以保持在理想的工作转速下了。

　　变速器的基本换档逻辑可以通过图形来理解[47]。图 3.7 中的两条曲线分别表示升档
点和降档点，两条线之间的区域代表了在任一给定档位下可能存在的行驶状态。可以看
到两条曲线之间存在着不小的空间，也就是即便车速和节气门开度相同，升降档的时机
也不同，这样做是为了避免不必要的频繁换档。假设汽车的行驶状态处于两条曲线之
间，如果大幅踩下加速踏板就会降档以增加轮端转矩，从而实现车辆的加速；而在加速
过程中再保持同样的节气门开度，车辆则不会换档；当轻微地踩下加速踏板，车辆速度
提升时，系统则会自动升档以提升燃油经济性。当车速没有变化，深踩加速踏板则会导

47　　M.G. Gabriel，Innovations in Automotive Transmission Engineering. SAE International，Warrendale，PA，2003.

致降档或保持档位；如果系统监测到速度降低而加速踏板位置没变，则会认为车辆在爬坡，这时会自动降档以提升动力。

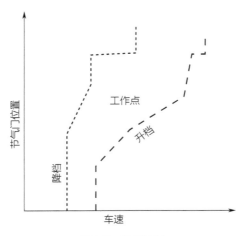

图 3.7　换档控制

换档时刻的速度随着驾驶条件和油门位置的变化而变化。大幅加速时，升档会延迟以确保获得最大的超车转矩；节气门开度小时，升档操作一般会发生在较低发动机转速下，以确保燃油经济性。

资料来源：Adapted from M.G. Gabriel, Innovations in Automotive Transmission Engineering. SAE International, Warrendale, PA, 2003.

　　汽车的定位也决定了换档特性。例如大型车具有大的滚动阻力，这就需要在低速区进行降档；如果汽车的风窗玻璃太大，高速行驶时空气阻力是主要阻力，此时，一般在高速区降档；如果希望能高速平稳驾驶，有可能就需要增加一个额外的超速档。总之，对于汽车性能和优先级的预期包含很多内容，例如期望的牵引能力、目标最高车速、发动机特性以及其他的一些参数要求等，为此，需要对变速器及齿轮组进行优化设计。正像前面讨论过的那样，关键的参数仍旧是合理的传动比，在最高 / 最低档之间合理分配中间档位的传动比。

3.2　离合器

　　我们有了汽车行驶和换档的概念，现在以实际的变速器为出发点说明各传动零部件的工作方式。先从最简单的手动变速器开始，分析与之关联的最基本部件——离合器。手动变速器需要通过驾驶人操作变速杆实现换档，以满足汽车行驶的需要。为了达到这个目的，需要在发动机和变速器之间设置一个离合装置，这不仅能够实现发动机不停机状态下的汽车停车，也可以平顺地断开和结合发动机与传动系统之间的连接，以便于实现换档操作。在手动档汽车中，最基本的实现方式是采用机械摩擦离合器，它能够通过一定的滑动摩擦过程实现离合器的结合，从而在变速开始或者换档过程中尽可能地避免冲击的产生。

摩擦离合器的结构原理非常简单，其最基本的结构就是两个平面彼此靠近的旋转盘，如果两个旋转盘被压紧靠在一起，相互之间的摩擦力将会使一个盘带动另外一个盘旋转，如果释放压紧力，两个圆盘就可以各自旋转。实际的汽车摩擦离合器并不比这复杂多少，它包括三个主要的零部件：飞轮、压盘和摩擦片，离合器端盖的一侧用螺栓固定在发动机飞轮上，另外一侧与压盘连接，摩擦片处于飞轮和压盘之间（图3.8）。摩擦片的两面都是摩擦工作面，通过花键固定在变速器输入轴上，并随之旋转。通过螺旋弹簧或者膜片弹簧将这种"三明治"结构压紧在一起，压紧后，飞轮（端盖）、摩擦片和压盘相互之间的压紧力确保它们一同旋转，松开后，摩擦片可以独立于压盘和端盖旋转，从而断开了发动机与变速器之间的连接。再度施加压力后，摩擦力又将所有这些零件紧密地锁在一起，此时，发动机轴和变速器轴又将同速旋转了。如果压紧力是逐渐施加上的，离合器将先进行摩擦片之间的滑动摩擦，再压紧结合在一起，这样，通过离合器的这一过程，来自发动机的转矩将会逐渐平稳地传递到变速器轴上。

图3.8　离合器总成

离合器结构比较简单，SACHS高性能离合器包括飞轮、离合器片或摩擦片以及带有膜片弹簧的压盘，
通过力操纵机构释放压在膜片弹簧上的分离轴承，实现离合器的结合和断开。
图片：ZF Friedrichshafen AG

虽然离合器的基本结构非常简单，但是为了达到更好的工作效果，也需要进行一些结构和性能上的改进。例如，在摩擦片上设置一些弹簧，以实现摩擦力更平稳的传递；也可以设置一个小的制动装置，形成离合器制动器，在离合器分离时可以让摩擦片快速地停止旋转；为了换档时将变速器输入轴的转速降下来，应该将与变速器输入轴相连的被动盘重量设计得尽可能轻，这样可以有效地降低转动惯量，有利于快速换档；摩擦片表面工作环境变化非常大，为确保离合器结合时更加平稳，所使用的材料也应该更加耐磨。

理想情况下，摩擦片应该具有粗糙的表面，耐摩擦，能够产生均匀的摩擦力，能够有效地散发热量，并且在高温下也应该具有良好的工作强度和耐磨性。为此，摩擦片表面一般采用石棉纤维和金属丝交织的结构，但也有一些新的材料和结构不断出现。聚合物凯芙拉（Kevlar）的强度是普通金属的5倍，工作强度高，高温下的工作性好，摩擦特性也非常好，有利于实现平稳的制动。表面掺杂了铜、铁、锡、青铜和二氧化硅或石墨的陶瓷的硬度更高，具有优异的热传导特性，经常用在摩擦性能要求高的场合，但是如果用在离合器上，并且需要进行经常性的突然结合动作，这种材料的选用就受到限制了。先进树脂、橡胶和金属构成的复合材料可以用于摩擦片表面，有利于提升结合的平稳性，也具有高的可靠性和好的热传导性。另外，在离合器片上设计沟槽可以提高它的耐磨性和结合平稳性。相较于十年前，摩擦片材料的选择更丰富也更容易了。

当然，有些离合器结构看似应用价值不大，但是在特殊场合还是很有用的。例如，现在的汽车离合器大多为单摩擦片离合器，但是在某些场合多摩擦片离合器却能够体现它的优势：首先，多摩擦片离合器增加了接触摩擦的表面积，可以实现转矩更加有效的传递；其次，摩擦片数量的增加可以在确保摩擦力的情况下减小摩擦片的径向尺寸；最后，为了实现摩擦片之间均匀的相互作用，可以将摩擦片浸入到油液中，形成湿式离合器。以前，单摩擦片的干式离合器在常规的手动变速器中占据主导地位，湿式离合器一般较少采用。然而，近些年来对变速器性能要求的提高促使湿式离合器的应用场合也越来越多。

3.3 手动变速器

手动变速器一般包括三根轴：连接到离合器的输入轴、输出轴（也称为主轴），以及副轴或者中间轴。副轴上的齿轮是固定的，并随副轴一起旋转（图3.9），输出轴上有多个独立旋转的齿轮，并且与副轴上的齿轮啮合，输出轴上加工有花键，通过花键联结，在齿轮之间设计有一个环状物，即换档啮合套，其中包含了一个锥形的啮合机构，称为同步器和啮合齿。当啮合套向被选择齿轮一端滑动时，同步器先通过接触摩擦使齿轮和轴的转速逐渐同步，然后啮合齿再切入，并锁定齿轮和轴的转动，这个齿轮副就决定了变速器工作的传动比。同时，其他的齿轮仍旧空套在轴上旋转。很多时候，还要在变速器副轴齿轮和输出轴齿轮之间再设置一个附加的齿轮，称作惰轮，用它实现输出轴的反向转动。

图 3.9　手动变速器

一个基本的手动变速器包括一个中间轴（下），一个连接到离合器的输入轴（左），一个连接到传动系的输出轴（上），输出轴上的齿轮之间有接合套，以及移动接合套的拨叉和移动拨叉的滑块（上）。

在变速器副轴和输出轴之间设计了许多不同的齿轮传动比组合，这样就能够很容易地实现多档工作了（图 3.10）。通过执行机构不断地移动接合套，就可以使输出轴的所有齿轮都依次得到啮合。因为同步器的存在，过去常见的齿轮啮合过程中的打齿现象完全可以避免。换档时，驾驶人断开离合器，从而断开了发动机与变速器之间的连接，然后，操纵变速杆移动拨叉，进而移动结合套，断开现有的齿轮副啮合，并实现另一对齿轮副的啮合，然后就可以重新松开离合器踏板，实现了离合器的再次结合，实现了功率的传递。如果换档过程中齿轮始终处于啮合状态，也就没有必要采用两次离合换档的方式了，也不会对齿轮造成损伤。

在美国，很多人会认为手动变速器已经过时了，在新车上手动变速器的配置率还不到 5%，在亚洲国家人们也这样认为，但是它们在欧洲却非常流行，占据了 75% 的汽车销售市场[48]。尽管大家对手动变速器的兴趣在下降，但是我们还是需要重新审视它所具有的明显优势。手动变速器具有固定的机械连接结构，充分利用了齿轮传动的低损耗特性，从而可以高效地将发动机的动力传输给传动轴（近期，自动变速器的效率也有所改进），相较于 20 世纪 80 年代中后期时典型的自动变速器整体效率，90 年代中后期时

48　European Vehicle Market Statistics 2016/17. International Council for Clean Transportation. Available at eupocketbook.heicct.org；A. Isenstadt，J. German，M. Burd and E. Greif，Transmissions International Council for Clean Transportation，Working Paper，August，2016.

的手动变速器的效率还要略高一些[49]。手动变速器的成本更低，特别是在欧洲，现有的生产设备不需要改造就可以用于生产新型的手动变速器。另外，借助于数字化控制和先进加工工艺，手动变速器的性能和自动化程度也提高了不少，它不再仅仅是实现动力传递的工具了，它越来越多地参与到了传动系统的性能优化过程中，在提升驾驶乐趣和参与度方面也具有越来越重要的价值。

图 3.10　丰田六速手动变速器

丰田为欧洲市场开发了先进的手动变速器，重量轻，结构紧凑，总重量约为 88lb 或 40kg。丰田手动变速器智能控制系统 iMT 在换档时会自动调节发动机转速以确保换档的平稳性，并减少动力中断。

图片：Toyota Motor Company（丰田汽车公司）

然而，随着发动机转速和汽车速度越来越高，现有的手动变速器的应用局限性也越来越明显。现今的自动变速器具有了更多的档位，实现了汽车行驶性能和燃油经济性的提高，但是手动变速器档位的增加和应用则受到了限制，例如，七档手动变速器可以在很多高性能乘用车上使用，但是八档或者九档手动变速器的体积就太大了，对汽车传动系统的设计和装配都带来了问题。

49　M.S. Kumbhar and D.R. Panchagade，A literature review on automated manual transmission（AMT）. IJSRD—International Journal for Scientific Research & Development 2（3），2014，1236–1239；and M. Kulkarni，T. Shim and Y.S. Zhang，Dynamics and control of dual-clutch transmissions. Mechanism and Machine Theory 42，2007，168–182.

3.4 机械式自动变速器

正如我们所体会到的，现代数字化控制技术将手动变速器的性能提高到了一个新的高度，通过使用各种传动控制策略，产生了半自动变速器，也称为机械式自动变速器（Automated Manual Transmission，AMT）。在离合或者换档过程中，通过数字化控制液压执行器或者电磁执行器，能够使变速器具有各种所需的自动化功能，从而就可以在汽车上取消离合器踏板了。数字化控制技术的应用造就了手动变速器所不具备的新功能，例如省油策略、发动机起停（将在第6章中介绍）、息速控制或者汽车高速行驶时的发动机停机（也称带档滑行）等。

AMT 的基本思路是将手动变速器的高效性、简单性、低成本与自动控制技术相结合，尽管驾驶人并不十分关心燃油经济性和制造成本，但是，这仍旧是促进 AMT 技术不断发展的两大关键因素。AMT 最简单的实现技术是利用电磁控制离合器配合换档，从而取消了离合器踏板，这是一种低成本但却具有吸引力的结构，例如舍弗勒最近研发了一种低成本的 eClutch 离合器，就是采用类似的电控离合结构。

AMT 系统应该具备全自动模式，在结构上，尽管 AMT 由于齿轮直接啮合过程会带来略微不平稳的响应，但是毕竟可以像自动变速器一样工作，不需要驾驶人进行手动换档操作了。AMT 是将手动变速器的高效性和操控性与自动控制的灵活性相结合，其目标是在驾驶人需要的时候满足驾驶体验，在不需要的时候简化驾驶过程，因此，它应该可以通过传统变速杆或者转向柱位置的拨片实现自动换档功能；或者借鉴方程式赛车的设计，通过拨片来提供更运动的驾驶方式，通常是利用转向盘右侧的拨片切换到高档位，或者利用另一侧的拨片换到低档位。

显然，AMT 功能的实现离不开数字化控制技术，变速器控制器单元（Transmission Control Unit，TCU）将汽车速度、发动机转矩、发动机转速、来自 ECU 的节气门信息、来自齿轮、离合器、制动传感器的状态信息，以及变速器输出的转速信息等综合起来，通过一定的控制算法后发出电子信号，并控制换档装置，这就是线控换档系统，它不是通过机械结构实现的。当驾驶人需要换档或者控制算法传来换档命令时，首先，结合发动机转矩、转速和换档时间的优化计算，为快速平稳的档位切换做好准备；然后，离合器断开、换档、离合器结合，这些都是自动完成的。其过程也可以简化表述为：离合器断开，控制模块控制发动机转速与传动轴转速匹配，再进行离合器的平稳结合。实际上，就算不这样操作，也可以完全不使用离合器，通过精确地控制实现换档[50]。在大多数情况下，齿轮可以直接啮合到最高效的档位，同时也能够准确地实现发动机和传动轴速度的匹配，避开发动机的振动。

在 AMT 系统中，需要通过改变控制逻辑以适应驾驶模式的需要。例如，在常规驾驶模式下，提前换档有利于优化燃油经济性，并满足驾驶平稳性的要求；而在运动模式下，可以滞后换档，以获得更大的功率输出，并且通过降档操作实现更好的汽车加速性能。不仅如此，TCU 可以使用人工智能控制，利用加速踏板位置、汽车速度、发动机转速以及其他信息来预估驾驶人的意图，进而进行相适应的换档操作，在不改变驾驶模式的情况下就能够满足驾驶人期望的行驶特性。例如，通过综合分析汽车行驶速度、节气门、发动机转速等信息判断出汽车正处于爬坡状态，这时就不进行升档操作，以保持更好的动力性能；如果判断汽车正处在下坡状态，就可以自动地进行降档操作，以避免不必要的加速行驶。

尽管在变速器中应用自动化技术能够实现性能的明显提升，但是仍旧存在手动变速器所具有的一些问题，主要体现在换档时间方面。任何换档过程都会有四个步骤：断开离合—断开现有档位—结合新的档位—结合离合，尽管使用了数字化控制技术，这个过程也是需要花费时间的，结果便出现了不希望的转矩中断。现在有了一个新的解决方案，就是使用两个离合器，也就是双离合变速器（Dual-Clutch Transmission，DCT）（图 3.11）。使用两个离合器时，一个档位的断开过程和另外一个档位的结合过程不再顺序发生，这就提高了换档的速度。这一结构最初应用在了大众汽车的 DSG 变速器和奥迪的 S-Tronic 变速器中，现在几乎所有的主流车厂都开发了各自的双离合系统。

图 3.11　双离合变速器

博格华纳生产的双离合变速器最初是为欧洲跑车开发设计的，是高转速高转矩驾驶要求下的理想选择，可以尽可能地缩短转矩中断时间，实现高性能换档。

图片：BorgWarner（博格华纳）

DCT 双离合结构的核心在于变速器内安装的两根独立的主轴。奇数档位布置在一根轴上，偶数档位布置在同轴的另一根轴上，每根轴上安装了一个离合器，在一根轴上

50　Z. Zhong，G. Kong，Z. Yu，X. Xin and X. Chen，Shifting control of an automated mechanical transmission without using the clutch. International Journal of Automotive Technology 13（3），2012，487－496.

的齿轮啮合断开的过程中，另一根轴上新的档位齿轮就同时开始啮合了，这样，后续新档位齿轮可以提前进入准备啮合状态，尽可能地减少了转矩中断的时间，使换档过程更快更平稳。例如，从二档变换为三档时，负责偶数档位的离合器断开，让二档齿轮传动断开，与此同时，负责奇数档位的离合器已经为三档齿轮啮合做好准备了。DCT 的工作效果非常好，它可以在最小化转矩中断的情况下，在毫秒时间内实现换档[51]。

为了更好地发挥双离合结构的优势，需要预测下一个档位的选择趋势，并通过数字化控制技术实现换档。基于车速、油门位置和驾驶行为，控制单元必须能够正确地确定下一个可能的档位，例如，DCT 现在在五档工作，控制单元必须预先决定空转轴下一步应该选四档还是六档。通常情况下，实现这个选择并不难，如果要加速，系统会在几毫秒的时间内预选为高档，需要减速时，则选择低档。然而某些特殊情况也会给选档带来困难，例如，汽车在拥堵的道路上低速行驶时，可能会引起低档位的预选，如果车流突然移动，油门的突然变化会形成加速，从而造成高档位的选择。即使这样，DCT 的换档响应还是比驾驶人手动控制的变速器快，也更平稳。

显然，电控系统的作用并不仅仅是简单地确定传动比，其功能更复杂。在一定的驾驶需求下，换档杆和油门踏板以电信号的形式将驾驶人的意图传递到微处理器，再利用控制逻辑，结合发动机转速、车速以及其他信息进行综合分析，确定合理的换档点。例如，汽车急加速时，就需要滞后换档点，以确保大功率输出；而针对日常的汽车加速过程，则需要提前换档，以确保燃油经济性。换档点可以通过驾驶模式的选择确定，也可以通过驾驶人的行为、驾驶参数的设置、或者道路情况综合分析得到。例如，汽车在爬坡或者拖拉重物等大负载条件下行驶时，或者下坡加速时，都需要对换档点进行自动的分析、选择和控制。不论在什么工况下，在换档前，TCU 都需要与发动机控制、主动底盘控制、转向控制、牵引控制、行驶稳定性控制等其他的电控系统进行信息交互，从而能够直接或者间接地感知到有经验的驾驶人在驾驶汽车过程中可以感受到的一切信息。现阶段也发展起来一些先进的算法，例如卡尔曼滤波、模糊控制等，它们都可以在TCU 中对各种感知到的数据信息进行有效的分析，并实施适当的控制方法（在第 9 章中将介绍更多的算法问题）。当然，TCU 控制系统也要能够防范驾驶人的错误操作，避免不合理的换档。

虽然 DCT 看起来不错，但也面临着一些问题：在大转矩工作条件下，只有一个离

51　F. Vacca, S. De Pinto, A.E.H. Karci, P. Gruber, F. Viotto, C. Cavallino, J. Rossi and A. Sorniotti, On the energy efficiency of dual clutch transmissions and automated manual transmissions. Energies 10, 2017, 1562; and G. Shi, P. Dong, H.Q. Sun, Y.Liu, Y.J. Cheng and Y. Xu, Adaptive control of the shifting process in automatic transmissions. International Journal of Automotive Technology 18（1）, 2017, 179 - 194.

合器工作，会发生过热现象。后文我们将介绍一种转矩变换器，可以避免过热发生，也可以实现低速下的转矩提高，但是 DCT 结构却无法采用这种转矩变矩器的设计，特别是在大转矩工作的情况下，例如应用于涡轮增压发动机或者高负载发动机工作时，就会带来过热问题。发动机高速工作时，在离合器的滑摩结合过程中也会产生过热现象，导致性能降低，以至于发生机械损坏。为此，我们可以将离合器浸入在油里面，称为湿式离合器，湿式离合器可以提供平稳的结合和良好的冷却，但是却会因为油泵的存在和搅油损失（churning）导致工作效率降低[52]。一种新的方法就如同本田汽车在它的 2.4L 讴歌 TLX 所使用的技术那样，使用一个液力变矩器。我们将会看到，液力变矩器可以实现汽车低速加速时的转矩成倍增加，但是也会损失效率，成本也比较高。

手动变速器技术已然成熟，这种变速器有利于节省空间，提高工作平顺性，如果采用自动化控制技术，形成机械式自动变速器，在不考虑燃油经济性和成本条件下，对于提高变速器的性能也是一个不错的选择。这种手动或者机械式自动变速器在欧洲持续盛行，但是仍旧没有打动美国消费者，这可能是因为大部分美国驾驶人绝不想驾驶手动档汽车，不喜欢直接面对换档时的冲击，总是感觉 AMT 就像是一个粗糙的自动变速器。另外，在 DCT 方面，它本身所具有的相对复杂和脆弱性使其无法应对大功率发动机的输出，因此美国的汽车制造商更多地将目光聚焦于提高美国本土市场上的自动变速器性能上来。混合动力技术的发展将为变速技术带来新的希望，双离合变速器或许更加适合混合动力系统，电驱动产生的附加转矩会更容易控制，详情可见第 5 章。

3.5　液力变矩器

认识液力变矩器可以更好地理解自动变速器。手动变速器和机械式自动变速器高效、可靠、坚固、成本低，但是它仍旧需要驾驶人或者模拟驾驶人进行结合和断开的换档操作，这样的方法不太适合完全的自动变速系统。一种可以替代的技术方案就是使用液力变矩器，它不包含机械耦合结构，而是采用液体实现动力的有效传递，在其工作过程中不需要驾驶人的操作。液力变矩器的基本工作原理很简单，类似一个风扇向对面的另外一个风扇吹风，一个风扇叶片的旋转吹风会引起另外一个风扇叶片的旋转，这个时候，如果停止了第二个风扇叶片的旋转，第一个风扇叶片的旋转其实并没有受到影响，还会继续按照原来的方式工作。针对这一现象有什么启发吗？进一步假设，如果将所有

52　F. Vacca，S. De Pinto，A.E.H. Karci，P. Gruber，F. Viotto，C. Cavallino，J. Rossi and A. Sorniotti, On the energy efficiency of dual clutch transmissions and automated manual transmissions. Energies 10，2017，1562.

的风扇零部件都放置在一个充满液体的容器里，此时，风扇叶片旋转就会引起液体的流动，液体的流动现象也就体现了力的传递过程，以上就是液力变矩器最基本的工作原理。

实际液力变矩器包含三个关键零件：第一个是作为泵轮的旋转叶轮，固定在发动机飞轮外壳上；第二个是涡轮，由泵轮旋转产生的运动流体驱动，它和泵轮之间没有任何的机械连接，而与变速器输入轴相连；第三个是泵轮和涡轮之间的叶片结构，称为导轮，可以实现液流从涡轮返回到泵轮的方向的调整。导轮的作用非常关键，它实现了转矩的增大。工作时，泵轮叶片由发动机带动旋转，造成工作腔内的液体旋转流动，形成了一定的离心力；这种离心力使液流也向外扩散流动，形成涡流并带动涡轮旋转；来自涡轮的流体继续流动，冲击导轮并改变了流动的方向，最后返回到泵轮，如此循环工作。导轮能够改变液流的方向，这就意味着从涡轮来的流体可以实现反方向的流动，如果它不反向阻碍泵轮的旋转，这就产生了转矩的升高，液力变矩器也因此而得名（图 3.12）。

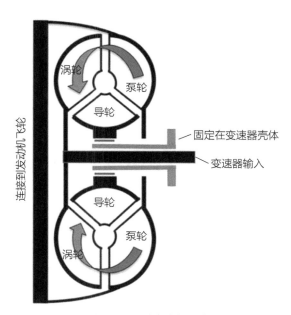

图 3.12　液力变矩器简图

基本的液力变矩器包括连接到发动机飞轮壳体上的叶片，起到离心泵的作用，叫作泵轮；还包括由泵送的流体（由箭头指示）驱动的涡轮，以及两者之间的导轮。返回泵轮的高压流体在流动过程中冲击导轮，一方面实现了转矩的增加，同时也不会造成直接逆向冲击泵轮的情况发生。

为了更好地理解液力变矩器的工作原理，我们有必要讨论一些细节问题，先从发动机怠速时的工作状态入手。由于在泵轮和涡轮之间没有机械连接，运动的解耦也就不存在问题，发动机怠速带动泵轮旋转，涡轮仍旧可以处于静止的状态。当发动机从怠速开始加速旋转时，泵轮速度也随之提高，引起了液体流动和压力的升高（如图 3.12 箭头所示）。从泵轮流出的液体以越来越大的力冲击涡轮，就会在涡轮和变速器输入轴上形成逐渐增大的工作转矩。流体继续沿着一定的速度流动，并沿着与泵轮旋转的逆方向冲向泵轮叶片，此时，可以认为液流的冲击会阻止泵轮的旋转。但是，从涡轮流过来的液体在流动过程中遇到了导轮，导轮安装在单向离合器上，只能向一个方向旋转，并且与泵轮的旋转方向相同，这样，遇到导轮的液流改变方向后就与泵轮旋转方向一致了。由于涡轮是由泵轮作用的流体力和导轮受到流体冲击附加产生的流体力共同驱动，从而就实现了工作转矩的增加。单向离合器是一个非常重要的零件，它连接在变速器的壳体上，不能反向旋转。

随着涡轮转速的提高，泵轮和涡轮之间的相对速度降低了，导致转矩提高的幅度也随之降低，这时的工作状态有点像齿轮啮合，齿轮啮合的减速比越小，转矩增加的也就越小。在到达高速工作时，如果涡轮的转速和泵轮的转速相当，流出涡轮的流体速度就会很低，涡轮和导轮的相对位置关系也会发生变化。或者说，涡轮高速旋转时，流体的相对运动关系发生了变化，流出涡轮的流体开始冲击导轮的背面，这种情况下，导轮已经无法改变流体的方向，而是在流体作用下处于自由旋转状态，达到了耦合点，转矩也不再增加，此时，液力变矩器的工作过程就像是一个普通的流体传动了。高速下导轮能够自由旋转的设计避免了由于流体运动关系发生变化而引起的转矩下降，并且确保了液力变矩器的最高工作效率可以高达 92% 左右。

从工作原理上看，由于液力变矩器泵轮的旋转速度高于涡轮，也就总是会导致输出转矩的增加，转速差越大（泵轮和涡轮之间的转速差别也简称为速差），转矩的增加也就越大。在汽车起步时，速差很大，导致典型的转矩增大幅度大约为 2∶1，也就是 2 倍的关系。随着车速的提高，泵轮和涡轮之间的相对速度开始降低，转矩增大的效果就开始下降了。汽车在高速行驶时，虽然速差降低得很厉害，液力变矩器的转矩增大作用也不明显，但是相应地，汽车高速行驶时也不会有转矩增加的需求了。需要注意的是，这种速差是始终存在的，否则就无法通过流体来传递转矩了。另外，在汽车低速行驶时，大的速差导致液力变矩器的效率也很低。

这种低效问题可以通过增加锁止离合器来解决，它可以将传动部件固定在一起。例如，汽车在超车时，涡轮的转速有可能高于泵轮，形成负的速差，这会导致流体温度过热并出现气泡。采用锁止离合器后，就不会出现负的速差现象，工作效果也就完全不一样了。最近 20 年来，锁止离合器技术在汽车上的应用已经比较普遍，它能够通过识别汽车低负载或高速下液力变矩器的工作状态，判断是否有必要及时地进行锁止，然后再利用精确的数字化控制技术，使锁止机构按照需要更早更频繁地介入工作。这样，就避免了不考虑实际工况而一开始就进行锁止所带来的问题。采用这样的方法，不但提高了燃油效率，也有效地降低了发热。

3.6 自动变速器

通过前文我们知道，带有副轴的平行轴结构形式的变速器可以利用控制方法在一定程度上实现自动变速，但是其效果并不理想，实际上在半个多世纪之前，工程师们就已经开始从不同的角度思考如何设计一个自动化程度更高的变速器了。现今，自动变速器的核心已经不再是两根平行轴上排列的若干齿轮组了，它是一种旋转的齿轮组形式，称之为行星齿轮组，它由四部分组成：一个中心齿轮，即太阳轮；多个与太阳轮啮合并围绕太阳轮旋转的行星轮；带有齿的外圈，称为齿圈或者齿环；以及固定所有行星齿轮并使其作为一个整体旋转的行星架（图3.13）。行星齿轮组的每一个部件都可以通过离合器和制动器使之固定不转或者进行转动，如果需要改变传动比，只需要调整齿轮的组合，改变参与工作的主动件和被动件，同时固定或者释放其他零件即可。行星齿轮结构实现自动变速的显著优势在于：行星齿轮结构中的所有齿轮都处于啮合状态，改变传动比的时候，不会发生转矩中断。

图3.13 基本的行星齿轮组

单个行星齿轮机构就可以满足多种传动比的调整需求，通过离合器保持其中的一个零件不动，就可以通过另外两个零件来实现转矩的输出。将太阳轮作为输入，行星架作为输出，可以获得最大的传动比，实现汽车的低速行驶；保持齿圈不动，让星齿轮围绕太阳轮旋转，同时行星轮本身也自转，这就形成了减速传动；如果保持行星架不动，以太阳轮作为输入，齿圈作为输出，则会得到更低的传动比；如果保持行星架不动，齿圈作为输入，则行星轮的旋转方向与太阳轮正好相反，实现反向传动；如果行星架作为输入，太阳轮或者齿圈作为输出（不作为输出的零件保持固定），则会实现转速的提高；当然，所有的零件都锁在一起保持固定，这个行星机构将实现无速度变化的直接传动输出。

　　相较于平行轴齿轮传动，行星齿轮传动具有明显的优势，其中最重要的是结构紧凑，所有零件都围绕着一根轴旋转，很容易就可以串联或者嵌套在一起，实现不同的齿轮组合。最有名的是 20 世纪 60 年代就开始量产装车应用的辛普森齿轮组（Simpson gearset），仅仅是两个行星齿轮组通过共用太阳轮连接在一起，前后行星齿轮组的结构尺寸不同，因此可以形成不同的传动比，结构简单而高效。变速器装配辛普森行星齿轮组后，其性能提升显著。至今，作为一种低成本结构，辛普森行星齿轮组还在一些量产车型上使用。

　　应用更为广泛拉维娜（Ravigneaux）行星齿轮结构具有辛普森行星齿轮结构的全部基本功能，但是它更加紧凑，齿的接触面积更大，传递的转矩也更大。不同于辛普森行星齿轮组共用太阳轮结构，拉维娜行星齿轮组使用了两个不同尺寸又相互独立太阳轮，共用了齿圈（图 3.14），短行星轮与小太阳轮啮合，长行星轮与大太阳轮、三个短的行星轮以及齿圈啮合，两个行星轮共用一个行星架。由于行星架是齿轮组中比较大也比较昂贵的部件之一，考虑到拉维娜行星齿轮组比辛普森行星齿轮组具有更简单更紧凑的行星架结构，这使得拉维娜结构更小巧、更轻，成本也更低。

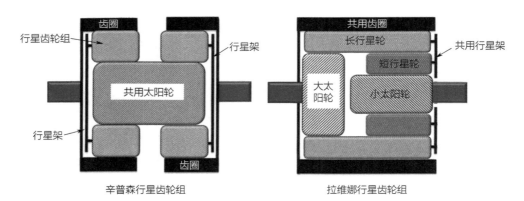

图 3.14　辛普森行星齿轮组和拉维娜行星齿轮组

辛普森行星齿轮组配置简单，是一种最常见的行星齿轮组结构。拉维娜行星齿轮组更加紧凑，并具有更高的转矩容量。

　　拉维娜行星齿轮组可以实现四种传动比：如果固定行星架，小太阳轮连接发动机，就可以实现最低的传动比，此时小行星齿轮的旋转方向与太阳轮相反，而长行星齿轮和齿圈继续按照原来的输入方向旋转，但是速度要降低；如果固定大太阳轮，同样是让小太阳轮连接发动机，长行星齿轮就会围绕大太阳论旋转，并且实现了降速运行；当然，如果锁定太阳轮和行星架，则实现了直接传动；如果将发动机连接在行星架上，让长行星齿轮围绕大太阳论旋转，就会实现升速，齿圈对外输出做功。

莱派特齿轮传动（Lepelletier）是变速器技术的一项创新，有可能催生出新的变速器结构，并扩大传动比的范围。莱派特齿轮传动在 20 世纪 90 年代早期被提出，包括了一个简单的行星齿轮组和拉维娜行星齿轮组，并使之同轴，输入端与简单行星齿轮组的齿圈连接。它也允许两个动力输入，输入可以连接到拉维娜行星齿轮组的行星架上或者大太阳轮上，或者同时进行连接。一般情况下，简单行星齿轮组的行星架通过离合器与拉维娜行星齿轮组的大太阳轮或者小太阳轮连接，为了实现降速传动，简单行星齿轮组的太阳轮连接到变速器壳体上，不发生转动，它的输出驱动拉维娜行星齿轮组中的太阳轮，并由拉维娜行星齿轮组的齿圈实现这种复合传动的输出。这里需要提及的是：拉维娜行星齿轮组的大太阳轮和行星架可以工作于不同的转速状态下，也就是说，这两种零件输入的组合就可以形成多种传动比。我们将在第 5 章对此进行介绍。

莱派特传动系统结构紧凑，重量轻，在结构上为各种传动比的实现提供了可能，通过数字化控制，能够实现多个离合器的组合动作，完成相应的功能，控制简单，鲁棒性好。ZF 公司在 2001 年利用莱派特传动结构生产了第一台量产的六速自动变速器（6HP26），此后，自动变速器的速比越来越多（图 3.15），莱派特传动结构甚至使得 11 速变速器成为可能[53]。

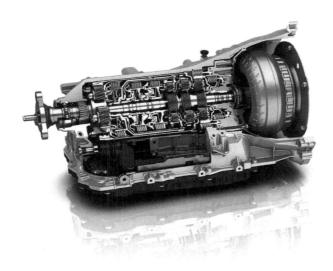

图 3.15 自动变速器

自动变速器的齿轮组嵌套结构增加了传动比的数量，但是尺寸或重量并没有显著增加。ZF 公司的这个 8 档变速器对有限空间进行了充分利用，实现了离合器组件和齿轮副的紧凑设计。

资料来源：ZF Friedrichshafen AG

53　E.L. Esmail, Configuration design of ten-speed automatic transmissions with twelve-link three-DOF lepelletier gear mechanism. Journal of Mechanical Science and Technology 30（1），2016，211–220.

莱派特传动结构这种能增加传动比数量的能力和手动变速器相比有很大优势，在不增加离合器数量的情况下可以实现更多数量的齿轮组合，从而获得更多的传动比。有时为了获得更多的传动比，也需要在基于莱派特传动结构的变速器中增加一定数量的齿轮，即使这样，也不会导致变速器体积和重量增加太多。但是，如果在手动变速器中增加齿轮数量，结果就完全不一样，因此，选择手动变速器常常意味着选择了有限的性能。例如，2018 福特野马（Ford Mustang）采用了性能优异的 7 档变速器，但是如果替换为莱派特传动结构的自动变速器，就可以实现 10 档传动比的设计，获得更好的驾驶体验。如果在手动变速器上设置这么多数量的传动比，就算是经验丰富的驾驶人都难以应付。莱派特自动变速器也有一些缺点，它缺少驾驶乐趣，价格也高一些，还是以福特野马为例，使用莱派特传动结构后，其价格将增加 1500 美元，但是对燃油经济性的改善却不大。

3.7 变速器控制

不断增多变速器的档位带来了优势的同时也带来了问题。一方面，增多档位数量可以使发动机和变速器协同工作时的燃油消耗量更低，工作效率更高，由于这一优势，现在九档和十档的变速器应用也越来越多。同时，增加一部分齿轮也有益于一些功能的改善，例如，改善汽车低速或高速巡航时的行驶性能。但是另一方面，更多的换档次数也会影响驾驶人的驾乘体验，为此，需要对变速器进行精确地控制，在不影响汽车行驶性能和驾乘体验的前提下，解决齿轮增多带来的各种问题。需要注意的是，通过控制，不仅仅要解决齿轮数量增加带来的问题，更重要的是通过扩展可用传动比的范围来提升汽车的行驶性能和驾乘体验。在合理的控制下，随着齿轮传动比数量的增多，小功率发动机也可以利用更低的传动比确保汽车实现理想的加速性能，或者利用更高档位甚至是超速档位的传动比提高汽车高速行驶时的性能。

无论变速器采用何种形式的齿轮结构，都可以借助于快速发展的计算机控制技术，极大地改变齿轮配置的方式和功能。刚开始时，只是考虑自动化控制的方便性，在自动变速器中采用了行星齿轮结构，与平行轴结构变速器的换档自动化过程相比，它更容易通过液压机构实现换档离合器的结合和断开。最近，在自动变速器上使用了更为先进的阀体，通过复杂的液压网络实现对各种换档离合器的控制。以上所有的这些控制功能现在都集成到了变速器数字化控制单元（TCU）上，通过对电磁阀的控制，极大地拓展了变速器的功能范围。先进控制技术的应用增强了多个离合器之间的动作协调性，当一个齿轮的离合器断开的瞬间，另外一个齿轮的离合器就可以马上结合了。在发动机怠速时，通过 TCU 的控制，变速器可以自动进入空档，提高了汽车的燃油经济性，同时对各个温度点实施监控。在 TCU 的控制作用下，变量泵在工作过程中仅需要产生液压系统需要的压力，这样就有效地降低了相关的功率损失，考虑到泵损相当于变速器总损耗的 2/3，降低泵损，实际上也就相当于显著提高了其工作效率 [54]。

2017 年，福特和通用汽车公司采用了一种新的思路，联合开发了一款先进的十档变速器，他们主要是利用复杂的控制程序，为卡车和跑车配备了这款高性能的变速器。变速器的机械结构相对简单，包括四个齿轮组和六个离合器，并且尽可能使用已有的成熟零件，它真正的创新之处在于，两个汽车制造商都可以在这个硬件平台基础上开发各自的控制程序软件。福特汽车将这个变速器用在 F-150 汽车上，将发动机的功率输出能力和燃油经济性作为优化变速器参数的控制目标，超速档齿比设定更加紧密，满足了汽车高速下的转矩输出能力需求，实现了牵引性能的提高，也提高了换挡的平顺性。与此同时，通用汽车在雪佛兰 Camaro 车型中也使用了这款变速器，实现了变速器的运动化工作模式。此款变速器所具有的低摩擦副技术、工作温度快速升高的旁通技术、直接换档技术（不需要转矩解锁）以及高性能低摩擦的变速器油（Automatic Transmission Fluid，ATF）等，确保它高的工作效率。相比它所替代的原六档变速器，在尺寸上只增长了 1 in，在重量上也只增加了 4 lbf [55]。

在控制上，通过精确设计控制逻辑能够显著提高变速器的效率，但是也会带来一些问题，这里需要权衡利弊。例如，采用档位优化技术或者积极换档逻辑技术（Aggressive Shift Logic，ASL），在加速时提前换挡，可以提升传动效率，但是也会降低汽车的加速性能，如果将主动换档逻辑 ASL 与转矩锁定控制结合在一起，就可以确保汽车在加速或者高速巡航时具有较高的传动效率。正如前文所述，在第一档之外的任何档位下，只要不再需要增大输出转矩，就可以将变矩器锁止；当需求转矩降低时，离合器就可以断开，使发动机在低速下也能保持汽车的滑行。然而，在低速下锁紧变矩器也会造成汽车的振颤，从而影响驾乘体验，为此，可以通过改善工艺以解决振颤的问题。尽管如此，从另一方面看，振颤所带来的噪声问题也引起了人们的注意，减小发动机的尺寸并采用更高压力的涡轮增压技术也会导致更大的低速转矩输出振动，由此带来

54　M. Gabriel，Innovations in Automotive Transmission Engineering. SAE International，Warrendale，PA，2004.

55　B. Chabot，"The Need for 10-Speeds." Motor June，2017. Available at www.motor.com/magazine-summary/need-10-speeds/

的振动噪声（Noise，Vibration and Harshness，NVH）问题非常复杂，再加上现在在小型发动机上越来越多地应用了气缸停用技术，更是导致了NVH问题的恶化，由此带来了新的挑战。

　　为了满足日益增多的低速大转矩和提前换档技术需求，有必要对飞轮和变矩器进行重新设计（图3.16）。利用成熟的双质量飞轮技术能够显著降低曲轴的不规则扭振，离心摆吸振器的使用更是进一步优化了扭振现象，集成的摆块质量旋转时，能够临时增大飞轮的转动惯量，从而降低了传动轴的扭振。在手动变速器或者自动变速器低速工作时，摆块的运动与扭振相互作用，极大地降低了振颤和由此产生的噪声，这也使得在确保汽车行驶性能的前提下能够实现提前换档。但是，这种结构还没能用在湿式双离合变速器中，可能是因为干式离合器工作环境的温度相对稳定，只有在这样的环境温度中，摆块自身才可以提供足够的阻尼吧，因此，在采用干式离合器较多的AMT变速器中，这样的摆块能够起到作用，而在自动变速器中，由于需要将摆块浸润在变矩器油液中，导致其无法发挥相应的功能。

图3.16　带有离心摆吸振器的变矩器

　　LuK公司这种先进的变矩器包括离心摆式吸振器，能够吸收旋转过程中的振动能量，然后再平稳地释放至系统。它可以显著提高气缸数量较少的发动机和低速发动机的工作性能，并提高效率。

图片：LuK USA

　　现在的液力变矩器也可以在机械结构上增加扭振阻尼器，将变矩器外壳和内部弹簧吸振器组件隔离，从而改造为多功能液力变矩器（Multifunction Torque Converter，MFTC），它不仅可以降低滑擦，降低提前换档造成的振动，也能够快速响应转矩的变化[56]。另外，较常规液力变矩器，它在重量上也有所减轻，因此，也进一步提升了它的工作效率和动态响应能力。如果在叶轮上增加离合器，能够使发动机的转速高于泵轮的转速，从而能够加快大转矩输出时的响应速度，有助于解决涡轮滞后的问题[57]。看来，液力变矩器的发展迎来了新的机遇。

56　A. Isenstadt，J. German，M. Burd and E. Greif，Transmissions. Working Paper，The International Council on Clean Transportation，August，2016.

57　K. Buchholz，"New-gen Torque Converter Aims at 2017 Vehicle Intro." Automotive Engineering SAE October，2014.

3.8 无级变速器

　　从概念上看，理想的变速器应该能使发动机的转速和转矩随时处于最佳工作状态，传动比连续可调无阶跃，在换档时也不会有转矩中断，简言之，它应该是一种具有无限种传动比的变速器，不论是在什么样的工况下，都能提供最佳的传动比，也可以根据驾驶需要，连续无缝调整到其他任意的传动比，这样的要求能实现吗？实际上，有这种想法并不稀奇，早在 15 世纪的时候，莱昂纳多·达芬奇（Leonardo DaVinci）就绘制了相关结构变速器的草图。自 20 世纪初期以来，类似形式的变速器已经在各种汽车上使用了，例如 1934 年的 Austin 18。最近，无级变速器（Continuously Variable Transmission，CVT）的开发和应用势头强劲，但是也存在一些问题，未来的走向还存在着不确定性。

　　典型无级变速器的核心结构是由工作轮和金属带构成的推力带系统。工作轮是两个带有锥面的圆盘，两个圆盘的锥面相对安装，一个固定不动，另外一个可以沿着轴向移动，实现相互靠近或者远离，从而可以改变工作轮之间的距离，金属带则放置在这两个锥面之间。由于传动带长度一定，在一边的两个圆盘相互靠近时，就会迫使另外一根轴上的两个圆盘开始分离，随着两个圆盘相互靠近或者远离，两个锥面之间的间隙就会变窄或者变宽，导致金属带随着这个宽度的变化实现径向的移动，这样就改变了有效传动半径（图 3.17），这个过程中，传动带一边被压紧一边被松开，所以也称为推力带。很显然，在这样的系统里不能使用简单的 V 型带，它一般是由很多个金属片串在钢带上做成的，断面呈脊状，可以贴合在两个锥形圆盘之间，这种结构的金属带也称为范道尔纳

图 3.17　丰田直驱 CVT

丰田新型 CVT 结构利用直驱齿轮驱动汽车启动，速度升高后再使用传动带传动，这种结构降低了传动带的负载，增大了传动比的调整范围，工作效率提升了 6%。同时，通过减小传动带夹角和缩小工作轮尺寸，也加快了换档的速度。

图片：Toyota Motor Company（丰田汽车）

传动带（Van Doorne belt），现在几乎每种 CVT 都采用这种传动带。当两个可动圆盘相向轴向移动时，传动带就楔紧在逐渐变窄的圆锥面上，并沿着圆锥面不断上移，从而增大了有效传动半径；如果传动带位置朝向中心下移，也就减小了有效传动半径。通过这个过程实现了变速器在工作过程中无缝地连续调节传动半径和传动比。在结构上，CVT 通过一个简单的启动离合器就可以取代液力变矩器，可以以很低的传动比实现汽车起步时的平滑加速，低速行驶也很平稳可靠。在工作过程中，具有 CVT 结构的汽车在进行节气门调整时，传动比也会随之调整，保持发动机始终工作在最低燃油消耗率附近，从而有益于燃油经济性的提高。

过去，传动带式结构的 CVT 一般仅用在小功率场合，传动带所能传递的牵引力也不大，限制了大转矩的传递能力，舍弗勒公司开发了一种新型的传动链结构，突破了这种限制。奥迪在它的 Multitronic CVT 中使用了链式传动，获得了很好的效果，它既可以像 V 型带一样灵活工作，也由于采用了硬销连接而增大了传递转矩的能力；同时，在工作轮上采用了滚针传动，降低了摩擦，也使工作轮的转动更加平顺。这种传动链强度更高，传递转矩的能力更大，效率也更高。但是由大转矩传递所造成的摩擦力也会很大，导致产生一些不可避免的能量损失，因此，它的性能在很大程度上依赖于高质量的润滑和工作轮之间摩擦力的准确控制。正因为如此，它的效率一般在 85%~92% 之间，比自动变速器要低一些，比手动变速器效率要低很多[58]，这样的效率让很多汽车制造商在应用过程中感到为难。对于带式 CVT 而言，由于传递转矩大小的限制，其主要应用于小型车，但是，现今传动带技术的改进也正在突破这种应用限制，例如日产楼兰（Murano），它是一台配置了 3.5L 发动机的中型 SUV，它就装配了带式 CVT。

虽然 CVT 技术存在上述不足，但是我们也不应对它进行全面否定。既然传动带是其中的薄弱环节，那么就应该考虑予以改进，或者避免使用传送带。一个典型的方案就是使用环形牵引驱动 CVT，它包括两个相对放置的环形圆盘，圆盘之间放置两个或者三个摆动滚子，这个系统无须太大的接触摩擦就能够实现传动比的变化：如果滚子滚动偏向于驱动盘一侧，则滚子的外侧就由圆盘的外侧驱动，滚子再驱动另外一个圆盘的内侧，这样就实现了大的传动比；当滚子滚动到另外一个圆盘侧时，传动比就降低了。通常情况下，在这样的硬金属接触表面之间的摩擦和磨损是非常严重的，为了更好地实现两个金属表面之间的转矩传递，选择润滑油时，在油品的黏度、剪切强度以及摩擦特性等方面都需要比一般的 ATF 油好很多，所使用的这种润滑油叫作弹性流体动力润滑油

58　　H. Heisler，Advanced Vehicle Technology，2nd edition. SAE International，Warrendale，PA，2002.

（Elasto Hydrodynamic Lubrication，EHL），它将在接触面传递转矩的过程中形成剪切油膜，使两个金属表面不会发生直接接触。英菲尼迪的 Q35 和日产的公爵（Cedric）使用了这种技术，达到了较高的传动效率，变速过程也比较平滑，没有动力中断。需要提醒的是，环形牵引驱动 CVT 在转动伊始会产生接触摩擦，虽然可以通过增加液力变矩器予以避免，但是其可靠性和消费者的认可度一直是个难题，为此，日产汽车也不得不放弃应用这种技术了。

CVT 技术虽然步履维艰，但是未来可期，现在正在进行一系列的技术尝试以改进其性能，例如 Torotrak 系统。现在的环形牵引驱动 CVT 使用的都是半环形结构，Torotrak 系统应用了全环形结构，在两个圆盘之间放置了两套三滚轮系统，使得传动比的调整范围更大。然而这个系统的设计还不尽完美，特别是在提供大的滚动角方面。不幸的是，在这些问题还没有解决之前，这个公司就因沉重的债务问题而停止该项研究了[59]。

Dana 公司的工程师也进行了大胆的尝试，设计了 VariGlide 行星变速器，实现了紧凑、简单的 CVT 功能，该公司认为他们的设计与传统 CVT 有很大不同[60]，关键在于输入和输出牵引环之间的滚动球体（图 3.18），通过改变球体的旋转轴线，可以使输入和输出环旋转运行的有效直径更大或者更小，这种结构比环面牵引驱动 CVT 更紧凑、更灵活，比传动带结构更耐用、也更强韧。该系统仅仅需要两个滚子就能够覆盖转动比的全部范围，从而扩大了汽车传动比标定和汽车驾驶模式的选择范围。像环形牵引驱动 CVT 一样，它所使用的润滑油也是 EHL，避免了过度磨损，其传动效率可达90% 以上。虽然该技术还未实现量产，但是公司希望在 2022 年前能够装车上路[61]。

图 3.18　VariGlide 行星变速器

VariGlide 行星变速器是 CVT 的一种新形式，通过同时改变设置在牵引环之间的球的旋转轴角度，使输入和输出环在较小或较大的旋转直径上运行。

图片：Dana Incorporated（Dana 公司）

尽管变速器新技术层出不穷，但是从齿轮传动到滚子或者环形传动的转变趋势还不能确定。与最初的四档自动变速器相比，CVT 技术更有希望，毕竟，CVT 技术比四

59　M. Gabriel，Innovations in Automotive Transmission Engineering. SAE International，Warrendale，PA，2004.

60　Communications with Jeff Cole，Senior Director，Corporate Communications Dana Incorporated.

61　Communications with Jeff Cole，Senior Director，Corporate Communications Dana Incorporated；and T. Murphy，"Planets Aligning for Dana's VariGlide Beltless CVT." WardsAuto August 22，2017.

档自动变速器技术可以提高8%的效率[62]，特别是在低速城市工况下尤其如此（此时采用自动变速技术效率并不高）。然而，如果与现在的高速齿轮传动技术相比，CVT的吸引力就降低了，同时，CVT技术也面临着驾驶人接受程度的重要考验，驾驶人通过换档冲击感知驾驶性能，对于追求驾驶乐趣而非效率的人，就会发现配备CVT汽车的驾驶感不行。因此，CVT技术虽然在日本非常流行，但是在美国和欧洲已经失去了市场，况且DCT技术和高速变速器技术的快速发展，进一步压缩了CVT技术的市场份额。但是，CVT技术的生命力还在，变速相对简单，匀速行驶时也比较省油，这样的优势使得通用雪佛兰在2019迈锐宝部分车型上使用CVT替换了原来的六档自动变速器。

3.9 差速器、全轮驱动和转矩分配

通过变速器输出的转速和转矩需要分配到车轮上，这个过程看似简单，其实不然。首先，也是最基本的一点，汽车需要转向，转向时所有车轮的运动轨迹都有明显不同的弧度，因此需要各个车轮能够独立旋转。其次，更困难的是，需要给每个驱动轮分配不同的转矩，以确保汽车的操纵稳定性和安全性。再次，每个车轮所受纵向力、侧向力和摩擦力各不相同，使得轮端的转矩分配过程更困难。另外，当我们需要四轮驱动时，实现这些任务的难度更大了。

通过调节车轮速度完成转向并不难，普通差速器就可以进行转速调节，在轮胎不打滑的情况下实现汽车的转向，差速器内的小齿轮、齿圈和一些耦合在一起的斜齿轮共同作用，很容易实现两侧车轮的差速。这里存在的问题是，如果一侧车轮失去了牵引能力，没有转矩输出了怎么办？例如，汽车的一侧车轮在冰面上打滑空转，另一侧车轮就无法传递动力，此时，传动轴上的旋转运动虽然传递到了车轮上，但是车轮就是没有牵引力的输出，和我们希望汽车继续行驶的愿望背道而驰。在这种情况下，防滑差速器（Limited Slip Differential，LSD）可以全部或者部分锁紧车轴，使不打滑的车轮也能够输出一定的转矩。它的结构多样，但是典型设计还是确保在差速器齿轮和传动轴转矩不稳定的时候，也就是出现变速的时候，通过离合器锁死车轴。单向防滑差速器对应着加速过程，而双向防滑差速器也对应着减速过程。

62　A. Isenstadt，J. German，M. Burd and E. Greif，Transmissions. Working Paper，The International Council on Clean Transportation，August，2016.

利用电子稳定控制（Electronic Stability Control，ESC）技术可以对汽车防滑功能进行改进。作为 ABS 技术的延伸，ESC 系统监控着汽车的运动和滑移状态，并能够使用独立的车轮制动系统来纠正滑移，使汽车保持在正常的行驶轨迹上。在实现原理上，由于非对称的刹车制动会使汽车围绕垂直轴线发生转动，形成横摆转矩（Yaw），可以利用这个转矩纠正由于车轮打滑而产生的行驶轨迹偏离的现象。

当然，为了使系统能够正常工作，我们需要知道汽车什么时候处于打滑状态，或者更准确地说，需要检测到与汽车运动趋势相关的横摆运动，这里就有难度了。我们可以利用转角传感器很容易地检测汽车行驶的方向，也可以利用轮速传感器识别每个车轮的打滑情况，但是要测量侧向运动或者测量侧向加速度就复杂一些了。有利的是，有一种侧向加速度传感器，它包含两层压电结构，当汽车侧滑或者侧倾时，会施加给传感器一个侧向压力，使压电结构一层受拉一层受压，于是就能够输出与加速度大小成比例的电势差。

需要知道汽车横摆转动情况的难度更大，有一种压电材料是解决这个问题的关键，它用在了微石英速度传感器（Quartz Rate Sensor，QRS）上。这种传感器包含两个竖直放置的微型音叉，在音叉上有两个朝上和朝下的尖部。音叉由单晶石英制成，通交流电的时候可以发生振动，这时，音叉的两个尖会发生相向或者背离运动，由于两个音叉的结构一致，它们的振动也就能相互抵消，从而没有能量能够传递到音叉的中部。当音叉发生旋转运动时，这种平衡被打破了，汽车横摆转动造成的音叉旋转运动就产生了横向力，也称为科里奥利力，力的大小与旋转速度成正比，力的幅值由音叉上的压电传感器测得，这样就形成了有用的横摆转动信号。

ESC 系统持续地监控横摆加速度、车速和转向角度，在转向失控时激活 ESC，它在车轮上施加不同的制动力以防止汽车出现滑动。在过度转向情况下，车轮转速过快时，ESC 系统就制动外侧前轮以形成制动反力；在不足转向情况下，车轮的转速低于理想速度时，汽车的转向半径扩大，ESC 就会在内侧后轮施加制动力，以增强车轮力的输出能力。ESC 系统也可以降低发动机的输出功率或者通过将变速器档位换到低速档以实现牵引力的控制和保持。

虽然在 ESC 系统中采用更复杂的数字化控制技术可能会取得更好的效果，但是它毕竟是基于制动技术的，在遇到紧急转向、减速或者躲避车祸过程中非常有用，但是制动过程也会有能量损失，这也表明 ESC 不是提高汽车转向性能的理想方法；另外，

ESC 也会增加燃油消耗量[63]。一种理想的方法是主动在各个车轮上分配所需的转矩以能产生同样的控制效果，转矩矢量控制可以实现这种功能。与制动差速不同，它可以将转矩独立地分配到每个驱动轮上，实现主动差速，形成转矩矢量分配差速器（Torque-Vectoring Differential，TVD）。它能够对牵引力进行补偿，通过矫正偏航角来优化转向性能，它所使用的主动转矩分配差速技术，在推动汽车行驶的过程中增强了汽车的抓地和转向能力。例如当检测到车轮滑动时，为确保行驶的稳定性，TVD 会控制滑动车轮上的转矩降低，其他车轮的转矩增大；在转向时，TVD 将更多的动力分配到外侧车轮，避免了对内侧车轮施加过大的制动转矩。TVD 控制两侧车轮而不是一侧车轮，比 ESC 的控制效果更加显著。事实上，除了大部分失控情况外，在操纵稳定性方面，TVD 的性能比 ESC 更好[64]，ESC 系统在工作过程中所造成的过多的效率损失也可以避免了[65]。

我们已经知道，先进的转矩矢量控制具有主动控制的能力，它不再仅仅局限于将发动机转矩或制动摩擦力传递到驱动轮，而是更多地利用传感器获得的信息，采用计算机技术扩大控制范围，甚至可以将所有的转矩都集中在一个车轮上，或者让车轮失去所有的驱动转矩。再加上使用了预测控制算法，更可以适应各种道路条件、驾驶习惯以及轮胎的性能，从而在滑移发生前有效地调节转矩的分配。

典型的 TVD 结构和传统差速器一样，在中心位置是差速齿轮（图 3.19），两边是类似于 LSD 的多片湿式离合器，电动机或者液压执行器控制着离合器的开合，从而可以根据两侧车轮的需要降低转矩输出，当一侧离合器断开时，转矩就会转移到另外一侧的车轮上，期间不需要制动作用。一些先进系统，例如奥迪 A6 使用的里卡多公司（Ricardo）提供的轴间转矩控制系统（Cross-Axle Torque-Vectoring System），将行星齿轮和离合器结合在一起，实现了离合器转速的调整，这会增强对发动机传递到车轮的转矩的控制能力，汽车直驶时，行星齿轮处于锁止直连状态，在转向时，行星齿轮机构在不到 0.1s 的时间内就可以完成每个车轮的转矩分配任务（图 3.20）。

63　D. Piyabongkarn，J.Y. Lew，R. Rajamani and J.A. Grogg，"Active Driveline Torque-Management Systems." Control Systems Magazine，IEEE 2010，30，86–102.

64　S.M.M. Jaafari and K.H. Shirazi，A comparison on optimal torque vectoring strategies in overall performance enhancement of a passenger car. Journal of Multi-body Dynamics 230（4），2016，469–488.

65　M. Hancock，R. Williams，T. Gordon and M.C. Best. A Comparison of Braking and Differential Control of Road Vehicle Yaw-sideslip Dynamics. Proceedings of the Institution of Mechanical Engineers，Part D：Journal of Automobile Engineering 219，2005，309–327；and J. Deur，V. Ivanovic，M. Hancock and F. Assadian. Modeling and analysis of active differential dynamics. Journal of Dynamic Systems，Measure，and Control 132，2010，061501–061514.

图 3.19　主动转矩矢量差速控制

麦格纳（Magna）的 TWIN 后驱系统通过转矩矢量控制实现了全驱时的限滑功能。后桥上电机控制的湿式双离合器可将转矩独立地传递到每个车轮，在 ECU 控制下，可以在不同的工况下实现最佳的转矩分配。

图片：Magna（麦格纳公司）

图 3.20　转矩矢量驱动

宝马汽车使用了 ZF 矢量驱动 TVD 系统，集成了行星齿轮结构，使得车轮转矩不再依赖于发动机转矩的控制，就算是汽车正在沿着崎岖的山路下坡减速，经过校正后的转矩也可以准确无误地分配到每个车轮上。

图片：ZF Friedrichshafen AG（采埃孚公司）

如果将转矩矢量控制与全轮驱动相结合效果会更好。首先，我们先区分全时四驱（AWD）和分时四驱（4WD）的概念。四驱系统需要分动箱将转矩传递到前轴，但是在前轴和后轴之间无法进行差速，这样的结构使得分时四驱汽车不适合在干燥的路面上行驶，因为转向时轮胎的滑动磨损将显著增加，并降低了对路面的附着能力。而全时四驱系统使用了中央差速器，允许每个车轮和车轴都处于差速工作状态（图 3.21），当与转矩矢量控制相结合时，可以使转矩准确地分配到每个车轮。一般情况下，在急加速或者转向时，全时四驱前后轴的转矩分配是 90∶10，也可以实现 50∶50 的对分效果，并且后轴的大部分转矩传递到了外侧车轮，确保对转向过程的控制。但是，全时四驱系统在前后轴的差速驱动过程中会产生机械摩擦，因此也存在效率问题，如果采用转矩矢量控制，这个问题就可以迎刃而解了，例如，在不需要四轮驱动的情况下，转矩矢量控制使前后轴之间的传动链完全脱开，此时的传动效率就接近于两轮驱动的汽车了。

图 3.21　奥迪全时四驱系统

奥迪 quattro 系统提供了 40∶60 的基本动力分配，40% 的动力传递至前轴，60% 的动力传递至后轴，这个比例是可以调整的，前部最多可以达到 70%，后部最多可以达到 85%，以防止打滑情况的出现。该运动型差速器还能够根据汽车动力学将转矩以连续可变的比例分配到每个后轮，以确保最佳的道路附着力。

图片：Audi（奥迪）

3.10　先进轮胎

本章的最后，我们讨论一下"传递到地面的功率"，也就是"橡胶和地面的接触"部件——轮胎。前文中，我们已经阐述了动力传动系统的新技术，从发动机、离合器到变速器和差速器，现在没有理由不讨论最后一个也是最重要的轮胎环节。现阶段，尽管轮胎在主动和智能传动系统中的关键作用还没能完全发挥，但是正在向这个方向迈进。

可以肯定的是，近年来，轮胎的设计已经有了重大改进，现在的轮胎更加耐用，更加精细，也更加高效。防爆轮胎不仅仅在出现穿刺后可以正常行驶，并且其性能越来越高，使用后的汽车乘坐舒适性越来越好，成本越来越低，应用也越来越多。然而我们至今还没有在轮胎上发挥数字监控的全部潜力，毕竟这是汽车上与路面接触的唯一零件，但是，现在正处于技术转折点，融合了先进技术的下一代智能轮胎呼之欲出。

胎压检测系统（Tire Pressure Monitoring Systems，TPMS）已经成为美国制造的所有汽车的标准配置，但是对于轮胎的状态监测不仅局限于此，正是胎压检测技术的发展，带动了轮胎内部气压数据向外传输能力的进步，进而催生了其他更加先进技术的发展。智能轮胎系统不仅仅能够检测气压，也可以检测轮胎变形、接触尺寸、温度、加速度、滑移率、胎纹深度以及负载等参数，这些数据可以提供给轮胎控制系统，进而可以和传动系统的控制相互集成在一起。

直接测量轮胎的性能比较困难，为此开发了多种可行的方法。利用轮胎的变形、车速、轮速、轮胎受力等参数，通过一定的算法可以估计轮胎的摩擦力和其他关键参数[66]。来自横摆转矩传感器、加速度传感器、转向角传感器的数据能够增强对车轮附着力的估计准确度；甚至车轮在不同转速下的振动信息也可以被用来提高汽车的动力学控制能力[67]。将柔软的应变片嵌入到轮胎内，确保轮胎的变形不会受到应变片的影响，在此基础上，开发了很多测量轮胎变形等参数的直接测量方法。也可以采用表面声波传感器（Surface Acoustic Wave，SAW）来检测轮胎与路面接触部分的变形，利用压电材料表面的两个互锁的金属梳状电极［也称为叉指换能器（Inter Digital Transducers，IDT）］，以及一个安装在轮胎内部的超声波传感器，就可以测量轮胎侧面的变形了。还可以利用一种通过光刻技术形成的超柔软的传感器，它的使用不会影响轮胎的功能和耐久性[68]。除此之外，还有一些其他的微机电传感器（MEMS）可供选择[69]。虽然智能轮胎还没有量产，但是蓄势待发。

为智能轮胎供电也是一个难题。智能轮胎传感器可以使用电池供电，但是，在有大功率需求时，电池供电就受到限制了。也可以使用电磁耦合的无线供电技术，但是效

66 R. Matsuzaki and A. Todoroki，Wireless monitoring of automobile tires for intelligent tires. Sensors 8，2008，8123–8138.

67 T. Umeno，Estimation of tire-road friction by tire rotational vibration model. R&D Review of Toyota CRDL，37，2002，53–58.

68 R. Matsuzaki，T. Keating，A. Todoroki and N. Hiraoka，Rubber-based strain sensor fabricated using photolithography for intelligent tires. Sensors and Actuators A：Physical，148，2008，1–9；and R. Matsuzaki and A. Todoroki，Wireless monitoring of automobile tires for intelligent tires. Sensors 8，2008，8123–8138.

69 R. Matsuzaki and A. Todoroki，Wireless monitoring of automobile tires for intelligent tires. Sensors，8，2008，8123–8138.

率并不高（下一章我们将讨论这个话题）。更理想的方式是不用电池供电，从轮胎滚动和变形中获取能量为传感器供电。为此，需要将压电材料合理地放置在轮胎内侧，将轮胎旋转的机械运动和变形变为可用的电荷[70]，这一方法听起来很疯狂，其实不然。轮胎低频振动的能量可以通过轮胎径向缠绕的压电氧化锌纳米线来获得，也就是通过压电材料获取，利用获取的电荷对电容板充电，产生了电能[71]；也可以将轮胎滚动时产生的热转化为电源。所有这些想法和技术，技术人员都在进行相关的开发和应用。

　　智能轮胎与先进控制技术相结合，可以将诸多技术可能性变为现实。智能轮胎可以与牵引力控制系统通信，以获得更加优化的牵引力分配；也可以与主动底盘、悬架、变速器控制、转向、或者其他各个系统进行通信，以改善驾驶性能（我们将在第 7 章中进一步介绍这些内容）。然而，智能轮胎的功能不仅仅局限于监控轮胎的受力情况，也可以改变牵引力的大小以适应道路行驶条件。主动充气系统可以根据路面情况调整充气气压；胎面橡胶材料可以调整适应路面状态，当在干燥路面上行驶时，胎面橡胶刚度增强以提高效率和操作稳定性，当在湿路面上行驶时，胎面橡胶吸收水分后变得更加柔软，提高了汽车的操作稳定性。当轮胎感知到路面材料、温度、湿度、摩擦力等路面条件变化时，也可以随之调整其物理特性，并将相关信息传递给汽车的其他系统[72]。这样看来，谁又能说轮胎研究乏味、传动系统不能创新呢！

70　A.E. Kubba and K. Jiang，A comprehensive study on technologies of tyre monitoring systems and possible energy solutions. Sensors 14，2014，10306–10345.

71　S. Meninger，J.O. Mur-Miranda，R. Amirtharajah，A.P. Chandrakasan and J.H. Lang，Vibration-to- electric energy conversion. IEEE Transactions on Very Large Scale Integration（VLSI）Systems，9，2001，64–76.

72　B. Schoettle and M. Sivak，"The Importance of Active and Intelligent Tires for Autonomous Vehicles." The University of Michigan Sustainable Worldwide Transportation Report No. SWT-2017-2 January，2017.

第4章

电机

除非过去十年你一直自我封闭，否则你就应该知道发动机已经不再是汽车的唯一动力源了。汽车制造商正在逐渐地使用电驱动技术以提高汽车燃油经济性，降低排放，提升驾驶性能。实际上，动力传动系统的电动化潜力非常巨大，几乎每一家汽车制造商都宣布了跨越式的电动化发展目标，现在，在我们探究电动汽车之前，应该先看看驱动它们的电机技术。像发动机汽车一样，如果我们不了解电机特殊的驱动机理，我们就不可能真正了解整个汽车电动化系统。

你或许认为动力传动系统电动化是一件很容易的事情，毕竟电机在当代已经是一种成熟的产品了，并且具有了非常大量的应用，按照现有的技术水平，将其安装在汽车上应该不会太难，真的是这样吗？否也！对纯电动汽车或者混合动力电动汽车而言，对其驱动电机的要求与常规的工业电机截然不同。大多数情况下，我们讨论的洗衣机电机或者大型工业电机，它们是安装在固定的基座或者地板上的，因此，它们对重量和尺寸的要求并不特别严格。另外，这些常规的工业电机通常是在一个相对可预测、可控制的环境中以规定的速度运行一段可预测的时间，其工况是提前可知的。然而，这样的应用环境不适用于电动汽车，电动汽车驱动电机对速度和转矩的变化要求非常大，快速响应要求也非常高，且没有固定的运行模式；纯电动汽车或者混合动力电动汽车用驱动电机的重量、尺寸、甚至形状对汽车性能的发挥起到了非常重要的作用；由于汽车所处的行驶环境条件的变化很大，就要求驱动电机必须在任何天气状态下都能够可靠地运行，无论是寒冷的冰雪天气，还是炎热的干旱天气；最重要的，驱动电机也必须能够起到发电机的作用，在汽车减速过程中能够收集汽车动能，也就是要求能够实现再生制动。

现今已经有了许多不同种类、不同结构、不同控制方式和不同配置形式的电机可供选择，但仅有几种适合作为电动汽车的驱动电机。一般来说，我们需要的电机必须能够产生可靠的转矩以便于汽车加速和爬坡；必须能够承受周期性的过载以满足超车的需要；最好具有尽可能小的体积，也就是具有尽可能高的转矩密度；驱动电机的工作转速范围要尽可能宽，既能够驱动汽车低速爬行，也能够让汽车高速巡航，电机能够在一定的转速范围内恒功率运行；在不同的工作环境下，驱动电机应维护简单，可靠性高；另外，在满足以上所有这些要求的前提下，其成本也要低。无须置疑，并非所有的电机都能够达到以上的要求。

正如发动机一样，控制技术也是电机驱动的核心。先进的高精度数字化控制技术促进了电机工作性能的显著升级，可以毫不夸张地说，电力电子领域的持续创新（包括实现控制和功率转换的电子技术、电磁技术和电化学器件等）已经从根本上重新定义了电机的概念，也重塑了纯电动汽车和混合动力电动汽车的形象。其结果是，过去几十年以来仅有概念但没有实现的技术，现在已经具备了技术实现的可行性。

4.1 电机工作原理

我们先从基本的概念入手。电机借助于电磁力进行工作，电磁力是自然界中的四种基本力之一，是一种磁场和电场之间的关系。事实上，电场力和磁场力基本上是同一个概念，两者都是通过带电粒子间的光子交换定义的，也就是一种交换力。在电机中，这种带电粒子就是电子，而光子可以想象成是一种基本粒子或波，它们作为力的载体，在电子之间移动并施加力，从而产生了电场和磁场。

当然，为了更好地理解磁场，我们需要先认识磁体。铁、镍和钴这三种金属具有一定的铁磁性，也就是说，当放置在磁场中时，它们能够被永久磁化，这种磁化发生在原子水平，组成这些金属的原子本身就像是带有相反磁极的小磁铁，或磁矩，会产生磁场，并与其他磁矩相互作用，也能够受到外界磁场的影响而改变方向。当这些原子在金属中以相似的方向运动时，它们的磁场作用合成在一起，就形成了均匀的磁轴。基于此，当将这些铁磁材料暴露在一个强大的磁场中时，它们原子的方向被调整，所有的磁轴都指向了同一个方向，从而对外表现为很强的磁性，也就形成了我们所说的磁铁。更重要的是，当磁场移除后，这三种金属的磁场极化仍然存在，这就形成了永磁体（Permanent Magnet，PM）。当某些稀土类元素，特别是钕和钐钴，与这些金属结合时，它们就会具有比冰箱贴上简单的铁氧体磁性还要强大几个数量级的磁性。此外，我们稍后还会看到，有些金属，例如铜和铝，尽管本身不是磁性材料，但是当电流通过它们时，也会表现出磁性，这一特性让我们可以用来控制磁场的开通和关断，形成所说的电磁铁。

通过中学知识我们知道，磁铁的同极相斥，异极相吸，磁极间的力可以通过等磁力线描述。虽然磁场看不见摸不着的，但是利用磁力线的绘制有助于我们理解磁场的作用，从而帮助我们理解电机的工作原理（图 4.1）。

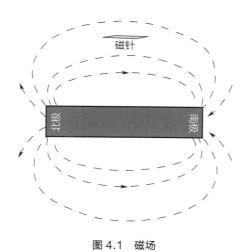

图 4.1　磁场

　　磁力线从永磁体的 N 极指向 S 极的，距离磁极越近，磁力线越密集，即单位面积上的磁通密度越大，或者磁场强度越大。把磁针放在磁场中，磁针将沿着最小磁阻路径与磁力线平齐。两个极化的磁场可以相互吸引或者排斥，由此产生的磁动势（Magneto Motive Force，MMF）和磁场强度与两极之间的距离成正比。

考虑到磁通量走向倾向于沿着阻力最小的路径方向，所以在磁场中放置一根磁针时，会使它旋转至与磁力线平齐，这是因为针对磁通的阻力（磁阻）比周围的空气对磁通的阻力要小得多，磁通集中在磁针这样的低磁阻材料中，形成了强大的临时磁极，将材料拉向磁通增强的方向，此时，磁针将发生旋转，一直到和磁力线平行为止，形成了一个最小的磁阻通路。如果这个磁针已经被磁化，那么这个旋转力方向将是固定的，磁针的北极将转向磁铁的南极，磁针的南极将转向磁铁的北极，形成了异极相吸的现象。

上述内容似乎学术性太强，隐晦难懂，但是这两种力——磁极引力和磁路磁阻——不仅有趣，而且可以发挥巨大的作用，使得我们可以利用磁场来推动机械运动。我们将会看到，这两种力存在于任何类型的电机中，它们也是世界上所有纯电动汽车和混合动力电动汽车基本驱动力的核心。

从原理上我们已经了解到，电机的旋转运动根本上是由于运动状态和磁场力的相互作用决定的，为了更好地增强这种相互作用，需要产生磁场并对其进行控制，为此，我们借助于电磁感应原理，引入了电。电磁感应定义了电动势或电压与磁场之间的关系，简单来说，如果我们在磁场中移动电的导体，就会在导体中产生电压或电动势，如果将导体连接到闭合电路中，这个电压又会在闭合电路中产生电流，所以导体（例如电线）在磁场中的相对运动就会在导体中产生电流；反过来，当电流通过导体时，也会在导体周围产生磁场，形成磁通量（图 4.2）。

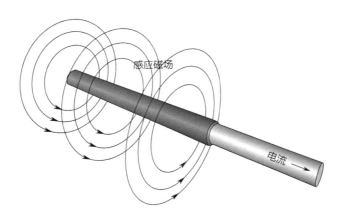

图 4.2　电流和磁场

当电流通过导体时，导体周围就会产生磁场，方向可以用右手定则来测定。右手握紧，伸出拇指，拇指指向电流方向，则四指弯曲的方向就是磁场方向。

电流可以产生磁场，磁通量也可以形成电流，这两者相互关联的现象对了解电机的工作原理至关重要。如果我们把一个载流导体靠近磁铁，电流引起的磁场将与磁铁的磁场相互作用，从而确立了一些动力学、运动学、电力学和磁力学的物理关系，其中电和力之间的基本关系就是电机工作的基础，电机的核心作用就可以发挥出来了，它能够把电能转化成机械运动，或者把机械运动转化成电能，在汽车上需要同时具备这两种功能。正因为如此，我们不能仅仅称它们为电动机，而应该称其为"电机"或者"电动 - 发电机"。

4.2　电机结构

现在我们可以制造一台原始的电机了。我们用导线做成一个闭合回路，在回路中通入电流，电流会在导线周围产生磁场；把导线放在磁铁两极之间，电流产生的磁场和磁铁的磁场相互作用；如果导线中的电流方向正确，当两个磁场相互作用时，导线就会抖动一下（图 4.3）。这只是一个原始的电机模型，并不是真正意义上的电机。

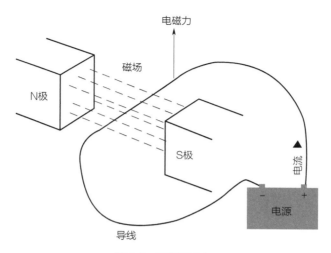

图 4.3　电机驱动力

电流通过导体将产生磁场，如果把导体置于永磁体的磁场中，这两个磁场将相互作用，导体将会受到力的作用。

为了实现对上述原始电机的改进，可以把导线做成环状线圈的形式，并且把磁铁的两极放在环状线圈（旋转轴）的两侧，这样就为推动线圈旋转提供了基本的条件；进而，利用滑片为线圈提供电流，这种滑片称为滑环换向器，通过滑片，线圈每转半圈就可以实现电流的机械换向；还要配备一系列小型电刷，与滑环换向器之间接触滑动，使电流可以从静止的电源传导至旋转的滑环。在这种结构下，每当线圈旋转导致磁场施加的力矩逐渐减小时，导体中的电流就会反向，旋转力矩就会因此重新增强，这样，线圈内电流的不断换向使得其驱动力矩在减弱后又能够重新增强，实现了线圈不停地旋转。从整体上看，现在有了一个旋转部件——转子，有了一个能够提供磁场的固定部件——定子，有了一个与旋转轴连接的线圈，以及一个滑环换向器，以上就构成了简单的直流电机（图 4.4）。其中，电机的电枢一般指电机中的发电部件，在这里指的是线圈部分。

发电机的功能也是基于同样的工作原理，为了分辨二者的不同，这里采用了错开摆放的换向器环（而不是左右对置分开）。同时，为了发电演示的需要，也人为地在线圈上添置了一个把手，如图 4.5 所示。

当我们旋转线圈时，线圈会切割交变磁极磁场，在线圈内产生电动势并形成电流。当线圈转动到下半圈时，电流方向随着与磁极相对位置的变化而迅速改变，从而在线圈回路中形成反复变化的电流，这是一种交流电（Alternating Current，AC）。当线圈运动方向与磁力线垂直时，这个电流值最大。

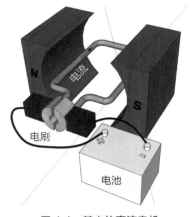

图 4.4　基本的直流电机

电枢受到永磁定子磁场和电枢电流磁场相互作用而发生旋转，在这个过程中，滑环与电刷交替接触，确保电流及时反向，使得电枢能够不停地旋转下去。

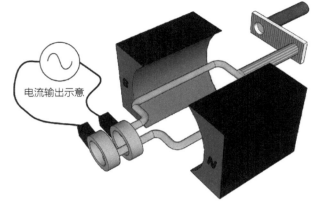

图 4.5　基本的交流发电机

转动手柄时，磁场不断改变感应电流的方向，从而通过滑环获得了交变的电流。

对于这个交流输出，电流不断地从负向正循环变化，交流电本身就有自动换向的特性，因此在某些时候，就没有必要使用换向器来改变回路极性了。现在，让我们设想一个不需要上述换向器对置分开的电机，把发电机输出连接至同样的另外一个电机的滑环上，这个电机就可以像交流电动机一样工作了（图 4.6）。当转动手柄时，它是一个提供电流的发电机，为另一个电机提供电流；它也是一个能够提供旋转力的电动机，由于这个旋转运动是由提供给它的交流电流的频率决定的，所以也称为同步电动机，发电机转速越快，获得的交流电的频率就越高，电动机的转速也就越快。

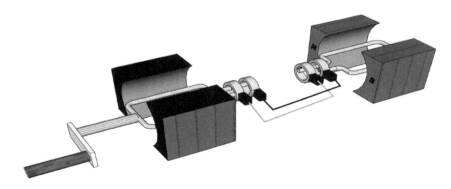

图 4.6　电动－发电机

转动手柄在一个电机中产生交流电，输入到第二个电机，并形成交变磁场，使其同步转动。

我们从日常家居中就可以找到磁铁，并成功制造一个简易的电机，但是它的性能肯定不会很好。为了制造一台有用的电机，我们首先需要建立一个强大的磁场，然后让这个磁场与尽可能多的导体相互作用，可以通过增加导体线圈的数量以增大导体在磁场中的横截面积，为此，我们可以把导体做成多层线圈的结构，每增加一圈，就增加了一部分磁场中的导体面积。对于磁场强度来说，它不会平均分配到每圈线圈中，也不会因为线圈数量的增多而降低，但是随着磁场中的线圈导体数量增多，磁场作用引起的力就会增强。

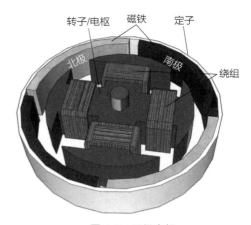

图 4.7　四极电机

这种常规电机包括一个带有磁场绕组的转子和一个带有永磁体的定子。

我们也可以在电机上增加磁极的数量（图 4.7），更多的磁极可以使得线圈转动时不会发生突变，实现更平稳的旋转，减少了转矩随转子角度变化而产生的波动，这种波动称为转矩脉动（图 4.8）。

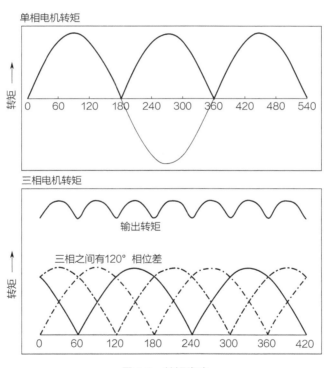

图 4.8　转矩脉动

电机转矩呈正弦变化，单相电机中的电流反向会产生转矩脉动，三相电机通过增加相数改善了转矩脉动纹波，但是不可能完全消除。

到目前为止，我们一直依靠磁铁建立磁场，这种磁铁称之为永磁体，虽然称为永磁体，但是并不能说它的磁性就是永久不变的，它可以被磁化，也可以被退磁。在实际应用中，过高的工作温度会导致永磁体内的分子极性重组，产生退磁，这一高温退磁特性严重制约了永磁材料的应用。另外，永磁体的磁性一般也不能简单地完全消除，它的磁性一直存在，这有时也会带来麻烦。由于在永磁体周围一直有磁场存在，这也就意味着电机永远不可能完全停止工作，它随时都可以发电，这就带来的安全问题。我们在后文中将看到，永磁材料产生磁场的持久性和固定性对于电机的高速旋转会产生不良影响，并且强永磁材料的成本也很高。

电机中，永磁体并不是我们唯一的选择，如前所述，流过导体的电流可以产生磁场，因此，一个永磁体可以被一个设计适当的通电导体代替。需要强调的是，单根导线不会产生足够的磁场以代替永磁体，我们可以用线圈缠绕导体来增强磁场的强度，这就是电磁场（图 4.9）。线圈的磁动势是匝数和电流的乘积，在电流一定的前提下，线圈匝数的增加就相当于磁场强度的增加。

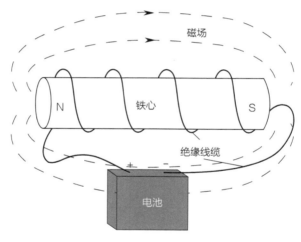

图 4.9　电磁铁

在线圈中放置铁心可以更有效地形成磁力。之前的例子中，磁场完全是通过空气传播的，但是空气并不是磁动势的良好导体，它的磁阻非常高，采用低磁阻导体更能够有效地改变磁场形状，实现磁场集中，增强磁场强度。事实上，金属铁的磁导率大约是空气的 1000 倍，因此，采用金属铁传导磁场时，泄漏到周围空气中的磁场要少得多，由于磁场产生的力与产生的磁通密度成正比，导致密度加倍，力也会加倍。当然，这种加倍也是有限度的，原因如下：任何给定导磁材料都有一个最大的磁通量，达到该磁通量时导体就达到了磁通饱和，在饱和点，材料中所有的原子偶极子排列整齐，磁阻上升得很快，磁通不可能再有进一步增加了，如果继续增强磁场，只会导致能量的损失。需要注意的是，磁通饱和一般不是影响电机性能的主要因素，一方面，电机在设计时，已经尽可能确保了电机工作在饱和点之下；另一方面，电机的尺寸通常也要与设计目标相互适应，大功率电机的尺寸通常也更大，这主要也是因为性能设计过程中考虑了磁通饱和的影响。

由于转子必须能够转动，需要在它和定子之间保持一定的空隙，称之为气隙。理想情况下，气隙应尽可能小，以减少损失。气隙中具有磁通，气隙越大，磁通密度越小，而磁通密度决定了电机能够产生的转矩的大小，因此，气隙的选取对于任何电机设计来说，都是非常关键的环节。

有了上述知识基础，我们可以想象出这样一个理想的电机：制造一个电枢线圈，并最大限度地暴露于磁通中；采用更多的磁极，以更好地控制电机平稳运行；在定子中采用加入铁心的电磁铁以产生更强、更可控的磁场。

现有的电机，无论是使用永磁材料还是电磁铁，都已经是经济实惠的成熟技术了，永磁直流电机（Permanent-Magnet DC，PMDC）曾被广泛地应用于传统汽车的电气化改造中，即所谓的"去内燃机化"过程。这类电机现在仍然广泛应用于汽车中，例如，控制车窗玻璃的上下移动的电机，但是，将其作为电动汽车的驱动电机，其性能还远远不够，主要问题是这些电机都存在换向器，换向器会引起转矩波动，限制电机转速，导致电刷摩擦，影响工作效率，还会产生电磁干扰。最重要的是，电刷容易磨损，严重影响了电机的可靠性和维护要求，没有人愿意每行驶几千英里就更换一次电刷。

以上，我们讨论了电机的基本结构和性能，也知道了基于电机工作原理所形成的新技术，但是不得不说，现代电动汽车中使用的驱动电机的结构和性能已经远远超出了这里基于简单电机介绍的内容了（图4.10）。

图4.10 搭载有刷直流电机的电动汽车

Reva G-Wiz 是极少数使用有刷直流电机的量产车之一，这款备受非议的微型车采用了6.4hp（4.8 kW）的电机，由前座下的8节铅酸电池供电。

图片：*CC BY-SA 2.0*

4.3 电机性能

与大家料想的一样，电机性能在很大程度上取决于其设计，而设计又千差万别，但也有共同的目标，就是效率。电机的效率远高于发动机，大多数汽油机将汽油中的化学能转换成有用的转矩和速度的效率约为 20%~35%，一个高性能的发动机可能会有高达 45% 左右的效率，然而，电动汽车驱动电机的效率通常可以达到 90% 或者更高[73]。

要达到最高效率，也要仔细思考如何控制电机。就这一目的而言，它比洗衣机电机或者搅拌机电机的控制难度更大，有两个原因，第一个原因，与其他电机应用不同，电动汽车需要驱动电机具有宽调速范围内的精确速度控制；第二个原因，驱动电机控制过程中，需要尽可能地降低损耗，因为任何损耗都会导致效率的降低，缩短汽车的续驶里程。乍一看，我们可能认为电机的控制很容易实现，改变定子电压会改变磁场大小，从而改变转子上的力和转速，如果把可变电阻与定子线圈串联起来，就可以很容易地改变电压了，这也是模拟电力系统长期以来成功使用过的方法。但问题是这种方法的工作效率很低，可变电阻和定子线圈都要吸收电能，即使电机在最小负荷下工作，所消耗的能量也会很高，高出的能量会被电阻吸收并转化为热能，于是，这样一个基本的线性电源控制系统就产生了相当多的热量和大量的损耗。

脉宽调制（Pulse Width Modulation，PWM）是一种现代数字化控制方法，它提供了一种更好的电机控制手段。PWM 的核心是高速开关技术，通过精确控制信号开通的时间占总周期的百分比（称为占空比，duty cycle）以及周期频率，就可以产生一个作用效果等同于一个准确恒定电压的控制输出，虽然它的输出效果表现为一个可调的电压，但是实际上却是一个非常快的连续的全电压脉冲。尽管在开关过程中也有功率损失（称为开关损耗，switching loss），但是这种功率损耗很小，并且可以通过改进控制逻辑减少这种损耗。从本质上讲，PWM 是通过数字化控制的方法实现模拟量输出的效果，可以使用一些简单的方法获得 PWM 的占空比数据，从而控制电机在给定负载下的特定转速（图 4.11）。

73　A. Hughes，Electric Motors and Drives：Fundamentals，Types and Application，3rd edition. Elsevier，London，2006.

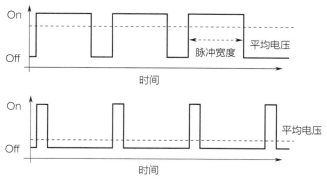

图 4.11   脉宽调制

通过快速的开关信号，可以有效地控制输出电压，有效电压值是开关电压的时间平均值。

良好的控制并不意味着电机可以实现近乎完美的效率，事实上，导致电机低效率的因素是在设计过程中需要格外关注的。低效的一部分原因是轴承表面的摩擦和转子受到的较小的空气阻力，更大的因素是电机线圈电阻造成的能量损失，也就是铜损，铜损主要通过热量的形式散失了。由于导体电阻导致的能量损失是由电阻和电流的平方决定，这就意味着即使是电流的微小变化，也可能会导致损耗的巨大变化，对于电机需要大电流的大转矩运行状态，更有可能会引起过热问题。因此，效率会随着运行条件的改变而发生显著的变化。发热也会带来比较严重的问题，例如效率降低、续驶里程缩短、输出功率降低等，更严重的，会使永磁体因发热而退磁，降低了电机的工作容量。此外，由于导体电阻不仅由导体尺寸和材料决定，还受温度的影响，温度升高会增加铜损，导致更多的发热。因此，这就要求我们应仔细地设计电机，关注电机的工作温度控制。

除了线圈电阻造成的损耗，磁场也会引起损耗，当变化的磁场通过铁磁材料时，就会产生损耗。如前所述，磁场变化时，在微观层面将出现分子的极化变化，分子的偶极矩将会相应调整，这一调整过程消耗了能量，产生了内摩擦和热量，形成了磁滞损耗。

电机中的导体内部不受控制的电流也会引起其他的损失。当电机铁磁材料处于变化的磁场中时，在与磁场垂直的方向上就会感应一些阻碍磁场变化的小电流环路，这些小的电流环路称为涡流，涡流也会产生热和损失，这种损失称为铁损。

损耗大小因电机运行状况而异。转子与磁场同步旋转的速度越快，损耗就越低，这是因为转子中任何位置的磁通量都没有变化，因此也就没有感应电流产生。但是，没有任何一个系统是完美的，无论是磁通量还是转子，即使在同步电机中也会产生一些涡流。一般来说，在低速大转矩情况下，铜损是主要的；在高速小转矩情况下，且铁心中的磁通达到饱和时，铁损占主要部分。

4.4 转矩和功率

既然电机设计和控制中存在诸多难点，为什么又要用电机来驱动汽车呢？实际上，尽管有各种各样的问题，电机仍有一些非常理想的特性，最明显的是它们在启动时会产生很大的转矩，并且一直能够保持到最大功率所在的转速点，这个转速称为基速。后面将会看到，因为发动机在低速时提供的转矩有限，电机的这一特性使其成为辅助发动机低速驱动的理想选择。当电机转速超过基速时，输出转矩会下降，但是最大功率将会保持下去（图4.12）。虽然不同类型和结构的电机的性能参数差异很大，但是它们的转矩和功率的工作特性几乎是一致的。

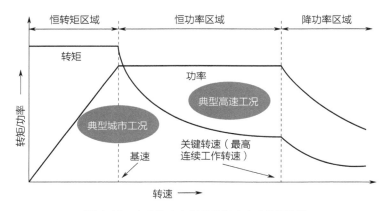

图 4.12　电动汽车电机的理想功率／转矩特性

理解电机的上述特性非常重要。如前文所述，电机最基本的调速方式是改变转子上的电动势，这就改变了产生的电流，也就改变了磁场强度。当转子旋转时，穿过转子的磁通发生变化，会感应出反向电压，称为反电动势，因此，从本质上讲，电机在电动运行时也在发电运行。当反电动势接近供电电压时，对应的转速就是额定转速。电机带载时，转速降低，反电动势也降低，于是供电电流就增大了，结果是自动的补偿了负载的变化，如果负载增大到电机不能再旋转，这时的转矩就是电机的最大转矩。

电机这种输出转矩随负载增大而增大的能力非常适合汽车驱动，但是也增加了控制的难度。一旦电机工作达到基速，就不能通过提高电压增加转速了，因为这只会增加反电动势。但是，如果通过减小电流来减小定子磁场的强度，即所谓的弱磁控制，反电动势就会减小，更多的电流就会流经转子，从而提高了转速，其代价就是降低了输出的转矩，电机开始进入了恒功率区工作状态。此时，虽然转矩降低了，但是电机的速度提高了，从而维持了恒定功率。如果继续减小磁场强度，电机转速将继续增加，转矩也将持续降低，直到因机械损坏或过热导致电机停机。在这一过程中，电机的准确控制和热管理之间的耦合关系越来越重要了。

4.5 冷却

从电机输出的转矩和功率性能看，发热是制约电机性能的一个关键因素（图 4.13），对电机供应商而言，电机冷却和用于电机控制的电力电子设备的冷却是制约性能提高的一个主要因素，因为这些设备一般要求要尽可能的重量轻、体积小、结构简单，从而不会设计有太多的散热冗余结构。当然，通过提高效率和优化电机和功率电子控制的设计以减少热量的产生也是一个不错的选择，目前已经有许多这样的应用。不过，即使是最高效的电机也会产生热量，并导致工作温度的升高，例如前文述及的永磁体，它对温度非常敏感，如果热管理不充分，将导致其退磁和性能的显著下降，例如，当温度从20℃上升到160℃时，将导致近一半的转矩损失 [74]。除此之外，如何合理地实施热管理也是一个棘手的问题，任何电机都有多个零部件和多种材料组成，各自具有不同的热特性和传热路径，导致热管理复杂；在混合动力系统中，电机与发动机靠得很近，热管理的难度更大，电力电子控制系统的冷却需求也同样难以满足。因此，需要因地制宜，在进行热管理系统的设计过程中，综合考虑性能、成本、体积、效率等各个因素。

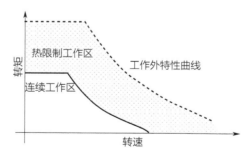

图 4.13 热管理与电机性能

电机性能的一个主要制约因素是发热。如前所述，电机在任何给定速度下都有确定的转矩容量，这定义了一个安全的连续工作区，转矩可以短时超出这个工作区，但是会大量发热，这就限制了电机只能短暂而不能长时间的大转矩工作。

---

74 B. Bilgin and A. Sathyan，Fundamentals of electric machines. In A. Emadi（ed）Advanced Electric Drive Vehicles. CRC Press，New York，2017，5–27.

冷却分为主动冷却和被动冷却。被动冷却主要通过精心选择的传热材料和优化的结构设计，为热量从电机内部向外部传导提供合理的路径，事实上，改善发热部件与外壳和外部散热器间的导热性是一种有效的方法。与之不同的是，主动冷却类似于发动机冷却系统，它是通过设计在定子外壳上的冷却套实现的。更先进的冷却系统是把冷却套放在线圈内而不是放在电机外壳上，冷却通道可以设计在绕组之间，或者沿着定子槽分布。对冷却液进行强制风冷可以增强冷却效果，也可以考虑利用发动机舱内的空调压缩机来冷却液体或者提供冷却空气。

强制射流冲击冷却是将冷却剂直接喷射到电机铁心表面或者附着在铁心侧面端盖上，冷却剂蒸发吸收热量，当材料受冷或者受热发生相变时，就可以在自身温度不变的情况下吸收或者则放出热量。例如，当一种物质从液态变为气态时，会吸收大量的热量且温度不会变得更高，这些热量称为潜热，强制射流冲击冷却就是利用潜热的特性，吸收电机内部尽可能多的热量。即使附着在不到几平方英寸的端盖上，也能够吸收大量的热能。如果再加入散热翅片或者微沟槽结构来增大散热面积，就可以实现散热量成倍地增加[75]。然而，在这个过程中，从电机到冷却端面之间的导热效果如何，又会是一个新的问题[76]。

另一种方式是用自动变速器油等流体进行喷油冷却，可以获得比风冷更显著的效果[77]。在电机内部注入部分冷却油后，借助于转子的运动甩动冷却油，使其运动到铁心表面并吸收热量；或者考虑将冷却油注入转子端部，使其飞溅到绕组上。这种方法类似于一种通过将元件浸入变压器油等非导电流体中来冷却变压器的实现方法，需要解决的问题是控制冷却油的路径，使其不会流入气隙。

无论采用何种冷却方式，其关键在于不增加电机重量和尺寸的前提下，形成足够的冷却能力。在这一点上，目前已经尝试了很多新方法。例如，乔治亚州 DHX 公司开发出一种绕组直接热交换器，在定子绕组之间放置一个微型热交换器，利用微小的冷却通道显著增加了冷却面积，并利用其所谓的局部湍流效应增加流量，使电机的电流密度

75　D. Wadsworth and I. Mudawar，Enhancement of single-phase heat transfer and critical heat flux from an ultrahigh-flux simulated microelectronic heat source to a rectangular impinging jet of dielectric liquid. Journal of Heat Transfer 114（3），1992，764–768；and H. Sun，C. Ma and Y. Chen，Prandtl number dependence of impingement heat transfer with circular free-surface liquid jets. International Journal of Heat Mass Transfer 41（10），1998，1360–1363.

76　T. Davin，J. Pelle，S. Harmand and R. Yu，Experimental study of oil cooling systems for electric motors. Applied Thermal Engineering 75（1），2015，1–13.

77　T. Davin，J. Pelle，S. Harmand and R. Yu，Experimental study of oil cooling systems for electric motors. Applied Thermal Engineering 75（1），2015，1–13.

增加了 4 倍[78]。普渡大学为丰田开发了一个板式冷却系统，由多个微型喷嘴和一个覆盖着微型针状铜鳍的板组成，该系统的开发人员声称，它可以从电力电子设备中吸收密度高达 1000W/cm^2 的热量[79]。以上这些和其他的新的冷却技术一起，对于提高电机的关键性能尤其是可靠性具有重要的意义。

4.6 感应电机

到目前为止，直流电机的主要问题集中在换向器上，换向器导致电机效率低下、自身磨损严重、调速范围受限等问题，既然这样，为什么不考虑去掉换向器呢？为此，我们可以重新审视一下电机定子和转子之间的电磁感应关系，通过电磁感应应该能够实现定转子之间的动力连接。由于电磁感应不依赖于物理接触，因此也就有了取消换向器和电刷的基础。

电磁感应的原理很简单，流经导体的电流产生磁场，当磁场穿过导体时又感应出电流。想象一下电流和磁场之间的相互关系，定子电流产生磁场，磁场旋转切割转子，在转子中感应出电动势和电流，转子电流的方向与定子电流方向相反，并感应出它自己的磁场，这一过程称为互感。这两个磁场一个产生在定子上，一个产生在转子上，极性相反，于是就形成了驱动转子旋转的转矩。由于只有磁场磁通的变化才能引起电流，因此，必须要在定子绕组中注入交流电，如果注入的是直流电，将产生一个恒定的磁场，也就无法发生磁场磁通的变化了。

感应电机的优势是技术成熟，工作可靠。相较于我们以前讨论的永磁直流电机，感应电机的特点在于不需要电刷将电流传递到转子上，由于摆脱了换向器和电刷，感应电机成为一种简单、可靠、高效的电动汽车用驱动电机。

就电动汽车应用而言，驱动电机的转子应该坚固耐用，导电良好，并且能够最大限度地暴露于定子磁场中。虽然感应电机的转子可以为绕线式电枢结构，但由于电动汽车驱动电机高速和高可靠性的要求，它的线圈在高速旋转过程中难以承受巨大的离心力，会产生安全问题，因此，它并不适合于电动汽车应用，需要设计另外一种结构更适合的电机。可以考虑采用一些导电棒构成转子结构，并使它们尽可能地暴露于定子磁场

78   S. Andrew Semidey and J. Rhett Mayor，Experimentation of an electric machine technology demonstrator incorporating direct winding heat exchangers. IEEE Transactions on Industrial Electronics 61（10），2014，5771–5778.

79   E. Venere，Research team develops new cooling technology for hybrid and electric vehicles. PHYS.ORG，13 September，2016. Available at：https：//phys.org/news/2016-09-team-cooling-technology-hybrid-electric.html.

中，导电棒端部通过导电圆环连在一起，从而形成闭合电路，感应电流可以通过这样的笼形结构形成回路（图4.14）。在材料选择上，导电棒一般采用铝材，但是有时候考虑到电动汽车驱动电机的要求很高，导电铜棒也经常使用，然而这样会带来成本的增加。

在笼形电枢内嵌入铁心，能够实现磁阻的最小化，铁心由多层叠片组成，叠片之间用绝缘层隔开以减少涡流，转子的尺寸、形状、电抗、阻抗等参数将决定电机输出转矩和转速的工作能力。在理想情况下，转子和定子之间的气隙很小，通常只有百分之几英寸。

定子也是由堆叠的叠片构成，并缠绕了线圈，线圈的基本结构变化很大，但是都应便于三相交流电的使用。在这里，电机涉及了三个连续的交流相位，相位差是电流完成一个周期的1/3，为此，电机的三相电流将设计成按照正弦规律变换，相角依次偏移120°。通过调整相线交流电的相序，就能够很容易改变通过转子的旋转磁场，进而改变电机的旋转方向（图4.15）。

图4.14　基本的笼形电枢

特斯拉是目前唯一使用纯铜感应电机的电动汽车，感应电机的笼形电枢因其结构而得名，将叠片去掉，就可以看到转子导条和两端环构成了一个导电回路，转子导条通常有一定的斜度，在电机工作时有助于减少转矩的波动。这种电机的转子损耗会很高，导致转子发热，转子的冷却比定子冷却要困难得多。

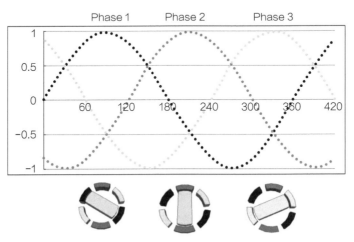

图4.15　三相交流电机

三相交流电机实现了更均匀的转矩分配，它的相位之差为120°，当转子与定子上的极点对齐时，转矩达到最大值。

感应电机的线圈成对设计，每一对的极性相反，当电极对随每相电流依次上下电时，在定子绕组中就会产生正弦变化的旋转磁通。考虑到笼形导电棒两端短路，笼形转子和旋转磁场间的相对运动就会在转子中感应出电流，这个电流与定子磁场极对数相关。这个转子电流反过来又会产生一个与定子磁场相反的磁场，这两个磁场在气隙中相互作用，从而产生了电机工作转矩。

感应电机的转子必须始终以低于定子磁场的速度旋转，因为这两者之间只有存在相对运动才能产生转矩，这两个转速之差称为转差率，转差率越大，转矩越大，转差率为 0 时，转子和定子的磁场将同速旋转，定子磁场将不再切割转子导电棒，也就不会产生转矩。这样的工作机制对汽车驱动来说也有一定的优点，例如轮胎打滑时，转差率会减小，此时，电机控制器就可以迅速切换到零转差率工作状态，以减少转矩的输出，防止打滑。

当电机作为发电机使用时，转子磁场要超前定子磁场，这时的转差率将为负值，能量的流动方向发生了反转。此时，定子也应有持续的电流输入，否则，由于转子里没有永磁体，如果转子无法依靠定子产生感应电流，也就无法直接产生磁通。随着转子牵引定子磁场旋转，转子磁场切割定子，在定子线圈中就感应出了电动势，这一发电原理，使得再生制动过程中的能量回收成为可能。

通过以上知识的了解，你可能已经猜到了，感应电机的控制比直流电机的控制更复杂一些。感应电机的控制通常需要一个电压脉宽调制逆变器，它是一种功率电子电路，能够将电池的直流电转换成电机所需要的多相正弦交流电。在进行正弦输出时，逆变器输入的电流或电压一般保持恒定，为了改变控制效果，通常根据电机端电压的反馈值调整开关脉冲的宽度，当电机需求高电压时，逆变器输出宽脉冲，当电机需求低电压时，逆变器输出窄脉冲，当功率变化时，脉宽也会随之调整，并产生平滑的谐波波形。借助于软开关技术，使逆变器的开关动作发生在电流过零或者电压过零的时刻，避免了在高电流、高电压、高功率点进行开关动作，这就最大限度地降低了开关损耗，有助于实现逆变器的高效化、小型化和低噪声。

设计感应电动机的嵌入式控制看起来简单，实际上具有相当的难度，它需要复杂的数学模型和高性能的控制算法。一方面，相较于直流电机，交流电机的定子电流更大，在磁极上产生的磁场强度也更大，增强了转子磁场，进而增大了转矩，磁场变化的频率成为决定电机转速的主要因素，此时，应用于直流电机的单纯的 PWM 控制或者变压控制已经不能很好地完成交流电机转速控制的要求了。另一方面，仅仅通过改变交流电的频率实现控制也是行不通的，因为频率与电压共同决定了气隙磁通，不可能仅通过一个参数调整就实现良好的控制。为此，考虑同时调整频率和电压，在电机控制过程中，使两者保持恒定比例，这一方法称为变压变频控制（Variable Voltage Variable Frequency，VVVF）。但是，正如直流电机中所讨论的，超过基速之后，就不能再通过提高电压增加电机转速了，此时，可以考虑单独提高频率以提高转速，并兼顾弱磁引起的转矩降低问题。但是这种方法也不是很有效，它的控制精度不高，响应速度也不快，特别不适合高协同控制要求的多电机驱动电动汽车，也同样不适合与发动机协同工作的混合动力电动汽车用驱动电机的控制，因此，VVVF方法并不完全适合于先进电动汽车的应用。

一种更好的电机控制方法是磁场定向控制（Field Oriented Control，FOC），也称为矢量控制。要理解FOC，需要记住定子产生的磁场的矢量性，定子磁场是不断变化的，在不同的时刻，定子磁场的大小和方向也不同，定子磁场是一个有方向和大小的矢量。这个矢量可以分解成两个分量，一个分量垂直于转轴，决定了转矩，另一个分量平行于转轴，决定了磁通，这两个分量在空间中是正交的，所以相互独立，改变其中一个对另一个没有影响。FOC以该原理作为控制基础，在不改变磁场大小的情况下能够控制转矩，并能够获得更快的转矩动态响应。

要实现这一目的，就需要精确地观测到定子磁场的瞬时值，再据此调整定子绕组的电流矢量，进而实现对转矩输出的控制。但是，在气隙中放置磁场传感器既昂贵也不现实，在电动汽车中，更多的是使用间接矢量控制技术，不需要识别或测量转子磁场的全部信息，仅仅通过转子速度和定子电流就可以推算出磁场方向和大小，以及相对的滑差角，其间要建立转差率表格（与发动机控制所用的表格不同，这个表格包含了负载大小、电机速度和油门位置等参数），利用转差率即可获得转子磁场位置[80]，进而实现对转矩的控制。由于定子磁链中的转矩分量可以单独控制，这就允许我们在整个电机运行范围内将转矩始终控制在近乎最佳的水平。然而，FOC并非完美无缺，它需要建立一个固定的查找表格，但是现有的表格无法反映电机工作温度和磁场饱和对控制效果的影响，即使努力做到了这一点，建立了一个全面的表格，也只会增加控制的复杂性。

直接转矩控制（Direct Torque Control，DTC）引起了人们的注意，它通过控制恒压PWM逆变器的开关模式，直接控制定子磁链和输出转矩。DTC根据电机电流和电压估计磁通量和输出转矩，当这些估计值与设定参考值相差太大时，借助于开关动作将其调整到目标值附近，这个过程快速、简单、高效，能够直接控制转矩，具有更快的转

80　K.T. Chau，Electric Vehicle Machines and Drives：Design，Analysis and Application. Wiley-IEEE Press，Singapore，2016.

矩响应速度，也简化了计算的复杂度。然而，这种控制方法也会带来转矩脉动、稳定时间长等问题。近年来，围绕算法优化和模糊控制的相关研究可能会为上述问题的解决提供有效方案[81]。

尽管控制复杂，感应电机在电动汽车上仍然具有一定的应用前景。与之前的直流电机相比，感应电机的性能有了显著改进，但是，它比接下来要讨论的永磁同步电机的体积要大，也更笨重，因此，其功率密度和效率也比永磁同步电机要低。一般来说，高速感应电机往往更受青睐，其体积更小，重量更轻，也能输出更大功率。感应电机的启动转矩和可靠性也要好一些，尽管在效率方面比不上永磁同步电机，但是它们仍然能够在大部分工作点达到85%的效率，包括最大负荷点。

感应电机最早由尼古拉·特斯拉于1887年发明，经过百年改进，现在已经是一种成熟的无刷电机技术了，其性能或效率在未来不太可能得到显著改善，相较于其他电机技术的迅速发展和不断创新，感应电机在未来量产车型上的应用潜力有限。

4.7 永磁同步电机

虽然感应电机在电动汽车中仍占有一席之地，但是高性能永磁材料的发展和电机设计上的创新使永磁同步电机在大多数电动汽车和混合动力电动汽车中更有应用前景。你可能会说换向器和电刷会是一个大问题，我们在这之前确实也讨论过，其实，解决方案相当简单，就是将定子上的永磁体放在转子上，定子绕组产生的旋转磁场与转子中的磁场相互作用，产生了转矩，这就是永磁无刷电机（BrushLess Permanent-Magnet，BLPM）的基本工作运行原理，在这个方案中，不再需要换向器了。

永磁同步电机中，定子绕组可以集中绕制，也可以分布绕制。分布绕组是将电枢绕组均匀地分布在定子铁心上，这将使电机获得更加平稳的磁阻转矩，效率也更高（后续我们将讨论磁阻转矩），热量积聚也更少。而集中绕组是指在每一个定子槽内只放一个相位的线圈，其优点是体积更小，重量更轻，也更容易制造。集中绕组的铜损相对较低，但同时也需要设计更多的磁极以抑制转矩脉动，这就使电机的制造工艺复杂了，也

81 F. Korkmaz, İ. Topaloğlu and H. Mamur, Fuzzy logic based direct torque control of induction motor with space vector modulation. International Journal on Soft Computing, Artificial Intelligence and Applications（IJSCAI）2（5/6），2013，31-40；and Y. Bendaha and M. Benyounes, Fuzzy direct torque control of induction motor with sensorlessspeed control using parameters machine estimation. 2015 3rd International Conference on Control, Engineering &Information Technology（CEIT），Tlemcen, Algeria, 2015.

增加了高速旋转工作的难度；此外，该类电机的发热和振动也有增大的趋势[82]。除了现代索纳塔混合动力车型外，所有主流电动汽车的驱动电机都采用了分布式绕组形式。

定子的两个关键性能是高效散热和低电阻，由于发热量是电阻值的函数，因此这两者是相互关联的。电阻由导线的横截面积和材料决定，而热量又和电流的平方相关，要使定子能够通过大电流且不产生过多的热量，就需要调整导线的横截面积。一种方案是采用具有矩形截面的导线，将多股导线紧密缠绕在一起，使给定截面上的线圈数更多，这样可以最大限度地提高电流密度，在相同尺寸的结构中能够获得更好的工作性能（图 4.16）。将该矩形截面导线用于波绕组，端部露出，成为发卡绕组形式，这种结构可以获得更大的横截面积，从而改善散热效果。如果能够用油冷却端部外露的部分，散热效果可以提升 50% 以上[83]。

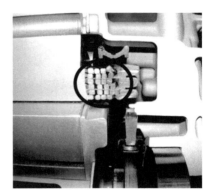

图 4.16　矩形线圈

更先进的超低电阻材料可能很快就会出现。超导体工作时电阻为零，但需要极端的低温环境，在电机中不适用，但是高温超导材料的研究正在不断进步，或许在不久的将来就可以用于电机；而碳纳米管（Carbon Nano Tubes，CNTs）是一种具有极细管状结构的碳层，可以编织为纳米管纱，利用其导电性可以取代铜线绕组，这可以将线圈电阻降低一半，令电机的散热性能获得极大提高，并显著降低了重量[84]。

永磁同步电机和感应电机的结构区别在于转子。永磁同步电机的转子不用笼形结构，其转子本质上是一个低磁阻结构，永磁体常采用 V 型结构布置在转子上（图 4.17），在普锐斯混合动力汽车和其他多种量产车型上都采用了这种布置方式。这样的布置使永磁体之间的距离增大，可以在铁心中开孔，并降低再生制动时的反电势，还可以通过调整永磁体之间的夹角，实现电机更平稳的启动，获得更大的转矩输出，同时，也抑制了电机低速工作或者大电流工作时的转矩脉动。

82　B. Sarlioglu，C.T. Morris，D. Han and S. Li，Benchmarking of Electric and Hybrid Vehicle Electric Machines，Power Electronics，and Batteries. 2015 International Aegean Conference on Electrical Machines & Power Electronics（ACEMP），2015 International Conference on Optimization of Electrical & Electronic Equipment（OPTIM），2015；and Y.Y. Choe，S.Y. Oh，S.H. Ham，I.S. Jang，S.Y. Cho，J. Lee and K.C. Koa，Comparison of concentrated and distributed winding in an IPMSM for vehicle traction. Energy Procedia 14，2012，1368–1373.

83　S. Jurkovic，K.M. Rahman，J.C. Morgante and P.J. Savagian，Induction machine design and analysis for general motors e-assist electrification technology. IEEE Transactions on Industry Applications 51（1），2015，631–639.

84　D. Johnson，Carbon nanotube yarns could replace copper windings in electric motors. IEEE Spectrum 3 October 2014. Available at https：//spectrum.ieee.org/nanoclast/semiconductors/nanotechnology/carbon-nanotube-yarns-set-to-replace-copper-windings-in-electric-motors.

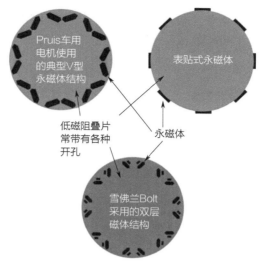

图 4.17 转子永磁体配置

可以通过调整永磁体位置减小永磁同步电机的转矩脉动，这一方法能够达到与感应电机偏转笼形导体相同的效果。然而，这也会导致转矩输出能力的降低，需要在转子上做出让步。雪佛兰 Bolt 车用电机采用了双层 V 形永磁体布置，实现了更平稳的运行[85]。

还有一种方案是把永磁体贴在转子表面，这种方案下永磁体接近定子线圈，其损耗减小，能够实现更高的电机效率，但是这也有一个非常大的问题：其机械强度降低了，限制了电机的最高转速。一般情况下，车用驱动电机可以在远高于 10000r/min 的转速下运行，进一步有可能提高到 20000r/min 以上，在如此高的转速下，转子的可靠性越来越重要，表贴电机转子的机械强度也就受到了挑战。另外，由于表贴永磁体的磁阻与空气差不多，所以磁体占用的空间实际上相当于增大了电机气隙，造成了磁通密度的减小。现代索纳塔是唯一使用表贴式永磁电机的量产车。

4.8 永磁体

相比于永磁体的安装方式，它的成分在过去几十年发生了更大的变化，利用开发的高磁密永磁材料已经设计了一系列新型结构的电机。在 20 世纪七八十年代，人们发现将铁、镍或者钴等金属合成在一起时，很有希望得到类似稀土性能的材料，因为这些金属的原子结构与常见的其他金属原子成对出现的电子结构不同，它们都存在多个单电子轨道，这些不成对的电子可以沿着同一个方向自旋，从而能够产生特别强的磁场。此

85 F. Momen，K. Rahman，Y. Son and P. Savagian，Electrical propulsion system design of Chevrolet Bolt battery electric vehicle. Energy Conversion Congress and Exposition（ECCE），Milwaukee，WI，2016.

外，这些金属的晶体结构也具有很强的方向性，即各向异性，这样，就会很容易在晶轴方向上进行磁化，并且磁化的效果也会更持久。

此类稀土永磁合金非常的性能非常吸引人。在此之前，永磁体要么是由氧化铁或者其他金属氧化物构成的陶瓷合金，称为铁氧体，要么是由铝、镍、钴构成的一种强磁性合金，称为铝镍钴永磁体，然而，与现在稀土材料相比，这两种合金永磁体的磁场强度都很小，需要更多倍的材料才能够获得与现在永磁体相同的磁力性能。例如，作为第一代稀土材料的钐钴合金（Samarium–Cobalt alloy，SmCo），其磁场强度是铝镍钴永磁体的 2 倍多，是铁氧体的数倍。磁性材料一个重要的性能指标是撤掉外部磁场后材料所剩余的磁性，称为剩磁密度（remanence flux density），另外一个重要的指标是抗退磁的能力，称为矫顽力。如表 4.1 所示，稀土磁体的剩磁密度、矫顽力以及材料的磁能积都明显高于其他永磁体，但是成本也很高，限制了其应用。相比而言，钕铁硼（$Nd_2Fe_{14}B$ 或 NIB）性能更优越，其磁性能是钐钴合金的两倍，成本也低一些，更适合推广使用，将会是下一代广泛应用的稀土类材料。在过去 20 年里，钕铁硼材料的价格已大幅下降，如今，从电动工具到汽车，钕铁硼永磁体均成为首选。

虽然钕铁硼永磁体性能优良，但却容易在外部磁通或热量的作用下发生意外退磁。钕铁硼永磁体特别容易受到高温的影响，在高温环境中下，钕铁硼永磁体的磁性会降低，甚至失去磁性，因此，它必须在 300°F（149℃）以下工作，以避免热退磁，这个退磁温度被定义为材料的居里温度。同时，由于它的内阻很低，其内部会形成很大的涡流，加剧了热退磁效应。事实上，限制永磁电机高速运行的主要因素是发热，为此，我们希望能够做出一些改进，使钕铁硼永磁体能够像钐钴合金一样承受接近 800℃的工作高温（表 4.1）。

表 4.1　永磁体特性比较

永磁体种类	剩余磁通密度 B_r / Gauss	矫顽力 H_{ci} /（kA/m）	最大磁能积 BH_{max} /（kJ/m³）	居里温度（退磁点）T_c /℃	成本
Ferrite	200~400	100~300	10~40	570	很低
$Nd_2Fe_{14}B$	600~1400	600~1800	200~440	315	高
SmCo5	900~1150	450~1200	60~240	750	很高
Alnico	600~1200	50~120	10~80	700~860	低

资料来源：S.J. Collocott, J.B. Dunlop, H.C. Lovatt and V.S. Ramsden, Rare-Earth Permanent Magnets: New Magnet Materials and Application. School of Electrical Engineering, University of Technology, Sydney, NSW, 2007; J. Liu, "Some Design Considerations Using Permanent Magnets." Magnetics Magazine March 13, 2016; J.M.D Coey, Magnetism and Magnetic Material Cambridge. Cambridge University Press, Cambridge, UK, 2009; and J.D. Widmer, R. Martin and M. Kimiabeigi, Electric vehicle traction motors without rare earth magnets. Sustainable Materials and Technologies 3, 2015, 7–13.

除了热脆性，永磁体还存在另外一个问题，其合金需要使用贵金属。通过添加镝和铽等金属元素可以提高其耐热性，否则，钕铁硼永磁体的热性能会很差。然而，这些贵金属的产地单一，引发了人们对全球供货渠道和成本稳定性的担忧。为了应对这一局面，本田公司开发了一种不使用贵金属的商用电机，放弃了传统材料烧结和热压工艺，使用热变形技术获得尺寸更小的材料晶粒，直径为 100~500nm，相当于烧结工艺颗粒尺寸的 1/10，在不使用贵金属的情况下，具有更好的耐热性[86]。与此同时，人们对铁氧体又产生了新的兴趣，通用汽车公司在第二代雪佛兰 Volt 的一个电机中使用了铁氧体，工作时，磁场强度不高的铁氧体表现出了足够好的性能和良好的耐热性，且成本更低，随着工作温度的升高，与钕铁硼完全不同，铁氧体的矫顽力也增大了。

永磁体的磁性并非越强越好。众所周知，永磁体选定后，磁性能就基本固定了，而车用驱动电机需要在很宽的速度范围内运行，因此，永磁体磁性能的选择也需要综合考虑各种因素，以适应各种转速条件下的工况要求。在驱动电机高速小转矩工作时，高场强永磁体产生的大磁通无法降低，虽然可以借助于反向定子电流调节反电动势以获得场强的降低，但这样也会严重降低效率，所以最好避免在高速电机中使用强磁铁；如果所用永磁体的场强过低，当驱动电机在低速大转矩条件下工作时，永磁体发挥的作用有限，电机转矩输出将主要取决于转子的结构，这种条件下的工作过程就有点像开关磁阻电机了。

4.9 永磁无刷电机控制

虽然先进磁性材料对现代永磁电机的性能提升至关重要，但是如果没有准确的数字化控制，永磁无刷电机也无法高效地工作。功率电子控制器能够起到这种控制的作用，为电机提供一个旋转的磁场，并带动转子旋转。对于车用永磁无刷直流电机而言，尽管它由电池组直流供电，但是在控制上与同步交流电机并无二异，它可以通过施加方波或者正弦电流的方式来进行控制。

永磁无刷直流电机（Permanent-Magnet Brushless Direct Current Motor，PM/BLDC）所使用的控制方式一般为方波控制，控制器向定子绕组提供方波电压，使定子各相绕组通电或断电。在任意时刻，向三相绕组中的两相施加相位差 60° 的电压，每一相导通可供磁场旋转 120° ，这样，通过控制方波就能够驱动电机旋转了，电机内特

---

86 How Honda Developed the World's First Heavy Rare Earth-Free Hybrid Motor. Available at http：//world. honda. com /environment/face/2016/case59/episode/episode01.html

定形状的磁场与方波电流相互作用，可以产生很大的转矩。

如果要使用正弦电驱动电机，可以考虑使用永磁同步电机（Permanent-Magnet Synchronous Motor，PMSM），虽然该类电机的转矩密度和功率密度有所降低（相较于永磁无刷直流电机），但是正弦电的使用，使输出的转矩变得更加平滑了；同时，因为永磁同步电机的定子和转子磁场在工作过程中始终保持相位角一致，这就进一步降低了转矩的脉动（而这种转矩脉动在永磁无刷直流电机控制中始终存在）。由于永磁同步电机和感应电机都基于正弦波工作，因而二者的控制策略也基本相同，永磁同步电机也经常使用定向矢量控制（FOC）。总地来说，永磁同步电机的高效率、大转矩以及良好的弱磁能力使其成为电动汽车的主导电机。

永磁无刷直流电机具有较高的转矩密度，在低速工作时尤其如此，其工作效率特性也令人满意，再加上较为简单的控制方法，使之非常适合于混合动力系统，能够增强发动机的输出能力，本田汽车公司在其早期的集成电机辅助系统（Integrated Motor Assist，IMA）中就采用了该类型的电机。随着技术的发展，相较于永磁无刷直流电机，永磁同步电机的可控性变得更好，运行更平稳，动力性能也更突出，其效率可达到95%以上[87]，因此，现在的应用规模逐渐增大，已经被广泛应用在了各种量产车型上，包括日产 Leaf、雪佛兰 Bolt、宝马 i3、三菱 i-MiEV、丰田普锐斯和雪铁龙 C-Zero 等，在未来，更有可能成为混合动力系统乃至纯电动汽车的主要驱动电机。

然而，永磁同步电机的控制更复杂，它需要对气隙内的正弦磁通进行精确的 FOC 控制，为此，必须要准确地获得电机旋转过程中转子的实际位置，这就需要选用高分辨率的位置传感器[88]。编码器能够将转子轴的位置和角速度转换成高精度的数字信号，尽管在感应电机的开环控制中不需要编码器，但是，在永磁同步电机的控制中却离不开它，这也因此增加了系统成本和控制的复杂性。而对于永磁无刷直流电机控制而言，对转子位置进行观测的目的只是为了确认转子是否到达换向点，没有更多的观测要求，因此可以采用成本更低的霍尔传感器来实现。现在，也有人在研究永磁同步电机的无传感器控制技术，试图通过观测反电势和其他参数来确定转子的位置，但是目前还处于研究阶段。

总体来看，上述两种永磁电机都具有良好的灵活性，并且都可以方便地作为发电

87　K.T. Chau and W. Li，Overview of electric machines for electric and hybrid vehicles. International Journal of Vehicle Design 64（1），2014，1–34；and Patrick Hummel et al.，UBS Evidence Lab Electric Car Teardown—Disruption Ahead? UBS Group AG，May 18，2017.

88　J.X. Shen，Z.Q. Zhu and D. Howe，PM brushless drives with low-cost and low-resolution position sensors. The 4th International Power Electronics and Motion Control Conference，2004.

机或者电动机使用。作为电动机使用时，转子磁场跟随定子磁场转动；作为发电机使用时，转子永磁体带动定子磁场转动。此外，永磁电机具有很好的结构适应性，可以设计成多种几何形状，例如，轴向磁通电机的气隙平行于转轴，有时也称之为盘式电机，该类电机可以采用更多的磁极以提高功率密度，这是我们之前讨论的传统径向磁场电机所无法做到的，同时，它也具有更大的表面积和转子半径，因而有助于改善散热。此外，在某些应用中，它较高的转动惯量可以确保旋转过程更平顺，这样的设计非常有利于将电机集成到混合动力系统的发动机上。除此之外，永磁电机的单侧定子结构、双侧定子结构以及多转子结构也可以通过设计来实现。基于上述原因，永磁电机被认为是构造电动轮毂的最佳选择，关于电动轮毂的知识，将在第5章中详细讨论。

永磁电机在使用过程中也存在一些问题。首先，如果永磁体没有设计好，高速下的反电动势会很大；其次，永磁体对高温很敏感，如果电机温度失控，性能会显著降低；最后，永磁材料成本价格的上涨限制了永磁电机在经济车型中的应用。鉴于上述原因，人们开始将关注点转向了不需要永磁体的开关磁阻电机上。

4.10 开关磁阻电机

可以制造一台利用磁场中力的低磁阻传递机理工作的电机，它能够为电动汽车提供一种更简单、成本更低的驱动方式。我们在本章开头曾经讨论过磁场中的磁针方向问题，它表明在磁场中，力作用于任何低磁阻的铁磁物体上，这种力将使物体的指向与磁通密度的方向一致，其指向就定义了磁阻最小的路径，这就是开关磁阻电机（Switched Reluctance Machine，SRM）的基本工作机理。在电机中，就像小磁针受力于最小磁阻路径而旋转一样，如果转子位置也能够旋转至磁阻最小路径处，我们就可以通过控制定子磁通促使转子旋转。

基本的开关磁阻电机结构比较简单。首先，利用硅钢叠片设计出具有凸极结构的转子，这将用来形成最小磁阻路径。然后，设计同样具有凸极结构的定子，用线圈缠绕在定子凸极上，以便用来产生磁通（图4.18）。当定子通电后，可以得到从定子一个磁极到另外一个磁极形成的磁场，在磁场作用下，基于磁阻最小原理，转子将

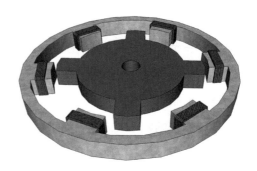

图 4.18 开关磁阻电机

这个开关磁阻电机的转子上有四个凸极，会影响最小磁阻路径；定子有六个凸极，每个凸极上缠绕线圈。当通过定子产生旋转磁通时，借助于磁路磁阻最小机理，转子随之旋转。

转动至与该磁路方向保持一致。通过适当的数字化控制，在定子绕组上按照一定的次序通电，在电机内部就产生了旋转的磁场，从而带动转子转动起来，并产生有效的转矩输出。开关磁阻电机整体的工作过程可以描述如下：电流通过定子凸极上的线圈并产生磁通，该磁通拖动转子凸极旋转，使其与定子凸极对齐，这样就降低了磁路的磁阻，当磁极对齐时，磁阻最小；如果某对定子线圈始终保持通电状态，转子就会被固定住，如果改变通电到另一对定子线圈，定子产生的新的磁通就会吸引另外的转子凸极转动；在各相相继连续通电的情况下，其中一个转子凸极与定子磁极对齐时，另一个转子凸极就会受到另一个定子磁极的拉力，实现了转子的连续转动。

开关磁阻电机并不新颖，它起源于19世纪早期的苏格兰。如果要实现该类电机平稳可控的旋转，必须要实现对定子磁场旋转的准确控制，由于当时没有成熟的电力电子技术、传感器技术和数字化控制技术的支撑，也就无法实现开关磁阻电机的高性能工作。

我们已经知道，永磁电机的输出转矩是由电流和定子磁场的旋转速度决定的，而开关磁阻电机则不是这样，它只需要在转子凸极上施加一定的拉力即可，转矩的大小与电流极性无关，利用这一特性，为了实现对开关磁阻电机的控制，需要设计专门的逆变器。逆变器要为每相绕组提供一系列独立但又能够按照一定顺序通断的电流，通过调整相邻绕组电流重叠的程度就可以实现电机的高速运行。在控制方法上，可以采用脉宽调制技术（PWM）控制磁场旋转，但是，相绕组励磁的间断性仍然使开关磁阻电机产生转矩脉动，通过利用转矩分配函数（Torque Sharing Function，TSF）可以解决这一问题，它根据转子位置对转矩进行分配，使各相产生的转矩之和等于目标转矩。

开关磁阻电机控制过程中，定子旋转磁场和转子的同步需要非常准确，特别是在高速旋转时，尤其如此。为了确保控制的准确性，一般会在电机轴端安装霍尔传感器或者光码盘，以获得转子旋转时所在的位置，也可以采用无传感器控制技术，只是通过利用电流等参数估计转子所在的位置，这一措施也将会提高电机的工作可靠性[89]。

尽管会有各种控制问题，但是其简单的结构使开关磁阻电机具有了巨大的优势。随着电机需求量的增加和永磁材料成本的上涨，开关磁阻电机成为一种低成本高可靠性的选择。它的定子磁极上只有线圈，转子极数少，仅采用硅钢叠片就可实现，无须永磁体，也无须绕组，因此，开关磁阻电机可以在高速大转矩下安全地工作。由于磁极相互独立，对相绕组电流的控制也相互独立，这也降低了互感带来的问题，且提高了电机控

89　M. Yilmaz, Limitations/capabilities of electric machine technologies and modeling approaches for electric motor design and analysis in plug-in electric vehicle applications. Renewable and Sustainable Energy Reviews 52（December），2015，80–99.

制的准确性和可靠性。

随着永磁材料成本的上升，开关磁阻电机应用于电动汽车和其他领域的潜力将得以发挥（图 4.19）。它具有控制简单、方便冷却、可靠性好、运行速度高、耐热性好、转矩输出大、成本低等优点，但是也有转矩密度低和工作噪声高的问题，借助于先进的数字化控制技术和计算方法，有望解决这些问题[90]，通过优化电机极数和相数的配置，实施更好的控制，从而可以减小转矩脉动。尽管开关磁阻电机的体积还比较大，但是随着技术的进步，有望在更小的体积下获得更大的功率，实现功率密度的提升，我们有理由期待在不久的将来看到开关磁阻电机在量产车型上的应用。

图 4.19　开关磁阻电机的应用

在 2013 年日内瓦车展上亮相了全电动款陆虎，是少数搭载开关磁阻电机的电动汽车之一，电机功率 70 kW，300V 锂离子电池组的容量为 27kW·h。

图片：Norbert Aepli，Switzerland。

另外一种利用磁阻最小机理的电机是同步磁阻电机（Synchronous Reluctance Machine，SynRM），它的发展程度稍慢，其基本原理是将转子设计成磁阻和磁导的集合体，沿某一方向磁阻最小，沿另一方向磁阻最大，转子可以随着正弦电压同步转动。同步磁阻电机与开关磁阻电机的相似度很小，是一种介于永磁电机和感应电机之间的一种新型的磁阻驱动方式，在结构上，它的磁极数量少，且转子和定子磁极数相等。

同步磁阻电机目前还没有应用到量产车型中，因为其转矩脉动大，功率密度低，且效率也不高，它仍然处于研究阶段。但是它自有其研究的优势：工作时不产生热损失，没有涡流，仅需要简单的变频驱动即可实现速度的控制，如果在电机中使用少量铁氧体，还可以获得更高的效率和转矩密度，因此，该电机的应用潜力还是非常大的。

90　M. Cheng，L. Sun，G. Buja and L. Song，Advanced electrical machines and machine-based systems for electric and hybrid vehicles. Energies，8，2015，9541–9564.

4.11 新型电机技术

永磁同步电机已经得到了广泛应用，并显示出优异的性能和可靠性，然而，这类电机并非十全十美，存在两个常见问题：第一个问题，永磁体需要安装在高速旋转的转子上，电机高速旋转时，永磁体会给电机转子施加很大的离心力，对于永磁体表贴式电机，上述情况更为严重。第二个问题，埋在电机中心的永磁体很容易过热，且很难冷却，热应力比机械应力更难处理，它会导致永磁体部分退磁，严重影响了电机的功率输出能力。有一个既简单又容易的解决以上问题的办法，就是把永磁体安装在定子上。

我们将这一方法应用于开关磁阻电机，将永磁体安装在定子上，转子上既没有绕组也没有永磁体，因而其结构仍然具有简单坚固、加工容易、制作成本低的特点，但是，永磁体的引入从根本上改变了电机的功率输出能力。在结构上，电机的转子凸极与嵌入永磁体的定子凸极相配合，因而得名双凸极永磁电机（Doubly Salient PM，DSPM），其控制原理与永磁无刷直流电机类似，但是具有更大的恒功率转速范围（Constant Power Speed Range，CPSR），也具有高效率和高功率密度的优点。但是该种电机存在永磁体磁通的不可控性，也为电机的控制增加了难度[91]。另外，采用双凸极永磁电机也增加了额外的永磁体成本。

可以考虑利用电磁场代替永磁体，设计成为双凸极电磁电机，它的电磁通是可控的，有利于改善电机的控制性能。然而，电励磁将会导致功率损耗的增加，因而电机效率会低一些。同时，由于电磁线圈的体积可能会达到同等磁力能力的钕铁硼永磁体的5倍，使得电机的尺寸增大不少[92]。

磁通切换永磁电机（Flux Switching PM Motors，FSPM）也有一定的应用前景，永磁体安装在定子U形铁心之间，并沿着圆周方向磁化，同一对磁极对称分布，各个磁极之间沿着圆周方向相互交替，线圈把两个相邻的定子铁心和中间的永磁体绑定在一起，形成定子极齿（图4.20）。

当转子极与同一相线圈下的下一个定子齿对齐时，在线圈中提供反向电流，磁通的作用反转，这样就可以在两个磁链位置都产生转矩。在线圈激励下，转子一侧磁场减

91　J.T. Shi，Z.Q. Zhu，D. Wu and X. Liu，Comparative study of biased flux permanent magnet machines with doubly salient permanent magnet machines considering with influence of flux focusing. Electric Power Systems Research 141，2016，281–289.

92　J.D. Widmer，R. Martin and M. Kimiabeigi，Electric vehicle traction motors without rare earth magnets. Sustainable Materials and Technologies 3，2015，7–13.

小，另一侧磁场增大，转子向磁场强的方向转动。当转子极穿过定子磁场时，相邻的转子极与下一个定子齿对齐，永磁磁通再次发生反转，因此得名"磁通切换"，本质上，它的工作过程有点像无刷交流电机[93]。磁通切换永磁电机借助于高能永磁体激励和磁链的集中效应，具有非常高的功率密度和转矩密度。由于永磁体和线圈安装在定子上，也方便了冷却。此外，由于无须太多绕组，铜损和产热也更少。这类电机和其他类似的电机还有一个额外的优势，就是多个线圈可以提供更多的冗余，提高了电机的可靠性，如果一个线圈发生故障，通过控制也可以重新配置电机的输出，使之保持转矩输出的能力。

磁通切换电机也有其不足，由于永磁体在线圈附近，可能会引起部分退磁问题。另外，永磁体磁场的不可控性也增加了电机控制的难度，由于反电动势难以调节，导致电机的恒功率工作范围减小了，很难满足电动汽车对于驱动电机宽调速范围的要求。

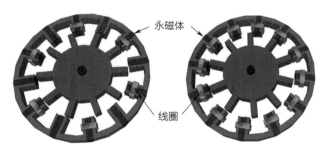

永磁体

线圈

图 4.20　磁通切换永磁电机（FSPM）

磁通切换永磁电机有多种磁极和绕组的组合方式。例如，可以在每个定子凸极上缠绕一个单相线圈，四个线圈组成一个相位，这将形成双层线圈结构，即每个定子槽内包含两个相线圈；在另一种结构下，每个定子槽内只设计一个线圈，由于少了一层线圈，磁极将交替分布，虽然这一结构能够保证电机的转矩输出能力，但也会带来更大的转矩脉动。

为了解决上述问题，可以调整双凸极电机结构，形成一种新的电机，即混合励磁双凸极电机（Hybrid Excitation Doubly Salient Machines，HEDSPM），名字有点拗口，但是描述很恰当，它在继承了常规的双凸极结构的同时，将直流励磁绕组和永磁体组合使用，以改进磁通控制，直流励磁绕组的引入使磁通控制更理想更直接，在拓宽电机恒功率转速范围的同时，避免了电机成本的升高和矢量控制难度的增加[94]。由于转子没有线圈和永磁体，因此电机的鲁棒性和永磁体的热稳定性也会很好。当电机大转矩工作时，正向励磁电流可以增大永磁磁通；当电机高转速工作时，反向励磁电流可以减弱永

93　M. Cheng，L. Sun，G. Buja and L. Song，Advanced electrical machines and machine-based systems for electric and hybrid vehicles. Energies，8，2015，9541–9564.

94　Q. Wang and S. Niu，Overview of flux-controllable machines：Electrically excited machines，hybrid excited machines and memory machines. Renewable and Sustainable Energy Reviews 68，2017，475–491.

磁磁通，从而实现恒功率工作。因此，直流线圈同时发挥了电励磁和磁通控制的作用，使电机在更大的转速范围内具有较高的效率，直流线圈在协同永磁体进行磁场控制的同时，也充分发挥了双凸极永磁电机的优势。但是由于直流励磁线圈增加了系统复杂性，也会带来额外的损耗，造成了电机功率密度和效率的下降。总之，混合励磁双凸极电机通过牺牲部分效率获得了更好的可控性能和更宽的恒功率转速范围。

这种混合励磁方式有其独特的优势。首先，气隙磁通比较容易控制，在短时间内可以通过增强气隙磁通增大转矩，以满足电动汽车加速行驶或启动时的大转矩需求。其次，很容易实现弱磁，可以大大拓宽电机的恒功率转速范围。当作为发电机使用时，调节磁通密度可以实现稳定的电压输出，更方便为电池充电[95]。但是，直流励磁绕组不仅会增加线圈损耗，也降低了电机的功率密度，我们需要有其他的选择。

磁通记忆电机可以在保持上述优点的同时降低铜损，该种电机的关键之处在于采用了一种具有可充磁的磁体，这种磁体具有较低的矫顽力，被磁化后能够较好地保持磁性，占主导地位的钕铁硼永磁体不符合这一要求，而铝镍钴永磁材料能很好地满足这一性能。电机工作过程中，可以使用电流脉冲重置这种记忆磁体的极性，从而实现对磁通的控制，也就无须担心直流励磁线圈引起过高的铜损了。这类磁体也因此得名为"磁场调制型永磁体"或者"磁通记忆永磁体（Flux Mnemonic Permanent Magnet，FMPM）"[96]。

磁通记忆电机具有显著的优势。由于重置充磁电流脉冲的持续时间短，线圈的损耗也低，对可控磁体产生的磁场进行弱磁控制也简单有效。虽然绕组的增加降低了电机功率密度，但是磁场的可控性使得电机可以在汽车超车或起步时输出大转矩。磁通记忆电机唯一的缺点是系统复杂，需要有两套线圈，增加了制造难度和成本。

如果磁通记忆电机还不够好的话，可以使用两种磁性材料以获得更大的功率输出。上文已经介绍，铝镍钴材料的矫顽力比传统的钕铁硼材料小，因此，记忆电机的功率密度也稍逊。但是，如果在转子上放置铝镍钴和钕铁硼两种磁性材料，就可以实现二者的优势互补。钕铁硼材料的高剩磁特性保证了电机的功率密度，铝镍钴材料则保留了磁通的记忆特性（表4.2）[97]。

95　A. Emadi，Advanced Electric Drive Vehicles. CRC Press，Boca Raton，2017.

96　C. Yu，K.T. Chau，X. Liu and J.Z. Jiang，A flux-mnemonic permanent magnet brushless motor for electric vehicles. Journal of Applied Physics 103（7），2008，07F103–07F103-3；and Y. Fan，L. Gu，Y. Luo，X. Han and M. Cheng，Investigation of a new flux-modulated permanent magnet brushless motor for EVs. The Scientific World Journal 2014，2014，1–9.

97　M. Cheng，L. Sun，G. Buja and L. Song，Advanced electrical machines and machine-based systems for electric and hybrid vehicles. Energies，8，2015，9541–9564.

表 4.2　几种永磁同步电机性能比较

电机类型	功率	转矩	效率	可控性	鲁棒性
DSPM	中等	一般	较高	一般	高
FRPM	较高	较高	较高	一般	中等
FSPM	高	高	较高	一般	中等
HEPM	中等	高	高	优秀	中等
FMPM	中等	高	高	优秀	中等

资料来源：K.T. Chau, Electric Vehicle Machines and Drives: Design, Analysis and Application. Wiley-IEEE Press, Singapore, 2016.

简单回顾一下，在上文提及的这些先进电机中，线圈和永磁体不再安装在转子上，规避了转子在高速旋转时可能发生的机械故障，也规避了冷却效果差的问题，然而，将线圈和永磁体同时放置在定子上又会带来新的问题。从机械结构上看，很难在定子上安装多个线圈和永磁体，除非定子体积很大，这将导致电机体积增大，在一些车型上应用时就会产生困难；另外，如果线圈非常靠近电机的外壁，也会增加漏磁风险。

如果把转子和定子的位置调换一下，即外圈作为转子，内圈作为定子，就可以解决上述问题。把内圈作为定子，在其内部可以设计直流线圈和永磁体，从而能够更有效地利用空间，无须增大电机的尺寸。定子在结构上分成了两层，外层为电枢绕组，内层为永磁体和直流励磁线圈，将永磁体和直流励磁线圈完全包住，就可以使漏磁最小；同时，由于电枢绕组和永磁体分别位于定子的不同层上，就大大降低了意外退磁的发生。在外圈设计有凸极，没有永磁体和线圈，增强了转子结构的强度，且不存在漏磁问题；此外，在不增加电机整体体积的前提下，随着转子半径的增加，转动惯量明显增大，使电机旋转更平稳、更安静。

或许你已经想到了这种外转子结构设计的主要缺点：由于定子位于电机的内部，散热就成为问题，因而容易造成永磁体退磁；另外，定子外部的永磁体还会阻隔热量的散失，使冷却更加困难。有利的是，由于定子不旋转，这种电机也比较容易通过液冷或油冷系统进行冷却。

按照同样的设计思路，也可以将永磁电机和感应电机设计成多种结构。例如，双定子／双转子电机就是在传统电机基础上改造而来，双定子电机的基本设计思路是在转子的外侧设计两个同轴的定子，双转子电机则与之相反。在这种电机中，每个转子磁通与定子磁通间的相互作用都产生转矩，二者的和为电机总的输出转矩。这种设计可能会增加电机的重量和复杂性，但同时也提高了电机的可靠性，增强了电机转矩的输出能力，非常适合于大功率应用场合。

日产的"超级电机"是一种非常有趣的技术创新案例。超级电机设计了两个转子，一个位于定子内侧，另一个位于定子外侧，每个转子与各自的转轴连接，流经定子的电流用于控制两个转子的运动，从而代替了两个传统电机。在一种车况下，电机一个转子用于驱动，另一个转子用于发电；在另一种车况下，两个转子可以分别连接到两个独立的驱动轴上，实现对前后轴或者左右车轮的分别控制[98]。

总之，采用何种电机技术取决于应用场合、尺寸要求、所需的转矩和功率、可接受的成本以及其他相关因素，没有一个标准答案，可供选择的方案也越来越多。尽管稀土资源的有限性和成本的上升可能会继续推动无永磁体电机的创新，但永磁电机在短时间内仍将是车用驱动电机的主流选择。低成本、高鲁棒性的开关磁阻电机也具有很大的市场潜力。更重要的是，高精度数字化控制能力的提高重新塑造了车用电机的工作性能，并催生出一大批高性能的新型电机，这在上一代人眼中是无法想象的。总地来说，驱动电机作为未来电动汽车的动力已经准备就绪，整装待发了！

98   Super Motor | Nissan | Technological Development Activities. Available at www.nissan-global.com/EN/TECHNOLOGY/OVERVIEW/super_motor.html

第5章

电驱动

早期，在石油还没有实现低成本大量开采之前，汽车既有内燃机驱动也有电动机驱动，两种驱动方式并存，无法确定哪种驱动方式是主流。假设当时有先进的数字化控制技术（这里仅仅是假设），或许内燃机和电动机作为动力系统会被综合应用，从而构成混合动力驱动系统，并成为当时的主流驱动方式。然而，假设毕竟是假设，不是事实，当时的技术水平是无法将内燃机和电动机两种动力源无缝地集成在一起的，如果再考虑到当时的电池技术还刚刚起步，就可以很明显地判断出来，那时电动机驱动兴起的技术支撑还远远不够，而内燃机驱动更有可能成为发展的主流。当时控制技术的欠缺导致电驱动没有发展起来，这实在给我们带来了些许遗憾。

5.1 汽油与电力

当今，内燃机在汽车驱动中仍然具有显著的优势，控制灵活性高，适用范围广，但也有其局限性。汽油加油方便，几乎在世界上任何地方都可以找到加油站；汽油的能量密度也高，一箱汽油就可以确保汽车行驶很长的里程，因此，尽管常规发动机的热效率只有25%左右，但是依靠汽油的高能量密度特性，发动机仍然可以产生出足够大的功率以驱动汽车。丰田公司近日发布了一款可以实现40%热效率的新型发动机[99]，这个

99　D. Carney，"Toyota Unveils More New Gasoline ICEs with 40% Thermal Efficiency." Automotive Engineering SAE，April，2018.

效率值已经很高了，但是其输出的能量仍不及燃料储存能量的一半。另外，无论我们如何提高发动机的效率，其本质都是基于燃烧，也就不可避免地会产生尾气排放。发动机的一些排放物会直接威胁我们所处的环境和我们的健康，还有一些排放物则通过影响气候变化而进一步威胁到整个地球的安全，同时，汽油提炼过程中也会产生排放物，这也进一步加剧了这些问题。

相反，电动汽车的最大优势是没有尾气排放。汽车本身是没有排放的，排放主要取决于电厂发电的方式，可能没有排放，也可能只有一小部分排放。即使考虑到用石油发电，电动汽车"从油井到车轮（well to wheel）"的效率也远高于汽油驱动的汽车。然而，即使目前最好的电动汽车用电池也达不到汽油的能量密度，并且充电时间很长，导致电动汽车的便利性和续驶里程十分有限。

如果将发动机和电动机结合在一起使用，就可以实现二者的优势互补，这样的配置也很理想，它可以实现电动机所具有的低速大转矩特性和高效性与发动机驱动的灵活性和动力性互补。因此我们也可以这样认为，汽车动力传动系统的电气化是发动机驱动性能进一步改进的一种推动措施，二者并非势不两立。

随着技术的进步，放弃发动机驱动而选择纯电驱动汽车在一些行业中变得越来越可行，然而，过去 20 年的进展表明，电动汽车仍旧面临着双重的挑战：第一，电动汽车的电池需要具有更高的能量密度和更大的容量，这意味着车用电池的成本将会非常高昂；第二，即使是最好的电池，其能量密度也明显低于汽油，导致电动汽车的续驶里程仍然十分有限。这两个挑战至今依然存在，但也在慢慢被解决，使得选择纯电动汽车更加可行了。

无论如何，电动化的优势一定会重新定义汽车的未来，多家汽车制造商已经发布计划，将生产更多类型的电动汽车。沃尔沃承诺在 2019 年之前将全部产品线进行改造，使之适合生产纯电动或混合动力汽车；通用汽车公司宣布了"全电动未来"的计划（但没有明确设置期限）；福特汽车公司承诺在 2023 年前将推出 13 款新型纯电动汽车；梅赛德斯-奔驰也宣布在 2022 年之前实现全部车型的电动化；实际上，全世界几乎所有的主要汽车制造商都已经承诺在未来十年内扩展其混合动力和电动化产品[100]。然而，如果据此就预言内燃机汽车将消失，则未免有些激进了，汽油的高能量密度特性确保了内燃机在未来还会具有持续的生命力，前面第 1 章和第 2 章中介绍的内燃机燃烧性能和效率的提高技术，确保了我们在下一代汽车中仍旧能够看到内燃机的身影。然而，不得

---

100   A.C. Madrigal，"All the Promises Automakers Have Made about the Future of Cars." The Atlantic July 7，2017.

不说的是，电驱动技术的优势使其成为汽车传动配置的理想选择，可以形成各种各样的构型，并应用于未来的纯电动和混合动力汽车中，因此，要想造出理想的汽车，没有最好的技术方案，有的只是各种各样的创新性适用技术。

现今，电动汽车的市场占有率正在不断提高，之后，还会趋向于显著上升。一些人认为从全球范围看，未来几年内电动汽车的市场占有率会加速上升[101]，然而在美国由于石油价格很低，政府对于排放标准的要求也不十分严格，出现加速上升的时间拐点应该会有所滞后。但可以预计的是，在未来十年内，西方国家的电动汽车平均售价将会低于相应性能的内燃机汽车[102]。在全球范围内，预计到2040年，电动汽车销量将会占所有轻型汽车销量的一半以上[103]。

汽车动力驱动系统的电动化不仅体现在各种动力源的混合，也要实现相互间的协同增效。例如，回收制动过程中的能量用于后续的加速或者为空调提供动力；或者使用更小、更轻更高效的内燃机并让它工作在高效区；或者在等待红灯或者巡航时考虑关闭内燃机；或者用更高效的电动泵取代内燃机带动的机械泵（也可以是用效率更高的电动泵取代效率低的机械泵）；或者升级整车的电动化系统以满足以上需求，以及诸如辅助驾驶、安全、导航和娱乐等其他功能的需求。当然，在实现上述功能的同时，我们依然要确保整车系统的动力性、加速性、操控性和其他常规的驾驶需求。

5.2　混合动力

内燃机和电动机的性能特点相得益彰，互相补充。电动机在低速工作时能发出最大转矩，并且能够在相当宽的转速范围内保持大转矩运行，随着电动机工作转速的进一步升高，其转矩将会降低，但是功率会在较宽的转速范围内保持恒定。而内燃机的工作范围则有限得多，低速下，内燃机发出的转矩有限，随着工作转速的升高，转矩输出能力也将升高，到达上限后将会快速降低，与之对应，输出功率的能力也会随着工作转速的升高而升高，一旦达到最大功率就会迅速下降。以前我们曾经介绍过，内燃机的这些特点意味着需要一套新颖复杂的机械机构，以确保汽车能够高效工作在更多的运行工况下和更宽的车速范围内。如果将电动机的低速大转矩和宽转速范围的特点与内燃机功率

101　"Q-Series: UBS Evidence Lab Electric Car Teardown—Disruption Ahead?" UBS Limited May 18, 2017.

102　N. Soulopoulos, "When Will Electric Vehicles Be Cheaper than Conventional Vehicles?" Bloomberg New Energy Finance April 12, 2017.

103　"Electric Vehicle Outlook 2017: Bloomberg New Energy Finance's Annual Long-Term Forecast." World's Electric Vehicle Market July, 2017.

特点相结合，就可以形成优势互补（图 5.1）。假想一下，如果电动机驱动和发动机驱动能够在更早的年代实现优势互补，那么就不会有近年来在燃烧控制方面涌现出的那些令人兴奋的创新技术了。

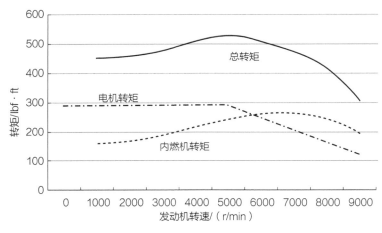

图 5.1 转矩合成

将电动机的低速转矩特性与发动机的高速转矩特性相结合，可以获得性能更优的宽转速范围内的工作转矩曲线。

值得注意的是，将这两种动力源混合匹配在一起具有明显的效率优势。在设计或者选用燃油汽车的内燃机时，要考虑汽车的加速性能、爬坡性能和超车性能，这意味着在大多数行驶路况点，内燃机的性能明显超出所需了，处于过设计状态。例如，一般只需要约 30hp 的功率就可以让一辆汽车在公路上巡航行驶，但一般要选择具有 5 倍功率大小的内燃机，此时，如果可以使用一个电动机在必要时提供助力，那么内燃机的功率选择就可以降低，尺寸也可以显著减小，根本就没有必要根据最大转矩的工作需求设计和选用内燃机了。

影响内燃机选择的一个因素是负荷量。将电动机和内燃机的功率集成在一起，意味着可以使用更小的内燃机而几乎不会对整车性能造成损失，更小的内燃机也就意味着重量更轻，摩擦更小。更重要的是，这样的集成可以尽量不让内燃机工作在满负荷状态，也就意味着内燃机的工作点可以尽可能的处于最高效率区附近。然而，如果单独使用内燃机，在轻载工作时，可能会消耗更少的燃料，但却不一定高效，因为内燃机动力下降的程度可能比燃料消耗的程度更大；（正如第 3 章讨论的那样），如果单独使用内燃机并使之工作在最大负荷附近，燃油消耗率会低一些，特别是在低转速位置更是如此（图 5.2），但是这样工作下的效率也将降低。为此，考虑到汽车大部分时间都处于巡航行驶状态，如果增加一台电动机以帮助满足汽车的瞬间高负荷需要，那么，只用一台较小的内燃机就能使之工作在最佳负荷和最佳速度点附近，从而实现内燃机效率的大幅提升。

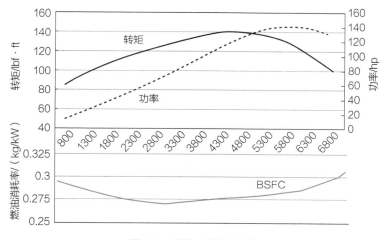

图 5.2　功率、转矩和效率

如果在瞬间高负荷状态下使用电动机助力发动机，就能够降低发动机转速，令其处于最佳效率工作点附近。

内燃机和电动机的集成方式有很多种，混合动力系统的总体结构可以类比成电工电路，内燃机和电动机可以串联、并联或混联，并且两个动力源发出的驱动力大小可以调整。

与此对应地，驱动电动机与传动系统的机械连接方式也可以大不相同。最初，汽车制造商在探索是否需要设计一种新的变速器来实现混合动力传动，或者是否可以仅仅通过利用传统的变速器就可以实现混合动力传动。早期选择的是无级变速器（CVT），但是，CVT 很快就让位于专用的混合动力变速器（Dedicated Hybrid Transmission，DHT）。DHT 将电动机完全集成到变速器中，形成了一种新的功率耦合单元。现阶段大多数的全混合动力系统均采用 DHT 结构，但是，随着混合动力汽车的普及，高成本的全混合动力传动系统重新设计的方案不再流行，许多中度混合动力系统的设计开始借助对传统变速器的改造来实现。例如，在大众、保时捷和现代汽车的引领下，双离合器变速器越来越受到欢迎，采用电驱动系统有助于解决困扰 DCT 在起步时的顿挫问题；或者，使用适当改进的常规自动变速器，可以简单地将液力变矩器更换为驱动电机，形成了一种低成本的混合动力方案，目前这种方案占据了大约所有混合动力系统三分之一的市场；也有借助于 AMT 结构的情况，但是 AMT 也存在一些问题，例如低档换档时的转矩中断很难控制[104]。总之，到底选用哪种结构才能实现价值最优，取决于所应用的混合系统的类型。

事实上，混合动力的实现方案很多，例如，一种方案是使用一个大功率电动机为

---

[104]　C. Guile，"The Effect of Vehicle Electrification on Transmissions and the Transmission Market." CTI Magazine December，2016.

汽车提供所有的动力，同时，用一个小型的发动机驱动发电机发电以获得更长的续驶里程；另一种方案的主体是传统的发动机汽车，但是用一个小型的电动 - 发电机来回收、储存和再利用被浪费掉的动能。为了更好地理解上述内容，我们现在一步步进行分析。

5.3 微混系统

我们将从最简单的发动机电动助力形式开始分析，也就是所谓的微混系统。最简单的微混系统有 2 种功能：一种功能是在不需要工作的时候关闭内燃机，另一个功能是回收制动过程中损失的动能。前者使用了功率略大的启动电机和容量更大一些的电池，使汽车在遇到红灯等不需要行驶的时候能够自动的关闭内燃机，绿灯亮时，也能够自动的平稳地起动，这项技术称之为发动机起停技术，这一技术能够将内燃机的燃油经济性提高 10% 左右，当然，这也要取决于汽车的驾驶状况。

这项技术的实施并非简单地将起动开关和制动踏板连接起来，并非仅仅通过制动踏板实现内燃机的停机，否则会带来一系列的问题。一方面，制动导致内燃机停机，影响了发电，带来一些问题，例如，在内燃机停机期间，我们无法起动电动压缩机，也就无法为驾驶舱提供足够强度的制冷效果；在内燃机停机时，我们无法开启小型电动泵，也就无法实现变速器润滑油的流动；而功率电子器件也是需要启动一个附加的电动泵，以确保冷却液能够持续不断地流动和冷却。另一方面，还需要考虑原来由内燃机运转才能实现的一系列功能，这也要在内燃机停止运转时由电动机构予以满足。例如，驾驶舱的加热功能，这原本是通过内燃机的冷却系统实现的，内燃机停止工作后，就需要一个电加热器来完成这个功能；在汽车上也经常用到负压（真空压力），如果汽车在行驶过程中关闭内燃机，就需要一个电动真空泵来提供这样的负压环境。

微混系统一个简单的实现方法就是制动时内燃机停机；松开制动时重起内燃机，这一过程要平稳无冲击，以保证汽车行驶的平稳性。这一方法成本低，消费者接受程度高，并且燃油经济性也较好，因此，基于这一简单方法的发动机起停系统应用越来越多，目前已广泛应用于多种类型的汽车上。但是也需要注意，并非所有具有这样功能的汽车都可以称之为混合动力汽车。

真正的混合动力汽车需要具备再生制动能力，再生制动的原理很简单，但是效果却非常好：回收汽车制动过程中多余的动能，并将这些能量用于汽车后续的加速过程。考虑一下运动物体能量的基本方程，我们将动能定义为质量和速度平方乘积的一半，随着汽车速度的增加，可用于回收的能量（或浪费的能量）会基于这一原理快速增长。当汽车制动时，每一次制动过程都会损耗掉宝贵的动能，消耗昂贵的燃料，制造有害的排放，并转化为不必要的热量损失。产生的热量是如此之多且无用，我们又不得不为此设计专门的散热结构，确保这些热量能够快速消散到空气中，这是一种非常大的能源浪费。通常情况下，使用再生制动可以使我们回收大约1/3的能量，就城市驾驶工况而言，仅再生制动功能就可以节约燃油20%左右（图5.3）[105]。

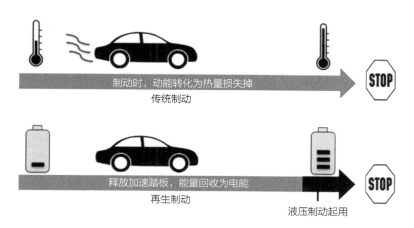

图 5.3 再生制动

再生制动回收了汽车减速过程中的一部分动能，这部分动能通过电机发电并被保存到电池中，以便于应用于后续加速过程中。

再生制动系统与摩擦制动器相结合，形成一种混合制动结构，它可以在确保制动性能的同时最大限度地回收能量。对于两轮驱动的汽车而言（前驱或者后驱），再生制动仅作用在一个驱动桥上，可以采用线控制动系统，用机电传动装置代替液压装置，从而也简化了制动元件的数量。再生制动系统回收能量的多少受到各种因素的影响，包括电机功率、电池容量、电池荷电状态（SOC）、制动强度等。在某些汽车中，驾驶人的驾驶习惯也会造成不同的再生制动效果，例如，在雪佛兰Bolt电动汽车中，设置了一个"单踏板模式"，驾驶人在松开加速踏板时就自动施加非常大的制动力，甚至可以让汽车直接停下来；或者将变速器降到较低档位。在未来，相信这些功能将会逐步的应用

105 G. Xu, W. Li, K. Xu and Z. Song, An intelligent regenerative braking strategy for electric vehicles. Energies 4, 2011, 1461–1477; and Cost, Effectiveness, and Deployment of Fuel Economy Technologies for Light-Duty Vehicles. Committee on the Assessment of Technologies for Improving Fuel Economy of Light-Duty Vehicles, Phase 2; Board on Energy and Environmental Systems; Division on Engineering and Physical Sciences; National Research Council, National Acadamies Press, Washington, DC, 2015.

到其他车型上。另外，针对具有再生制动功能的汽车，如果它的驾驶体验与常规汽车的驾驶体验差别较大，还应该设置更多的驾驶模式来尽可能地满足驾驶人的使用习惯。

能够吸引汽车制造商的是，采用具有起停功能和再生制动功能的微混系统并不需要对整个动力传动系统进行全新的设计，它更多地依赖于一个性能强大的起动电机，该起动电机也应具有发电功能（图 5.4），通用汽车公司的带式起动电机系统（BAS）就是一个很典型的例子。BAS 通常使用一个 36V 或者 48V 的起动电机，利用高强度传动带连接起动电机和曲轴，传动带能够实现机械力在曲轴和起动电机之间的传递，实现制动能量回收和转矩辅助输出的功能，这样就巧妙地解决了制动过程中的能量浪费问题，同时又无须改造已有的内燃机和传动系。然而，考虑到内燃机冷起动时所需的转矩较高，往往会超过传动带的摩擦力极限，从而导致传动带打滑，因此，为了更好地起动内燃机，一般还是保留了传统的12V 起动电机，增大了系统的冗余。也因为这种结构冗余，实际使用过程中，现有的 BAS 受到了一些诟病，也不太可能继续配置在新车上。但是，人们还是在不断地研究改进传动带连接的方式，以期解决存在的这些问题。

图 5.4　48V 电机

SEG 公司生产了这种小型的能量回收电机，具有 12kW 的发电功率和 40lbf·ft（55N·m）的转矩。通过简单改造就可以实现小型电机与传统内燃机的结合，进而显著提高发动机的燃油经济性和起动能力，它充分展现了 48V 系统的优势。

5.4　弱混和中混系统

另外一种集成更大功率电动机的电驱动方式是弱混或者中度混合系统。通过增大集成电动机的功率，并改进机械连接结构，可以选用尺寸更小的内燃机，并依靠集成的电动机获得额外所需的转矩。在这里，再生制动获得的能量不再局限于用于减少内燃机额外负载的负担和支持内燃机的起停，还可以给传动系统提供一部分额外的动力。不过，在这一系统中，电动机动力的作用仅仅是辅助助力，不能独立地完成对整车行驶的纯电驱动模式，尽管如此，电动机的引入还是起到了均衡内燃机输出功率的效果，并且能够实现更好的再生制动，并将制动回收的能量再次用于辅助内燃机的功率输出。总地来说内燃机的起停系统可以实现内燃机的起动，也可以在汽车行驶过程中时实现电动机的助力，从而增强汽车的巡航能力。

弱混和中混系统的应用一般要借助于 48V 电源系统，但也应该注意到，48V 系统并不意味着是混合动力驱动，例如，保时捷所用的 48V 电源系统仅仅是用来为其新款卡宴的主动侧倾稳定系统提供动力（详见第 7 章），而奥迪公司则利用 48V 电源系统实现了弱混功能。在结构上，奥迪公司 48V 系统中的电机和控制器与发动机共用一套冷却装置；在性能上，它兼顾了系统效率和动力性，48V 系统为主系统，额外的 12V 系统用于照明和音响等低负载设备，工作时，48V 系统利用带传动平稳地起动发动机，加速汽车，助力巡航，同时也承担了一些相关的其他负载。但从燃油经济性来看，48V 系统节省的燃料并不多，但是它却实现了动力传动系统的轻量化，并且运行平稳，提高了工作效率，同时也确保了动力输出性能。该 48V 系统现在已经被应用到了奥迪 A8 的所有系列车型中（图 5.5），在柴油版 SQ7 中也有应用，它用来驱动一个中型的增压器，以解决涡轮响应迟滞问题。

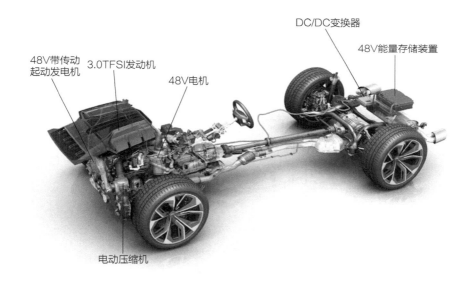

图 5.5　奥迪轻度混合系统

奥迪宣布将在其生产的每一款汽车中应用以上这种 48V 技术。

图片：奥迪

在不久的将来，弱混和中混系统快速普及的可能性很大，应用时，有时为了驱动更多的车用负载设备，也可能考虑提高电压等级，其效果非常具有吸引力，这或许将成为一种技术趋势。

48V 系统作为一种成熟的技术开始获得广泛应用，供应商也推出了多种类型的低成本 48V 混动系统。虽然该系统对汽车的燃油经济性影响不大，但成本较低，随着汽车电动化的发展趋势，类似简单的具有起动发动机功能的 48V 系统有可能在未来变得非常普遍。48V 也是一个比较理想的电压值，一方面，它促进了轻度混合性能优势的发挥和电子控制技术的应用，另一方面，48V 电压又没有高到超出安全电压的范围，也就无须考虑使用复杂而昂贵的高压安全防护技术。

电动机与内燃机的混合方式不同，它们的机械连接方式也会有很大差异，按照连接点位置的不同，可以将混动系统划分为 P0~P4 五种系统，前面讨论的采用带传动的起动发电机结构定义为 P0 系统（图 5.6）；如果电动机直接安装在曲轴上，就形成了 P1 系统，P1 系统虽然简单，但其优势也有限，存在的主要问题是：电动机和内燃机转轴在机械结构上是固定连接的，如果电动机或内燃机单独工作，就必须拖动另一方转动，这样，不论电动机处于助力工作模式还是单独的驱动汽车，都会增加一部分额外的功率损失以克服内燃机带来的阻力，在这样的情况下，也就不利于电动机实现汽车的纯电驱动模式。另外，由于在 P1 系统中内燃机造成的阻力不能避免，导致汽车制动时，一部分制动能量会由于内燃机的工作阻力而消耗掉，这也降低了电动机再生制动的能量回收效率。

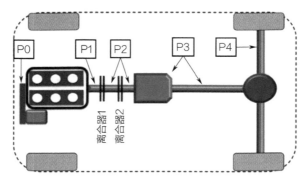

图 5.6　弱混／轻混结构

基于电动机在传动系统中的位置，混动系统划分为 P0~P4 五种结构

本田早期应用于思域和 Insight 混合动力汽车的集成电机助力混合动力系统（Integrated Motor Assist，IMA）是一个 P1 系统的典型例子。在思域中，采用了一个更小的 1.3L（93hp）发动机和一个 13hp 永磁同步电机代替了原先的 1.7L（115hp）发动机，取消了传动带，避免了传动带打滑问题。然而，该系统也增大了成本和复杂性，为此，本田（包括奔驰）最终放弃了 P1 系统的应用，其他公司似乎也不太可能会选择它应用 P1 系统。

通用汽车公司开发了一种混合程度更高的系统，将一个功率更大的交流电机放置在传动系中，构成了起动助力发电一体化系统（Integrated Starter Alternator Damper，ISAD）。在结构上，该系统在飞轮和变速器之间放置了一个电动机，电动机定子固定在液力变矩器机壳体上，转子与发动机曲轴连接，或者也可以将 ISAD 放置在变速器一侧。这种系统的附加成本适中，也会带来一些很好的效果。例如，发动机的起动和停机更加平稳，传动系的振动更小，再生制动能量也能够满足附件的负载需求等[106]。这个系统在通用汽车的皮卡上进行了应用，它带来的显著优势就是能够输出 14kW 的电功率至控制器，并提供了多个 120V 的电源输出，但是它的燃油经济性和效率的提升并不大，每加仑汽油仅仅多行驶了 2mile。

P2 混动系统是最近才出现的，在结构上，它将电动机置于发动机和变速器之间，并在电动机两侧各添加一个离合器，这样就实现了与发动机的机械解耦，能够实现汽车的纯电驱动模式，也提供了一种汽车的低速纯电动驾驶模式（也称为蠕行模式）；与此同时，P2 系统也避免了发动机阻力的影响，有利于提高能量回收效率，相较于 P1 系统，更有吸引力。当汽车处于低速或者慢速行驶工况下时，电动机是唯一的动力源；如果车载电池的电量不足，内燃机就会参与工作，为电池充电提供额外的功率。

保时捷卡宴混合动力汽车型采用了 P2 混合动力结构，搭载了奥迪生产的额定功率为 333hp 的缸内直喷机械增压 V6 发动机，并将一台 95hp 的电动机置于发动机和八档变速器之间。尽管这样增大了体积和重量，但汽车仅用时 5s 多就可以加速到 60mile/h 的速度。相对来说，如果只用发动机驱动，加速到 60mile/h 时速，还要额外多用 2.5s；如果只用电动机驱动，加速到 60mile/h 时速，就要多用 4s 的时间。该车也设置了一种 E-POWER 模式，在该模式下，汽车的加速性能将会降低，但是却能够确保纯电驱动条件下行驶 14mile。

P2 系统最显著的优点是成本低，与我们接下来要分析的全混系统相比，P2 系统可以与传统的变速器和发动机一起使用（图 5.7 和图 5.8），结构相对简单，只需要

图 5.7 四轮驱动效率

麦格纳公司 48V 电驱动分动箱简化了四轮驱动汽车的混动系统，使四驱系统获得比两驱系统更好的燃油经济性。

图片：麦格纳

106 I.A. Viorel，L. Szabó，L. LöWenstein and C. St et，Integrated starter-generators for automotive applications. Acta Electrotehnica 45（3），2004，255–260；and C. Cho，W. Wylam and R. Johnston，The integrated starter alternator damper：The first step toward hybrid electric vehicles. SAE Technical Paper 2000-01-1571，2000.

增加一个电动机和两个离合器即可。P2 系统对控制的要求会高一些，成本也会相应增加，但是与全混系统相比，这种成本的增加还是比较少的。

图 5.8 8 速混合动力自动变速器

在传统变速器内增加电动机可以形成一系列新的混动结构，增加一个小的电动机，可以形成弱混系统，增加一个更大功率的电动机，可以实现依靠电力单独驱动车辆行驶。例如，采埃孚公司实现了一种模块化的传动结构设计，增加了一个 15kW 的电动机，通过简单的机械结构改造，形成了一个轻混系统；或者也可以集成一个 90kW 的电动机，用来实现汽车 30mile 距离的纯电动行驶。

资料来源：ZF Friedrichshafen AG

一般来说，对于不刻意寻求一种全新的混动模式，而仅仅是为了提高汽车的燃油经济性，或者是为了在汽车上增加一个混动标志的汽车供应商而言，P2 混动系统很受欢迎。该系统的应用结构也很多，有些使用了液力变矩器，有些则依赖于电动机的转矩调整，另外一些使用了单独的起动电动机，还有一些依靠集成电动机起动发动机。在一些量产车型中，诸如现代索纳塔混合动力系统、英菲尼迪 M35 中的直接响应混合动力系统（Direct Response Hybrid System）、大众途锐和保时捷卡宴中的博世混合动力系统等，都是基于 P2 混动系统的变形结构。

5.5 全混系统

比 P2 系统更进一步的是全混系统（full hybrid），具有更高的工作电压、更大的电池容量以及更强的全电驱动能力。更高的工作电压意味着它具备了全混系统的关键特性，也就是可以具备纯电动工作模式，并提高能量回收的能力。此种模式下，如果再使用更大容量的车载电池，将使得再生制动回收的能量可以更高效地再应用到电驱动系统中去。

前文已经说过，混合系统的基本结构可以类比为电工电路。并联系统允许电动机、内燃机分别或者共同驱动汽车，一些功能在我们上文讨论过的 P2 系统中可以实现，还有一些功能需要用到我们即将讨论的更为复杂的全混系统。如果将发动机和电动机按顺序连接起来，就可以形成一种只由电动机驱动汽车的串联结构，发动机要么驱动发电机给电池充电，要么直接给电动机供电（图 5.9）。这样做的最大好处是：只能是电动机直接驱动汽车，可以省却许多复杂的机械耦合结构，也省却了并联系统中使用的复杂控制逻辑。

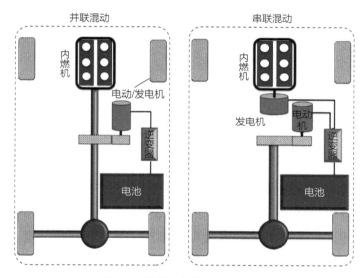

图 5.9　并联和串联混合动力系统

串联结构的优势是结构简单，发动机和车轮之间没有直接的机械连接结构，因此发动机可以始终工作在最佳效率点附近。并且就像纯电动汽车一样，串联混合动力汽车也可以将驱动电动机安装在多个车轴或多个车轮上，从而有可能增强对牵引力的控制，或者实现四轮驱动。虽然串联结构的形式也很多，但是它们的共同的特点就是发动机绝不会直接驱动车轮。

串联结构是纯电动汽车结构的一种简单变化形式，但是它也确实比单纯的纯电动汽车具有优势：由于汽油的能量密度远高于车载电池，因此，串联混合动力汽车可以显著延长续驶里程；同样，它所使用的电池数量也比纯电动汽车少，从而降低了电池成本；另外，也有利于减少普通消费者的里程焦虑，更加符合汽车的加油习惯，使得消费者对驾驶的感觉更熟悉、更舒服[107]。然而，我们慢慢地将会看到，以上这些优势似乎也在逐渐减弱。

串联结构的主要问题是效率较低。在串联系统中，发动机将汽油中的能量转化为机械转动的能量，然后再通过发电机转化为电能，这些能量又以化学能的形式储存在车载电池中，电池再将这些能量通过逆变器传输到电动机，又损失了很多的能量。这样，能量多次从一种形式转换到另一种形式，每一次变换就会损失一些能量，降低了效率。

如果采用并联结构，发动机就可以直接驱动汽车，从而可以获得更高的传动效率。P3 系统将电动机和内燃机机械地连接在一起，可以作为一种通用的结构选用，这种结构可以让发动机或电动机单独作为动力源驱动汽车，或两者共同作为动力源驱动汽车。由于电动机与传动系统直接连接，它就不能方便地实现发动机的起停功能，此时，可以在发动机侧再安装一个较小的电动机，这样就形成了一种 P2 和 P3 的组合构型。这样，在同样的发动机条件下，汽车的燃油经济性可以提高 20%。

P2/P3 双电机组合布置构型就形成了串并联混合动力系统（图 5.10），具备了两种系统构型的优势。它可以在纯电驱动情况下让发动机带动发电机并为电池充电，这是一个经典的串联结构；也可以使其并联工作，让内燃机与电动机一起直接驱动汽车。这里需要在电动机、内燃机以及传动系统之间设计一个机械连接装置，以便于实现各动力源发出转矩的集成，这就是功率分流装置（power-split）。

还有一种与串并联系统类似的复合混动结构，它在发电机（电动机的发电功能）和电池之间设计了一个额外的功率转换器，从而让电池成了一个电耦合装置，这样就提供了一种将发动机输出功率转化并充入车载电池的方法。它们之间的关键区别是：在复合混动系统中，发电机的功率流是双向的，而串并联混动系统中，经过发电机的功率流是单方向的。

---

107 Hybrid and Electric Vehicles：The Electric Drive Delivers. International Energy Agency，Implementing Agreement for Co-operation on Hybrid and Electric Vehicle Technologies and Programmes，2015；and T. Altenburg，From Combustion Engines to Electric Vehicles：A Study of Technological Path Creation and Disruption. Deutsches Institut fur Entwicklungspolitik，Bonn，Germany，2014.

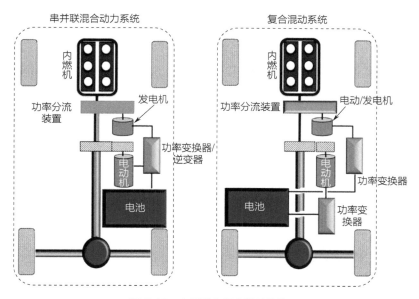

图 5.10　串并联和复合混动结构

　　复合混动结构的技术核心是功率分流装置和相关的数字控制。正如第 3 章中曾经提到的，在混合动力系统出现伊始，首选的变速器是 CVT，它的零部件数量少，结构紧凑，与早期小型混合动力汽车结构非常匹配，并且早期内燃机的工作转矩也不大，传动带的打滑现象也不会很严重，更重要的是，当时的内燃机运行的工作点接近最佳燃油消耗区域，可以最大限度地提高混合动力系统的燃油经济性。

　　如今在混合动力汽车上，常规 CVT 结构已经开始让位于设计新颖的基于行星齿轮结构的专用混合动力变速器（DHT），通过协调控制内燃机和电动机工作，一个基本的行星齿轮结构就可以起到功率分流器的作用，从而能够形成多种不同的功率配置方案。在混合动力系统中，功率分流的作用非常重要，例如，串并联混动系统实际上也是一种功率分流系统，它可以将内燃机输出的功率既传递到发电机又传递到传动系，实现了功率分流。在 DHT 中，行星齿轮组实现了功率分流的功能（传统变速器中的行星齿轮组实现的仅仅是单一输入输出模式），它的一个电动机用来提供驱动力，另外一个电动机可以对汽车低速行驶时的驱动力进行修正，确保更高效地连续调速。这样看来，DHT 可以看作是一种没有传动带和滑轮的无级变速器，它通过改变第二个电动机的工作转速来调整行星齿轮的传动比，因此也称为电控 CVT 或 eCVT。但是对驾驶人来说，驾驶配备 DHTs 的汽车与配备其他无级变速器结构的汽车感觉无异。

　　最广为人知的例子就是丰田的 TSD 结构（Toyota's Synergy Drive）。TSD 使用了两台电动机，一个小功率电动机用于发动机的起动和再生制动，称为 MG1（Motor-Generator 1），另外一台 80hp（60kW）的电动机称为 MG2（Motor-Generator 2）（图 5.11）。内燃机通过一个简单的行星齿轮组与驱动桥和两个电机机械连接，内燃机连接行星架，功率小的电动机 MG1 连接到太阳轮，功率大的电动机 MG2 连接到行星齿轮的齿圈，最终驱动传动系统。这种结构的精妙之处在于三种动力装置中的任何一个都可以作为汽车的动力源，也可以被其他动力源驱动，再结合电动机具备的调速控制能力，就可以获得连续变化的传动比了。

电动-发电机
MG1   MG2

图 5.11　丰田 TSD 结构

丰田 TSD 结构包括两台电动机，电动机 MG1 用于内燃机起动和再生制动，电动机 MG2 是主要牵引动
力源，这两台电动机通过功率分流装置与内燃机相连。

图片：丰田汽车公司

TSD 功率分流装置的工作模式看起来非常清晰，但是实施起来并不简单（图 5.12）。汽车在低速行驶时，只有电动机 MG2 驱动，内燃机不工作，与之连接的行星架也固定不动；车速增大时，电动机 MG1 驱动太阳轮并启动发动机，由于行星齿轮沿着齿圈转动，因此会形成较大的传动比，使内燃机可以平稳地切入工作；内燃机工作后，它和电动机 MG2 共同驱动汽车，而行星架开始带动太阳轮旋转，从而使电动机 MG1 开启发电功能；汽车在加速工况下，内燃机功率既驱动汽车也驱动太阳轮，带动电动机 MG1 开启发电功能，并将电能传送至电动机 MG2；汽车匀速巡航时，内燃机输出的功率会有所降低，电动机 MG1 发电，为电动机 MG2 提供更多电能，以输出更大功率至齿圈，从而减轻内燃机的负荷；在汽车超车等高负载情况下，电池为电动机 MG2 供电，并与内燃机一起提供大的加速度；汽车减速时，控制系统可以在一定条件下关闭内燃机，固定行星架，使电动机 MG2 吸收能量，开始发电，并对车载电池充电。在整个运行过程中，电动机 MG1 补偿和修正变化的转速和转矩输出，可以有效地实现传动比的连续变化。

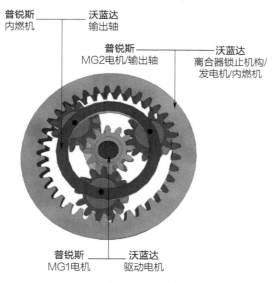

普锐斯 —— 沃蓝达
内燃机　　输出轴

普锐斯 —— 沃蓝达
MG2电机/输出轴　　离合器锁止机构/
　　　　　　　发电机/内燃机

普锐斯 —— 沃蓝达
MG1电机　　驱动电机

图 5.12　功率分流装置

虽然丰田普锐斯和雪佛兰沃蓝达功率分流装置都采用了一个简单的行星齿轮组，但是设定完全不同。

福特汽车采用的功率分离装置也大同小异。在汽车低车速低负载时，如果电池 SOC 低，发动机将驱动发电机，电动机驱动车轮，实现串联工作，福特称之为正向分流模式（positive split mode）；在汽车高车速高负载下，采用所谓的负向分流模式（negative-split mode），也就是发动机提供主要的驱动力，电动机则通过行星齿轮结构调整传动比，并根据路况需要提供牵引力或者对电池充电；在汽车中等车速和高 SOC 情况下，电动机可以单独驱动汽车，使汽车工作在纯电动模式下。

采用行星齿轮结构可以形成多种形式的电传动变速器。例如，通用汽车和宝马汽车合作开发了一款全混驱动系统，可以用于大型的后驱车辆中（图 5.13）。该系统使用了两个 60kW 的电动机、3 个行星齿轮组和 4 个多片离合器，全部装配在一个标准的变速器内，通用汽车将其命名为电控无级变速器中（Electrically Variable Transmission，EVT）。

该 EVT 系统提供了两种工作模式：轻负荷下工作于无级变速器模式，需要大转矩时则按照设定的传动比工作。该系统现在已经用于通用汽车公司的各种卡车和 SUV 中，

图 5.13　宝马混合动力变速器

宝马 7 系混合动力变速器在液力变矩器和发动机之间安装了一台 15kW 的电动机，采用了八速自动变速器。

图片：BMW（宝马）

油耗能够降低大约 1/4 [108]。

　　基于行星齿轮组结构设计形成了电动机和内燃机不同的驱动方案，这样的驱动方案逐渐模糊了串联混动和并联混动之间的界限。例如，在结构上，雪佛兰沃蓝达（Volt）多模式混合动力系统 MM-DHT 包含了两个行星齿轮组，发动机通过单向离合器连接到第一个行星齿轮组的齿圈上，一台 48kW 的小电动机与同一个行星齿轮组中的太阳轮相连，一台 87kW 的大电动机与另一个齿轮组中的太阳轮相连，第一个行星齿轮组的太阳轮与第二个行星齿轮组的行星架通过离合器相连，主减速器连接到两个行星架上。

　　如果将小电动机连接到第二个行星齿轮的齿圈上，就能够实现对系统传动比的电控调整，通过改变齿圈的驱动速度，对于主电动机来说，行星齿轮就成了一个无级变速器。一般情况下，汽车开始行驶后在 25~50mile/h 速度范围之内，主电动机是唯一的动力源；当车载电池电量耗尽后，内燃机带动小功率电动机发电，并为 18.4kW·h 容量的电池组充电，开启了串联工作模式；汽车在高速行驶或者某些特定工况下时，内燃机将与电动机并联工作，通过行星齿轮直接驱动汽车，大电动机的高速工作会使其效率降低，但是汽车的行驶速度仍旧可以超过 70mile/h。通用汽车公司认为沃蓝达是一款增程式电动汽车，但是更准确地说，在大多数情况下，它更像是一款串联式混合动力汽车。

108　G.S. Vasilash，"Pacifica Hybrid Explained"．Automotive Design and Production，December 19，2016. Available at www.adandp.media/blog/post/pacifica-hybrid-explained；and C. Guile，"The Effect of Vehicle Electrification on Transmissions and the Transmission Market."CTI Magazine，December，2016.

对混合动力系统的控制要求很高，需要一个复杂的实时操作系统（Real Time Operating System，RTOS），提供更快的计算速度和更强的处理能力，以提高对混合动力系统的控制能力。除了诸如节气门位置、发动机转速、车速等显而易见的信号外，也需要监测诸如电池 SOC、电压、电流、温度等其他信号，以便于以进一步调整电驱动控制参数并对电池冷却系统进行管理。一般采用控制器区域网络（Controller Area Network，CAN）实现这个功能，它连接了多个控制模块和组件，每秒可以处理数千组数据点，随着汽车行驶工况的不断变化，这个系统也必须及时地实现以下诸多的控制功能：电池充放电管理、发动机运行控制、电动机和发电机控制、变速器控制，制动系统控制、电动助力转向、座舱加热和冷却等。

相较于 20 年前，电驱动全混系统的控制功能已经变得非常复杂，计算量也很大。以制动过程为例，制动过程看起来很简单：松开加速踏板时，需要将电动机转换成发电模式运行；制动时，也会根据电池 SOC 状态适时地关闭发动机，或者，当汽车处于高速行驶时，根据齿轮传动结构，使其仍旧保持在一定的工作状态。实际制动过程中，需要根据制动踏板压力、汽车车速、防滑控制单元给出的信号等信息计算出制动力的大小，然后施加制动，并且电动机再生制动工作方式也会随着计算获得的负载情况而调整；如果其强度还不足以满足制动的需求，就需要进一步采用液压制动，以确保制动的有效性和安全性；或者，也可能通过齿轮传动机构降低档位，并对发动机实施制动，例如，在普锐斯混合动力汽车中选择 "B" 制动工作模式时，它的一个电动机将进行发电，为电池组充电，另外一个电动机则带动发动机旋转，实现发动机的反向力制动，从而获得对汽车施加制动的效果，其间无须使用液压制动。虽然这样描述制动过程还是很简单，但是也能够清楚地表明一点：哪怕是驾驶人一个简单的动作，或者汽车行驶工况的一个简单变化，都离不开控制系统大量而又复杂的计算。

5.6　插电系统

混合动力汽车在燃油经济性方面的优势非常明显，如果能尽可能地增大纯电驱动模式下的汽车续驶里程，会更加符合预期。为了达到这样的预期，不能简单地仅仅依靠调整车载电池的数量实现，而是要在提高电池容量的同时，改变混合动力汽车的控制逻辑，增强汽车接收外部充电的能力，这样就产生了插电式混合动力汽车（Plug-in Hybrid Electric Vehicle，PHEV），它具有更高的能量利用效率和更低的排放。在下一章将会看到，混合动力汽车一般更看重电池组的功率密度而不是能量密度，只有更高功率密度的电池组才能够在汽车的再生制动过程中实现高效的快速充电，在汽车的加速过程中实现高效的快速放电，这也是混合动力汽车的关键需求。然而对于插电式混合动力汽车而言，纯电驱动模式下的续驶里程变得非常重要，这时所需要的是电池组更大的能量密度而不是功率密度。也正因为如此，全球主要的插电式混合动力汽车制造商已经开始用高能量密度的锂电池取代高功率密度的镍氢电池，从而确保更长的纯电驱动续驶里程。

插电式混合动力汽车需要具有适当长一些的全电驱动续驶里程，并不是要使其成为纯电动汽车，或者说，并不是要达到纯电动汽车那样的全电驱动续驶里程（All-Electric Range，AER）。之所以会提出部分全电驱动续驶里程的概念，更多的原因来源于美国加州的电动汽车法规要求，而不是汽车减排或者驾驶人的需求（事实上，很大一部分插电式混合动力汽车的车主并没有定期充电的习惯[109]）。现阶段，一般的插电式混合动力汽车的电池容量略高于 10kW·h，全电驱动下的续驶里程为 12~50mile，相比之下，早期的丰田普锐斯插电式混合动力车的电池容量只有现今的一半，全电驱动下的续驶里程只有 6mile。可以发现，插电式混合动力汽车在全电驱动模式下的续驶里程已经有了显著提高，许多车主在上下班的时候也完全可以选择全电驱动工作模式，并可以实现全电驱动的高效性与发动机驱动的长续驶里程灵活性的结合（表 5.1）。

表 5.1　几种混合动力车型的比较

车型	电动模式下油耗 /（L/100km）	电池组容量 /kW·h	全电驱动续驶里程 / km	发动机模式下城市 / 高速联合工况油耗（L/100 km）	充电时间 / h@240V	建议零售价 / $
丰田普锐斯 Prime Plus	1.8	8.8	40	4.36	2.1	27100
雪佛兰 Volt	2.2	18.4	85	5.6	4.5	33220
克莱斯勒 Pacifica	2.8	16	53	7.35	2	41995
Mini cooper SE Countryman	3.6	7.6	19	8.7	2	36800
现代索纳塔	2.4	9.8	43	6	2.6	34600
凯迪拉克 CT6	3.8	18.4	50	9.4	4.5	75095
起亚 Optima	2.3	9.8	47	5.9	2.7	35210
宝马 330e	3.3	7.6	22.5	7.8	2	45600
保时捷卡宴	5	10.8	22.5	10.7	3	60600

109　Transportation Research Board and National Research Council，Overcoming Barriers to Deployment of Plug-in Electric Vehicles. The National Academies Press，Washington，DC，2015.

5.7　动力性

汽车在追求燃油经济性的同时，也要考虑动力性，混合动力系统就可以很好地提高汽车的动力性能。越来越多的高性能汽车采用了电驱动结构以提高加速性能和高速行驶能力，例如可以将电动机的低速大转矩特性结合涡轮增压发动机，解决涡轮增压滞后的问题，并增强汽车的加速能力，也可以通过精确控制安装在每个车轴上或者车轮上的电动机动力输出，极大地改善汽车的操纵稳定性（图 5.14）。

图 5.14　混动超跑

保时捷 918 Spyder 是一个量产的典型混合动力超跑，一台 4.6LV8 发动机提供 608hp 的动力，再加上位于前轴和后轴上的两个永磁同步电机，总计功率达到 887hp，0—60 mile/h 加速时间为 2.5s，最高车速为 214mile/h。在这样出色的动力性下，它的油耗仅为 24mile/gal，并且具有 18mile 的全电驱动续驶里程。

图片：Mario Roberto Durán Ortiz / CC BY-SA 4.0

当然，采用电驱动技术并非只满足了汽车的动力性要求，它也会带来燃油经济性的提高。宝马 i8 超级跑车不仅动力十足，它也是一辆具有高燃油效率的混合动力汽车，在它的后桥上放置了一个功率为 228hp 的 1.5L 涡轮增压 3 缸发动机，在前桥上则放置了一个功率为 141hp 的交流同步电动机，在总共 369hp 的功率下，该车的 0—60mile/h 加速时间仅为 4s 左右，最高时速可达 155mile/h，在如此出色的动力性下，它的燃油经济性也非常优异，达到了 36mile/gal[110]。MINI Cooper SE Countryman All4 插电式混合动力汽车也采用了类似的方案，在后桥上放置有一个 87hp 的电动机，可以满足城市路况下的行驶需求，当车载电池电量不足时，一台 134hp1.5L 3 缸涡轮增压发动机将开始工作，对电池进行充电，或者和后桥的电动机共同驱动，使汽车获得更大的行驶加速能力。

110　J. Meiners，"2019 BMW i8 Roadster：i-Opener." Car and Driver，November，2017.

以上宝马 i8 混合动力系统实现动力性增强的关键，在于一种无须借助机械连接就可以实现动力叠加的特殊并联工作机制。宝马 i8 用发动机驱动后桥，电动机驱动前桥；Mini 与之类似，但发动机和电动机对应的车桥位置恰好相反。保时捷 918 用一个电动机和一个发动机共同驱动后桥，另一个电动机驱动前桥。上述例子中，发动机和电动机两种动力源通过数字控制协同工作，并在路面车轮端实现机械动力的耦合，因此称之为"路面耦合型混合动力（Through-The-Road，TTR）"，也称为电驱动桥或 P4 系统，它的配置相对简单，能够将驱动力准确地分配到四个车轮上，这就使得 P4 系统成了一个简单而又具有吸引力的动力结构（图 5.15）。

TTR 结构的应用不仅仅局限于运动型轿车，在沃尔沃 XC60 插电式混合动力汽车中也有成功的应用，它利用了一个 4 缸 313hp 的 2.0L 涡轮增压发动机驱动前轴，87hp 电动机驱动后轴，该车的燃油经济性指标和排放指标可与 4 缸发动机相媲美，而动力性指标则与 6 缸发动机驱动的效果等同，而且还可以实现四轮驱动。

可以在一辆汽车上同时采用 TTR 结构和前文曾经介绍过的功率分流装置，此时，可以在一个车桥上采用功率分流装置，同时在另一个车桥上采用 TTR 结构，就像保时捷 Spyder 一样。雷克萨斯 RX 450 混合动力汽车也是如此，为了实现全驱下的动态转矩控制，在普通前驱版 RX450 后轴上又增加了一个电动机。两个电动机借助功率分流装置为前轴提供驱动力，同时，也通过控制策略向后轴协调的分配驱动力。如果电池组能够提供足够的电压和功率，那么前桥电机、后桥电机以及内燃机可以一起工作，提供高达 308hp 的功率。

图 5.15　简单的电驱动系统的集成化

ZF 公司将电动机和减速器集成在一个箱体内，采用水冷却，降低了系统的复杂性，也降低了相关的工作摩擦阻力。

资料来源：ZF Friedrichshafen AG

当然，TTR 结构并不完美，由于内燃机仍然要机械连接到传动系统，因此，也就不可能充分利用轮端负荷灵活调整的方法实现最佳的燃油经济性；同时，由于前后桥上都有传动系统，导致底盘的设计和配置也会比较困难；此外，TTR 结构虽然也具有再生制动模式，但是在停车期间不能为电池充电。

　　不过 TTR 结构有其显著的优势，有可能成为未来某些量产车型的选择方案。首先，它结构简单，汽车制造商可以将更多的精力致力于对控制系统和传动系统的简化集成，而功率分流装置的复杂性更大一些，实现难度增加不少。其次，TTR 结构可以通过简单的机械连接和数字化控制集成降低成本，也提高了可靠性，使之在混合动力汽车上易于实现。第三，如果汽车的动力性是优先确保的性能指标，采用 TTR 结构将更加有利，将发动机和电动机两种动力集成获得的大转矩再通过一种复杂的装置分配到轮端并不容易，而 TTR 结构将动力直接传递至轮端，不仅便捷，而且在四个车轮上的牵引力分配也非常准确。总地来看，如果看重汽车的性能表现，TTR 结构将是一种不二之选。

5.8　纯电动汽车

　　虽然混合动力系统性能优良，但是它需要将内燃机与一个或多个电动机组合在一起工作，增加了系统的复杂性和重量。如果抛弃内燃机而只使用电动机驱动，就解决了这些问题，也体现出了更好的环保优势。首先，尾气排放大大降低；其次，纯电动汽车应用的普及可以与再生能源的技术进步结合起来，从而有利于形成一个以太阳能和风能为主要能源的全国性交通系统；第三，电动汽车零部件数量少，运动副也少，运营成本低，有望成为一种更简单、更可靠、更容易维护的交通工具。例如，雪佛兰 Bolt 的动力传动系统包括了 24 个运动部件，只相当于常规内燃发动机汽车动力传动系统零部件数量的 1/6（图 5.16）[111]。不过，内燃发动机汽车在短期内并不会消亡，技术上的改进、行业规模以及消费者的预期，都将使得内燃发动机汽车在未来一段时间内继续占有一定的市场份额。

图 5.16　雪佛兰 Bolt 所用的电动机和减速器

　　纯电动汽车的结构多种多样，具有结构配置灵活的巨大优势，最简单的电驱动结构就是在传统发动机汽车的基础上，用电动机直接替换发动机，这是迄今为止最常见的一种电动汽车结构形式，但是也受到原有发动机汽车传动结构的制约，无法完全获得预期的效果。也可以为每个驱动桥配置独立的电动机，类似于取消了发动机的 TTR 混合

111　"Q-Series: UBS Evidence Lab Electric Car Teardown—Disruption Ahead?" UBS Limited May 18，2017.

动力系统；还可以在一辆汽车的每个驱动轮上都连接一个独立的电动机，就像给每个车轮安装制动器一样；或者，如果电动机制造得足够轻质坚固，也可以考虑将电动机集成到每个驱动车轮的轮毂中，根据每个车轮与地面之间的相对滑移状态准确地分配车轮的驱动力，从而显著增强整车的操纵稳定性。这样，随着电动机在整车上布置方式的增多，汽车底盘和车身的设计也将会更加灵活。

在纯电动汽车各种电驱动结构中，目前最常见的结构是将单电动机连接至固定传动比减速器，再连接到传动系统的其他部分。电动机具有很宽的工作转速范围，在启动时就可以输出最大转矩，在 1r/min 这样的低转速下也可以输出大的转矩，在 20000r/min 的高转速下也能够稳定地运转，这种工作特性使得汽车传动系统大为简化，在多数情况下可以舍弃离合器、变矩器或者复杂的变速器，宝马 i3、三菱 i-MIEV、日产 Leaf、特斯拉 Model S 和 Model 3 等均采用了这种单速比的传动结构。减速器齿轮的传动比可以根据汽车的性能设计目标予以优化，在不牺牲电动机驱动能力的情况下，确保汽车可以获得理想的加速性能和高速行驶性能。

如果不采用减速器，而采用多速比变速器传动，电动机本身的工作转速范围就可以窄一些，有利于提高电动机的实际工作效率，电动机 + 变速器的工作转速范围也能够保证，哪怕是采用简单的两档变速器，也可以带来类似的性能改善，获得显著的效果[112]，但问题是这样做将增加整车的重量和零部件数量，产生更多的传动损耗，也提高了成本。尽管如此，简单的两档变速器或 CVT 变速器在某些场合下仍然具有重要的应用价值，特别是在重点考虑汽车动力性的情况下。例如，当电动机运行到高速恒功率区时，输出转矩会随着转速的升高而降低，如果电动机无法提供足够大的转矩，会导致汽车高速行驶下加速性能变差，此时，利用一个简单的两档变速器，就可以继续输出大转矩，从而确保汽车高速时的加速能力。正因如此，特斯拉宣布在其 Roadster 车型中采用两档变速器，能够在 2s 内实现 0—60mile/h 的加速。当然，采用变速器并不是要使传动系统复杂化，相反，电动汽车结构应尽可能简单，绝对没有人会接受在电动汽车上安装一个八档变速器的。

单电动机驱动并不是唯一的电动汽车结构，汽车制造商正在全力开发新技术，以便于在整车上能够充分利用和发挥各种电驱动结构的优势（图 5.17），特斯拉 Model S 75D、100D 和 P100D 车型就是典型的代表。型号中的字母"D"表明其采用两个

112　J. Ruan，P.D. Walker，J. Wu，N. Zhang and B. Zhang，Development of continuously variable transmission andmulti-speed dual- clutch transmission for pure electric vehicle. Advances in Mechanical Engineering 10（2），2018，1-15.

感应电动机进行驱动，在每个驱动桥上提供独立的驱动力，P100D 前桥电动机具有184lbf·ft（249N·m）的动力输出，后桥电动机具有 649 N·m 的动力输出，在搭载350V/100kW·h 电池组的情况下，其 0~60mile/h 加速时间仅为 2.5s，续驶里程超过300mile。作为一辆标准的五座轿车，即使以超跑的标准来衡量，它的性能也非常优异。捷豹也推出了电动汽车，预期采用两个 200hp、258lbf·ft 的电动机，0~60mile/h 加速时间为 4s 左右。

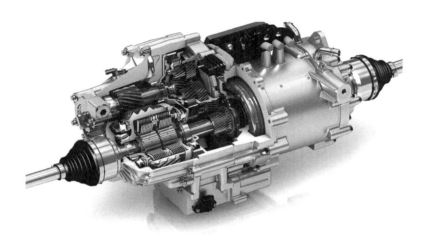

图 5.17　电驱动桥

GKN 公司开发的 eTwinster 电驱动桥原型样机采用了两档变速器，图中的右侧是电机，左侧是双离合器，中上部是两档电控变速器。该驱动桥的结构简单、轻便、高效，能够显著提高电动汽车的续驶里程。

图片：GKN ePowertrain

克罗地亚汽车制造商 Rimac Automobili 进一步推出了极具创新性的概念跑车 One（图 5.18），该车的每个车轮都配置了独立的电动机、变速器和电机控制器，驱动力分配系统每秒调整数百次以完成各个车轮准确快速的动力分配。两个前轮分别由两个油冷的永磁同步电动机驱动，每个电动机连接到各自的减速器，峰值功率达到 670hp（500kW）；后轮也是类似的双电动机驱动，通过一个特定结构的两档双离合变速器连接到车轮，最大能够提供 805hp（600kW）的功率。该驱动系统整体能够实现 1224hp 的功率输出，0~60mile/h加速时间为 2.5s，最高车速为 222mile/h（表 5.2）。这样的电动汽车极具吸引力！

图 5.18　概念车 One

Rimac 概念车 One 性能优越，极具创新性，在每个车轮上都布置了一个电动机、变速器和独立的电机控制器，可以实现对每个车轮驱动力准确、高性能的控制。

表 5.2　电动汽车性能对比

车型	功率 / （hp/kW）	转矩 / [lbf·ft（N·m）]	0-60mile/h 加速时间 /s	最高速度 / （mile/h）	续驶里程 / km
特斯拉 Model 3	221	203	5.1	141	220
雪佛兰 Bolt	200/150	266/350	6.5	93	238
奔驰 B-Class EV	177	251	7.9	100	87
宝马 i3	170	184	7.2	93	81
高性能车					
奔驰 SLS AMG Coupe	740	738	3.9	155	155
特斯拉 Model S P100D	762	792	2.5	155	315
保时捷 Mission E Concept	600/440		3.5	124	>300
超高性能车					
蔚来 EP9	1341	1480	2.7	194	265
Rimac C Two	1914/1408	1696	1.86	258	400

还有一种经常讨论但至今仍未完全实现的电驱动形式，就是在车轮内部而不是轮边位置放置电动机，称之为轮毂电动机驱动。这种结构将所有关键的运动部件都放置在车轮内，从而极大地简化了电动汽车结构，增强了汽车底盘和车身设计的灵活性。这种电驱动方式也带来了一些问题，最重要的是重量问题，将电动机和相关的齿轮传动结构放置在轮毂内，形成可观的簧下质量，为了避免影响汽车的操纵稳定性，还需要将它们的重量做得很轻，这个问题不好解决（我们将在第 7 章提到簧下质量问题）。

一些人认为如果解决了上述难题，轮毂电机技术将为电动汽车的发展带来新的前景 [113]，整车重量降低，续驶里程延长，迎合了电动汽车的发展趋势。现在汽车的车身和底盘还要用来安装变速器、传动轴、车轴以及其他一些零部件，这些零部件从整车设计之初就限制了汽车的外形和行驶性能，如果采用轮毂电动机驱动形式，将主要的运动部件移动到车轮里，汽车设计师就可以重新设计底盘不受限制的汽车，甚至都可以开发出能够侧向行驶的汽车。这种情况下，也可以对驾驶舱进行单独设计，设计成圆形、方形等各种形状。为了促使上述设计成为可能，现在首要的任务是设计一个重量足够轻、功率足够大的轮毂电机系统。

当前的轮毂电机技术还不成熟，但是已经进行了一些初步的尝试。德国高性能汽

113　Y. Sun, M. Li and C. Liao, Analysis of wheel hub motor drive application in electric vehicles. MATEC Web of Conferences 100 (01004), 2017, 1–6; M. Li, F. Gu and Y. Zhang, Ride comfort optimization of in-wheel-motor electric vehicles with in-wheel vibration absorbers. Energies 10, 2017, 1647; and J. Thorton, "Circular Precision." Electric & Hybrid Vehicle Technology International July, 2013.

车制造商 Barbus 将奔驰 E 级轿车改造为一辆四轮轮毂电机驱动电动汽车，轮毂电机来自 Protean Electric 公司，能够产生 430hp 的功率和 2711N·m 的转矩，其动力性潜力毋庸置疑，但是它的 0—60mile/h 加速时间超过了 6s，这表明该轮毂电机驱动约束下的减速比设计还是对整车性能产生了不利影响。丰田也开发了一款轮毂电机驱动系统，推出的 i-ROAD 概念车是一辆不到 1m 宽的 "个人机动汽车"，从外形上看像一辆封闭的摩托车，前部有两个可以倾斜的车轮，后部有一个车轮，整车重量只有 660lb。丰田的 ME.WE 轮毂电机驱动概念车看起来像是一款具有未来主义设计风格的娱乐型沙滩车，采用聚丙烯材料打造的车身，最多可以容纳 5 人。遗憾的是，上述的这些轮毂电机驱动的车型还远没有达到量产和上路行驶的水平。

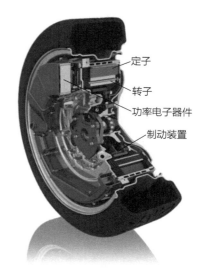

定子
转子
功率电子器件
制动装置

图 5.19　轮毂电机

然而，我们不能否认轮毂电机技术的可行性，以生产高性能轴承闻名的日本 NSK 公司此前成功展示了一款轮毂电机系统，为了应用到全尺寸电动汽车中，所有的零部件都安装在了一个 16in 的车轮里（图 5.19），它的关键是要提供满足加速性能的大转矩，同时，又要在很小的空间内实现高速旋转，为此，NSK 公司在其原型机结构中设计了两个电动机和两个集成的行星齿轮组，它能够实现两种工作模式：一种是低速工作模式，两个电动机的旋转方向相反；另一种是高速工作模式，两个电动机的旋转方向相同。

目前，很多公司正在开发电动汽车轮毂电机，其中，舍弗勒的 E-Wheel Drive 电动轮毂比较有创意，它将电动机、制动器和电动机控制器高度集成为一个紧凑的结构。

图片：舍弗勒集团

5.9　充电模式

电动汽车中很多先进技术的产业化过程还需要几年的时间，但是发展趋势清晰无疑。制约电动汽车产业化的一个关键因素是电池，它与电动汽车的四个主要性能指标有关，即续驶里程、充电时间、性能和成本。随着动力电池技术的不断突破，有望进一步提高电动汽车的续驶里程，加快充电速度并降低成本。此外，整车的轻量化和电驱动系统性能的改善也会使电动汽车性能获得大幅提升。因此，即使面对那些环保意识不强的人，电动汽车仍然能够凭借着产业化后优异的性能打动他们。

电池的能量密度是决定电动汽车续驶里程的主要因素，当前先进电池技术的快速发展，促使电动汽车的续驶里程不断提高，但是，汽车制造商并非全部依赖电池技术来解决续驶里程问题，除了安装更多的电池组外，还通过减轻整车重量、优化工作效率等手段实现续驶里程的增长。

对于数量日益增多的电动汽车车主而言，里程焦虑已经不像以前那么令人困扰了。特斯拉 Model S 电动汽车在其超级充电桩上实现完全充电只需要 1 个多小时（图 5.20），实际上，在车载电池接近充满状态时，需要降低充电电流以实现电池的充电均衡，这就占用了其中很多的时间。考虑到这个因素，如果电池不充满，只充一半的电量，仅需用时 20min，带来的效果是 130mile 续驶里程的增加。举例来说，特斯拉 Model S 用户在电池充满电的情况下从家里驾车出发，途中只需要停留 20min 进行补电，就可以完成长达 400mile 的旅程。同样，雪佛兰 Bolt 在进行 30min 的快速充电后，也能够增加 90mile 的续驶里程。可以看出，充电速度更快、充电操作更便捷是电动汽车充电技术的发展趋势，宝马和保时捷联合开发了一款充电机，能够提供 450kW 的最大充电功率，是特斯拉（Tesla）超级充电桩的 3 倍以上，充电不到 3min 就能够延长 60mile 左右的续驶里程 [114]。

图 5.20　电动汽车充电

按照美国环保署的测试标准，特斯拉 Model S 一次充电后续驶里程超过 300mile，为了方便特斯拉汽车用户，公司专门在美国各地建立了充电站，这些充电站采用了一种专用的充电接口，只允许特斯拉用户使用。以前所有特斯拉车主都可以在这些充电站上进行免费充电，但是现在需要对部分用户收取一定的费用。

不久之前，续驶里程超过 100mile 的量产电动汽车仍然不多，局限在特斯拉和一些豪华车品牌，对于售价较低的中低档轿车而言，无法承担增加更多电池带来的高成本，

114　C. Reiter, "BMW, Porsche Boast Three-Minute Charging Jolt for EVs." Automotive News December 13, 2018.

因此，早期的日产聆风和福特福克斯电动汽车的续驶里程基本控制在适度的 80mile 左右。近些年来，随着电池成本的不断下降，电动汽车的续驶里程也在不断延长，聆风汽车的续驶里程已经提高到了 150mile。其他车辆也是如此，雪佛兰 Bolt 的续驶里程高达 238mile，特斯拉 Model 3 的续驶里程则为 220mile（图 5.21），这两款车的售价都在 3.5 万美元左右。

电动汽车性能出色，续驶里程也在不断提高，但是相对于燃油汽车只需要几分钟就可以便捷地加满油来说，电动汽车电池的充电需要较为复杂的策略，而且充满电需要的时间也较长。另外，虽然当前充电站数量在不断增多，但是仍然远少于遍布全球的加油站数量，不过这样对比会产生误导，我们需要到专门的加油站为燃油车加油，无法（也不应该）在自家的车库、公司或购物中心的停车位加油，但是，任何一个家庭或公司只要有电，都可以是一个潜在的充电站，这类充电站的数量更多，也更便捷。如果能够充分利用所有这些潜在的充电站，给电动汽车充电就会比给燃油车加油更方便，更便宜。

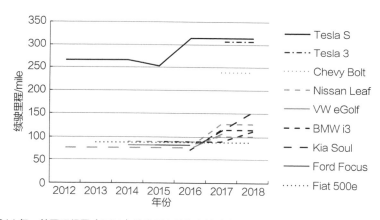

注：2014 年，美国环保署（EPA）改变了电动汽车续驶里程的计算方法，考虑到许多驾驶人不是在电池 100% SOC 状态下开始驾驶的，也就不再使用充满一次电来定义汽车的续驶里程。这样调整的结果是：按照原来的计算方法获得的续驶里程会大一些，按照新方法计算的结果则略低。

图 5.21　逐渐增长的电动汽车续驶里程

电动汽车电池的充电模式有很多种，最简单的是 Level 1 模式，它将家用 120V 交流电通过线缆连接至电动汽车上的专用接口上（满足标准 SAE J1772），最大能够提供 12A 的充电电流，每充电 1h 可以增加 4~8mile 的续驶里程，但是仅将这样的充电方式作为日常充电使用显然是不够的。Level 2 模式采用 240V 交流电压，通常提供约 30A 的充电电流，在车载电池组充电倍率（以及家庭或企业电网用电限制）允许的前提下，充电电流最高可达 80A，这样，每充电 1h 可以增加 20~30mile 的续驶里程。相比上述的交流充电模式，直流充电电压通常为 208V/400V，可以提供高达 200A 的充电电流，充电 20min 就可以增加 70mile 以上的续驶里程，前文曾经提到的使用专用充电接口的特斯拉超级充电站，就可以通过直流充电实现更快的充电速率。为了解决充电接口各异的问题，相关的产品制造商正在努力实现充电系统和充电接口结构的标准化，美国和德国的主流汽车制造商开发了一种基于 SAE J1772 协议的组合充电系统，而日本汽车制造商则开发了一款使用 CHAdeMO 插头的快速充电系统。

除了充电接口各异带来的麻烦，还有充电过程的烦琐性和特殊性带来的问题，例如，驾驶人可能会忘记电动汽车已有电量不足，从而忘记了充电；公共场所的充电桩很容易被破坏甚至盗窃，导致无法充电；充电过程需要线缆，有时候会忘记携带电缆，没有了电力传输的媒介，导致充不了电。为了解决这些可能出现的问题，汽车制造商正在开发一种更简单的充电方式，即非接触式充电，也称为无线充电（Wireless Power Transfer，WPT）。

WPT 技术基于电磁感应原理，基本原理类同于变压器或者感应电机，向固定在充电基座上的原边线圈通电将会产生磁场，并在汽车上的副边线圈端感应出电流。使用这种方法需要保证两个线圈对齐，且距离足够近，线圈间距越远，能量传输的效率就越低。理想情况下，以 4~6in 的距离为宜，能够实现比较令人满意的功率传输效果。对于手机充电来说，WPT 技术并不难，因为手机是直接放置在充电板上的，但是对于汽车来说，由于充电位置和距离的存在，就有些难度了。

工程师正在为此对这个系统进行改进，使汽车在不同方位、线圈间距更大的情况下也能实现高效大电流的能量传输，换言之，尽可能让车主不再忧虑怎样停车才能高效充电。改进的关键在于磁谐振，也就是磁耦合谐振器的设计，麻省理工学院研究人员创立的 WiTricity 公司最先发明了这项技术，希望通过匹配原边发送线圈和副边接收线圈的电感和电容，使二者谐振同步，从而提高功率传输的效率。他们宣称该技术能够实现 11kW 乃至更高的传输功率，且总体效率超过 90%。

这种设计能够非常有效地使基座的原边发射线圈与汽车上的副边接收线圈处于强耦合磁谐振状态，原边发射场不需要产生辐射距离远的强电磁场，只需要在其周围产生近场辐射即可，两个线圈之间的谐振实现了功率传输，没有被副边接收线圈捕获的功率将始终在原边发送线圈附近，这样也减少了与其他零部件的相互作用，减少了能量损失。这样的谐振系统的效率远远超过一般变压器效率，线圈到线圈的效率超过了 90%，整个充电系统的效率在 85% 左右。随着 WPT 技术的验证，多家汽车公司将无线充电功能作为了一个可选的车载功能配置，奥迪、宝马和梅赛德斯等也都发布了采用 WiTricity 技术的无线充电功能模块（图5.22）。

无线充电技术优势明显，但是在现阶段，它还是一个静态的充电系统，汽车静止不动时才能进行充电，这其实并不是充电技术发展的最终目标。一种新的动态充电系统允许汽车在行驶过程中充电，其基本思想是在道路中嵌入发射线圈，汽车行驶时也就可以充电了，这样，电动汽车的续驶里程就没有限制了，如果能够将电能直接提供给电动机系统而不通过电池，则更会显著提高电力传输的效率，这一想法的实现还需要假以时日。

图5.22 无线充电

宝马率先发布了一款适于量产的感应充电系统，在3.2kW的充电功率下，完全充满一台宝马530e iPerformance汽车的车载电池大约需要3.5 h，效率约为85%。为了准确定位，使用了一个360°泊车摄像头引导驾驶人将汽车停靠到最佳的位置上。

图片来源：宝马

5.10 能源高效利用

在电动汽车中，电池组并不总是储能的理想装置，特别是当需要快速大功率的充放电而电池的能量密度或功率密度又不高时，尤其如此。例如，在汽车竞赛或者交通拥堵的情况下，汽车经常会出现快速启停，这种情况下，充放电功率有限的电池（或电池组）就不是一个理想的瞬态储能装置了。此时，需要有一种更好的装置或者设备，能够实现快速瞬间大功率充放电，并可以控制这些能量进一步传递到电驱动系统中去，这样的装置就是动能回收系统（Kinetic Energy Recovery Systems，KERS），它在一级方程式赛车中用得比较早。KERS的关键部件是一种小型轻便的储能装置，在需要长期储能时一般不起作用，但是却可以在瞬态有效地吸收能量并按需提供能量，超级电容器和飞轮就是如此。

电容器的工作原理非常简单，在两个导电板之间放置一层绝缘薄膜，构成一个介电夹层，根据库仑定律，一个导电板上的电荷将在另一个导电板上感应出相反的电荷，这种特性就展示了一种吸收和储存电荷的能力，导电板的表面积越大，电容器的容量就越大，或者说电容就越大，为此在结构上，大而薄的导电板通常被卷曲起来，形成一个紧凑的电子元件。如果在电容制造中不单独使用固体金属导电板，而是结合纳米涂层技术，在导电板上涂有活性纳米碳材料，形成海绵状的表面，就大大增加了活性表面积，实现了电容量的大幅增强；如果将溶解了带电粒子的电解质放在两个导电板中间，也能够最大限度地促进相反电荷的反应。另外，也可以使用极为精细的碳分子管状支架，这些纳米管和纳米纤维大约只有人头发丝直径的千分之一大小，却在电力电子领域有着非凡的应用价值[115]，使用这些纳米材料，在单位重量下，可以获得比使用其他材料大几个数量级的活性表面积，电容量可增大100倍，并且具有了快速充放电的能力，这就形成了超级电容（supercapacitor）。超级电容体积小、重量轻、功率大、价格便宜，是一种有广泛应用前景的瞬态储能器件，可以适应电动汽车行驶过程中产生的强烈的充放电波动，非常适合于回收制动能量，并在必要时释放这些能量供汽车后续的加速过程使用。

几年前，马自达公司首次将超级电容应用于汽车中，这套名为 i-ELOOP 的系统原理很简单（图 5.23）。刹车时，驱动电机发电并充电至超级电容，这些电能通过 DC/DC 变换器形成 12V 电压，并储存至 12V 电池中，之后就可以为座舱制冷、照明、音频或其他低压设备供电了，这样也减轻了发动机的负载压力。

图 5.23　马自达 i-ELOOP 系统

马自达宣称它们通过使用超级电容，使得汽车在交通拥堵路况下的燃油经济性提高了 10%。在尺寸方面，该 i-ELOOP 系统大约 14in 长（350mm），直径小于 5in（120mm），安装在发动机舱内，在节省空间和降低重量方面效果非常好。

图片：Mazda（马自达）

资料来源：Mazda introduces supercapacitor-type regenerative braking.
Automotive Engineering SAE February，2013.

115　T. Chen and L. Dai, Carbon nanomaterials for high-performance supercapacitors. Materials Today 16 (7–8), 2013, 272–280.

超级电容也非常适合发动机的起停系统。12V 电池并不适用于汽车在城市路况下行驶，发动机频繁的起动和电动机大功率助力作用使得电池无法处于充满状态，大大缩短了电池寿命。超级电容可以利用再生制动能量充电，并用在汽车后续的加速过程中，在几分之一秒内时间内可释放出大功率，减小了对电池的大电流冲击。同时它还可以作为附加电源去稳定汽车电力系统的电压和功率变化。凯迪拉克 ATS 和 CTS 的电压稳定系统（Voltage Stabilization System，VSS）正是这样做的，它使用了两个超级电容，能够实现快速的大功率供电，使得汽车的频繁起动更平稳，也稳定了汽车的电力电子系统。

除了超级电容，飞轮也是一种能够实现瞬态能量存储的装置，在工作原理上，它以动能而不是电能的形式回收能量。飞轮不是一个新概念，20 世纪 50 年代就开始在交通领域应用了，典型的例子就是瑞士 Gyrobus 飞轮汽车，在一个汽车站点使飞轮旋转储能，存储的这些能量能够支持汽车行驶至下一个站点，并再一次进行储能和行驶，这样的工作模式也避免了布置架空电线。在 20 世纪七八十年代，飞轮的各种其他应用也在不断出现[116]。

飞轮的工作效率是非常高的。能量从一种形式转换到另外一种形式，不可避免地会产生损失，没有任何系统的效率能够达到 100%[117]。对于一个典型的车载电池系统来说，电动汽车行驶过程中回收的动能先转变为电能，再由电池转变为化学能存储起来，在需要时，存储在电池中的化学能转变为电能输出，并转变为驱动汽车行驶的动力。在这个过程中，还涉及交流电转换成直流电再转换成交流电的过程，能量转换链长，只会造成更多的损耗。如果采用飞轮储能系统，汽车制动时，汽车回收的动能通过一定的 CVT 变速结构以飞轮动能的形式直接存储起来，在汽车后续加速时，飞轮的动能又被直接释放并用于传动系统中。在这一过程中，飞轮系统虽然也不可避免地存在动能转换过程中的能量损失，但是它缩短了能量转换链的长度，仍然获得了非常高的效率。另外，飞轮系统可以多个并联或者串联工作，在汽车低速和高速行驶过程中都可以使用。

正因为如此，沃尔沃在其前驱 S60 轿车的后桥上安装了一个机械驱动的飞轮结构，飞轮是一个直径约 20cm 重 6kg 的碳纤维圆盘，汽车制动时，通过 Torotrack CVT（见

116　A. Dhand and K. Pullen，Review of flywheel based internal combustion engine hybrid vehicles. International Journal of Automotive Technology 14（5），2013，797－804.

117　A. Dhand and K. Pullen，Review of flywheel based internal combustion engine hybrid vehicles. International Journal of Automotive Technology 14（5），2013，797－804.

第 3 章）的齿轮传动将飞轮增速旋转至 60000r/min 左右，功率输出可达 80hp，提高了汽车的燃油经济性[118]。

十年前，保时捷为赛车设计了一种电动飞轮，用电动机驱动飞轮旋转，以飞轮动能形式存储能量，在需要时，这些能量可以释放到传动系统中。具体而言，汽车回收的动能通过电动机发电转化为电能，电能再驱动飞轮电机带动飞轮旋转，从而在飞轮上以动能的形式储存起来，汽车后续加速时，上述能量转化过程反向发生即可。这个系统在工作效率方面并没有获得大的提升，但是，它提高了汽车的动力性：在保时捷 918 Spyder 赛车中，电动飞轮系统提供了 162hp 的功率，并能维持长达 8s 的时间，汽车制动时，前电动机旋转飞轮至 40000r/min，需要时，只要驾驶人按下转向盘上的一个按钮，这个能量就可以反馈到传动系统中去，从而提升了汽车的动力性。但是在日常汽车上，很少有驾驶人会有剧烈的驾驶行为（例如，将车速提高到 200mile/h 时猛踩刹车，经过 3s 后再迅速加速），此时，使用飞轮系统只是增加了机械复杂性和重量，与其带来的附加性能并不等价，似乎有些得不偿失了。

几年前，法国汽车制造商标致雪铁龙公司（PSA）推出了一种很有创意的储能模式，他们将液压泵和马达与发动机连接了起来，汽车制动过程中，液压泵将能量回收并以压缩空气的形式储存在底盘后部的蓄能器中；汽车加速过程中，压缩空气将液压油推入低压油箱，驱动液压马达旋转，为汽车行驶提供动力。这个蓄能器的效率不如锂电池，能量密度也低得多，但是在城市交通路况下，该系统可以更快地吸收能量，并可以在较短的时间内高效地输出功率。PSA 认为，该系统可以使汽车在城市路况下的燃料消耗减少将近一半，并且所有零部件都是现成的，也很容易回收利用。然而，或许这样一个系统的工程化成本太高了，至今还没有看到产业化应用的前景。

上述超级电容器和飞轮并非能源高效利用的唯一创新成就，电能的存储和转化技术也为混合动力汽车发动机能源损耗的再利用提供了可能，例如废热回收技术。有些发动机的效率只有 20% 左右（取决于测量方法），大部分能量以废热的形式流失掉了，在混合动力汽车中，这些废热可以被回收利用，以电能的形式存储起来，并在需要时再次用于动力传动或者设备用电中，从而弥补了部分能量损失。

有一种热电发电机，它被放置在发动机所产生的高温环境中（图 5.24），利用发动机的废热进行发电。在结构上，它将两种半导体材料交替放置，带有负电荷的部分称为

---

118 Volvo car and Flybrid vehicle testing showing flywheel KERS can deliver fuel savings up to 25%, with significant performance boost. Green Car Congress，March 26，2014. Available at www.greencarcongress.com/2014/03/20140326-kers.html.

N 型半导体，缺少电子而带有正电荷的部分称为 P 型半导体，N 型半导体中的自由电子和 P 型半导体中由于缺乏电子而形成的空位（又叫"空穴"）都称为载流子，根据热力学第二定律，当把这种结构放置的温度高低不同的环境中时，不同的材料形成的热梯度相反，载流子就从高热能的一端运动到热能相对较低的一端，这样，发动机的废热导致了电流的产生。理想的材料应具有高导电性和低导热系数，这样形成的温度梯度就不会很快降低，电流也就可以在较长的时间内存在了。

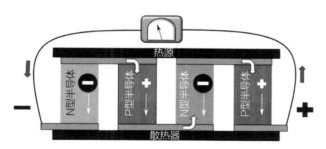

图 5.24 热电发电机

两种半导体材料串联，可用于从余热中产生电流。

如今，具有低导热系数的半导体材料仍然稀缺，价格昂贵，包括碲化铋（Bi_2Te_3）、碲化铅（PbTe）和锗化硅（SiGe）等，实际上只有最后一种材料才真正适用于发动机的高温废气环境，但是它的能源回收率也很低，只有个位数[119]，研究人员也正在努力解决这些问题。使用声子玻璃电子晶体（Phonon Glass Electron Crystal，PGEC）材料或许也是一种选择，它兼顾了玻璃的导热性和晶体材料的电子特性[120]。另外，将量子点（微粒状的半导体材料）或纳米线与常见的半导体材料合成，这些纳米线可以在纳米尺度上决定栅格结构，分散元件的热能，降低导热系数，增加功率因数，同时还能保持低成本[121]。热电发电机的原理很简单，但是制造起来并不容易，它的半导体材料工作在大的温梯度下，产生热膨胀和热收缩，并引起相应的机械应力，为了避免这种热应力的影响，它的所有材料都必须要精心设计，应具有非常接近的热膨胀特性。即使这样，热电发电机系统的热流、热梯度和电导率等参数也需要仔细地设计和校准。

119　B. Orr，A. Akbarzadeh，M. Mochizuki and R. Singh，A review of car waste heat recovery systems utilizing thermoelectric generators and heat pipes. Applied Thermal Engineering 101，2016，490–495；and S. Rajoo，A. Romagnoli，R. Martinez-Botas，A. Pesiridis，C. Copeland and A.M.I. Bin Mamat，Automotive exhaust power and waste heat recovery technologies. In Apostolos Pesiridis（ed）Automotive Exhaust Emissions and Energy Recovery. Nova Science Publishers，New York，2014，265–282.

120　Z.G. Chen，G. Han，L. Yang，L. Cheng and J. Zou，Nanostructured thermoelectric materials：Current research and future challenge. Progress in Natural Science：Materials International 22（6），2012，535–549.

121　Z.G. Chen，G. Han，L. Yang，L. Cheng and J. Zou，Nanostructured thermoelectric materials：Current research and future challenge. Progress in Natural Science：Materials International 22（6），2012，535–549.

采用热电发电机并不是回收发动机废气能量的唯一方法，考虑到废气不仅具有热能，还具有动能，可以设计一个类似涡轮增压器的装置，用以回收废气所具有的动能，将一个涡轮装置放置在发动机的废气通道中，涡轮连接到高速发电机，当发动机排出的废气驱动涡轮旋转时，发电机发电，回收的能量给电池充电，在 20 世纪 40 年代，这种涡轮发电机装置就用在了飞机的喷气发动机上。问题是，如果用在发动机上，会限制废气排出的流动状态，由此造成了额外的能量消耗，消耗的能量与节省的能量基本相等，达不到理想的效果。解决方案是，通过控制技术，使发动机内的多个废气通道与涡轮耦合，并且只有在功率需求较低或功率下降期间回收能量，这对于具有多个排气通道的大型柴油机来说特别有价值，沃尔沃在其 D13 发动机上就设计了这样的涡轮发电系统，这样的系统在很多其他应用中也应该是很有意义的 [122]。

保时捷在这方面进行了成功的应用，它在 919 混合动力跑车的 2.0L 涡轮增压发动机上没有使用常规的排气门，而是设计了这种涡轮发电装置，从而将发动机排出的废气能量转化为电能。工作时，汽车前桥上的 KERS 系统可以最大限度地利用再生制动能量，涡轮发电装置则可以在减速时收集多余的能量，其中大约 60% 的回收能量来自前桥，40% 的回收能量来自涡轮发电装置，之后，能量被储存在电池组里，并可以在需要时传输到电动机上，按需对发动机进行辅助助力 [123]。

现阶段，以上所说的技术成果并没有完全产业化，有些技术已经具备了在量产汽车上应用的可能性，另外一些技术则不具备，但是它们都反映出了在汽车动力传动电气化过程中蕴含的创新前景，并且随着混合动力技术和纯电动技术的逐渐成熟，汽车的结构也将发生重大改变，这必将进一步带动各种各样创新技术的涌现。

122　R. Chiriac，A. Chiru and O. Condrea，New turbo compound systems in automotive industry for internal combustion engine to recover energy. IOP Conference Series：Materials Science and Engineering，Volume 252，Conference 1，2017.

123　"How the Technology of the 919 Hybrid Works." July 21，2016. Available at newsroom.porsche.com/en / motorsports/porsche-motorsport-fiawec-919-hybrid-technology-lmp1-race-car-12724.html

第6章

动力电池

电动机和混合动力系统的新技术涌现的速度超出了我们的想象，但是，电驱动系统若要挑战内燃机系统在汽车中的地位，就不能仅仅满足于优秀的电动机性能，还需要具有优异的能量存储能力，以便于充分发挥纯电动或者混合动力系统的性能，使电动汽车达到与燃油车同样的续驶里程。

近年来，电池储能技术的发展比预期要慢，但是也已经大幅改变了汽车工业的现状。在过去 20 年里，电池容量以每年 5%~8% 的速度提高（图 6.1）[124]，尽管这一增速并没有达到我们的预期，但是已经让我们感到高兴了。电池技术的巨大进步已经彻底改变了整个工业领域，例如，将 20W·h 的能量存储在一块小到可以放在口袋里的电池内，并能够满足一个复杂的处理器一天的工作需求，这已经很了不起了，这样的成果促成了手机的发展，也催生了无线电动工具的普及，包括电钻、电锯等，而仅仅在一代人之前，我们还觉得如果能有一台可以使用半小时的无线电动工具就是特别幸运的事情，但现在，即使再大功率的电动工具，电池技术也可以满足其使用一整天的要求。经过 20 年的发展，电池的能量密度提高到以前的三倍，但是价格却大幅降低了 [125]，不仅满足了汽车行业发展的需求，也促进了其他行业的发展。

124 Quadrennial Technology Review 2015, Chapter 8: Advancing Clean Transportation and Vehicle Systems and Technologies: Technology Assessments. US Department of Energy, Washington, DC, 2015.

125 P. Slowik, N. Pavlenko and N. Lutsey, Assessment of next-generation electric vehicle technologies. White Paper, International Council on Clean Transportation, Washington, DC, 2016.

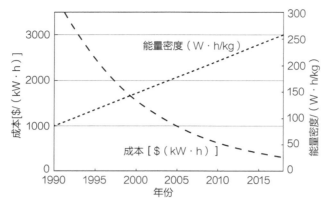

图 6.1　锂离子电池发展趋势

近年来，锂离子电池的发展速度还是比较缓慢，但是不可否认的是，电池的容量得到了显著提高，成本也大幅降低了。

电池技术的发展也遇到过一些问题。其一是电池在长时间的反复使用过程中，不可避免地会发生性能衰退现象，也可能会因为过度充电、过度放电和其他状况而导致损坏，有的状况很容易控制，有的则控制不了；另外一个问题是电池的充放电性能受到很多参数的影响，每个参数都会影响电池电化学反应某些方面的特性，改变任何一个参数也会对其他参数产生影响，因此，很难准确地控制电池的电化学反应过程，相关技术的进展也很缓慢。尽管有这些问题，电池在电化学性能和电池体系建立方面还是取得了显著的进步，电池监控、电池冷却以及电池管理技术也在迅速完善。

总地来说，电池技术、电动汽车技术、混合动力汽车技术现阶段都处于发展的黄金时段，未来的发展速度还会更快，然而，未来尚未到来，电池技术已有的进步还不足以撼动内燃机汽车的主流地位，在真正威胁到内燃机汽车的地位之前，电池的充电时间还需要进一步缩短，电池的能量密度还需要进一步提高，电动汽车的续驶里程还需要进一步延长。尽管如此，汽车电动化的时代还是到来了。

6.1　电池机理

有人将电池类比成类似于汽车油箱的容器，可以将电能充入或者抽出，这种看法其实并不完全错误，但是也不能说是正确。与超级电容不同，电池不是存储电荷的容器，而是产生电荷的装置，电池通过化学反应产生电流，当外界有多余的电荷时，这种化学反应还可以逆转，使电池以化学能的形式存储电能。

这样看来，电池的工作过程是一个化学反应的过程，更准确地说，是两个"半反应"过程的耦合,其中一个"半反应"过程是产生电子的还原反应过程,另一个"半反应"过程是引起电子损失的氧化反应过程,这两种"半反应"过程相互独立,但是成对发生,整个过程称之为氧化还原反应过程。如果已经知道了两个"半反应"过程发生的位置,假设在一个"半反应"位置处损失了电子,在另一个"半反应"位置处得到了电子,如果将二个位置通过外部导体连接在一起,就能使电子从一个位置流动到另一个位置,于是,实现了电子的流动,形成了电流,满足了我们用电的需要。

氧化还原反应的最简形式如图6.2所示。

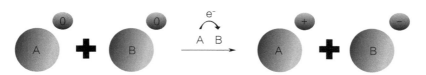

图6.2 氧化还原反应

为简单起见,分别将两个起始元素设定为 A 和 B,相互反应导致电荷变化,当电子被拉走时,留下带正电的原子或分子,称其为离子,由于该离子带正电,因此称为阳离子(带负电的离子称为阴离子)。最初 A 和 B 都不带电荷,上标标识为零,发生反应后,A 元素丢失一个电子,由于电子带负电荷,A 最终带了正电;同样,元素 B 获得了一个电子,使其带上了负电,在这里,电子发生了移动,但没有形成电流。如果将这两种元素分开,也就是将 A 和 B 进行物理隔离,我们就有可能在 A 和 B 之间建立一个通道,使电子能够从一端移动到另一端,形成一个集中流动的路径。这样,经过努力,上述反应导致电子得以集中的沿一个方向流动,而阳离子则沿反方向流动。我们可以借助图6.3理解这一过程。

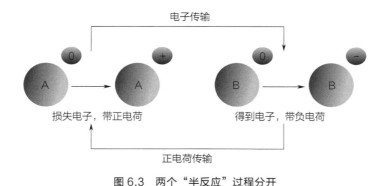

图6.3 两个"半反应"过程分开

为了理解氧化还原反应在电池中的实现机理,我们对电池做进一步的讨论。电池是一种电化学单体,它有两个电极板,或者说有 A 和 B 两种材料参与反应,电极板通常为金属板或者合金板，我们能够控制它们的反应过程，其中一个极板应该容易被氧化，就像铁元素在适当的环境中很容易氧化或生锈一样，但是我们并不希望铁元素生锈这样的情况在电池内发生，因此，我们使用的金属是比铁更活泼的锌、铝、镁等材料；另一个极板由易于还原的材料制成，例如金或者铜，它们很难被氧化（如果你手指上的金戒指生锈了，你可能是被骗了）。我们将这两个极板放置在电解液或者电解凝胶中，这就为电子从一个极板转移到另一个极板创造了条件。

当我们将上述材料组合在一起时，可以得到一个易于氧化的电极板、一个易于还原的电极板以及一种允许电子移动的电解液。当我们为电子提供一个流动的通道时（也就是将电池的两个接线柱连接到电路里），电子开始流动，这就形成了一个非常简单的电池。

极板材料的选择要考虑氧化的难易程度，在图6.4中，列出了电池中常用的金属材料，包括锂、镍、镉、铅、铜、锌等，所有电池均需要使用两种不同的材料，每种材料的氧化难易程度是不同的，我们通常根据这些材料来命名电池，由图6.4可以看出，锂非常容易被氧化，金、铂则很难。

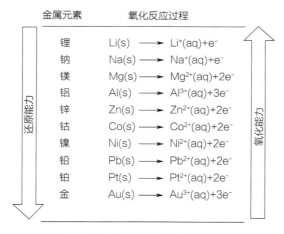

图6.4 材料氧化还原性的强弱

让我们看一个真实的电池案例。采用锌作为氧化极板，并将其浸入到硫酸铜溶液中（电解液的重要性后续会看到），锌开始在电解液中被氧化腐蚀，反应过程会有轻微热量放出，导致电解液变热。氧化反应的结果是释放了电子，这一过程可以描述为：

$$Zn \rightarrow Zn^{2+} + 2e^-$$

如果将这些电子通过导电路径引导到另一个易于还原的电极板上，如铜电极板，则电解液中的铜离子就会与这些电子结合，这一反应过程描述为：

$$Cu^{2+} + 2e^- \rightarrow Cu$$

硫酸铜溶液中的铜离子与锌分解的电子结合后，沉积在铜电极板上，随着锌的溶解，锌极板的质量不断减小，而铜极板的质量则由于铜颗粒的沉淀而不断增大。此时，如果断开导线，这个反应过程将会停止，这也就意味着，当电池不工作时，电池也不应该损失能量。

为了保持电池的反应活动，我们需要促使这些带电离子持续流动。反应过程中，当铜颗粒沉积在铜极板上时，在电解液中就剩余了硫酸根离子，每个硫酸根离子有两个额外的电子，可以将其表示为 SO_4^{2-}，铜电极附近发生还原反应，构成阳极，锌极板在电解液中发生氧化，构成阴极，如果带电离子不能在电解液中流动，则反应也不会持续下去。

氧化反应过程中产生的锌离子在锌极板附近积聚，电解液中剩余的硫酸根离子也很快积聚在了铜极板附近，这就形成了氧化还原反应过程。然而，这样的离子聚集现象也会削弱电池单体持续放电的能力，为此，我们需要采取措施，以确保反应能够正常持续进行下去。这里，我们使用了电解质实现离子在电极之间的传输，电解质必须是酸、碱或盐，以确保能够传导带电粒子。电解质的特性有时也会反映到电池的名称中，例如铅酸电池就使用了酸性电解质，碱性电池则使用碱性电解质。

正如前文所述，我们需要采用一定的措施隔离电极材料 A 和 B，否则由于电解质能够传导带电粒子，导致电池在工作时，电子将只流过电解质而不流过外电路，即使发生了氧化还原反应也不会产生有效电流，这就形成了自放电现象，也就是电池内短路了。使用隔板可以防止内短路情况的发生，隔板是一种浸泡在电解液中的多孔聚合物薄膜，离子可以通过这种隔板，但电子不能。其实，由于隔板薄膜并不能全部阻隔电子的穿过，导致每个电池都会有不同程度的自放电现象发生。

总地来说：我们将锌和铜置于硫酸盐溶液中，氧化反应使带正电的锌离子释放到溶液中，这些阳离子在电场力的作用下向带负电荷的阴极移动；同样，在阴极的还原反应产生的负离子向带正电荷的阳极移动；借助外部导体连接，可以为电子提供流动的外部通路，实现了电子流动的目标，这样就实现了完整的氧化还原反应过程，可以描述为：

$$Zn（固态）+ CuSO_4（液态）\rightarrow ZnSO_4（液态）+ Cu（固态）$$

但是，最好还是把这一过程分解成两个可逆的"半反应"过程来看，通过施加一个外部电源可以使电子反向移动，就能使每个极板上发生逆反应，这就将电能转换成化学能存储在电池中了，之后，再借助正向反应过程，就可以释放这些能量了。

以上原理看似简单，实际就是各种电池工作的核心：电池的一个极板由容易被氧化或失去电子的材料制成，另一个极板由容易被还原或得到电子的材料制成，它们浸泡在能够传导离子的电解液中，从而为两个极板上的氧化和还原反应过程创造了条件。当用导体连接这两个极板时，氧化反应产生的电子将向还原反应所在的极板移动，因为电子带有负电（这是肯定的），所以电流（即正电荷移动）的方向与电子移动方向相反。在本文的例子中，锌极板构成了电池的负极，而铜极板构成了电极的正极（图 6.5）。

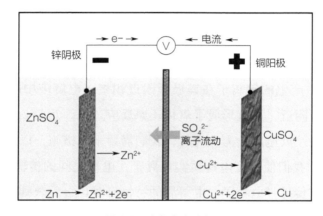

图 6.5　电化学电池单体

锌阴极释放出带正电的锌离子，而铜阴极释放出电子，电子经由外部导体流到阳极，促成了电流的产生。

电化学反应过程还没有到此为止，硫酸铜电解液的主要成分是水，水分子也会参与电池的反应过程中去，当电池产生电压差时，也会在电解质上建立一个电势差，致使水分子分解。水分子中的氢原子和氧原子原本在电磁力的作用下相互吸引在一起，但是这种电势差将会在阴极和阳极之间建立另外一个更强的电磁力，带正电的氢离子被移动到阴极，带负电的氧离子被移动到阳极，水分子中的氢和氧分离了，形成了水的电解过程。

电解的结果是从电池中释放出了气体。当氢离子到达阴极时，将与可用电子结合变成氢气（析氢反应），类似地，阳极上也将产生氧气。产生的氢气会影响电池的正常运行，还有可能引起爆炸，因此，必须采用一些安全措施来释放或者控制这些氢气的产生。电池在使用过程中，随着氢气的释放和工作时间的推移，电池的水分越来越少，电解液的浓度随之提高了，车主就需要经常向电池中补偿蒸馏水，以稀释电解液浓度。现在新的铅酸电池已经密封好并预留了泄气孔，不再需要加水了，但是析氢反应仍然在一定程度上存在。

电池的工作都是围绕这一基本原理，添加更多的电池单体可以增加电池的容量，随着电池容量的增加，产生的热量以及可能析出的氢气也在增加。另外，电池阳极、阴极和电解质材料的变化也会带来各自不同的优势，也会产生各自不同的问题。

6.2 电池性能

电池是由若干个电池单体构成，每个电池单体都具有端电压，多个电池单体端电压的总和，就是电池的开路电压。开路电压并不是定值，接负载时，电池的输出电压也会改变，当电池外接负载并输出电流时，电池电压下降，这个电压降是电池内阻的函数，内阻越低，电池输出电压的保持能力就越好。显然，若一个电池只能在不带载情况下保持高电压值，它的性能也不会很好。

例如，一个典型的 12V 汽车电池一般由六个电池单体串联而成，每个电池单体的标称电压是 2.2V，总的电池电压等于所有单体电池的电压之和（6 × 2.2）V，即 13.2V。我们之所以称其为 12V 电池，是因为该电池在负载工作时，其电压将下降至 12V 左右。

电池的工作能力一般要根据电池存储和释放电能的能力划分，表现为一定时间内提供电流的能力，即为安时容量，用字母 C 表示。如果电池能在 2h 内以 20A 的电流持续工作，则该电池的容量为 40A·h（或 C=40）。实际上，这种等级划分也并不十分严格，通常，电池长时间持续小电流工作比短时间内持续大电流工作更容易，例如，20A·h 的电池可以在 10h 内持续 2A 电流工作，但可能无法在 1h 内持续 20A 电流工作，尽管这两种情况下电池的容量都标称为 20A·h，因此，在评价电池的工作能力的时候，我们既需要考虑电池可以存储和释放多少能量（能量容积 energy capacity），也需要考虑电池能以多快的速度释放这些电能（功率容积 power capacity）。

电池容量和电池功率是完全不一样的概念，分别适应了电动汽车不同的行驶需求。例如，发动机起停技术要求电池具有快速吸收和释放能量的能力，因此，电池的大功率特性更适合这一技术的实施，如果考虑电池的重量，则在单位重量下的功率大小（比功率）更是需要重点考虑的；而电池在单位重量下的电能存储能力（比容量）与电动汽车的续驶里程紧密相关，容量越大越有利，因此，考虑电动汽车的续驶里程时，则要求电池应尽可能具有更高的比能量。然而，电池的比功率和比能量通常是相互矛盾的，一般来说，储存能量越高的电池，所能提供的短时大电流瞬时功率就越小，在进行新型电池开发时，这是一个需要重点关注和权衡的问题。

电池的另外一个关键性能是其电荷保持能力，也就是电池的自放电率，它涉及的因素很多，包括充电温度、充电速率、电池类型等。自放电率的重要性取决于电池的应用场合，例如，在轻混汽车中，电池仅用于收集再生制动回馈的能量，并在需要时短时间内释放这些能量，以增强汽车的加速能力，此时大的自放电率是可以容忍的；但是，对于停放了一天、一周或者一个月的电动汽车，电池大的自放电率就会带来不希望的亏电问题。

在为电动汽车选配电池时，还需要考虑电池能量的释放程度，也就是电子从阳极到阴极来回往返的程度，称为充放电效率。电池充放电效率不可能达到100%，它还取决于电池的健康状况，更复杂的是，电池接受外部电荷的能力，也就是充电效率，在不同的荷电状态下也是变化的，并且在充电过程的最后20%阶段会急剧降低，或许我们应该为电池定义一个状态函数来反映其满足技术需求的能力。

当然，电池特性也会随着电池的老化程度而变化。电池从使用伊始就开始老化了，当活性物质溶解在电解质中时，电解质将被氧化，而充放电期间活性物质的膨胀和收缩又会加速这一氧化过程；另外，电池的使用时间和循环次数都会导致机械应力和化学反应的变化，从而降低了电池性能，因此，我们经常使用时间寿命（calendar life）和循环寿命（cycle life）两个概念表示电池在容量严重衰减到无法继续使用时总共运行的年数或充放电次数，通常，规定十年内电池容量的衰减不应超过20%。由于过高的放电深度（Depth of Discharge，DoD）会严重影响电池的使用寿命，因此在电池设计时，有时会有意加大电池尺寸，以避免过度放电和过热，达到延长电池使用寿命的目的。

6.3 电池管理

电池单体组成我们常见的电池，可以是将柱状电池单体放置在矩形外壳中，也可以将电池单体用凝胶凝固放在软袋中，或者，也可以将电极、电解质和隔膜组成三明治结构，然后卷起来形成圆柱形电池，将多节这样的电池连接起来，就形成了不同形式的电池组或电池模块。目前，特斯拉使用了数千节圆柱电池装配成电池组，其中的每节电池都是由阳极、隔膜、阴极和电解质卷成，其直径比 AA 电池大一点（图 6.6）。无论使用什么形状，电池成组后都需要一个物理箱体的保护，并且使用电池管理系统（Battery Management System，BMS）和热管理系统（Thermal Management System，TMS）对电池组进行监控（图 6.7）。这并非易事，为了在汽车的各种行驶路况下都能够保持电池工作的稳定性，电池箱的保护应能够避免电池受到道路振动的影响，也要避免由于工作温度、SOC 变化、废气排放、或安全保护引起的电池膨胀和收缩的影响。

图 6.6　特斯拉电池组

特斯拉 Model S 使用的锂离子电池的直径略大于 AA 电池，7104 个电池单体组成了 16 个电池组，每个电池组包含 444 节电池，总重量为 1200lbf。

图片来源：（Jason Hughes）杰森·休斯

图 6.7　雪佛兰 Bolt 的电池包

雪佛兰 Bolt 采用 LG 公司生产的软包电池，由 10 个模块组成，其中 2 个模块包含 30 节电池，另外两个模块包含 24 节电池，所有电池整齐紧密的布置，与整车完美配合，连接牢固。电池包的主动热管理系统使用液体冷却，冷却液流经电池下的基板以及电池之间的散热鳍。

　　对于电池或电池组来说，特别是锂离子电池，特别容易出现过热、过充、过放、过流等问题，这些都会导致电池的损坏或失效；当遇到不利的工作条件时，例如环境温度过高或过低、不合适的充电电流等，也会显著降低电池的工作性能。为了尽可能解决这些问题，充分发挥电池或者电池组的性能，需要采用高性能的电池管理系统，检测电池工作的诸多性能参数和状态，在以下四个方面对电池进行状态评估和控制：评估每节电池以及整个电池组的荷电量、电压、温度和健康状态；识别和诊断可能出现的电池故障；管理电池工作状态的一致性和均衡性；监视电池温度并控制冷却系统。

　　为了实现以上功能，必须在多个尺度下对电池工作的性能参数进行精确的测量和控制。对于每节电池，需要通过电池监控电路（Cell Supervision Circuit，CSC）监测电池的电压、工作温度以及其他参数；对于电池组，需要进行平衡、评估和控制管理；同时，还要与外部的嵌入式系统进行通讯；BMS 必须能够识别每节电池之间荷电量的不平衡，分辨每节电池的冷热位置点，并控制电池的总体运行，例如管理电池的充放电流，计算获得所需的荷电状态（SOC），得到汽车行驶剩余里程信息等。此外，BMS 必须能够监测潜在的故障，并在必要时断开电池继电器，或者使电池系统全部停止工作。

电池管理并不容易，以电池的 SOC 估计为例，SOC 是一个重要的状态参数，决定了电动汽车的剩余续驶里程，并影响到汽车行驶的安全性。以往，人们习惯于将电池电压作为衡量电池剩余电量的方法，但这一方法并不总是准确，对于铅酸电池来说，它的电压与其荷电状态成正比，因此，可以根据其端电压的测量对 SOC 进行合理的评估；但是对于锂离子电池来说，它能够在更大的放电范围内保持稳定的电压输出，放电电压曲线非常平坦（图 6.8），仅借助于端电压很难灵敏地对 SOC 做出估计，增加了 SOC 准确估计的难度。还有一种 SOC 估计方法称为库伦法，它通过对电池充放电和运行历史状态的准确监控和跟踪来估算 SOC 大小，这种方法必须要实时评估基于电池电流、电压和内阻测量的健康状况，并考虑到电池的自放电、温度和其他参数的影响；利用模糊算法和二次型估计算法也可以补偿 SOC 估计的误差，尽可能地获得最佳的电池模型，但是这一方法看起来容易，实则不然，有不小的计算难度。

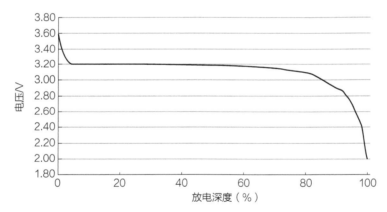

图 6.8　锂电池放电特性

锂离子电池放电电压曲线相对平坦，增加了荷电状态估计的难度。

6.4　电池均衡

由于制造工艺、工作温度、充放电速率和老化特性的影响，电池组中的每节电池特性也会各不相同，这导致电池管理和充电控制策略更加复杂。每节电池的性能不同，也就具有不同的内阻和自放电率，例如，如果电池组整体放电 40% 时，某节电池的 SOC 可能为 60%，而另一节电池的 SOC 就可能低至 55%。在随后的充电过程中，当

第一节电池已经充满时，另外一节电池的 SOC 可能只有 95％；在放电时，也会发生同样的变化，并且随着充放电循环次数的增多，两节电池之间的差异也会不断增大（见图 6.9）。随着充放电循环的继续，性能衰减过快电池的 SOC 曲线趋于平坦，在电池串联电路中只会增大电阻，增大了损耗，增加了发热，极大地降低了电池组的性能，并可能导致电池故障。

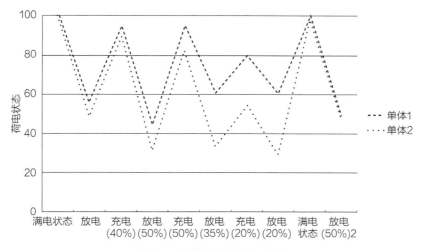

图 6.9　电池单体间的不一致性

当电池组放电时，每节电池的放电率各不相同，从而导致电池间不平衡，如图中所示，在反复放电和不完全充电的情况下，这种不平衡会累积起来损坏电池。如果每节电池都能进行完全充电，则可以使所有电池恢复平衡。

为了对电池组进行合理充电，需要确保每节电池都能够充满电，实现充电均衡，也就是说，当电池充满电后，仍继续对其充电，直到每节电池都充满电，或者说，只有完全充电才能够满足电池组的均衡要求，这也是需要对电池组经常进行完全充电非常重要的原因。在充电过程中，不能进行大电流的过度充电，而应进行小电流的适度充电，例如 C/10，即充电电流取其安时容量的十分之一，这也就解释了为什么电池可以在很短的时间内充电至 90％SOC，再进一步充电至 100％SOC 时，花费的时间要多得多。

对混合动力系统所用电池进行完全充电会更加困难，为了保证电池能有效地吸收再生制动的能量，混合动力汽车用电池通常不会工作在满电状态，为了保持电池组的性能，BMS 必须定期对电池组进行完全充电以实现均衡，增加了额外的工作模式。另外，再生制动过程也增加了电池充电的复杂性，汽车高速行驶时的动能非常大，紧急制动时可能需要电池在短时间内吸收高达 100 kW 的功率，此时，单靠再生制动往往满足不了制动的要求，需要借助机械结构进行辅助制动，确保电池工作在安全范围之内。但是，机械制动参与越多，浪费的能量也就不可避免地增多了。这样看来，采用大功率密度的电池有助于再生制动能量的高效回收。

6.5 冷却系统

温度是影响电池性能的主要因素之一，它影响到了电池的电化学反应过程，进而影响了电池的功率、能量、电量和效率，实际上，即使温度只上升 11℃，也能使电池的电化学反应速度加快一倍以上[126]。但是，过高的工作温度也会加速电池的老化，如果不加以解决，极有可能引起电池性能衰退并发生灾难性的故障。研究表明，如果采用主动冷却技术的话，电池的使用寿命可以延长六倍[127]。

如果汽车行驶所处的环境温度比较稳定，电池组的热管理难度会小很多，但实际情况并非如此。汽车必须能够在各种各样的气候和环境条件下行驶，无论从阿拉斯加到南德克萨斯，还是从挪威到希腊，如果电动汽车需要行驶在炎热的气候条件下，就不得不考虑如何避免电池组工作温度的升高，这就增大了电池热管理方面的设计难度。例如，对于一个长期在缅因州使用的车载电池组而言，经过 10 年使用后，性能或许仅衰减了 20%，但是，如果将它用在南方的亚利桑那州，10 年后的性能衰减可能会是前者的两倍。在这种情况下，如果不对电池组进行主动的温度控制，为了避免高温的不利影响，就需要增大电池或电池箱的尺寸，而增加冷却系统的成本通常比改变电池或电池组的设计要低不少，因此，在当代纯电动汽车和混合动力汽车中，都配备了不同形式的冷却系统，要么是简单的风冷系统，要么是效果更好的液冷系统，也或者是最新的基于制冷剂的冷却系统（图 6.10）。还要考虑的是，由于电池在反复充电过程中会引起温度升

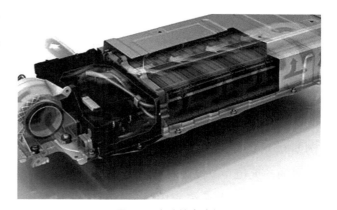

图 6.10 电池综合冷却

丰田 Prius 利用来自驾驶舱的冷却气流实现电池冷却。

图片：Toyota Motor Corporation（丰田汽车公司）

126　C. Huber and R. Kuhn，Thermal management of batteries for electric vehicles. In Bruno Scrosati（ed）Advances in Battery Technologies for Electric Vehicles. Woodhead Publishing，Cambridge，2015，327–358.

127　T. Yuksel，S. Litster，V. Viswanathan and J.J. Michalek，Plug-in hybrid electric vehicle LiFePO4 battery life implications of thermal management，driving conditions，and regional climate. Journal of Power Sources 338（January），2017，49–64.

高，并导致电池性能的退化，因此，冷却系统也需要具备电池充电时的冷却功能，这对于大功率充电而言是非常必要的。

工作温度过高并不是车载电池面对的唯一问题，低温工作环境同样也会损坏电池。因此，在低温环境下，需要对电池组进行加热以实现大电流的充放电功能。一些热管理系统会在电池冷态运行期间提供流体加热，例如雪佛兰或奥迪使用的系统（图 6.11）；另外一些车型则通过制冷系统提供加热和冷却，例如特斯拉；还有一些车型会在电池充电时借助于加热电阻进行加热，例如宝马 i3、雪佛兰 Bolt、日产 Leaf 等。

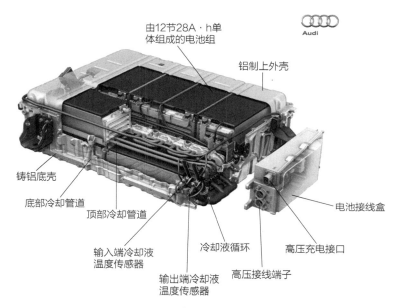

图 6.11　奥迪车载电池组

奥迪采用集成冷却板的液冷系统调节电池组的温度，也可以在必要时同时冷却功率电子器件和充电机。

图片：Audi（奥迪）

空气冷却的优点是简单轻巧，扇叶和风道的设计可以引导气流吹过整个电池组，可以直接使用空气吹拂，也可以使用经过处理后的空气，例如，将驾驶舱内的空气直接引流到电池系统，或者先采用一个独立的蒸发器对空气进行处理，然后再引流。使用驾驶舱内的空气是一个不错的选择，因为电池合理的工作温度和人舒适的体感温度基本相同，但是在使用过程中，需要采取一些预防措施，以确保电池中排出的气体不会倒灌入驾驶舱。这种方法的优点是维护简单，工作量少，能量消耗也很低，但是它也有明显的局限性，由于空气热容很低，不得不依靠大量的空气才能够确保获得理想的冷却效果，这就意味着冷却系统需要配置更大的扇叶和风道，这样的结构如果与驾驶舱内的空调系统连接，会产生很大的噪声。因此，在通常情况下，采用空气冷却还不足以应对各种不同的车载电池组工作温度的变化，且管道笨重，运行噪声大，只有对于小的电池组并且对冷却效果要求不高的情况下，空气冷却才勉强够用。日产 Leaf 的车载电池组容量不大，就采用了空气冷却系统，但是在炎热的气候下电池性能也会下降。起亚在其 Soul 电动汽车上增大了电池组尺寸，以满足散热要求，同时，利用驾驶舱内的空气进行冷却，这也正像前文所述，该系统正是利用了乘客舒适的体感温度和电池合适的工作温度基本相同的原理。

液体的热容是空气的 3~5 倍，使用液体冷却电池组会获得更好的效果，并具有更好的导热性。液体冷却可以简单地使冷却液流经散热器，并借助于环境对冷却液进行降温，也可以采用基于热交换器的主动冷却方式，这两种方案互不排斥。例如，雪佛兰 Volt 插电式混合动力汽车将电池的冷却液输送到散热器、驾驶舱空调和冷凝器，进行散热降温，在需要加热的情况下，也可以将冷却液输送到发动机的热交换器，以提高冷却液的温度；还有一些车型在电池工作环境温度低时使用电加热器，实现加热的效果。当然，与简单的空气冷却方式相比，液体冷却系统增加了零部件的数量，重量更大，然而大多数汽车制造商却认为由此带来的控制和冷却能力的提高是值得的，特别是对于像特斯拉那样采用大容量高性能电池组的情况，更是绝对不可或缺的。

冷却效果的好坏还取决于电池的导热性。一种方法是将电池组整体浸入到介电液中（不允许将电池组完全浸入到乙二醇中），但是这种方法至今还没有被任何汽车制造商单独使用，而是经常与其他冷却系统配合使用，或许未来有单独使用的可能性。另一种方法是借助专门设计的冷却通道引流冷却液，使之与电池保持良好的热传导性，例如，特斯拉使用了一条蛇形冷却管蜿蜒穿过电池组实现冷却，结构简单，泄漏点很少。然而，这样的冷却方式占用了更多空间，使电池箱体积更大。宝马和通用汽车在就在电池组的下方放置了散热板，并在电池之间设置了散热鳍以改善热传导，这种结构的电池箱会更加紧凑。

如果将冷却系统直接集成到制冷回路中，就可以获得更强的温度调节能力和更大的热容量，宝马 DX 冷却系统就是一个典型案例，冷却板内部的制冷管显著改善了乙二醇冷却系统的传热特性，由于取消了单独的冷却回路和热交换器，系统也更加紧凑，该冷却系统同时也能够提供精度更高、响应更快的控制，以及更均匀的冷却效果。当然，该系统也增加一个额外的电池加热源，增大了复杂性。但是宝马公司认为这样做是值得的，由此带来了冷却容量的增大和控制效果的改善，并且，通过适当的设计和制冷剂选取，可以使系统作为热泵逆向工作，为整车提供加热和制冷的功能。

为了满足电池制冷系统的功能要求，电池管理系统也需要能够协调各种与温度相关的影响因素。电池的负载电流就是一个非常重要的参数，它是电池发热量的主要预测指标；电池组工作的环境条件也至关重要，尤其是外部温度；电池的健康状态和基本特性也很重要，不同的电化学反应具有不同的产热机制，并且影响电池的寿命。除了以上所列的重要影响因素外，影响电池热性能的一个不明显因素是电池组的尺寸，或者更确切地说是电池组的重量。重量越大，电池组的热惯性就越大，就越有利于抑制电池工作温度的波动；而重量和热惯性越小的电池组，其过热的风险也就越高。考虑实际电池组设计时，一般要使电池组重量尽可能地轻，尽可能不给汽车增加太大的重量，但是这样也必然降低了热惯性，将会导致电池组更大的温度波动，这是一对矛盾。

为了解决这一矛盾，不给汽车增加额外的重量，可以考虑使用相变材料（Phase Changing Materials，PCM）抑制电池温度的波动。当材料在冷却或加热条件下发生相变时，或者说材料在凝固或融化时，能够在维持自身温度不变的前提下吸收或者释放出大量的热能，这部分热量称为潜热，如果我们将电池组连接到一种相变材料上，且这一材料会在电池组的目标工作温度附近凝固或融化，则其吸收或释放的热量将有助于抑制电池组温度的波动，从而使电池组维持在目标温度范围之内（图 6.12）。例如，某些类似于石蜡的物质可以作为这种相变材料使用。如果在相变材料中加入石墨烯，在不改变热

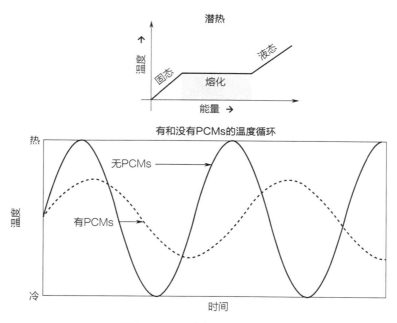

图 6.12　用于热管理的相变材料

如上图所示，当相变材料融化从固态转变为液态时，会吸收大量热能而不会升高温度，从而增加了在此目标温度下吸收热量的能力。在下图中，相变材料的使用效果非常明显，可以抑制熔点附近的温度波动。

容量的同时，其热传导能力会提高一倍[128]。可以看出来，相变材料在发生作用时吸收和释放热量，但是在整体上没有热量的耗散，因此它不能直接取代冷却系统，但是它的吸热和散热过程起到了避免电池组温度大幅波动的作用，也因此降低了冷却系统的负荷。

6.6 电化学

汽车领域的电池主要是铅酸电池，因其两个电极都由铅制成、且使用的电解液为硫酸而得名，它的阳极是海绵状的铅，阴极是氧化铅，铅酸电池的氧化还原反应过程如下所示：

$$Pb\ +\ PbO_2\ +\ 2H_2SO_4\ \leftrightarrow\ 2PbSO_4\ +\ 2H_2O$$

海绵状铅负极板　氧化铅阳极板　硫酸电解液　　　　硫酸铅　　　　水

上式中，放电过程从左到右的；当电池充电时，反应是反向的，即从右向左。

由于电池内阻很小，它在发出很大电流时不会形成过大的电压降，其瞬间大电流放电能力非常适合于发动机的起动，再加上成本低，使得铅酸电池在当今仍被作为起动机、灯光和点火 SLI 应用的主要电源。

但是，铅酸电池也有很多缺点，使它不适合作为电动汽车的动力蓄电池。铅酸电池中的铅会分解，形成电池的自放电现象；铅酸电池大倍率放电产生的热量也会进一步加快其老化速度；由于铅酸电池组中每块电池的放电并不均匀，导致电池间的不平衡，这就需要对每块电池进行额外的完全充电；铅酸电池工作过程中电解液分解，释放出氢气和氧气（前文提到过，过去是通过定期往电池里加水来弥补这一损失，而现代电池密封技术将氢气积聚在了电池内部，无需向电池加水，但是上述反应依然存在），导致电池的退化。近年来，铅酸电池技术也得到了发展，吸附式玻璃纤维结构铅酸电池（Absorbed Glass Mat，AGM）和凝胶铅酸电池的电解液处于一种物理矩阵结构中，增强了电池的鲁棒性和稳定性，获得了更低的内阻，也具有更好的低温特性和深度放电能力。然而，这种电池在整体上还是不尽人意，能量密度低，重量大。暂不论这些新型电池的应用预期如何，最起码传统的铅酸电池已经不适合作为纯电动汽车或混合动力汽车的动力蓄电池了。

此外，铅酸电池容易在阳极形成小的硫酸盐晶体，使阳极硫酸盐化。这对于 SLI

128　P. Goli，S. Legedza，A. Dhar，R. Salgado，J. Renteria and A.A. Balandin，Graphene-Enhanced Hybrid Phase Change Materials for Thermal Management of Li-Ion Batteries. Nano-Device Laboratory，UC，Riverside，CA，2013.

电池来说不是问题，因为可以通过完全充电来消除电极上硫酸盐的积累。但是，如果一辆电动汽车需要经常短途行驶，并且电池的数量和重量都很大，则不能获得完全充电后的理想效果了，这些结晶盐长期附着在电极上，将会极大地缩减电池的循环寿命[129]，以上的这些缺点使得铅酸电池仅适合在汽车 SLI 过程中使用。

最近的研究表明，如果在阳极中加入碳，可以解决不完全充电导致的电极硫酸盐化现象，但是也并不能完全清理干净。在电池中加入碳，使得电池可以像电容一样工作，通过吸附电荷而不是电化学反应实现电荷的转移，这就形成了一种新的、先进的铅碳电池（Advanced Lead Carbon，ALC），对于汽车微混系统和发动机起停系统，它将来非常有可能替代现在车上普遍使用的 12V SLI 铅酸电池。这种电池的优势很明显：成本低，可以提供瞬间大电流，能在不同荷电状态下持续工作，不会产生电极的硫酸盐化，工作温度范围也宽，不需要锂电池那样昂贵的热管理系统，还可以做成 48V 系统以便将来的使用。但是这种电池仍有很多问题尚未解决，例如电池内部水流失的问题等。即便这样，铅碳电池的快速充电能力以及可以在不同 SOC 下使用的特性，使得其在未来几年极有可能成为一种技术趋势。然而，需要提醒的是，现在我们仍旧在关注着 48V 锂电池和铅酸电池所构成的双电源系统，也还在电动汽车中应用 12V 铅酸电池作为低压电源，这都意味着铅酸电池的使用还远未结束。

6.7 镍基电池

镍基电池也曾在电池行业内占据过主导地位。几十年前，镍镉电池（NiCd）还是无数便携式设备首选的电源，然而，有限的循环寿命、重金属镉带来的环保问题以及记忆效应（描述了电池在充电前反复只进行部分放电而带来的失去其最大储能能力的趋势，电池似乎"记住"了过去的充电模式，并将其容量限制在这一充电水平），使得该类电池并不适合在汽车上使用。幸运的是，镍氢电池的出现替代了早期的镍铬电池，虽然该类电池仍然具有一定的记忆效应，但影响程度已大大降低，而且其比能量更高，对环境的污染更小。整体而言，镍氢电池的鲁棒性更高，实用性更好。

镍氢电池的关键是稀土与金属结合而形成的阳极，稀土具有很强的氢吸附力，所形成的稳定的电极可以很容易地吸收和释放氢化合物，当我们把稀土元素如镧、铈、镨和钕与常见的金属如镍、钴，锰或铝结合后，就会形成一种合金化，这种合金的氢存储

129　J. Büngelera, E. Cattaneoa, B. Riegela and D.U. Sauerb, Advantages in energy efficiency of flooded lead-acid batteries when using partial state of charge operation. Journal of Power Sources 375（January），2018，53–58.

能力比纯液态氢还要高。更重要的，由于氢存在于其他原子间的空隙中，而不是与其他原子紧密地结合，因此氢也可以很容易被这种合金吸收和释放，这种氢的转移就构成了镍氢电池工作的关键。将金属氢化物置于氢氧化钾（KOH）电解质中，在阳极，氢氧根离子（OH⁻）与金属氢化物（MH）中的氢反应释放电子（图6.13），如下所示：

$$MH + OH^- \rightarrow M + H_2O + e^-$$

正极是氢氧化镍NiO（OH），最初的应用可以追溯到托马斯·爱迪生，氢氧化镍与电解液中的水发生反应，生成正极反应所需要的氢氧根离子，如下所示：

$$NiO（OH） + H_2O + e^- \rightarrow Ni（OH）_2 + OH^-$$

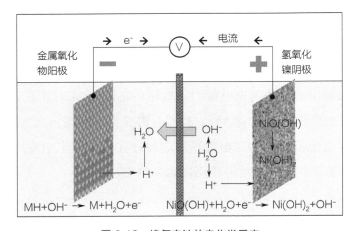

图6.13　镍氢电池的电化学反应

镍氢电池的电化学反应并不复杂，正极反应的关键是金属合金中的氢，氢在电解液中反应生成水，释放电子到负极，生成氢氧化镍。

将以上反应结合在一起，氢氧化镍电池的放电反应过程如下：

$$NiO（OH） + MH \rightarrow Ni（OH）_2 + M$$

反应过程看起来很复杂，其实不然，总结如下：正极金属合金中的氢被释放到电解液中，与氢氧根离子反应生成水（$H^+ + OH^- \rightarrow H_2O + e^-$），同时释放电子，电子通过电路移动到负极（这是电池的关键），在负极，电子与电解液中的氢离子结合形成氢氧化镍，这个反应放出热量。当电池充电时，其反应是上述的逆过程。

近年来，曾经在便携式设备中很受欢迎的镍氢电池已经过时，在电子设备中很少使用了，镍基电池已经大量被锂电池所取代。汽车电池的使用方式与手机或笔记本电脑大不相同，便携式设备的电池不仅需要存储大量的能量，而且需要具有高倍率的放电能力，并且充放电过程可提前预知；但是混合动力汽车并不依赖于电池的完全充放电循环，相反，它们更需要快速的部分充放电特性，每隔几分钟的再生制动过程需要对电池进行部分充电，急加速过程又需要电池部分的放电，其负荷类似于一个电流脉冲式的工作循环。相应地，镍基电池的大电流放电能力和接受大电流冲击的能力使其非常适合混合动力汽车使用，这使得镍基电池在汽车领域的应用时间比其他类型的电池更久一些；同时，镍氢电池的低成本和高耐久性也满足了混合动力汽车的需要，像丰田这样的汽车制造商也在继续使用镍氢电池（图6.14），在将来一段时间，镍氢电池会继续应用于混合动力汽车或作为备用电池用在微混汽车中以满足发动机起停功能的需要。对于纯电动汽车来说，其电池应有尽可能高的能量密度，以使得在最小的重量下满足尽可能长的续驶里程需要，此时就不适合再选择镍氢电池了。

图 6.14　丰田镍氢电池和锂离子电池

丰田汽车所用的电池既包括镍氢电池（左）又包括锂离子电池（右），如图所示，这两种电池外部结构相似，但是锂离子电池提供了更高的能量密度，而镍氢电池则具有更稳定的性能、良好的耐用性和更低的成本。这种电池布局是丰田新全球架构（Toyota's New Global Architecture，TNGA）的一部分，丰田公司希望通过该平台实现产品系列应用的不断扩展。

图片：Toyota Motor Corporation（丰田汽车公司）

锂电池成本的降低将是镍氢电池进一步市场推广的巨大障碍，我们将在后文中看到，锂电池的功率密度和能量密度已经得到了很大的提升，对比看来，镍氢电池不仅重量大，而且能量密度也低，将会被逐渐淘汰[130]。

6.8　锂电池

镍氢电池（NiMH）在混合动力汽车中仍占有一席之地，但是锂电池成为越来越多电动汽车的主流选择了。锂是所有金属中最轻的，同时也是所有金属中外层电子电化学势能最大的元素，对于纯电动汽车或插电式混合动力汽车而言，电池的高能量密度是一个关键因素（图6.15）；而对于混合动力汽车而言，低能量密度的电池也是可以接受

130　C. Iclodean，B. Varga，N. Burnete，D. Cimerdean and B. Jurchiş，Comparison of different battery types for electric vehicles. IOP Conference Series：Materials Science and Engineering 252（1），2017.

的，只要它们的功率特性能够满足内燃机的工作要求。然而，不论纯电动汽车还是混合动力汽车，如果处在单纯的电动机驱动模式时，电池的储能能力和由此获得的纯电续驶里程就变得非常重要了。

在基本工作原理方面，锂电池与其他电池相似，但也略有不同。充电时，锂离子 Li^+ 通过电解质由正极到负极，由于电解液中溶有锂盐，锂离子就不需要像电流中的电子那样从一个电极移动到另外一个电极，它相当于锂离子电荷直接穿过了电解质，当一个锂离子在正极被释放时，另外一个锂离子在负极也被及时吸

图 6.15　宝马 330e 电池

尽管镍氢电池仍会应用在部分混合动力系统中，但是锂离子电池在高性能混合动力系统中的使用越来越多。宝马 330e 配备 7.6kW·h、293V 锂离子电池系统，能提供超过 20mile 的全电动续驶里程。

图片：BMW（宝马）

收了，当工作在放电状态时，锂离子又返回到了正极。由于锂电池中存在着这种看似锂离子在做往复的运动，我们有时也称其为"摇椅电池"。

锂离子电池具有很强的创新潜力，近年来，主要集中在提高锂电池性能和安全性方面，在安全、功率和容量三个相互制约的因素上寻求创新，这也导致了电极材料和电池结构的多样化。如果电池能够提供大电流的充放电能力，证明它的快充能力好，也能够为汽车的加速性提供保障；然而，电池快速的充放电能力来自于电池内部快速运动的电荷，电荷的快速运动往往容易导致电化学反应产生稳定性问题，因此需要加强对电池工作过程的监控和管理，以确保安全性；另外，能使电荷快速运动的化学反应过程往往也会破坏电极的完整性，从而造成了电池的低能量密度和低循环寿命。因此，基于以上分析，电池的安全、功率和容量设计需要综合平衡，在侧重点上各取所需。

早期的锂电池功率密度很高，但也有很大的问题：在大电流充放电时，少量的锂会从电极上脱落，并在反应过程中重新附着到电极上，形成须状枝晶（图 6.16），这些枝晶生长到足够长时，可能会穿透隔膜，接触到阴极，导致电池内部的短路，进而导致电池内部由于反应失控而产生大量的热量，这些热量反过来又加快了反应速度，生成更多的热量，产生热失控，严重时甚至会造成电池熔化或者着火。所有锂电池都有潜在的热失控可能，这些失控可能是由于过充电、大放电倍率或短路造成，但是至今对热失控的详细机理还没有完全研究清楚，这也是我们在电动汽车上谨慎使用锂电池的主要原因。

与固态锂电极不同，如果在锂电池中使用石墨材料作为阳极，则既可以实现锂离

子的运动，也解决了枝晶生成所带来的危险。这种阳极为层状石墨结构，由碳组成，它的显微结构为规则排列的微小六角形晶体，其体积小、重量轻；在导电石墨的层和层之间，大量的锂离子嵌入其中，形成 LiC_6，使电池具有很大的能量密度，并且锂离子可以很容易地在石墨的层间运动（图 6.17）。与固态锂金属电极相比，尽管石墨层状晶格结构会导致电池能量密度的降低，但是安全性提高了，这是非常值得的。

图 6.16　锂枝晶

锂颗粒脱落并堆积成树枝状的枝晶，这些枝晶可以穿透隔膜，如果它们到达阴极，就会造成短路，从而导致反应失控和热失控。

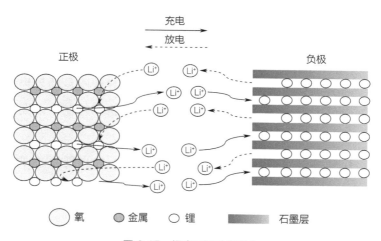

图 6.17　锂离子运动和嵌入

锂离子电池的氧化还原反应与其他电池不同，锂离子与阳极中的电子相连，当释放时，锂离子嵌入阴极，使电荷在阳极和阴极间移动。

锂离子电池具有安全性能好、功率大、能量密度高、循环寿命长等优点，受到了越来越多的关注。石墨和铅笔芯材料一样，成本低，电化学性能很好，但它也存在一些缺点，例如，在再生制动过程中，当流向阳极的离子流量太高时，锂离子不能完全嵌入到石墨中，而可能以金属锂的形式聚集在阳极上，形成对阳极的电镀，降低了电池的使用寿命，并有可能导致短路，因此，非常有必要对锂电池进行精细管理。现阶段锂电池研究的热点之一，就是对其进行精确的管理。

电极电镀现象的出现并不是造成锂电池性能退化的唯一原因，在更多的情况下，锂电池退化主要是因为电解液溶剂和阳极石墨表面的盐发生了不可逆的副反应，这个反应过程形成了由多种化合物组成的固体电解质界面膜（Solid-Electrolyte Interphase，SEI）[131]，其中有一些 SEI 是我们希望得到的，可以保护电极免于溶解在电解液中，但是更多的 SEI 却是我们不需要的。这些 SEI 产生之初很容易被离子穿透，因此不会影响电池的性能，但是随着 SEI 层厚的变大，离子穿过并到达正极的难度加大，这就导致了电池性能的下降。电池不仅在工作过程中发生这种退化，而且在不工作时也会发生这种退化，特别是在充放电循环过程中，电极由于膨胀和收缩会形成很多裂片状的 SEI，这将进一步加重电池的退化，另外，随着温度升高和大电流充放电程度的增强，SEI 会增多，这个过程需要精确的监测和控制。

目前的电池研究热点主要集中在解决上述问题并提高电池能量密度和功率密度方面，通过增大电池电压或者电流可以做到这一点。提高电池电压就需要更换电极，但是电镀现象限制了对阳极材料的选择。然而在阴极上，材料、结构和表面化学等方面仍然具有巨大的选择潜力，目前与阴极有关的新技术有可能制造出一种 5V 的电池。如果采用增大电流的方法，可能需要我们把研究重点放回到阳极上，在阳极镀上金属锂、采用硅合金或者其他能提高电池容量的创新技术。当然，所有这一切都涉及各种复杂的电化学反应，改变一个变量总会影响到其他变量，这或许会导致不良的后果，类似于电解质劣化、枝晶生长、过多的热量等因素，都需要仔细的分析和控制，以期获得理想、安全的电池性能。

上面提到，在锂电池结构中，阴极材料还有很大的创新潜力，锂钴氧化物（LiCoO_2 或 LCO）电池是一种常用于移动电话和笔记本电脑的锂电池，具有层状结构，锂离子大量嵌入到了氧化钴层之间，因此，该电池的比能量很高。但是，如果锂离子在嵌入阴极遇到困难时，也会面临着发生电镀现象的威胁，无法进行大电流充电，显著降低了电池寿命，如果再考虑到钴的高成本，这种电池在汽车工业中的应用也就大大受限了。

另外一种可用的阴极材料是锂锰氧化物（Lithium Manganese Oxide，LMO），相比于 LCO 电池只能在二维面上嵌入锂离子，LMO 电池具有三维的锰立方晶体尖晶石结构，多个面都可以嵌入锂离子（图 6.18），提高了锂离子接近电极的程度，使锂离子能够更

---

131 S.J. An，J. Li，C. Daniel，D. Mohanty，S. Nagpure and D.L. Wood Ⅲ，The state of understanding of the lithiumion-battery graphite solid electrolyte interphase（SEI）and its relationship to formation cycling. Carbon 105（August），2016，52–76.

快地从一个电极运动到另一个电极，从而增大了电流，降低了内阻，使电镀现象的威胁大大减小。同时，由于 LMO 电池可以进行快速充放电，因此，非常适用于混合动力电动汽车。但是，由于尖晶石结构内的离子空间有限，因而该类电池的容量明显低于其他电池，因此，它不是插电式混合动力或者纯电动汽车的理想选择。

在寻求高性能电池过程中发现，向电池中添加不同的金属材料，特别是比能量更高的轻质"过度金属"，可以兼顾电池的能量密度和可靠性。以添加钴和镍氢的锂镍锰钴氧化物电池（$LiNiMnCoO_2$ 或 NMC）为例，该电池材料具备层叠结构，具备大电流放电的能力，可以满足汽车加速需求，具备高能量密度，可以满足汽车长续驶里程的需求[132]。但是由于含有贵金属镍和钴，该类材料的成本比 LMO 高，同时较大的放电倍率也对其安全管理提出了更高的要求。捷豹 I-PACE 采用了 432 个 NMC 电池构成的液冷电池组提供电能；Rimac 在 Concept One 中使用了 90kW·h 的 NMC 动力电池，汽车在加速时最大可以输出 1000kW 的功率，制动回收功率可达 400kW[133]。

层叠结构$LiCoO_2$　　　　尖晶石结构$LiMn_2O_4$　　　　橄榄石结构$LiFePO_4$

图 6.18　电池电极材料的结构

通过添加铝可以制造锂-镍-钴-氧化铝电池（NCA），它的能量密度更高，使用寿命也更长，特斯拉 100D 电动汽车就是由 350V 100kW·h 的 NCA 电池组供电的。但是，所有的过渡金属氧化物都存在不稳定性，高温下尤其严重，这是 NCA 电池亟须解决的问题[134]。为了解决 NCA 电池的稳定性和安全性问题，需要进行复杂的电池管理，这一特点使其不适合在便携设备上应用，但是该类电池的长使用寿命使得它们在电动汽车上的应用更具吸引力，再加上它的能量密度和电压较高，不需要太多的活性材料，因

132　K.C. Kama, A. Mehtab, J.T. Heronc and M.M. Doeffa, Electrochemical and physical properties of ti-substituted layered nickel manganese cobalt oxide（NMC）cathode. Materials Journal Electrochemical Society 159（8），2012，A1383–A1392.

133　Battery System. Avaialble at www.rimac-automobili.com/en/supercars/concept_one/.

134　C. Arbizzani；F. De Giorgio and M. Mastragostino，Battery parameters for hybrid electric vehicles. In W. Tillmetz，J. Garche and B. Scrosati（eds）Advances in Battery Technologies for Electric Vehicles. Woodhead Publishing，Cambridge，2015，55–72.

此，成本的增加并不大（表 6.1）[135]。整体来看，NMC 电池和 NCA 电池现在已经越来越多地应用到了电动汽车上。

工程技术人员正在调整日益增多和复杂的阴极材料，以实现电池功率和容量性能的最优化。将镍、钴、锰以不同的比例组合，不仅可以实现电池动力性能的增强，还可以保证电池的热稳定性和安全性，提高循环寿命。镍是主要的组成成分，它能提高电池的容量，但是单独使用镍又会降低电池的热稳定性，导致电池内部层叠结构极易随着放电倍率的增加而劣化[136]；钴具有很高的功率特性，但其高成本限制了它的广泛应用；锰的稳定性更好，可以提供更长的循环寿命，但由于它的电化学活性不高，因而其容量较低。在材料选择方面并没有最优的方案，只能通过对上述三种元素的组合配置来获得相对理想的电池性能，同时还要兼顾电池其他方面的要求。

表 6.1　电池化学特性比较

负极 材料	电池 缩写	电池电势 /V （vs Li/Li$^+$）	能量密度 / （W·h/kg）	比容量 / （mA·h/g）	材料 结构
$LiCoO_2$	LCO	3.7~3.9	518~546	140~165	层叠
$LiNi_{0.8}Co_{0.15}Al_{0.05}O_2$	NCA	3.7~3.8	650~760	175~200	层叠
$LiNi_{1/3}Mn_{1/3}Co_{1/3}O_2$	NMC	3.6~3.8	590~650	155~160	层叠
$LiMn_2O_4$	LMO	3.9~4.1	400~492	100~115	尖结晶
$LiFePO_4$	LFP	3.3~3.45	500~587	150~170	四面体

在阴极材料对锂电池热稳定性和结构稳定性影响方面，磷酸铁锂电池（$LiFePO_4$ or LFP）体现出了一定的优势。磷酸铁锂是一种致密的四面晶体，性能极其稳定，这使得磷酸铁锂电池也具有了卓越的安全性。另外，相比于其他种类的电池，磷酸铁锂电池的环境污染小，成本低，在电动汽车的应用中起到了主导作用[137]，但是，它的功率密度虽高，其能量密度却比较低，电池单体的电压也较低，仅有 3.2V，为了改进性能，可以在它的阴极上涂一层单分子层厚度的石墨烯，以提高该类材料的表面积和导电性能[138]。

135　"Batteries for Electric Cars：Challenges，Opportunities，and the Outlook to 2020"．The Boston Consulting Group，2010.

136　H. Kim，S.-M. Oh，B. Scrosati and Y.-K. Sun，High-performance electrode materials for lithium-ion batteries. In W. Tillmetz，J. Garche and B. Scrosati（eds）Advances in Battery Technologies for Electric Vehicles. Woodhead Publishing，Cambridge，2015，191–233；and P. Hou，J. Yin，M. Ding，J. Huang and X. Xu，Surface/ interfacial structure and chemistry of high-energy nickel-rich layered oxide cathodes：Advances and perspectives. Small 13（45），2017，1–29.

137　Boston Consulting. And T. Yuksel，S. Litster，V. Viswanathan and J.J. Michael，Plug-in hybrid electric vehicle $LiFePO_4$ battery life implications of thermal management，driving conditions，and regional climate. Journal of Power Sources 338（January），2017，49–64.

138　K.C. Kam and M.M. Doeff，Electrode materials for lithium ion batteries. Material Matters 7（4），2012，182–187.

在未来，具有类似橄榄石晶体结构和稳定性的磷酸锰锂电池（$LiMnPO_4$）有可能是比当今磷酸铁锂电池更好的选择，其电池单体的电压高达 4 V（表 6.2）[139]。

表6.2 电池性能比较

电池类型	成本	安全性	稳定性	寿命	缺点	优点
NCA	高	差	好	中	易燃、成本高	能量密度高
NMC	高	中	好	好	成本高、材料稀缺	电压高
LMO	低	中	低	低	寿命短	电压高，成本低
LTO	高	极高	好	极好	成本高	电压高
LFP	中	极高	极好	高	能量密度低，电压低	成本低，材料丰富

正如前文多次提到的，锂电池的差异主要在于阴极材料的不同，但是又不能仅仅局限于阴极材料，也可以通过改变石墨阳极材料来提高锂电池的性能，例如向石墨中加入一定量的高能量密度金属，提高其晶格的离子保持能力。以硅元素为例，硅与锂结合会形成 Li_4Si，石墨与锂结合会形成 LiC_6，这意味着一个硅原子可以结合 4 个锂离子，而 6 个碳原子才能结合一个锂离子，更重要的是，Li_4Si 的放电容量接近于 6 倍的 LiC_6，因此，就可以向石墨中加入硅以提高电池的性能，但这也强化了电池充放电过程中的膨胀和收缩的倾向，从而大大限制了硅材料在锂电池中的应用。尽管如此，如果换做用其他金属材料替代硅，也会存在上述问题，因此，为了更好地解决和平衡这一问题，一般是向电池阳极中加入少量的硅，只有几个百分点，若加入得过多，将会大大影响电池的机械性能。宝马 i3 电动汽车中使用了 NMC 电池，在阳极中加入了硅，增大了电池的功率，但是也增大了它的膨胀和收缩应力，降低了电池的循环寿命（图 6.19）。

图 6.19 宝马 i3

宝马 i3 掀背式电动汽车的电池组可以很容易进行拆卸和更换，2017 年第一次升级的磷酸铁锂电池包在尺寸不变的情况下，容量从 22kW·h 提升到了 33.4kW·h，拆卸下来的电池包可以用作家庭备用电源，这增强了它的环保价值，并且随着电池成本的降低，在未来有可能为客户带来更好的经济收益。

图片：BMW（宝马）

139 C. Liu，Z.G. Neale and G. Cao，Understanding electrochemical potentials of cathode materials in rechargeable batteries. Materials Today 19（2），2016，109–123.

6.9 未来新技术

当今，电池技术的发展日新月异，稍不留神，就会错过很多突破性的新技术。在众多的成果中，究竟哪些先进技术会给这个行业带来颠覆性的影响，至今还没有明确答案。例如，东芝公司公布了一项非常有吸引力的技术，称之为下一代超级可充电离子电池（Super Charged ion Battery，SCiB），它的阳极采用了钛铌氧化物，据称用不到 10min 的充电时间就足以让一辆小型汽车行驶近 200mile[140]；三星也正在开发一种阳极和阴极都使用球状石墨烯的电池，具有极高的稳定性，在 12min 内就可以完成完全充电[141]。可以看出，各种电池新技术正在努力尝试进行产业化，但是能否成功尚未可知。

先进技术之一是采用纳米结构电极。技术进步使我们不仅能改变电池的阴极材料，也可以在微观水平上改变电极的结构，比如，在电极颗粒的中心使用一种材料，在颗粒表面使用另外一种材料成分，两种材料形成核-壳结构，这样不仅可以提高颗粒中心的镍含量，提高电池功率，还可以减少颗粒表面镍的含量，增强电池的稳定性，延长电池的循环寿命[142]。另外，核-壳结构的微纤维隔板外表面是不起反应的聚合物，当聚合物因过热而熔化时，阻燃剂将会被释放出来，产生阻燃效果，当然，阻燃剂只会在需要的时候起作用，而不会影响电池正常的工作性能。

纳米结构电极技术可以提高锂基电池性能的一个例子是 $Li_4Ti_5O_{12}$ 电池，又称为 LTO，它的阳极采用了锂合金，也就是将钛酸锂纳米晶体置于阳极表面，这种微尖晶石结构的材料在同等重量的条件下具有比碳大 30 倍左右的表面积[143]，这可以使离子更快地嵌入或脱离阳极，实现快速充电，同时又避免了电镀现象。

锂硫电池的研究进展让我们看到了更好的前景。硫的能量密度高，成本低，耐用性也好，但是它具有电绝缘性，极易膨胀，也易溶解于电解质，需要解决这些问题。单纯地将硫与石墨颗粒结合起来，可以解决导电性问题，但是却无法解决结构膨胀问题；

140　D.E. Zoia，"For EV Batteries，Future is Now." Wards Auto November，2017.

141　Samsung Develops Battery Material with 5× Faster Charging Speed. November 28，2017. Available at news. samsung.com/global/ samsung-develops-battery-material-with-5x-faster-charging-speed.

142　H. Kim，S.M. Oh，B. Scrosati and Y.K. Sun，High-performance electrode materials for lithium-ion batteries for electric vehicles. In B. Scrosati（ed）Advances in Battery Technologies for Electric Vehicles. Woodhead Publishing，Cambridge，2015，191–241.

143　J. Coelho，A. Pokle，S.H. Park，N. McEvoy，N.C. Berner，G.S. Duesberg and V. Nicolosi，"Lithium Titanate/ Carbon Nanotubes Composites Processed by Ultrasound Irradiation as Anodes for Lithium Ion Batteries." Scientific Reports 7（Article 7614），2017.

再者，将硫和锂结合后，体积会膨胀到原来的 4 倍，将会导致电极上的硫膜或颗粒破裂，此时，纳米技术或许有助于解决这个问题[144]。利用纳米技术精心制造出了含硫、碳和聚合物黏合剂的纳米纤维阴极，它具有极高的电极表面积，良好的导电性能，可以为离子移动提供更短的通道，再加上合理的空间结构设计，还可以有效地控制膨胀和收缩，避免了薄膜和颗粒涂层的机械损伤。可以将这种电池想象成一块粗毛毯，充电时，其毛毯的绒线将随着锂元素的增多而变粗，放电时，锂元素又可以很容易地脱离出来。

在阴极上使用硫也同样有用，采用硫化锂材料作为阴极，可以获得比现有锂电池高出近 3 倍的能量密度。然而，硫也很容易溶解在电解液中，并且导电性不好，一个解决办法就是采用包覆硫化锂纳米颗粒的石墨烯电极，现在已经在实验室里制造出了相关的电池样品，研究表明，它具有比常规锂电池更高的能量密度[145]。

锂电池是未来电动汽车动力电池的理想选择，但是锂材料全球分布不广，只有在南美的一小部分地区才有，并且被为数不多的几家矿业公司控制，价格高（还有继续升高的趋势），这促使对其他电池材料的研究再度升温。有可能取代锂基电池材料的金属又回到了镍，对应着镍锌电池，特别是锌在世界各地都有分布，价格低，耐用性好，没有锂那样的高生产成本，它也不像锂的活性那么高，因此，该类电池的稳定性更好，不需要高成本的管理和冷却技术。促进其在汽车领域应用的关键是最近开发的三维海绵状锌电极，即使这种锌电极的外层被镀层覆盖，内部仍然可以参与反应，但是，它在充电和放电时，电极的稳定性还存在问题，需要进一步研究。另外，EnZinc 公司也正在致力于先进锌阳极材料的开发，试图研发一种与锂电池性能相当的低成本电池[146]。现阶段，尽管镍锌电池技术前景光明，但是任重道远。

固态电池的出现，让我们看到了更广阔的应用前景，它用陶瓷材料取代了电解液，避免了常规电化学反应过程中枝晶的产生，意味着电池性能更加稳定，工作更加安全，电池管理成本也不高。固态电池的阳极可以采用性能好的锂金属，能够确保在高温大电流条件下工作的安全性；它也可以利用已成熟的聚合物和凝胶电解质，让电池不用硬质外壳而采用更紧凑和更轻的软包装外壳，其优势会更多；固态电池不使用液体电解

144　C.K. Chan，H. Peng，G. Liu，K. McIlwrath，X.F. Zhang，R.A. Huggins and Y. Cui，High-performance lithium battery anodes using silicon nanowires. Nature Nanotechnology 3，2008，31–35；and C.K. Chan，R. Ruffo，S.S. Hong and Y. Cui，Surface chemistry and morphology of the solid electrolyte interphase on silicon nanowire lithium-ion battery anodes. Journal of Power Sources 189（2），2009，1132–1140.

145　H. Wu，G. Zheng，N. Liu，T.J. Carney，Y. Yang and Y. Cui，Engineering empty space between si nanoparticles for lithium-ion battery anodes. Nano Letters 12（2），2012，904–909.

146　D.E. Zoia，"For EV batteries，future is now." Wards Auto November，2017；and J.F. Parker，C.N. Chervin，I.R. Pala，M. Machler，M.F. Burz，J.W. Long and D.R. Rolison，Rechargeable nickel–3D zinc batteries：An energydense，safer alternative to lithium-ion. Science 356（April），2017，415–418.

质，陶瓷或玻璃状电解质在高压工作时不会老化，这使得电池性能和工作电压可以提升很多，电池的工作温度范围也会更宽，冷却装置可以大大简化；此外，固态电池不需要为每节电池提供单独的外壳，在结构上更加紧凑，重量更轻，功率比现有电池大3倍以上，但成本却低得多[147]。丰田、本田和宝马等公司都计划在未来十年内将固态电池应用到汽车上[148]；菲斯克最近也宣布了固态电池技术，充电时间只要几分钟就可以使汽车行驶500mile以上，这在几年前是不可想象的，而现在正在成为现实[149]。

车载能源的创新并非仅局限在电池本身，将高性能的超级电容与电池并联，超级电容可以将电荷快速存储在极板间而不需要将其转化为化学能，有助于避免瞬态大电流对电池的冲击。例如，超级电容可以吸收电动汽车再生制动时产生的大电流，并且在汽车加速时迅速释放电流，从而提升了车载电源的整体性能，减小了电池的压力[150]；在发动机起停系统中，联合使用超级电容有助于延长电池的寿命，电池本身也可以做得更轻更小[151]；超级电容的寿命也比电池长得多。尽管超级电容的应用有益于电池工作性能的改善，但是它的能量密度很低，若要广泛应用，需要进一步提高能量密度，降低成本，从而增大其应用的经济性[152]。

相较于传统电池，金属空气电池也大有希望。例如锌空气电池的金属锌可以直接被氧化，所以可以将空气作为电池的阴极，这样就省去了原来重量较大的阴极材料，即使考虑到为了提供氧气而使用的空气管理系统，电池的重量也会减少1/3以上，并且价格也不贵。锌空气电池的明显优势在于它具有比现有锂电池更大的能量密度[153]。

锌空气电池的工作原理与其他电池并无太大差别，金属锌颗粒浸泡在电解液中，

147 "California's Advanced Clean Cars Midterm Review Appendix C: Zero Emission Vehicle and Plug-in Hybrid Electric Vehicle Technology Assessment". California Environmental Protection Agency Air Resource Board January 18, 2017.

148 D Stringer and K. Buckland, "Inside the race for next-generation EV battery supremacy." Automotive News January 8 2019; and www.libtec.or.jp.

149 "Fisker files patents on solid-state battery technology; anticipating automotive-ready from 2023" November 13, 2017. Available at www.greencarcongress.com/2017/11/20171113-fisker.html.

150 C.G. Hochgraf, J.K. Basco, T.P. Bohn and I. Bloom, Effect of ultracapacitor-modified PHEV protocol on performance degradation in lithium-ion cells. Journal of Power Sources 246 (January), 2014, 965–969; and L. Kouchachvili, W. Yaïci and E. Entchev, Hybrid battery/supercapacitor energy storage system for the electric vehicles. Journal of Power Sources 374, 2018, 237–248.

151 M.A.M. Mahmudi and A.A. Gazwi, Battery/Supercapacitor combinations for supplying vehicle electrical and electronic loads. International Journal of Electronics and Electrical Engineering 2 (2), 2014, 153–162.

152 A. Burke and H. Zhao, "Applications of Supercapacitors in Electric and Hybrid Vehicles." Institute of Transportation Studies University of California-Davis, Research Report—UCD-ITS-RR-15-09, April 2015.

153 J.S. Lee, S. Tai Kim, R. Cao, N.S. Choi, M. Liu, K.T. Lee and J. Cho, Metal–air batteries with high energy density: Li–air versus zn–air. Advanced Energy Materials 1 (1), 2011, 34–50; and Y. Li and J. Lu, Metal–Air batteries: Will they be the future electrochemical energy storage device of choice? ACS Energy Letters 2 (6), 2017, 1370–1377.

在阳极端形成糊状，氧气引入后，附着在阳极的碳上，并与糊状锌反应生成氧化锌，释放电子传送到阳极，最终整个反应仍然是一个由阴极提供电子流向阳极的过程。这个反应很难逆向发生（这也是当下的一个研究热点），因此，为了保持电池的持续工作，需要在放电后以物理的方式补充金属锌，也就是说可以将这种较为丰富的金属材料直接作为燃料来使用了。

用类似的方法也可以制造锂空气电池，它比锌空气电池更轻，也更容易充电[154]，它的性能有可能比现在的锂电池还要高出几个数量级[155]。诸如通用汽车公司这样的主要汽车制造商已经开始在这方面积极布局了，但是距离商业化应用可能还有十多年的时间甚至更长。

目前，金属空气电池的寿命还比较短，循环周期有限，但不能否认的是，它是很有希望的众多车载电源新技术之一，极可能存在某种可靠的、可以挑战锂电池主导地位的金属空气电池，从而在根本上改变汽车的能源存储方式。希望仍在，探索仍在，但是现在还没有发现……

154 T. Vegge，J. Maria Garcia-Lastra and D.J. Siegel，Review Article Lithium–oxygen batteries：At a crossroads? Current Opinion in Electrochemistry 6，2017，100–107.

155 J.S. Lee，S. Tai Kim，R. Cao，N.S. Choi，M. Liu，K.T. Lee and J. Cho，Metal–Air batteries with high energy density：Li–air versus zn–air. Advanced Energy Materials 1（1），2011，34–50.

第7章

汽车结构

　　科技进步日新月异，先进电动机、高性能电池、复杂的混合动力系统，都预示了汽车革命性的未来。但是我们不能忘记汽车的基本结构，在未来的一百年内，如果汽车继续存在的话，它仍旧需要底盘、车轮、相关的连接零件以及封闭的乘客座舱。你可能认为上述的这些基本结构应该是汽车技术创新和先进设计的最后一个环节了，早晚会被抛弃掉；你还可能认为，底盘仅仅是一个金属骨架，固定了汽车的传动系、车轴和车身，这里哪能有什么创新的空间！其实你错了：现阶段在设计、材料、制造工艺和控制方面的创新性技术已经从根本上重新定义了汽车的底盘，使汽车比以往更加坚固和安全，实现了惊人的效率提升和性能改进。

　　长期以来，像其他技术一样，汽车底盘的设计也是通过一系列性能取舍和技术优化实现的。汽车的车架必须足够坚固，这样就增加了重量和体积，影响了汽车的燃油经济性和动力性；如果试图减轻重量，则常常会降低汽车的安全性，在发生汽车碰撞时，失去保护乘客的能力，这样做肯定是不能被认可的。近年来，由于对汽车安全性和其他性能期望的不断提高，以及汽车法规要求的提高，合理设计汽车底盘的难度越来越大，越来越具有挑战性。另外，我们也曾经讨论过，汽车先进功能的增加也会引起重量的增加，例如在电动汽车和混合动力汽车中，为了获得更长的续驶里程，使用了大量沉重的电池组和控制器，还占用了很多的空间，使得底盘设计的自由度变得更小了。简而言之，随着对汽车信息娱乐、安全性和功能要求的提高，汽车制造商不得不在材料选择和设计上锐意进取，开发新技术，以避免制造的汽车笨重臃肿。

　　正如预期的那样，近些年来的技术创新已经解决了一些问题，新的设计理念确保了汽车既轻巧又耐撞；新的材料选择在不增加汽车重量的同时，满足了强度和刚度要求；新的控制技术确保了汽车驾驶的灵活性，使得驾驶响应更加灵敏。总之，与父辈时代的汽车底盘相比，现在的汽车底盘已经迥然不同了。

7.1 底盘设计

拆掉传动系、座椅、转向盘和所有其他的用于驾驶的部件，剩下的就是汽车的基本框架——白车身（Body in White，BiW），通常占汽车总重量的 20% 左右，常规工艺下，它通过将冲压件焊接在一起制成，结构坚固，但是现在情况开始发生了改变。

底盘设计的重要指标之一就是强度，但是在强度设计过程中并不能孤立地只考虑一个作用力，而是要全面考虑涉及各个方向上的各种力和负载的综合作用。例如，汽车静止时，由于车重造成了底盘的弯曲，在汽车的行驶过程中，因为道路颠簸又在底盘上附加了上下作用的力或动态负载，由于道路不平，汽车还要承受围绕某一轴线的扭转载荷以及横向不同方向上的巨大拉力作用，也就是横向负荷，特别是在汽车转向过程中，车轮附着在地面上，而车身却由于受到横向力而产生侧倾，这种横向作用力体现得格外明显。汽车在纵向加速或者减速过程中，也会受到类似的各个方向多种作用力的影响。再如，当汽车行驶过程中一侧车轮遇到障碍物而另外一侧车轮没有时，汽车的一侧将额外受到更大的向前的推力，而另外一侧则没有，这时，它的受力将导致底盘发生变形，类似于长方形受力变形为平行四边形，或者说，发生了水平菱形扭动（horizontal lozenging）。由此可以看出，汽车底盘受到了多种力的综合作用，这些力是相互关联的，这就增加了底盘设计的复杂性。

但是，底盘设计的关键指标又不能仅仅局限于强度，毕竟单纯设计一个能承受各种负载的坚固框架并不难，而它的真正目标是在满足强度要求的情况下，确保其工作的刚度，并实现轻量化。保持汽车底盘的刚度非常重要，一方面，它需要具备承受足够工作变形的能力，以免对其上的零件及其连接点施加过大的应力，降低汽车的性能；另一方面，人们也常说在汽车上有五个弹簧，每个车轮位置一个，底盘算是第五个弹簧，对底盘刚度控制得越好，其他四个弹簧就可以更好地确保轮胎与路面的均匀接触，确保行驶的安全性，并实现对不平道路的隔振，这也是汽车行驶平顺性的关键。

底盘设计的第二个重要指标是重量，虽然以牺牲汽车底盘的强度为代价来减轻重量并不是一件好事，但是，还是希望在保持一定强度和刚度情况下，尽可能地减轻底盘的重量，它决定了汽车的燃油经济性和其他性能。首先，它是提高汽车燃油经济性最经济有效的方法，根据粗略估计，汽车重量每减轻 10%，燃油经济性大约提高 7%[156]；其次，通过改变功率与重量的比值，可以在多个方面显著提高汽车的性能，例如，汽车的转向、加速和制动性能都可以得益于轻量化技术）。

需要注意的是，对汽车不同零部件减重带来的效果也是不一样的。例如，对底盘减重会降低汽车的重心，有益于汽车转向性能的改善；对车轮或者制动系等簧下重量减重，则可以显著提高汽车驾驶的舒适性；如果减轻旋转运动零部件的重量，将会对汽车的燃油效率产生明显的影响。

汽车零部件的轻量化是相互关联的，可以带来一系列的好处。例如，较轻的底盘可以由较小功率和较轻重量的发动机驱动，车轮制动器也可以设计得更小；这种重量的减轻又可以提高汽车的燃油经济性，就可以采用更小的油箱，这进一步又减轻了汽车整体的重量。详细来说，在保持汽车相同或更好的续驶里程和性能的情况下，如果实现了底盘重量的减少，那么，就可以用 V6 发动机替代原来的 V8 发动机，重量降低了，并减少了 5gal 的油箱容量，这就表明，相对较小的底盘重量下降，会导致最终整车重量的大幅降低。如果不考虑轻量化，也会出现一系列的问题，例如，现在出于对汽车豪华性能和安全性能的过度追求，导致设备增加，底盘重量也增加不少，为了维持汽车原有的性能，反而不得不再增加发动机的动力和重量，以及油箱的容量，这是以牺牲汽车的燃油经济性为代价的，这就导致了恶行循环。

总之，良好的底盘动力学是非常复杂的，需要建立在汽车整体动力学思考的基础上，在这之中，底盘的扭转刚度参数非常关键，需要重点考虑。同时，我们还需要平衡底盘的重量分配、零件形状及其刚度等，以确保汽车理想的转向、快速响应、隔振以及影响行驶质量的其他性能。

7.2 车架

在汽车发明之初的 50 年内，车架基本上是一个二维的钢结构件，上面安装着车身，形成车身-车架结构。车架的整体是一种梯形框架式结构，在钢件选型上，往往根据设计和强度的要求，采用 C 形、帽形或者槽形的钢件；在车架整体结构上，可以

156　E. Ghassemieh, Materials in automotive application, state of the art and prospects. InTech. Open Access Publisher, 2011.

稍做变化，靠近中间的位置稍向外扩宽，这样就有利于降低座椅的位置和车架重心；如果在车架中部增加一些支撑件，形成十字形车架，就可以更好地承受扭转载荷。在这之后，通用汽车公司设计了一种完全不同结构的车架，称之为 X 形车架，它利用十字结构取代了常规的平行边梁结构（也是一种梯形框架式结构），在 20 世纪 50—60 年代，在数以百万计的全尺寸汽车上进行了批量使用。类似地，莲花汽车 Elan 是 20 世纪 60 年代少数几款使用脊柱式车架（"I 形框架"结构）的汽车之一，它利用方钢贯穿汽车前后中心，形成了一种简单的高性价比车架结构，有利于降低重心，并获得了良好的扭转刚度，但是对乘客的保护却不尽人意。上述通用汽车、莲花汽车以及其他汽车公司所采用的车架结构，都是车身 - 车架基本结构的变形，是 20 世纪 60 年代的主流方案。那时，不论采用车架的基本结构还是变形结构，其基本的设计思路是：车身下方的车架应该能够承受主要载荷并提供刚度，车身则只是用来作为驾驶舱的外壳，起到遮风挡雨的作用。

至今，这种基本的车身 - 车架结构依然存在，例如在货车领域，货车有时需要在非铺装道路条件下重载工作，对高速操控性、重量和乘坐舒适性的关注相对较少一些，此时，将车架与车身分开设计的优势就很大，车身 - 车架结构就成为一种性价比高的可行性方案了。车身 - 车架结构最显著的优势在于生产的灵活性：它可以在统一的车架、传动系和悬架结构基础上，安装各种形状的车身。特别是对于大型货车，一个车架可以与多种车身配合使用，简化了零部件的结构和数量，降低了制造成本。在本章的最后我们将会看到，由于汽车上越来越多地采用了结构化设计模式，这种车身 - 车架结构对汽车制造商仍然具有很大的吸引力。

尽管如此，从整体发展趋势来看，车身 – 车架结构的设计方法已经不再是主流了，如今绝大多数的汽车都采用了一体化的设计方法，将车架和车身集成设计在一起，作为一个整体的承载式结构，即承载式车身，这样就获得了承载性能更好的三维支撑结构，消除了对重型车架的需求，从而避免了使用沉重的横梁和十字交叉结构，大大减轻了汽车的重量。同时，由于整个车身都可以吸收碰撞力，也因此提高了汽车的被动安全性。这样的整体结构设计非常适合于大规模生产，将材料冲压和焊接形成车身，悬架和传动系组件通过硬点固定在相应的车身结构模块上（这些结构模块即为子框架，图 7.1），车轴和发动机固定在更大范围的车身结构上，以确保足够的强度，并实现振动噪声的隔离。这种承载式车身适合多种驾驶舱的设计需求，能够实现碰撞保护，性价比好，适合大规模生产，因此很长时间以来，它已经成为量产车的主要设计方法。

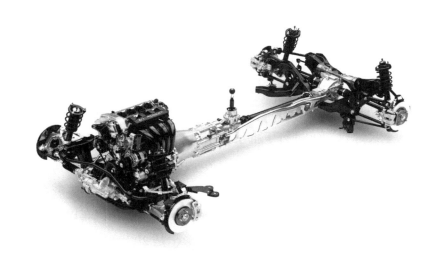

图 7.1　马自达轻巧而坚固的 MX-5 底盘

尽管 MX-5 采用了承载式车身，但是它还是保留了一部分框架式车架结构（类似于 20 世纪 90 年代的"I 形车架"），确保了刚度。

图片：**Mazda**（马自达）

承载式车身结构有时也称之为单壳结构（monocoque structure），源自法语中对单个外壳的称呼，单壳结构在没有内部支撑的情况下，外壳将承载全部的拉伸和压缩载荷，此时，外壳的强度就非常关键了。为了更好地理解外壳的作用，我们可以想象一个蛋壳，当对它施加一个压力或者扭转力时，蛋壳的对称结构会确保其在任何点处都会对外力自主地施加一个反作用力，这就是力的自主强化现象，这一现象使得蛋壳保持了较好的结构完整性。承载式车身也具有类似的特征，但是，由于在其结构中包含了很多的带框截面、子框架以及增强结构的零件，使之更加体现出了半整体结构的特征（而不是像蛋壳那样的全整体结构）。如果在某些汽车上，车身外壳强度而不是子框架或者主要子部件强度起主导作用，此时的承载式车身也将会体现出更好的全整体结构特性，这样的结构更加有利于实现汽车的轻量化和高刚度。这样看来，承载式车身单壳结构的性能取决于其形状的完整性，为了获得足够的强度和耐撞性能，需要对车身结构及其完整性进行仔细的设计。

兰博基尼 Aventador 就是采用这种硬壳承载式车身的典型代表。为了减重，Aventador 最大限度地使用了轻质碳纤维复合材料（我们将在后面讨论），通过精密加工，制造了极其轻便而又坚硬的外壳部件，包括驾驶舱、车顶和其他的车身零部件，通过进一步的固化，所有的部件融合在一起，形成承载式车身单体，像蛋壳一样，它具有轻巧的重量和出色的刚度。在该车身的两侧布置有铝制金属件，可以支撑传动系和悬架。这种经过精心设计的单体结构轻巧坚固，能够提供良好的碰撞保护，但是，这种加工过程对精度的要求很高，既费时又昂贵，对于应用在价值 50 万美元以上的汽车来说应该是没有问题的。

对于高性能汽车来说，车身设计的一种替代方法是空间框架构型。在纵向和对角线方向上都布置管状构件，共同构成了一个相互连接的三角形网络结构，形成了整体骨架，它在空间结构任何方向上都具备了高强度和高刚度。对此，理想主义者可能会认为，一个真正的空间框架不应该只采用管状框架，更应该在四面都布置上载荷加强点，从而使其具备更好的三维强度和刚度，尽管这样看也对，但是不能一概而论，也要依实际情况具体分析。对于我们这里提到的空间框架构型，面板只是附着在框架上，没有结构功能，几乎不受力，这样就可以使用更轻的材料，再结合适当的设计，该系统就可以为任何汽车结构提供最好的刚度特性了。这种结构的另一个优点是组装质量要求不高，相对容易一些，使其成为一些特种车辆的理想选择，并且也曾经是法拉利、兰博基尼和捷豹车型的首选。

奥迪将这种结构进行了产业化应用。20 世纪 90 年代中期，奥迪推出了 ASF 车身结构（Audi Space Frame，ASF），并在接下来的十年中进行了改进和量产。一方面，类似于儿童玩具，它将一些挤压件和铸件进行了组合设计，并采用铝板以提高刚度（图 7.2）；另一方面，它将铝型材、薄板和铸件与钢、镁和碳纤维结合使用，形成了坚固轻巧的结构。该 ASF 车身结构采用模块化设计，可供 A8 轿车、TT 敞篷跑车等多种车型使用，从而简化了多种材料的集成，提高了设计的灵活性。

图 7.2 奥迪多材料 ASF 车身结构设计

奥迪 ASF 车身结构应用于 A8 和其他多种车型中，替代了传统的承载式车身设计方法，实现了更高的刚度和更优的轻量化。它将多种材料联合应用，通过用挤压件、薄片件、黏合剂和铆钉代替传统的冲压和焊接工艺，形成了一种高强度的车身空间结构，同时又保持了传统车身方案的大部分装配兼容性。

图片：Audi（奥迪）

7.3 碰撞安全性

汽车设计过程中要随时考虑汽车出现事故时的防护，汽车撞到障碍物时，会出现结构损坏、连接失效、材料屈服断裂等情况，在设计过程中要予以充分的关注，并提高乘坐的安全性。在碰撞发生时，提高乘员安全性的关键不是避免材料的失效，而是要通过合理设计，确保这些失效能够按照我们希望的方式发生，我们的目标不是不产生损坏，而是要精心设计相应的机械损坏形式，以便于吸收碰撞时产生的能量，从而牺牲掉一些有形的结构来保护无价的生命，这就是汽车的碰撞性能。它不同于汽车的防撞性能，防撞性能是基于一系列的驾驶、制动和其他先进特性而实现的，这些内容将在第9章中介绍。

汽车的碰撞性设计并非与生俱来，在汽车发展初期，很少有人考虑到碰撞安全性，在日常交通主要来自马车的年代，时速一般不会超过 10mile/h，那时根本不用担心会出现灾难性的碰撞后果。之后，汽车的出现令交通速度大幅提高，发生的碰撞开始对人的生命安全产生危害，但是很遗憾，那时还是没人考虑汽车的碰撞安全性设计。重大变化开始于 20 世纪 60 年代后期，拉尔夫·纳德（Ralf Nader）所著的书籍《任何速度都不安全》（*Unsafe at Any Speed*）促动了公众对汽车碰撞安全性的觉醒，汽车制造商也开始对安全性有了一定程度的关注，但在接下来的十年里，汽车仍旧设计为装在轮子上的金属盒子，没有任何碰撞安全性防护措施。到了 20 世纪 70 年代，追求燃油经济性导致更小、更轻的汽车出现，但是还是没有引起对汽车碰撞安全性的过多重视。然而，到了 20 世纪 80 年代，汽车碰撞实验的结果越来越多地引起了监管机构、保险商和消费者的关注，在后续的十年中，绝大多数消费者也逐渐开始认为碰撞安全性是汽车的基本要求了[157]。现在，碰撞安全性已经成为了购买汽车时的首要考虑因素，也成了汽车营销中的重要推销亮点之一。

你可能以为，避免在汽车碰撞事故中受伤的关键是避免汽车结构被撞坏，但是，这并不完全正确，也不是汽车碰撞设计的全部。汽车在发生碰撞事故的瞬间，人体会被挤压得很难受，但是在大多数此类事故中，这种挤压并不是唯一的威胁，主要的威胁实际上来自汽车碰撞发生时的减速伤害，即在不到 1s 的时间内汽车速度从 70 mile/h 突然

157　V. Kaul，S. Singh，K. Rajagopalan and M. Coury，Consumer attitudes and perceptions about safety and their preferences and willingness to pay for safety. SAE International Paper 2010-01-2336. Published October 19，2010.

降为 0 mile/h 时产生的影响。这是典型的驾驶碰撞伤害，看起来身体没有大幅移动，但是内脏等人体器官却继续保持着惯性运动，从而导致了严重的伤害，例如肌肉损伤、骨骼损伤、创伤性脑损伤甚至器官衰竭等。所以，在进行碰撞设计时关键要关注两点：第一，要设计坚固的结构，保护乘客不被挤压，第二，要设计合理的结构，吸收汽车碰撞过程中的能量，降低人体及其器官的运动减速度（图 7.3）。

图 7.3　汽车碰撞实验

美国国家公路交通安全管理局（NHTSA）和公路安全保险协会（IIHS）进行了各种汽车的碰撞实验，包括常规的正面碰撞、部分正面碰撞、侧面撞击，后部碰撞以及侧翻实验等。

图片：Volvo（沃尔沃）

　　碰撞设计的关键是控制碰撞冲击，也就是控制碰撞过程中的减速方式和减速度值的大小。通常用 Gs 表示减速度值（也表示加速度，汽车受到碰撞时一般会减速，因此，这里表示减速度），它是与重力加速度的比值来表示的任何特定方向上的减速度或加速度的大小。例如，汽车在进行急转弯时会将人甩向侧面，如果其受力的幅度是地球向下拉动人重力加速度幅度的两倍，那么，就说这个人承受了 2Gs 的横向加速度，一般情况下，根据每个人的年龄和健康状况的不同，以及发生汽车碰撞时的撞击性质的不同，人体能够承受的减速度（加速度）一般控制在 20~40Gs 之间 [158]，根据当前美国联邦法规的要求，当汽车以 35mile/h（15.5m/s）的速度撞墙时，对乘客造成减速度也不应超过 20Gs。结合这一要求，对汽车进行碰撞安全设计的总体思路是：在汽车发生碰撞的瞬间（通常约为 1/4 s），应尽可能均匀地分配减速度，以避免峰值减速度过大造成强力冲击。换句话说，我们要尽可能地将减速过程均匀地分布在这 250ms 内，以免对人造成过大的伤害（图 7.4）。

158　D.F. Shanahan，Human tolerance and crash survivability. Paper presented at the RTO HFM Lecture Series on "Pathological Aspects and Associated Biodynamics in Aircraft Accident Investigation"，Madrid，Spain，October 28–29，2004；Königsbrück，Germany，2–3 November 2004，and published as NATO document RTO-EN-HFM-113.

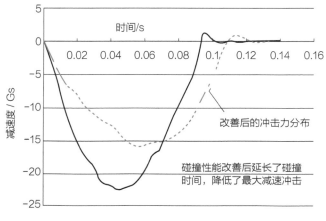

图 7.4 危险减速过程

在汽车碰撞事故中幸存下来主要并不在于汽车行驶速度有多快，而在于对碰撞后减速过程的控制，通过改进结构，选用合适的材料，能够有效地扩大碰撞瞬间的冲击脉冲宽度，从而能够降低最大减速冲击，提高汽车的碰撞性能。

在汽车的前部和后部设计可以吸收碰撞能量的溃缩区是一种非常好的改善碰撞冲击的方法。有人可能会认为，提高汽车碰撞性能的关键应该是在汽车的前部和后部设计坚固的结构，从而在碰撞发生时能够产生尽可能小的变形和损害，其实这一想法是不对的。例如，对于经常在道路上看到的皮卡和 SUV，它们看起来很高大，很坚固，如果发生碰撞事故，对其他汽车中的乘客来说，这些皮卡和 SUV 可能是最危险的。实际上，在这些大中型汽车的前后部都设计有足够长度的溃缩区域，和其他汽车撞击时，这些结构可以按照设计的方式吸收能量，虽然会造成皮卡和 SUV 车身结构严重的甚至永久的损坏，但这样也降低了对方汽车的碰撞冲击力度，避免了对乘客身体的挤压，从而确保所有车内人员获得更高的生存率[159]。

因此，从碰撞设计的角度看，车身的基本结构应该包括两个主要部分：第一部分是一个保持驾驶舱完整性的坚固框架，称为安全框架，它用非常坚固的材料制成，并与安全带和安全气囊一同为驾驶舱内的人员提供生存空间；第二部分是与安全框架相连的外部结构，旨在吸收碰撞能量并将冲击力广泛传递到汽车的其他结构上，从而避免出现单一位置吸能溃缩从而侵入驾驶舱的情况。外部结构又分为三个区域：第一个是较为柔软的区域，可以吸收一些轻微的碰撞能量，并减少低速碰撞时对行人的伤害；第二个是一个主要的内部区域，可以在发生碰撞时吸收很多的能量；第三个是一个次要的内部区域，该区域可将碰撞时受到的力分散到车身结构的其他部分，避免安全框架

159　M. Ross and T. Wenzel，An analysis of traffic deaths by vehicle type and model. American Council for an Energy-Efficient Economy，Report Number T021，2002.

的失效。

你可能也想到了，并非所有的碰撞都发生在汽车的前部或者后部。实际上，设计人员和安全技术专家将汽车碰撞分为正面碰撞、侧面碰撞、后部碰撞和侧翻。正面碰撞问题最容易解决，通常可以设计更大的收缩区，通过挤压变形获得减缓冲击的效果，这也是汽车电子稳定性控制系统更关注解决转向过度问题而非转向不足问题的原因之一，因为不足转向会使汽车行驶轨迹偏离，此时，发生碰撞的效果类似于正面碰撞，这一正面碰撞问题容易解决，因此，这也就成了一种最为安全的碰撞形式了；但是，如果在汽车碰撞过程发生操纵失稳，由于转向过度引起侧面碰撞，解决这一侧面碰撞问题就比较棘手了。这样看来，如果实在无法避免碰撞，也要尽量形成正面碰撞，这样可以让你更好地活下来。

碰撞设计不是一件容易的事情，在进行理想的正面碰撞和后部碰撞结构设计时，我们需要既可变形而又坚固的材料；考虑后部碰撞设计时，还要关注对油箱的保护；再考虑到侧翻保护时，就意味着安全框架必须在三个方向上都具有合理的结构，现在皮卡、SUV 和 MPV 的重心都比较高，尤其需要重点关注侧翻保护这个问题。然而，遗憾的是，汽车外形设计的首要考虑因素并不是碰撞保护，而是出于对行驶性能、汽车风格以及空气动力学的考虑，然后再结合外形设计考虑碰撞保护。在这样的设计思路下，考虑到汽车可供使用的碰撞设计空间，真正的挑战主要来自侧面碰撞的保护设计，因为汽车侧面的材料和空间预留都很少，从而加大了保护设计的难度。为了解决以上问题，我们不仅要关注碰撞保护结构的设计，还要关注结构所需的材料的选择。

7.4 材料

在选用汽车材料时，需要综合考虑材料的各种性能特征。材料的强度当然是需要考虑的性能指标，但不能是唯一的考虑因素。综合考虑材料性能的一致性、强度变化的可预测性以及韧度等，才能确保设计出的碰撞结构具有良好的能量吸收能力。除此之外，材料的可成形性和可加工性非常重要，材料的重量需要关心，材料的耐腐蚀性也需要关注，材料的这些性能特征有时会影响到汽车行业的发展。同时，各种材料性能之间的兼容性也至关重要，它确保了不同材料之间能够有效且坚固耐用地连接在一起。

钢是一种铁和碳的合金，自 20 世纪 20 年代末以来，一直是汽车制造中的主要材料。在高温下向铁中添加碳元素，较小的碳原子就会嵌入到铁原子的间隙中，碳键在小空间内受到压缩变形，形成了一种比铁坚硬的更高强度的钢，这种钢具有高强度特性以及良好的可加工性，导致它的使用在汽车材料领域主导了近一个世纪（当然，期间也会有一些变化，例如，摩根（Morgan）曾经制造过木制框架的汽车，但是总地来说，钢制冲压车身长期以来一直是汽车制造的主流），直到近期，美国生产的普通汽车重量的一半以上还是来自钢材[160]。实际上，一直到 20 世纪 70 年代，普通碳素钢和铸铁一直是汽车行业的主要材料，但是现在，新材料、新的合金技术和加工技术的出现已经改变了普通碳素钢和铸铁的主导地位，制造出了各种各样的新型车用钢材。面对日益增多的材料选择，我们可以对汽车零部件进行更加精确的工程设计了。

钢材之所以在汽车制造材料中长久占据主导地位，最重要的原因是其优异的强度特性，或者说，钢材在承受机械应力时表现出了优异的抵抗永久变形的能力，这也就是工程师所说的弹性模量的概念，它定义为应力与应变的比值，其数值越大，材料在最小变形情况下承受的力就越大。钢的弹性模量为 200 GPa，大约是铝的 3 倍，锡的 8 倍，甚至比钛还要高。钢不仅具有大的强度和刚度，而且还具有很强的能量吸收能力，同时，价格也不贵，它应该是汽车制造所用最便宜的主要金属材料了。除此之外，钢材易于回收利用，也可以非常容易地进行重复加工，进一步降低了材料的成本，并改善了环保性能。实际上，钢材是世界上回收利用最多的材料之一，在汽车行业中，它的回收利用率接近 90%[161]。

钢材的一大优势是性能的多样性。这来源于其晶粒结构的多样性，任何晶粒结构的改变都会改变钢材的特性，从结构原理上说，任何其他金属也具有类似的特性。在原子水平，任何金属都是数百万个微小晶粒的集合，这些晶粒的形状、方向和大小随材料各异，但是，每个晶粒都是由高度有序的原子晶格构成（图 7.5），不同晶粒在相接的边界处形成位错结构，导致有序性降低了很多。在晶体内部，将晶格保持在一起的原子键很松散，原子之间可以相互被拉开，松开后又可以再弹回来，而在位错处，原子键很复杂地纠缠在一起，形成了较强的刚性结构，无法轻易将其拉开，金属材料在结构上的这些缺陷形成了材料的薄弱点。总而言之，晶粒和位错的大小和几何形状决定了材料的基本属性，通常，晶粒越大的金属，其延展性越好，而晶粒较小并且位错纠缠多一些的金属，其硬度会更高一些。

160　P.K. Mallick, Advanced materials for automotive applications: an overview. In J. Rowe（ed）Advanced Materials in Automotive Engineering. Woodhead Publishing, Cambridge, 2012, 5-27.

161　J. Bowyer, S. Bratkovich, K. Fernholz, M. Frank, H. Groot, J. Howe and E. Pepke, Understanding steel recovery and recycling rates and limitations to recycling. Dovetail Partners, March 23, 2015.

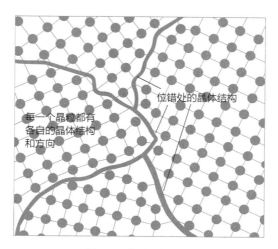

位错处的晶体结构

每一个晶粒都有
各自的晶体结构
和方向

图 7.5　金属晶粒结构

以上所述金属晶粒的结构特性能够用来指导汽车用各种金属材料的生产。例如，熔化的金属在冷却过程中会发生晶粒生长现象，如果让金属缓慢冷却，就可以形成较大的晶粒，大晶粒小位错结构的金属更具延展性，也更坚韧，这种不坚硬但坚韧的金属有利于通过变形吸收能量，并且在变形后也不易发生断裂。如果对熔化的金属快速淬火，就会产生较小的晶粒和更多的位错，从而获得了硬度更高的金属，甚至在应力下几乎不会变形。在机械加工工艺方面，加工硬化可以获得类似的效果，加工硬化过程中，金属表面发生机械摩擦，产生变形，晶粒被破碎，形成了错综复杂、网状交织的位错，这样就获得了更坚固的金属特性。这一效果可以通过弯折回形针体验出来：随着不断地弯曲回形针，它会变得越来越硬，形成硬化现象，直至断裂。

各种金属合金也具有类似的晶粒结构和性能特征，例如，在钢中添加其他金属材料，可以获得不同的晶体结构，从而获得不同的材料性能。通过改变合金工艺和制造方法，钢的强度就会发生很大的变化，使汽车制造商在不同的应用场合可以使用不同强度的合金钢。到现今，将多种材料进行精确合成的工艺已经发展起来了，最新的技术创新极大地增强了钢的强度和多功能性。

毫不夸张地说，钢材合成工艺的创新已经极大地改变了白车身的制造工艺和生产质量，生产工艺的改进使钢材的标准更高了。例如，采用先进的控制工艺和更好的材料清洁度控制［也称为夹杂物控制（inclusion control）］，有助于去除钢水中的杂质；真空脱气工艺（vacuum degasing）利用负压促使钢水中的氮气和氢气逸出，使钢的纯度比以前高出 20 倍，更坚固，质量也更好。但是，钢铁的现代化生产工艺远不止上述两个内容。

　　钢铁生产工艺的真正转变始于 20 世纪 80 年代出现的第一代高级合金钢，这种合金钢的强度得到了极大的提升。基于这些新材料的出现，在 90 年代，美国钢铁协会进行了一系列研究，开发了超轻钢制汽车车身（Ultralight Steel Auto Body，ULSAB），重量较传统车身轻 1/5，但是强度更高，碰撞性能更好。在这之后，新合金及其生产工艺不断涌现，形成了更好性能的钢材产品，一些在 80 年代研制出来的高强度钢（High-Strength Steels，HSS）在 90 年代的汽车工业中获得了广泛应用。例如，研制的高强度低合金钢（High-strength，Low-Alloy Steel，HSLA）比常规钢具有更细的晶粒结构，在其中加入了微量的其他金属材料，比如百分之几的钒和钛，这些微量材料占据了部分晶体结构，在金属结构内部造成了晶格应力的产生，这些应力能够抵抗位错运动，从而使得这种 HSLA 材料的屈服强度得到了显著提高（大约从 200MPa 提高到 300~550MPa）[162]。

　　新的金属处理工艺开始在分子水平上更精确地塑造材料的性能，再结合新的加工工艺，就为新材料的产生提供了各种可能。例如，马氏体钢使用了快速冷却方式防止碳原子扩散，形成具有碳饱和、高应变、多位错的四方晶体结构，使得钢材的强度更高，形成了超高强度钢，其抗拉强度为 900~1700 MPa，断裂前的延展率极低[163]。同样，双相钢（dual-phase steel）是利用精确的合金工艺形成了一种材料内部的双相晶粒结构，其中的一相由较软的晶体结构组成，在立方体的每个角有一个原子，在立方体中心也有一个原子，称为体心结构或铁素体，而硬度更高的马氏体组织则是第二相，通过冷却过程控制和应变硬化控制实现两相组分的调整和平衡，可以准确地获得金属的可加工特性和强度特性。又或是相变诱导塑性钢（Transformation-Induced Plasticity Steel，TRIP）在分子水平就进行了强化，在保持韧性的同时，也具有了很高的强度。复相钢（Complex Phase steel，CP）与 TRIP 钢类似，它是一种利用晶粒的精确控制和微细结构形成的高级金属材料，在位错致密的钢基体中包含了少量的马氏体和珠光体，并通过掺杂微量钛、铌等关键材料进行微合金化，从而获得了高度细化的晶粒，提高了强度。

　　以上这些先进的高强度钢（Advanced High-Strength Steels，AHSS）具有很大的抗压性，可以为乘客安全设计或汽车前部结构设计提供性能明显改进的材料，从而显著地增强汽车的安全性能。这些新型钢材在保证汽车整体强度变得更好的同时，也有利于汽车的轻量化，尽管材料的密度没有很大变化，但是强度的增加意味着所用钢材的

162　P.K. Mallick，Advanced materials for automotive applications：an overview. In J. Rowe（ed）Advanced Materials in Automotive Engineering. Woodhead Publishing，Cambridge，2012，5–27.

163　P.K. Mallick，Advanced materials for automotive applications：an overview. In J. Rowe（ed）Advanced Materials in Automotive Engineering. Woodhead Publishing，Cambridge，2012，5–27.

厚度可以更薄，从而降低了汽车的重量，例如，使用高强度钢后，可以使汽车的重量降低10%~20%甚至更多。自2000年以来，汽车中普通钢的应用比例显著下降，高强度钢逐渐取而代之。

现在，汽车的底盘和车身不再仅仅是用普通碳素钢加工成的一个封闭外壳，它们需要用到各种性能的钢材，应该结合应用位置，根据钢材的强度、延展性和重量有目的地选用（图7.6）。例如汽车B柱用的钢材，它要具有侧面碰撞保护的功能，对于诸如这些用于车内生存空间保护并防止外物侵入驾驶舱内的钢材，通常要具有很高的强度，同时具有相对较小的延展率；而对于车顶和A柱用钢材，选用时需要更多地考虑强度和形变的平衡，以保证发生汽车碰撞过程中能量的吸收能力和可靠性，这就需要这些钢材的强度略低一些，但延展率要更大一些；对于用于汽车车身冲压的钢板，需要优先考虑加工的可成形性，强度不需太高。

图7.6 钢制的安全车身和底盘

汽车车身和底盘中使用了各种不同性能钢材，包括通常所说低碳钢、高强度钢、超强度钢以及超超高强度钢等。

图片：Volvo（沃尔沃）

这样看来，高强度低合金钢（HSLA）可以用于加固车门结构，能够适度吸收汽车发生碰撞时的能量，减轻对侧面冲击的影响；通过调整双相钢的组分，能够获得不同的屈服强度和延展性，可以用于碰撞压缩区的梁、紧固件、车门以及其他的车身部件；极坚固的硬质马氏体钢可以用于门梁或车顶部分，以防在发生碰撞过程中能量吸收不可行时，可以实现阻止驾驶室变形或侧翻保护的功能；TRIP钢具有高强度和延展性，它可以用于制造车身导轨、车顶梁、座椅框架、B柱和其他组件等。

虽然车用钢材的性能取得了显著的进步，但是仍然存在着金属强度与延展性之间的矛盾，有时需要兼而得之，例如，在汽车的某些材料应用场合，可能需要既坚固又柔韧、既能够提供大的强度又具有能量吸收能力的材料，这就是开发的第二代高级合金钢。正如我们所料，开发这种合金钢的关键还是在于材料的分子结构，它具有一系列立方结构的原子组织，立方体的每个面上有五个原子，每个角上有一个原子，中间有一个原子，就像一个每面都有五个点的骰子，这就是奥氏体组织或面中心结构（Face-Centered Cube，FCC），也是铝等金属的典型结构。理论上，它具有最致密的结构（图 7.7），为了得到这种结构，通常需要在非常高的温度下进行热处理才行。但是，如果在孪晶诱发塑性钢（Twinning-Induced Plasticity，TWIP）中添加约 20% 的锰，也可以在常温下获得这种结构。这种结构的材料非常坚固，应力变形能力也很强：将其拉伸时，晶体结构会沿着堆叠的晶体平面方向发生轻微的偏移形变，产生堆叠缺陷，发生形变两侧的晶体镜像平面称为孪晶，在应力作用下，孪晶相交处的晶格从立方形变为马氏体，也就具有了马氏体的坚固性，形成了材料的高强度特性；同时，这些细小孪晶边界轻微形变的连续积累，致使材料在整体上具有了大的应变能力，形成了材料的大延伸率特性，导致其非常难以断开，结果是，如果尝试将 TWIP 钢拉断会非常困难，它在真正断裂之前，其长度可能会延展至两倍以上。

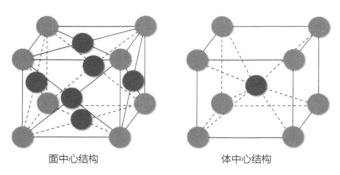

面中心结构　　　　　　　　体中心结构

图片 7.7　面中心结构和体中心结构

金属的性能部分取决于晶体的形状，具有面中心结构（FCC）金属的原子致密度高，例如铝合金等；具有体中心结构（BCC）金属的原子致密度低，例如普通的铁和铬等。铁可以通过控制其冶炼温度的不同获得不同致密度的结构形式（也就是同素异形体），合金钢也可以通过合金工艺的调整获得不同致密度的结构，从而使材料具有不同的强度和延展性。

这种既坚固又具有延展性的材料在汽车中有各种不同的应用价值，例如，可以作为侧面碰撞保护的材料使用，它可以加工形成坚固的车身结构，也能够通过变形吸收碰撞时的冲击能量，如果强度更高的话，更有助于为乘员提供必要的保护。

TWIP 钢及其他第二代合金钢也面临着双重挑战：首先是成本，TWIP 钢的制造成本昂贵，对于大批量生产的汽车来说根本无法承受；其次是这些钢材的加工和连接难度大。现阶段，正在努力调整材料的性能以提升第二代合金钢的强度和延展性，同时降低成本，使其可以在汽车行业中大批量应用，由此开发了第三代高级合金钢材（图 7.8）。

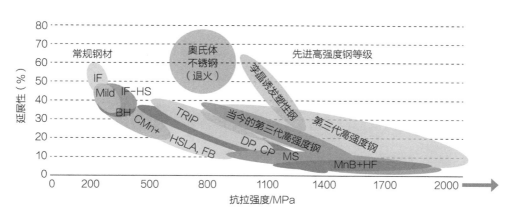

图 7.8　先进的钢材强度和延展性

各种各样的高级钢材满足了强度和延展性兼得的需求，在材料性能和安全应用方面，为汽车制造商提供了更广泛的选择范围，这在以前是无法想象的。

图片：WorldAutoSteel

　　第三代高级合金钢的开发建立在前两代研究的基础上，基本思想是混合马氏体和奥氏体结构，设计具有目标强度和延展性的精确的微观组织，同时合理控制成本。一种新的热处理工艺是淬灭和回火处理，首先将非常热的钢精确淬火至临界温度，获得细化的晶粒结构，并实现高强度马氏体和可变形奥氏体结构的平衡，这就像铁匠制作一把剑，需要获取奥氏体的韧性和马氏体的硬度；淬火之后，再进行轻度加热和冷却，以调整碳原子的结构，使材料从马氏体转变为奥氏体，并在室温下稳定其结构。人们正在探索越来越复杂的加工工艺组合，包括热处理、轧制、烘烤硬化、冲压等，有针对性地调整马氏体和奥氏体比例，开发出具有更高强度、更好韧性和更优可加工性的材料。这样做的根本目的，就是要分别地控制那些与材料强度和延展性相关的微机械特性，获得所需的材料性能。

　　开发新型钢材最有趣的方式之一是在纳米尺度上调整晶粒组织，从而使第三代钢材变化为纳米结构钢材（nanostructured steels）。它的晶粒组织调整尺度比普通处理方法还要小几个数量级，一般在 10~100 nm 范围内，这个范围的晶粒由多个晶体构成，有时每个晶体只包含几十个原子，通过仔细控制这个尺度范围内晶体和晶粒的生长，可以控制甚至排除影响钢材强度的晶界缺陷。经过细化的晶粒抑制了位错运动，实现了晶界强化（图 7.9），晶粒越小，材料的强度和韧性就越高（在材料学中称为霍尔－帕奇关系），这样就获得了高性能的金属材料，甚至超出了先进高强度钢的性能范围。未来第三代先进高强度钢的强度将是第二代的 2 倍，是普通低碳钢的 8 倍[164]。

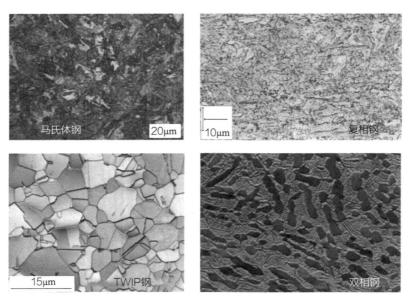

图 7.9　钢的显微结构

不同钢的显微结构清楚地反映了其晶体结构的变化，马氏体钢（左上）具有高强度及致密的小晶体；复相钢（右上）的高强度体现在极高的晶粒细化度上；TWIP 钢（左下）的大延展性反映在较大的晶体结构中；双相钢（右下）可以清楚地看到铁素体与马氏体的组合。

图片：WorldAutoSteel

　　汽车用钢材的技术创新不仅体现在新材料方面，还体现在应用创新方面，叠层钢，也称为静音钢，就是一种创新性应用的典型。它将黏弹性（黏稠性和弹性）聚合物黏结在两片钢薄板之间，形成三明治结构，一方面它具有了很大的弯曲强度，另一方面也是它的最大优势，就是具有了对振动噪声的阻尼功能，并且可以通过结构调整，衰减特定范围的频率，因此，通过使用这种钢材，可以减少通常安装在汽车周围的传统减振和吸声材料，或者将它们全部省去，这样做又大大减轻了整车的重量。

　　钢的最大优势在于其成熟度，它在相当长的时间里一直是汽车应用的主要材料，工程师知道如何设计应用它，工人受过相关制造方面的培训，汽车制造企业也有使用它的各种工具，就算是正在开发的第三代合金钢，也要尽可能地确保能够利用现有设备等技术条件进行生产和应用。虽然人们也常说钢材的最大优点之一是易于加工，特别容易

164　D. Chatterjee，Behind the development of Advanced High Strength Steel（AHSS）including stainless steel for automotive and：An overview. Materials Science and Metallurgy Engineering 4（1），2017，1–15；and Advanced High-Strength Steels Application Guidelines Version 6.0. World Auto Steel，April 4（1），2017.

成形加工和焊接，但是不得不说，钢材的巨大优势还是在于现有研发和生产体系对其制造过程的熟悉，工程师了解钢材，并可以借助于已知的和现有的制造方法和设备进行汽车碰撞等性能设计，在这样的条件下，如果将钢材更换为另外一种材料，就需要有更加明显的优势和更为充分的理由。现在，我们马上就会发现，对于汽车的许多应用场景来说，更换钢材的理由已经具备了。

7.5　替代材料

总体而言，在先进钢铁材料占据汽车材料主流的年代里，汽车的重量并没有下降，虽然汽车上不断增加更多更强的功能配置，但正是由于采用了先进的高强度钢材，才避免了整车重量的大幅增加（图 7.10），或者可以说，先进钢材的使用起到了显著减重的

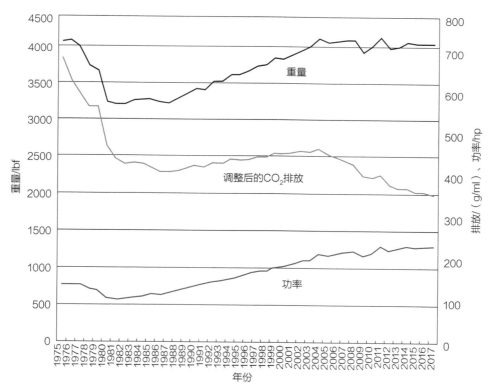

图 7.10　1975—2017 年汽车重量、汽车功率和 CO_2 排放量的变化

虽然汽车的功率增加了，但是二氧化碳的排放却大大减少，若要实现进一步改善，就需要不断地降低汽车的重量。实际上，汽车整备重量已经保持了十多年的相对稳定了，采用多种材料综合设计，有望进一步减轻汽车的重量。

资料来源：US Environmental Protection Agency（美国环境保护署）

作用，体现出了每一美元购车支出的价值[165]。然而，这种单纯依靠使用先进钢材减重的方法还是有局限性，它虽然可以实现零部件重量10%~20%的降低，但是还不足以满足汽车的轻量化目标，特别是重量对于汽车燃油经济性的影响越来越大，而电动汽车的续驶里程也越来越取决于汽车轻量化程度，在此背景下，实现汽车重量的大幅降低只能依赖于更多地使用替代材料、聚合物材料和复合材料。

直到最近，我们似乎还认为铝材在汽车中的使用只是在发动机和车轮上，而实际上，在过去的十年中，使用铝材的零部件显著增加了[166]。铝的最大优势在于密度，采用铝材时，如果想要获得和使用铁一样的弯曲强度，铝材的厚度大约要增加50%，但是铝材单位体积下的重量比铁轻60%，这样算来，用铝材代替钢材制造车身时，一般可以降低约50%的重量[167]。当然，铝不能像钢一样承受集中载荷，因此，需要对铝制零部件进行重新设计，以确保载荷的均匀分配。其实，不论是使用铝材还是其他材料代替钢材，都需要进行全新的设计。

像钢材一样，铝材在材料和热处理方面的变化也会形成各种各样的机械性能，从而有条件在汽车的不同位置上使用性能不同的铝材。例如，5000系列是铝和镁形成的合金，兼具强度和可塑性，但是，这种铝合金不能进行热处理，因此强度受到了限制，如果添加部分硅，将会形成AlMgSi合金，其中有1%~2%的硅化镁，使其热处理成为可能。6000系列铝合金是一种更加坚固的材料，表面外观和强度获得了较好的改善，特别适合于汽车车身的制造，具有非常好的应用效果。例如，捷豹在其车身的侧面使用了6000系列铝合金，车身面板的厚度从1.5mm减小到了1.1mm，但是强度却没有降低，重量反而减轻了27%[168]。如果需要更高强度的材料，还可以使用能够进行热处理的AlZnMg合金，它是一种强度非常高的7000系列铝合金材料，适用于保险杠、防撞梁和其他超高强度应用场合，它比普通铝的强度要高2~3倍[169]。

铝合金材料最典型的应用是欧盟资助的超轻型汽车项目（Super-Light Car，SLC），该项目由大众汽车公司倡导，囊括了38个汽车行业的参与者，研究潜在的适合大批量生产的超轻型白车身材料、制造和连接技术及其成本。这一项目使用大众高尔夫汽车为

165　Automotive Metal Components for Car Bodies and Chassis：Global Market Study. Roland Berger，Munich，Germany，2017.

166　Aluminum content in North American light vehicles 2016 to 2028：Summary report. Ducker Worldwide，July，2017.

167　P.K. Mallick，Advanced materials for automotive applications：an overview. In J. Rowe（ed）Advanced Materials in Automotive Engineering. Woodhead Publishing，Cambridge，2012，5–27.

168　I. Adcock，"Jaguar's Lightweight Challenger". Automotive Design September，2014.

169　T. Summe，Insider's Look：7000-series aluminum alloy innovation. Novelis Aluminum Blog. Available at http：//novelis.com/7000-series-aluminum-alloy-innovation/6/26/18.

样车，白车身中超过一半的材料是铝材，超过 1/3 的材料是钢材，剩余的大部分材料是镁和塑料[170]，最终，其重量减轻了 34%，而性能和安全性丝毫未受影响。其实铝并不是什么革命性的新材料，工业上就有铝的生产应用，我们对铝材的这种熟悉，成了其后续在汽车行业广泛推广的最大优势，再加上其日渐成熟的合金工艺和生产制造工艺，这就以铝合金材料为基础，产生了可行的、低成本的、具有大幅减重效果的轻量化工艺。

汽车制造商对铝材应用的兴趣已经持续一段时间了。在 1990 年推出的讴歌 NSX 跑车中首次使用了铝制半单体式车身，获得了引人注目的减重效果，现在则采用了铝材和钢材共同形成的先进空间框架结构，并进一步连接到聚合物和碳纤维车身上（图 7.11），高强度的铸铝节点将挤压成型的铝材框架连接在一起，并用作前后悬架和动力总成的刚性安装点。奥迪于 20 世纪 90 年代开发了全铝框架车身（ASF），这是汽车制造中的一个典范，声称其重量比使用传统钢材减轻了 40%，而刚性增加了 40%[171]。

图 7.11 本田汽车中的铝材创新性应用

本田首次在讴歌 NSX 跑车上使用了铝制半单体式车身，它利用各种铝材制造技术，通过先进的铸铝工艺连接各种铝材挤压件和冲压件，形成极具创新性的 NSX 车身。如果采用传统的铸造方法，其连接部位太脆，以至于在关键部位无法实现必要的能量吸收功能，为此，本田率先开发了新的铝砂铸造工艺，使用高压射流快速地将铸件上的沙子洗净，同时快速冷却材料，并在铸件上形成褶皱，这样的结构使得车身具备了更好的能量吸收能力。

图片：Wikimedia Commons / CC-BY-SA-2.0

铝材在汽车上的应用日益增多，例如，2012 年奔驰 SL 级轿车采用了铝质车身框架；2006 年雪佛兰克尔维特跑车采用了铝制一体化车身，采用 3mm 厚度面板以确保所需的刚度；宝马在 5 系和 6 系上采用了被称为 GRAV 技术（Gewichtsreduzierter Aluminium Vorderwagen）的轻质铝制前端结构，使用了铝制的防火结构和前副车架导轨，通过铆接和黏结工艺连接到钢制一体化车身上，整个结构重约 100lbf，通过减轻前

170　J. Hirsch，Aluminum in innovative light-weight car design. Materials Transactions 52（5），2011，818–824.

171　Audi technology Portal. Available at www.audi-technology-portal.de/en/body/aluminium-bodies/

端的重量，不仅可以使汽车更轻，还可以显著提高汽车的操纵稳定性。跨平台整合铝材应用的真正领导者可能是捷豹陆虎，从运动版揽胜到 F-Type 和 XJ 豪华轿车，这家汽车制造商在整个汽车系列中都非常依赖铝材设计的一体化结构，它声称通过铝材的应用，全部汽车系列都实现了重量的降低、燃油效率的提高、碰撞安全性的增强以及汽车动力性的改善[172]。

然而，在美国汽车制造商中使用铝材的比例并不高，各汽车制造商的观点也存在一定的差异。相较于高性能轿车，福特的 F150 皮卡更应该是使用铝材的典范。2015年，福特汽车在该皮卡上重新采用了主要的铝质车身部件，再加上在其他轻量化方面的努力，F150 的重量降低了 700lbf，显著提高了燃油经济性。但是，鉴于该车越野性能的定位，这样的轻量化转变也引起了不小的争议。为此，福特汽车更多地是通过使用"军品铝材"来强化该车的雄性气概。尽管美国汽车中的铝材使用率不高，但是我们还是可以发现，铝材在美国 SUV 和卡车上的应用正在不断增多。毕竟对于这些车型来说，非常有必要通过降低重量来实现更高的效率目标（图 7.12）[173]。

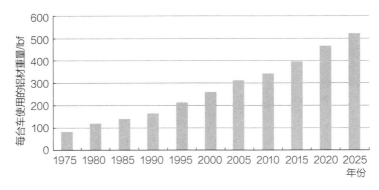

图 7.12　轻型汽车用铝材的增长趋势

随着汽车制造商寻求具有更高性价比的轻量化方案，预计铝材在汽车中的应用量将持续增长。

数据来源：Ducker Worldwide

当然，铝材并非适用于所有零件。在铝材的应用过程中要考虑多种材料的复合设计。例如，捷豹 XE 在车门和行李舱上使用了钢板，B 柱则是由铝材、钢材和结构泡沫构成的一种可以吸收冲击的三明治结构，后座舱则采用了高强度钢支撑[174]。它的关键不在于不同材料零部件的制造加工过程，而在于它们之间的相互连接。由于铝的熔点完全

172　Lighter，Stronger，Cleaner. Available at https：//media.jaguarlandrover.com/2016/lighter-stronger-cleaner.

173　Nicolai Müller and Tim Ellringmann，It's time to reassess materials for automotive lightweighting. Automotive World Special report：Vehicle lightweighting. Penarth，UK，2016. Automotive World，2016.

174　I. Adcock，"Jaguar's Lightweigth Challenger". Automotive Design September，2014.

不同于钢，因此，很难在铝和钢等不同材料之间进行常规的焊接。为了解决这个问题，奥迪汽车在高应力连接处使用了复杂的铝材压铸件。随着汽车上金属和非金属材料使用种类的增加，已经开发了很多种替代的连接方法，例如自冲铆钉、高强度黏合和专用的一些配件等，尽管这可能会增加制造过程的复杂性，但是由于不需要增加端部的焊接厚度，因此可以使挤压件更薄；同时，更多地使用机械连接方法也简化了聚合物和复合材料的结合方式，这也有利于促进材料使用的多样化。

人们经常提及铝材的加工工艺与钢材不同，其实，相对于钢材来说，铝材的加工和应用并不困难，但是要求却大不相同。如果在生产过程和应用方法方面实现钢材向铝材的转变，就会涉及巨大的前期投入成本，从而为这种转变构成了障碍。例如，铝材不仅焊接性差，而且对于弯曲和冲压工艺的要求和余量也不同，因此，即便对于一个很简单的零件加工过程，被加工件从钢材转向铝材也会带来棘手的制造工艺调整问题。但好处是，与钢相比，铝材易于挤压的特点使某些零件的制造更加容易，如果使用钢材的话，在机加工、冲压、焊接等生产过程中可能需要涉及很多的工艺步骤，但对于铝材加工而言，则可以在一个加工步骤中达到相同的目的。

未来我们将会发现铝材在汽车上的更多应用。汽车制造商越来越多地使用了铝材，降低材料和零部件制造成本，提高制造的专业化程度；铝合金工艺的不断发展使其强度更高，也更易于制造和应用，最终促使铝材在各种零部件中的利用率不断提高；逐渐地，铝制轻量化技术不再仅仅局限于在高科技车身和豪华轿车中使用，它在大规模常规汽车的生产中也具有了越来越重要的意义。

我们现在看一看另一种与铝材相似的轻量化材料——金属镁。镁的一大优点是密度低，约为铝的2/3，但是却具有更高的强度重量比；镁的弹性模量远低于钢材或铝材，从而难以获得所需的刚度，这就导致无法像加工钢材或者铝材那样加工镁；另外，镁不易冲压，但是却可以实现薄壁铸造，通过高压铸造工艺，可以生产出复杂的薄壁零件，从而简化了零件加工工艺，这一特性使其更好地满足了仪表板和其他内部结构件的生产；如果将镁与锰和铝形成合金，则可以获得更高的强度，并具有良好的耐撞性。总之，镁具有比铝材更好的制造优势，包括更容易更快的铸造特性，以及优秀的机械性能。

鉴于镁的以上优势，我们可能会期望镁的应用能够大幅增长，甚至超过铝。但是别忘了，镁的应用中也存在着一些严重的问题。第一，镁很昂贵，它的生产过程需要消耗非常多的能源，产生更多的碳排放，这使其很难满足汽车行业以至于全人类都关注的环境友好性要求。第二，镁的生产主要集中一个国家，这也会引起对材料垄断和供应的担忧。第三，也是最重要的，镁的一个巨大挑战是腐蚀性，镁的化学特性很活泼，它会作为阳极与钢或其他金属形成的阴极发生氧化还原反应，除非使用非常特殊的连接技术，否则镁会很快被腐蚀掉。镁金属这种能被快速腐蚀的倾向导致几十年前还很流行的镁合金车轮现在几乎看不到了。然而镁和铝之间的氧化还原反应不太明显，从而可以使用铝制五金件紧固镁制零件，这虽然在一定程度上有所帮助，但是这种做法限制了镁在螺栓固定组件中的使用，所以问题还是没有彻底解决（表7.1）。

表7.1 金属材料比较

材料	相对重量（与钢相比）	减重成本	优点	缺点
传统钢	100%	—	可用的已知材料	很重
热成形钢	75%~85%	低	强度高，重量轻，价格诱人	初期投资大，减重效果有限
铝	50%~60%	中	成形性好，重量轻	需要改变生产方法和连接工艺
镁	45%~55%	高	很轻	存在腐蚀问题
复合材料	最高至25%	很高	出色的重量表现	昂贵且不可回收

资料来源：Roland Berger Global market Study（罗兰·贝格全球市场研究）

另一种更为理想的材料是金属钛，它的密度非常低，强度密度比很高，具有出色的耐腐蚀性，是汽车应用的理想金属。那我们为什么不用金属钛制造汽车呢？原因就在于它的价格：它非常非常昂贵，铝材不到 2 美元 /lb，碳素钢售价大约为 50 美分 /lb，而钛的价格则是 25 美元 /lb[175]，因此，起码在近期，钛不会作为主要材料在汽车应用中与铝材或者钢材形成竞争，但是对于那些对强度、重量以及耐腐蚀性要求确实非常高的特定零件，钛是一个不错的选择。例如，钛具有极低的弹性模量，具有出色的耐用性，非常适用于制造弹簧。由于钛弹簧的挠度小于钢制弹簧的挠度，这样就可以减少弹簧的圈数，将之用于悬架弹簧的话，就意味着悬架等关键部件的重量将会减轻，固有频率将会增加，从而改善汽车的道路附着力[176]。

当考虑汽车上可用的新型材料时，我们可能会想起第 1 章中曾经讨论过的金属基复合材料，通过添加非常坚硬的陶瓷颗粒，可以增强轻质材料的性能。碳化硅、氧化铝、陶瓷颗粒、或者短纤维等各种材料都可以添加到铝、钛或镁中，以增强其韧性、耐用性和耐磨性，并且确保该材料仍旧保持较低的密度和较高的强度重量比，金属基复合材料在汽车的动力传动系统零部件上有很大的应用潜力，在其他领域也有应用的希望。典型的例子就是复合泡沫塑料，将空心陶瓷微粒掺入到金属基质中，形成泡沫状复合材

175   Metal Miner. Available at agmetalminer.com/metal-prices/

176   P.K. Mallick，Advanced materials for automotive applications：an overview. In J. Rowe（ed）Advanced Materials in Automotive Engineering. Woodhead Publishing，Cambridge，2012，5–27.

料，它的密度约为基质金属的一半，并且具有很高的吸收冲击的能力，这种金属泡沫可用于加固车身等框架的截面，并增强起皱区域的能量吸收能力[177]，它也可以在三明治结构零部件中作为轻质芯材使用。

沿着相似的金属基复合材料制造路线，碳纳米管和纳米土等纳米材料具有更细小的颗粒，从而对复合材料的性能具有了更精确的控制能力。它可以渗入到各种基质材料中，包括塑料、陶瓷和金属等，这些小纳米颗粒的表面积与尺寸之比非常大，所以它们与基质材料的接触面积会更大，可以更完全更牢固地融合在一起，只需要相对少量的纳米颗粒，就会对材料的性能产生重大的影响，尤其是碳纳米管的渗入，具有增加材料的强度、降低材料热膨胀系数的真正潜力。这方面的研究还在进行当中，尚未在行业中完全实施，但是在一些特殊的场合，纳米复合材料的应用前景已经越来越大了。

7.6　金属加工

与新材料同样重要的是新的制造加工工艺及其可行性。现在，新的加工工艺可以实现更均匀的材料加工一致性、更精确的材料加工厚度、更好的材料表面质量以及更清洁牢固的连接方法。例如，采用激光焊接工艺（laser beam welding）可以实现材料之间高性能的结构连接，它具有更高的焊接精度，可以获得复杂结构的零件，并降低了焊接过程中整体热量的产生，这就意味着激光焊接工艺具备了更高的制造加工灵活性，能够获得更轻的零部件（因为不需要设计额外结构以确保焊接应力不会导致零部件的变形），可以实现更牢固的连接。

诸如精密激光焊接等先进技术可以用于零件的定制，过去简单的冲压过程要求零件的厚度要均匀，并且厚度的数值要根据特定点的最大所需厚度和强度的大小来确定；而定制零件可以将不同等级和厚度的材料组合成一个零件，在需要的位置满足厚度要求，在不需要的位置也可以使用较薄的材料，并通过激光焊接工艺将不同的材料连接在一起，组合定制成一个单独的零件。同样，可变轧制工艺可用于改变板材的厚度，它可以通过添加补丁、局部涂层和热处理等工艺，产生厚度、材料和涂层均可根据应用而变化的优质产品[178]，这样就可以在更少材料浪费的情况下，实现更精确和可变的强度、耐

---

177 A. Macke，Metal matrix composites offer the automotive industry an opportunity to reduce vehicle weight，improve performance. Advanced Materials & Processes 170（3），2012，19–23.

178 M. Merklein，M. Johannes，M. Lechner and A. Kuppert，A review on tailored blanks—Production，applications and evaluation. Journal of Materials Processing Technology 214（2），2014，151–164.

冲击性和刚度设计，不但减少了零部件的数量，更是提高了零件的耐冲击性能[179]。

类似地，使用液压成形工艺代替传统冲压工艺可以获得更坚固、更轻、更复杂的零件，其基本原理是：使用单侧模具，并向材料的另一侧施加高压流体，使金属与模具的形状保持一致。这种方法同样适用于管件的加工，通过向内部施加压力，并压迫其扩展到周围的模具，就可以将管挤压成形为圆柱形零件，这样做会导致部分工艺成本的增加，但是可以避免这种圆柱形零件在传统加工中所需要的双重冲压和焊接过程，从而降低了总体的制造成本，并且所制成的零件也更坚固，更轻；由于传统的成形工艺会导致圆筒的边缘和端部很薄，因此就需要设计更厚的整体尺寸，以使得端部在加工完成后也足够坚固，并方便进行后续的连接或焊接。相对来说，液压成形工艺只需要考虑最薄的厚度，不需要侧重于加厚设计，从而使得零件的整体更轻。

可能最能够显著改变汽车行业的新工艺就是热成形工艺了，这曾经是特殊领域的一种先进技术，汽车制造商也在大批量生产中广泛使用，并使其成为定制产品加工中增长最快的加工方式。它的基本思想是将硼钢坯加热到一定温度，使其铁素体晶体结构变为较软的奥氏体结构，然后将材料冲压并快速淬火，以形成高强度的硬质马氏体结构。由于获得了高强度，可以将零件加工得更薄、更轻，零件也可以制成更复杂的形状而不必担心变形；零件强度的增加还可以减少对部分焊接和加强筋支撑的需求，从而简化了零件设计。沃尔沃在XC90车型中，约有40%的材料采用了热成形工艺，在车身框架中也采用了这样的工艺，从而确保了车身的坚固性、轻量化以及安全性。除了沃尔沃之外，马自达、本田、大众以及其他汽车公司也正在将这项技术用于白车身的生产（图7.13）[180]，实际上，热成形工艺可能很快就会成为汽车车身结构部件标准的加工方法了[181]。

图7.13 汽车外门框的热成形工艺

钢铁制造商阿塞洛－米塔尔（Arcelor Mittal）为讴歌RDX开发了一种车门内框和外框的热成形工艺系统，所形成的外框结构即使在全景天窗打开的情况下，也可以提供更好的安全性保护，而材料的厚度可以在1.2~1.6mm之间选择，以满足刚度和强度的设计要求。

179　G. Sun, J. Tian, T. Liu, X. Yan and X. Huang, Crashworthiness optimization of automotive parts with tailor rolled blank. Engineering Structures 169（August），2018，201–215.

180　Automotive Metal Components for Car Bodies and Chassis: Global market Study. Roland Berger, Munich, Germany, 2017.

181　Automotive Metal Components for Car Bodies，2017.

7.1　塑性材料

　　塑性材料在汽车领域的应用时间也比较长。但是长期以来，它们的应用仅限于一些配件和驾驶舱内的装饰。直到最近，塑性材料才开始用于汽车结构部件的生产，它们在汽车领域中的应用获得了快速的增长，并且这种增长势头不减，这里有两个原因，即它们形态的多样性和低成本。塑性材料的形式各种各样，它们可以设计应用在各种各样的领域，在日常生活中也随处可见，从水瓶到家具再到松紧带；另外，塑性材料可以用化学方法制成，获得的性能也多种多样，包括惰性、延展性、耐用性和坚固性等，并且具有很高的可塑性，关键是它们还非常便宜。

　　从化学成分上看，塑性材料是由碳化合物的单体聚合而成，是一大类具有重复单体（称为聚合物）化合物的一部分，其他聚合物包括淀粉（糖单体聚合而成）、蛋白质（氨基酸聚合而成）以及纤维素构成的木材（单体葡萄糖聚合而成）等。构成塑性材料的碳化合物分子链是多种构型的组合，可以是支链或直链结构，可以相互连接或相互独立，并且聚合物单体本身也可以由多种化学物质构成，例如乙烯、丙烯、苯乙烯、氯乙烯等，这就形成了塑性材料形态的多样性，可以得到无限多种类的、各种各样性能的产品。

　　从微观角度看，可以将这些塑性材料分子链想象成一团交错在一起的意大利面条，当试图拉动或者弯曲一个分子链时，就像拉动这些意大利面条一样，一个接着一个都会被拉动起来。如果这些分子链较长且纠缠一起，这就像一锅纠缠在一起的意大利面条一样，拉动起来就会比较费力，表明这样结构的材料会更加坚固；如果这些分子链较为疏松，或者添加了更易于相互滑动的润滑剂（例如增塑剂），就像是浸入在橄榄油中的意大利面条一样，这样结构的材料就会表现得柔软一些。如果我们有意地将这些分子链纵横交错在一起，它们将形成相互连接的三维结构，对外表现出非常坚固的性能；这样的交联结构可以呈现出结晶或者非晶态特征，从而表现出塑性材料的多样性。

　　基于物理特性，塑性材料可以分为两类：热塑性材料和热固性材料。热塑性材料一般是消费型塑性材料，它们通常比较柔韧，如果加热它们，分子链之间更容易彼此滑动而导致其变柔；如果再冷却它们，抵抗滑动的力就会增加，从而再次表现坚固的特性，并且很容易恢复到原始的形状；它们易于成型和挤压，其加热、软化和成形的过程可以多次重复，因此易于回收利用。与此对应，在热固性材料内部通过强化学键形成了坚固的交联结构，它们的交联结构是固定的，不会因加热而软化，例如环氧树脂或典型的玻璃纤维部件，实现了结构的固化和硬化过程（有时也称为硫化过程）；它们坚固、刚硬、不受温度影响，在变化的温度环境条件下也能保持其强度；但是与热塑性材料相比，它们缺乏耐用性，而且很脆，回收再利用也有难度。

汽车应用最常见的塑性材料之一是热塑性聚丙烯（polypropylene，PP），它的密度低，机械性能好，成本低，具有好的冲击强度，汽车保险杠、车身饰件、水箱、地毯以及其他的汽车零部件很可能就是由 PP 材料制造而成。聚氨酯是另外一种较为常见的塑性材料，它主要用于座椅、隔热和缓冲泡沫中。聚氯乙烯（PVC）是一种不十分常用的消费型塑性材料，具有轻质、高强度和高韧性的特点，尽管存在一定的环保问题，但它还是汽车中常用的塑性材料之一。

工程热塑料是一种具有高性能化学成分的聚合物，通过对化学成分的精确设计，可以获得需要的机械性能和耐热、耐化学特性，从而可以应用于汽车制造中。丙烯腈-丁二烯-苯乙烯或 ABS、聚缩醛、聚碳酸酯、尼龙和其他材料都属于这种特殊的工程热塑料，它们具有适合汽车应用的耐久性、强度和化学稳定性，可以用于制造精密齿轮、凸轮或衬套、外部装饰、保险杠、前照灯透镜、显示屏、手柄等零部件。

塑性材料的弱点是它们的强度不够，汽车中所用塑性材料的抗拉强度一般在 20~50MPa 之间，尼龙的抗拉强度会高一些，可达 200MPa，但是与抗拉强度通常在 400~1500MPa 的钢材甚至铝材相比还是低了不少，对应用非常不利[182]。这样看来，塑性材料不仅更容易断裂，而且还更脆，不会像韧性好的金属那样吸收能量。尽管用塑性材料代替金属零件可以减轻重量，但它还会对汽车的耐撞性能带来不利的影响。那么我们应该怎样做才能够更好地发挥塑性材料的制造灵活性和轻量化优势，同时也能获得更接近金属特性的材料强度呢？我们可以将两者结合起来形成纤维增强型塑性复合材料（Fiber-Reinforced Plastics，FRP），或者将坚固的纤维包裹在作为材料主体或基质的聚合树脂中，还可以通过添加填料或化学改性剂来调整材料的性能。

将高强度、高弹性模量的材料，例如玻璃或碳与塑性材料结合起来，可以兼具两者的优点（图 7.14）。你或许认为将玻璃作为强化材料不可思议，毕竟玻璃很容易碎，这样的理解是对的，不过我们不是要去粉碎它，而是尝试将玻璃拉断，这时你就会发现非常困难。实际上，玻璃纤维增强塑性材料（又称为玻璃纤维复合材料）的拉伸强度可

182　M. Ashby，Materials and the Environment，2nd Edition. Elsevier，Oxford，2014.

以超过 1000MPa[183]，使用这些纤维作为增强材料，可以获得具有玻璃拉伸强度的塑性材料。这些增强型复合材料的最大优点是重量轻：比铝材还要轻 1/3，比钢轻 3/4[184]。

图 7.14　宝马利用增强型复合材料制造的驾驶舱

宝马 i3 的驾驶舱是由碳纤维复合材料制成，具有超强的硬度，这也意味着汽车不需要设立单独的 B 柱，这样，就可以设置一扇向后打开的后门，从而获得一个较大的进出驾驶舱的开启面积。

图片：BWM（宝马）

制备纤维复合材料的工艺由来已久，玻璃纤维的应用也已经有很长一段时间了，最著名的是 1953 年采用全玻璃纤维复合材料制成的雪佛兰 Corvette 车身。如今，玻璃纤维复合材料在汽车中的应用并不罕见，并且越来越多地应用在了车身和结构件的生产中。在工艺上，它是将几毫米到 25mm 的短纤维随机包裹在热固性树脂基质中[185]，形成了汽车中最常见的纤维增强材料结构，这可能代表了该行业 90% 以上的使用形式。

在应用这些纤维复合材料时，因为它们的能量吸收能力会随着纤维的类型、基质材料、组件几何形状、纤维结构以及纤维与塑料基质的比例不同而变化[186]，因此需要进行仔细地设计和性能评估。尽管它们的强度与重量之比明显高于大多数金属替代品，并且凭借着坚韧的聚合物基体，它们也具有良好的疲劳强度，但是它们往往比钢更脆，没有吸收能量的韧性屈服结构，易于破裂和粉碎，导致纤维材料的断裂，因此，这样的复合材料也需要经过仔细的选择和工程设计，以确保其耐撞击性。经过合理设计后，可以避免纤维复合材料的脆性破坏，就可以令材料更轻、更硬，同时也满足了能量吸收和耐

183　Y.J. You，K.T. Park，D.W. Seo and J.H. Hwang，Tensile strength of GFRP reinforcing bars with hollow section. Advances in Materials Science and Engineering 3（October），2015，1–8.

184　M. Pervaiz，S. Panthapulakkal，K.C. Birat，M. Sain and J. Tjong，Emerging trends in automotive lightweighting through novel composite materials. Materials Sciences and Applications 7（1），2016，26–38.

185　Polymer composites for automotive sustainability. European Technology Platform for Sustainable Chemistry（SUSCHEM），n.d.

186　G.C. Jacob，J.F. Fellers，S. Simunovic，J.M. Starbuck，Energy absorption in polymer composites for automotive crashworthiness. Journal of Composite Materials 36（7），2002，813–850.

撞击性的要求（图 7.15）。

实际上，纤维增强型塑性复合材料不仅重量轻，而且还具有比钢材更多的优势。在零部件生产过程中，使用的是大卷的 FRP 板材，称为片状塑料（Sheet Molding Compound，SMC），也称为预浸料，利用这种材料在生产现场模压成组件，这个过程比冲压钢材更简单，使用的设备和工具更少，成本也更低。而且可以利用 FRP 实现单个复杂零件的加工成形，从而避免了多个金属零件的制造和装配，零件的数量和成本也降低不少。例如，利用片状塑料板材 SMC 可以制造具有两个主要组件的散热器支架，这样的结构实际上替换了原来支架组件中的 20 个甚至更多数量的钢制零件[187]。

图 7.15　巴斯夫采用塑性材料制造的轮圈

巴斯夫化学公司与戴姆勒公司共同开发了 Forvison 轻型概念车的塑性材料轮圈，几乎整个轮圈都是由含有长玻璃纤维的复合材料制造而成，每个车轮减轻的重量超过 6lbf（或 3kg）。考虑到轮圈必须旋转并承受重负载，在这样的工作环境下，实现这一技术并非易事。

图片：BASF 巴斯夫

但是，这远非 FRP 的全部应用价值。FRP 的纤维具有各种不同的长度和方向，可以用来生产特有性能和工程应用的零部件。如果使材料的所有纤维方向一致，则在该方向上就会非常坚固。通常纤维的取向应与应力主轴线一致，并且可以按照 45° 或者 90° 的角度交叉添加材料层，以获得需要的机械性能。另外，纤维的长度可以短至 3mm，也可以长至 75mm 或更长，改变纤维的长度也可以实现材料机械性能的调整。与金属不同，将纤维定向在特定方向上或者设计在一定的重叠方向上，可以获得所需方向上的特定强度，这可以实现有目的的、合理的性能强化，准确满足设计的性能目标。例如，在非常薄的聚合物材料车身结构上，可以添加芳纶蜂窝或泡沫进行强化，以增强关键位置的强度和刚度。

利用 FRP 的方向性可以获得所需要的设计效果，这与金属有所不同。一般情况下，金属的性能是各向同性的，例如，无论如何拉动钢材，它的拉伸强度在各个方向上都是相同的。但是，纤维增强型塑性复合材料可以设计成各向异性的，这就意味着它们的物理特性具有方向性，通过材料的使用和重量的布置，可以只在需要的方向上产生需要的强度，使得材料的性能利用率更高效。这样的工程设计方法高效精确，可以获得更大的强度重量比，再加上其固有的耐用性和抗腐蚀性，令 FRP 的应用变得非常具有吸引力。

187　P.K. Mallick，Advanced materials for automotive applications：an overview. In J. Rowe（ed）Advanced Materials in Automotive Engineering. Woodhead Publishing，Cambridge，2012，5–27.

在许多高端应用场合，碳纤维正在取代玻璃纤维（图 7.16）。碳纤维更坚固，可以使制造的零件更轻，例如 BMW M6 采用了碳纤维制成的车顶板，虽然比同类的钢制板要厚一些，但是重量却减轻了 10lbf 以上[188]。碳纤维材料的这一轻量化特性使之在汽车应用上特别受欢迎，它显著降低了汽车的运动重心。

图 7.16　碳纤维可以简化设计

福特汽车和加拿大汽车零部件供应商麦格纳（Magna）正在联合测试此碳纤维结构的性能，以备将来使用。该结构用 2 个碳纤维成形零件代替了 45 个钢制零件，重量比钢材冲压件结构降低了 1/3。

图片：Magna（麦格纳）

纤维复合材料的市场潜力巨大，但是它的加工过程却有些复杂，价格贵一些。典型情况下，纤维复合材料的制备工艺一般从预浸片状塑料开始，先切割成一定的形状，并按照一定的方向手工放置在模具中，然后进行加热和加压固化处理，得到的每一部分都具有一定的纤维方向，将各部分组合起来，并放置在一个封闭的模具中处理，最终形成一个整体；也可以在关键位置处集成环氧树脂泡沫、聚合物、或者放置金属预埋件以提高刚度，整个过程就是树脂传递模塑工艺过程（Resin Transfer Molding，RTM）。兰博基尼 Aventador 的复合材料车身就是一个典型的 RTM 制造过程实例，经过努力，利用这一工艺生产的兰博基尼车身精度非常高，误差只有 0.1mm，具有极高的抗扭刚度，在行驶过程中抵抗变形的能力非常强；更引人注目的是，整个一体化结构的车身重量只有 325lbf（约合 150kg）[189]，轻量化效果非常明显；另外，Aventador 的座椅和内饰采用了碳纤维编织专利技术，浸泡了特殊的环氧树脂，在保持柔韧性的同时，也增强了碳纤维结构的稳定性，增强了加工性能，从而生产出性能稳定而又柔软的座椅和控制台罩，其重量也仅为皮革材料的一半。

有人或许认为兰博基尼采用纤维复合材料是个例，其实不然：30 多年前，法拉利和保时捷就将碳纤维材料应用在了赛车上（也包括一些限量版的高级汽车），以满足国际汽联的一些竞赛要求；后来，迈凯伦和法拉利开发了碳纤维一体化车身；最近，福特 GT 超级跑车也采用了碳纤维一体化车身。保时捷 Carrera GT 采用碳纤维复合材料，重量约为 3000lbf，这对于配备 5.7L V10 发动机的汽车来说是一项了不起的成绩。总之，

188　P.K. Mallick，Overview. In P.K. Mallick（ed）Materials，Design and Manufacturing for Lightweight Vehicles. Woodhead Publishing，Cambridge，2010，21.

189　A. Jacob，Built in Italy：The Lamborghini Avendator. Reinforced Plastics Magazine 57（5），2014，29–31.

纤维复合材料最显著的特点是其应用的灵活性，它们可以用作汽车的表面饰物，也可以与泡沫状或者蜂窝状内芯材料结合使用，以获得坚硬但质轻的结构部件，或者得到刚性好又能吸能和吸声的部件，这类长链塑性材料也可用于横梁、保险杠和其他结构零件的生产。现阶段正在研究如何将其应用于冷却风扇、车轮、阀盖以及车顶框架等零部件的制造中。

然而纤维复合材料的应用也面临着诸多问题，首要的问题是它在制造过程中的复杂性。在与金属件连接过程中存在焊接困难的问题，并且在受到集中力作用时也会造成一定的脆性。当然，现在已经有了一些先进的替代连接方式，能够部分解决这些问题；另外，在过去使用纤维复合材料的主要障碍在于它复杂且耗时的制造要求，需要在树脂模具中按照一定的方向放置纤维复合材料，消耗了大量的时间，增加了生产成本。现在，SMC 技术、RTM 技术、改进的注塑成形工艺、针织纤维技术以及机器人技术的使用，也已经能够解决其中的一些问题。总之，尽管纤维复合材料制造工艺在将来的一段时间内仍然比金属制造工艺复杂和耗时，但是这些问题正在逐步解决。现在，纤维复合材料的应用已经不再局限于高端汽车上了，在大批量生产的汽车（尤其是电动汽车）上将会得到越来越广泛的应用。

影响这一增长趋势的关键因素是价格。利用纤维复合材料减轻重量当然是好事，意味着增加了电动汽车的续驶里程，减少了对车载电池容量的要求，从而抵消了部分成本，但是 FRP 的当前价格比较高，不会因为节省一些电池就被完全抵消掉。目前纤维复合材料生产过程中的高能耗是影响成本的主要因素。例如，碳纤维生产通常要对特定的聚丙烯腈进行一系列的加热和拉伸，能耗高，成本高，在原材料生产阶段的高成本占据了总成本的很大一部分。为此，现在正在进行相关研究以解决这一问题。美国能源部橡树岭国家实验室（Oak Ridge National Laboratory，ORNL）取得了较为显著的进展，ORNL 正在努力开发快速、低成本的碳纤维生产工艺，最近已经获得了一种很有前景的新方法。研究人员表明，他们可以使用一种简单的丙烯酸纤维来制造碳纤维，这种材料与地毯和衣服的原料相同，可以将成本降低近一半，将能源消耗降低得更多。如果这项研究获得成功，纤维复合材料的使用将更具吸引力。

使用玻璃纤维或碳纤维复合聚合物材料面临的主要挑战之一是其可回收性差。虽然玻璃和聚合物都是可回收的，但是由于不同材料之间的结合非常紧密，导致分离困难，限制了复合材料的有效回收利用，很难满足欧盟提出的 85% 的汽车重量材料在汽车报废时（End-of-Life-Vehicle，ELV）达到可回收的标准。为此，汽车制造商正在努力研究玻璃纤维和碳纤维复合材料的回收技术，宝马公司在 i3 的碳纤维后处理方面取得了不错的进展，它不是对材料进行回收利用，而是进行降级循环使用，尽管这样的处理方式并不理想，但是还是达到了大约 10% 的纤维材料来自回收废物的效果[190]。另外，i3 的碳排放量只有同等重量普通汽车的一半左右，是当今市场上最环保的电动汽车之一[191]。

如果对纤维复合材料的强度要求不高，可以采用一些更环保的材料代替碳纤维或玻璃纤维材料。首推的是自增强聚合物塑性材料：它的纤维和基体都使用相同的塑性材料，由于材料相同，所以不存在分离的困难，更加易于回收；由于具有相同的化学结构，所以其化学键的结合强度也更高、更耐用。自增强聚合物塑性材料虽然不如玻璃纤维复合材料的强度高，但是仍然比普通的未增强聚合物材料的强度高，可广泛应用于汽车的内外饰制造。

采用更加环保的复合材料的另一选择是使用天然纤维，它是从各种植物（如大麻和黄麻）的叶、茎和果实中提取的纤维，其密度远低于玻璃纤维。因此，也可以实现材料的轻量化。然而，天然纤维的强度不如玻璃纤维高，并且某些天然纤维复合材料会因为受潮或者时间长久而造成性能的下降。因此，就目前而言，汽车制造商主要将天然纤维材料的使用限制在汽车内部装饰等无明显结构载荷的场合。例如奔驰公司在 E 级轿车中用亚麻 / 剑麻纤维代替了常规的 FRP 材料，重量减轻了五分之一，同时，对乘客的保护能力也得到了改善[192]。

7.8　悬架

到目前为止，我们已经知道了如何利用先进技术制造底盘上那些坚固精密的零部件了，但是为了使底盘发挥作用，首先还要使汽车与路面保持接触并发生运动。然而麻烦的是，实际路面并非坚固理想的平面，它存在太多的裂痕和起伏，汽车在这样的路面上行驶根本达不到我们想要的平顺性、可控性和一致性要求。即便是使用了性能良好的橡胶轮胎，如果我们只是简单地将车轮用螺栓刚性固定在底盘上，那么当汽车的行驶速度超过 15mile/h 时，道路上的坑洼、起伏、裂缝和其他一些障碍也将导致驾驶和乘坐

190　J. Pellettieri，"The Case for Recycled Carbon Fibre in Auto Lightweighting," Lightweighting World October 4, 2016.

191　Environmental Report BMW i3 BEV. Available at www.bmwgroup.com/content/dam/bmw-group-websites/bmwgroup_com/responsibility/downloads/en/2016/Environmental-report_BMW-i3.pdf.

192　M.W. Andure，S.C. Jirapure and L.P. Dhamande，Advance automobile material for light weight future：A review International Conference on Benchmarks in Engineering Science and Technology ICBEST，2012.

无舒适性可言。为此，可以将悬架这种灵活的吸能结构置于底盘和路面之间，从而实现一定程度的受控驾驶。理想情况下，它能够使轮胎始终与路面保持紧密接触，并能够主动地适应路面上的每一个颠簸障碍，确保汽车具有良好的抓地性能。同时，我们也希望底盘在确保汽车行驶平顺性方面也发挥作用，例如，当汽车受到朝向一侧或者另一侧离心力的作用时，无论在何种路况下，底盘能够使汽车始终保持在水平行驶姿态，就好像在汽车上方存在着一个看不见的"天钩"，钩住了汽车并悬挂在路面上方，在"天钩"的作用下，汽车在各种地形条件下都能够平稳地行驶。这就是一辆理想的汽车了。

然而，汽车行驶的平顺性和抓地能力之间并非总能协调一致，悬架的刚度特性成了其中的关键性因素。实现轮胎与路面之间的最佳接触通常需要牢固的悬架（大刚度悬架），能够有效抵抗车轮的任何向上运动，并将轮胎压向路面，从而确保汽车的操纵性能和安全性能，一旦路面颠簸向上推动车轮，悬架应能果断可靠地将其压下。悬架系统应能够稳定舒适地实现汽车的转向和加速，在离心力的作用下，底盘不能出现摇摆或者倾斜，这就要求悬架具有较高的刚度。与此同时，我们希望悬架能够提供舒适的驾乘体验，可以吸收和隔离路面带来的冲击，从而使我们有一种"天钩"在帮助我们驾驶的舒适感，这就要求悬架具有较为柔和的能量吸收结构（小的悬架刚度）。让事情更加复杂的是，我们总是希望在汽车中不论只有一位驾驶人，还是有一整车的超重行李，汽车都可以具有优异的行驶性能和驾乘体验，实现这种处理超重并保持重心高度措施，也要依靠大刚度的悬架弹簧。因此，面对此类诸如悬架刚度大小选择的问题，我们需要针对特定的汽车应用场景进行综合的考虑和设计。

悬架一般使用弹簧来吸收路面传来的颠簸，在中学曾经学过弹簧的工作原理：任何机械弹簧都会出现谐波振荡的现象，也就是说，压缩或拉伸一个弹簧并松开后，它会运动以恢复至原始的状态，在这个过程中会发生过冲现象，也就是会沿着初始位移的方向继续移动，然后弹回，弹回之后又会发生过冲，但是幅值会小一些，之后再次往回移动，依此持续下去，形成一个振幅逐渐减小的振动运动，直到耗尽能量为止。如果你是个疯狂的杂技车手，你可能会喜欢这种振动方式，但是对于驾驶人来说，这种在道路上发生的上下弹跳运动会令人非常不舒服，过大的车轮跳动往往也会破坏驾驶操控的稳定性，为此，我们可以使用减振器来减轻弹簧的这种振动。其实，减振器并不能真正吸收很大的振动，但是它可以减轻弹簧的振动，从而防止汽车行驶途中的上下跳动。在结构上，减振器通常由装满油或气的缸体以及滑动活塞组成，它提供的阻力与相对跳动速度成正比，车身与车轮之间的相对速度越大，阻力就越大，弹簧和阻尼器共同决定了簧载质量（车身、底盘和传动系统）和非簧载质量（车轮、轮胎和制动）之间的动力学特性。在这里的关键是要保持非簧载质量尽可能地小，如果质量过大，汽车每次颠簸时施加到悬架上的力就越大，颠簸能量的吸收难度也因此变大了。

悬架的连接固定还需要一定的结构形式，这样的结构应该允许车轮和底盘之间发生相对运动，同时也能够保持车轮方向的稳定性，以确保汽车的稳定性和循迹性。实现这种功能的结构各不相同，以前采用的结构是非独立悬架，一个刚性轴将左右两侧的车轮连接起来，并使其保持在相对固定的方向上，这种悬架除了在卡车上应用较多外，如今在其他大部分车型上已经由独立悬架取代了，每个车轮可以独立运动，从而可以更好地适应崎岖不平的路面，改善行驶的平顺性。为了扩大汽车的乘坐空间同时降低成本，有时也在后轴上使用半独立悬架，例如使用扭转梁结构，左右两侧车轮之间的运动存在一定程度的相互影响，但是也存在部分程度的独立性。尽管如此，从整体上来看，现今的几乎每辆汽车都具有独立的前悬架，并且越来越多的汽车也开始采用独立的后悬架了。

现今大多数汽车使用的独立悬架形式包括麦弗逊悬架、横臂悬架以及多连杆悬架，它们可以确保任何一个车轮的运动均不受其他三个车轮运动的影响（图 7.17）。麦弗逊悬架通过支柱将螺旋弹簧和减振器结合在一起，具有结构支撑、车轮定位以及减振等作用；横臂悬架是由两个半平行的横臂形结构构成，这两个控制臂铰接，有利于保持车轮垂直于地面运动方向，提供了良好的动力学特性和负载承载能力；多连杆悬架由多个控制臂和连杆构成，这种复杂的结构为汽车准确的动力学控制提供了基础。尽管以上这些悬架系统的成本和空间要求比过去简单轴结构要高，但是由此带来了操纵性、主动安全性和驾乘体验的改善，证明了它们越来越高的应用价值。

图 7.17　悬架性能

沃尔沃 V60 采用了横臂前悬架和多连杆后悬架，在保持了驾驶动力学性能的同时，也获得了卓越的操控性能。

图片：Volvo（沃尔沃）

悬架的设计过程中，需要仔细对各种各样的因素进行分析和权衡。详细来说，需要根据汽车设计目的和性能的优先级，包括转向性能、道路保持性能、道路隔振性能、负载控制能力等，选择不同性能的弹簧和减振器，这不可避免的是一种性能折中的过程：适度的减振和柔软的弹簧可以满足良好的道路隔振要求，但是却导致了汽车轮胎抓地能力的下降；刚度大的弹簧和减振器增强了轮胎的抓地能力，但是却带来了汽车行驶时路面传来的大幅颠簸，降低了驾乘舒适性。我们还会遇到很多类似的问题，根据对这些问题的分析，我们可以尝试预测一下技术趋势：抛弃机械连接的被动悬架结构，使用数字化的控制技术，可以根据驾驶人的驾驶习惯和路面状态随时地控制汽车的动力学特性。如果真的实现了这样一个智能的主动控制悬架系统，未来的汽车底盘会变成什么样呢？

7.9 底盘控制

主动悬架的性能大多取决于阻尼器的可控性。传统阻尼器依靠对其阀口大小的调整实现阻尼力的改变，改变阀口的大小就可以获得不同大小的阻尼力，一旦阀口大小确定，阻尼力也就固定不变了。如果采用可控阀，阀开口的大小和阻尼力的大小就可以通过手动或者远程控制的方法进行调整，这种动态的阀口控制方式可以方便地根据驾驶人习惯、汽车驾驶模式进行相应的设置，也可以在不同驾驶路况下，根据 ECU 获取的来自转角传感器、速度传感器、横摆传感器和其他传感器的信息，进而对可控阀进行相应的调整，以改变阻尼力的大小。在汽车需要转向、制动和加速时，主动悬架系统可以提供比较大的阻尼，以降低侧倾；在直线行驶时，主动悬架系统可以自动切换到阻尼较小的状态，使汽车行驶更平稳，减小突然加速和减速引起的颠簸，改善刹车性能，提高轮胎的抓地能力和回正能力。

在结构上，可控阻尼阀一般位于充满液体的缸内，这样的情况下，通过机械的方式调整阀口开度是有一定难度的。一个很有创意的解决方案是保持阀口尺寸大小不变，只动态的调整流体黏度，这可以通过使用磁流体（magnetorheological，MR）来实现。磁流体是指含有微米级悬浮金属颗粒的油液，对它施加磁场后，金属颗粒会顺应磁场方向，使液体的流动速度减慢，这样，改变磁场强度就改变了液体的黏度，这就是磁流变技术，在技术实施过程中，只需要在减振器周围放置一个磁场控制装置，形成电磁阻尼器，就可以达到对阻尼进行电控调整的目的了。

值得注意的是，磁流变效应的应用场合有很多，例如可以用于车载动力传动系统的支承结构中。保时捷 911 中首次采用了这种系统，其工作原理类似于磁流变电磁减振器，汽车在正常驾驶过程中，磁流变支撑系统的刚性变低，发动机产生的 NVH 被吸收，获得了平稳安静的驾乘体验；在激烈驾驶时，汽车上大重量部件的轻微晃动都会对整车性能产生不利影响，此时，磁流变支撑系统就会随着发动机转速的升高而提高减振器的刚度。这种发动机变结构参数安装的想法并不是最近才出现的，以前的液压系统也可以调整发动机振动的影响效果，但是，磁流变结构的控制效果更好。

严格来说，之前讨论过的悬架系统应该称其为半主动悬架系统，它可以较好地适应行驶路面条件，但是不能向悬架的机械结构施加动态力，也就不能抵消汽车行驶中产生的振动，也不能完全消除汽车行驶中出现的横摆和侧倾。所以，这样的悬架也就不能被称之为严格意义上的主动悬架。真正的主动悬架系统完全可以有效地解决上述问题，它可以通过执行器提供的力来抵消路面传来的振动，控制簧载质量和非簧载质量之间互不产生影响。

最简单的主动悬架系统通常用于汽车的侧倾控制。汽车在急转向时将向外摆动，提升内侧车轮，压缩外侧悬架，降低了轮胎的抓地能力，乘客也会有不舒服的晃动，对于重心较高的 SUV 来说，这种杠杆作用会更大，由此带来的侧翻风险就成了一个必须关注的问题。在传统的悬架系统中，通过安装防侧倾杆可以较好地解决这一问题，它通过橡胶衬套连接左右车轮，增加了侧倾的刚度，一侧车轮升高会带动另一侧车轮也升高，从而抵消了汽车转向时的侧倾。但是安装防侧倾杆这种方式带来的效果并不十分理想，当汽车任何一侧的车轮遇到冲击时，会对另一侧车轮也产生影响，从而扩大了冲击影响。近年来，已对这种传统防侧倾杆进行了改进，通过使用数字控制执行装置防止车身的倾斜，输入来自转角传感器、横摆传感器和加速度传感器的信息，利用放置在防侧倾杆中间或者两侧的机械传动装置，就可以获得一定的力，从而平衡了车身的侧倾。

不同汽车公司对汽车侧倾的控制方法也不同。宝马汽车的主动侧倾控制系统（Active Roll Control，ARC）在后防侧倾杆的中间使用了一个液压旋转执行器；丰田的主动功率稳定悬架系统利用了电动机进行防侧倾控制，取消了液压控制系统，降低了动作响应时间，使之可以在毫秒内做出响应；奥迪柴油版 SQ7 使用了机电主动侧倾稳定系统，依靠一个小型电动机驱动一个三级行星齿轮箱，该齿轮箱可以根据需要实现与防侧倾杆的连接或分离：当汽车在崎岖不平的道路上行驶时，这些防侧倾杆完全分离，以使每个车轮适应颠簸的路况，使行驶更平稳，当需要考虑转向侧倾的影响时，防侧倾杆将会相互配合参与工作；保时捷的动态底盘控制系统在防侧倾杆的两侧使用了液压执行器，可以对防侧倾杆施加反向力矩以适应驾驶条件。当然，这一技术的应用借助了各种液压、机电或气动结构，具体实施方案非常多。

我们可以通过全主动悬架对四个车轮进行精确的运动控制，从而达到优良的侧倾控制效果。最基本的系统称之为低带宽控制系统，在结构上，它是把执行器和一个弹簧及阻尼器串联使用。这里为什么涉及了带宽控制？就是因为汽车的非簧载质量和簧载质量的固有频率是不同的，因此有两个频率需要控制，分别是10~15Hz的车身频率和1~4Hz的车轮振动频率，低带宽控制系统关注于车身的振动，并依靠被动悬架系统的作用，减少非簧载部件的振动。这样的系统仅对低带宽动力学特性有效，它虽然不能完全解决汽车振动的所有问题，但是其成本却明显低于全带宽控制系统[193]。

完全主动的高带宽控制系统通常需要使用与弹簧并联而非串联的可控性强的执行器，这一系统能够快速地产生控制力，并平衡汽车的横向和纵向摇摆，确保底盘的稳定性。这种系统需要消耗很多的能量，因此通常采用48V供电系统。如果执行器是永磁电机，这些被消耗的部分能量就可以被电机转化、吸收和存储起来，并用于后续的执行器动作，这将大大降低系统的能源需求。

主动悬架系统可以更好地满足驾驶人的驾驶需求。例如，沃尔沃的主动底盘系统提供了多种驾驶模式可供选择，包括汽车高速稳定行驶的"舒适"模式、降低汽车底盘高度以改善空气动力学的"经济"模式、提供高刚性悬架的"运动"模式等，除了这些模式之外，还有一种"越野"模式，可以将离地间隙增加一英寸半左右（40mm）[194]，另外，该主动底盘系统甚至可以允许驾驶人根据需要制定自己的个性化驾驶模式。

悬架系统的响应过程比较复杂，如果汽车能够通过扫描前方道路来识别路况，那么将会更好地服务于悬架系统，使响应过程得到简化。Bose公司开发了一种称之为Clear Motion的系统，它的电子控制单元使用了道路传感器获得的数据来控制电动机，以适应不断变化的路况。这个悬架系统可以提高车轮的高度，以方便通过坑洼的路面，它的开发目标也很简单：无论道路是否颠簸、无论驾驶条件如何、无论是急转向或急刹车，系统都可以自动地适应，汽车的行驶都可以保持稳定。

虽然这种理想的全性能悬架系统尚未投入量产，但是主动可调悬架已经开始实际

193　X.D. Xue, K.W.E. Cheng, Z. Zhang, J.K. Lin, D.H. Wang, Y.J. Bao, M.K. Wong and N. Cheung, Study of Art of Automotive Active Suspensions 2011. 4th International Conference on Power Electronics Systems and Applications, 2011.

194　Y. Elattar, S. Metwalli and M. Rabie. PDF versus PID controller for active vehicle suspension. Conference: AMME-17, At Cairo, Egypt, 2016; and J. Ekchian et al., A high-bandwidth active suspension for motion sickness mitigation in autonomous vehicles. SAE Technical Paper 2016-01-1555, 2016.

应用了，梅赛德斯 - 奔驰的 Magic 车身控制就是一个典型的例子：配合使用加速度传感器和前风挡玻璃上的前向立体摄像头，可以自动识别汽车前方的路况，并利用路况信息提前对悬架进行调整。同样，奥迪使用前置摄像头来检测前方路况，电控底盘系统利用驱动电机在每个车轮上提供高达半吨的力，从而实现了对汽车悬架高度的调整，这也用到了 48V 供电系统。以上这些系统的应用没有显著提高轮胎的抓地能力，但是它们却大大提高了驾乘的舒适性。

事实上，乘客的舒适性是人们非常关心的问题，特别是随着自动驾驶系统的应用，舒适性可能会变得越发重要，相关的，这样的悬架系统也会随之变得更加重要。想象一下，当乘客在乘车期间阅读、睡觉或聊天时，很有可能会发生晕车的情况，此时，能够抵消汽车颠簸的悬架系统就变得必不可少了。

7.10 集成化

随着越来越多先进汽车控制系统（Vehicle Control Systems，VCS）的出现，如主动悬架系统、电子稳定控制系统、防抱死制动系统以及将在第 9 章讨论的一些附加系统，有必要将这些不同系统协调控制起来。也就是说，原来由不同的 ECU 分别控制每个系统的传统工作模式开始逐渐被淘汰，需要建立一个涵盖转向、悬架、气门、制动等各种零部件功能的集成控制系统，以确保各部分以及相互之间可以协同工作。

主动转向技术开始变得越来越复杂，也使得对它各种控制功能的集成十分必要。自 20 世纪 80 年代电控转向系统（Electronic Power Steering，EPS）问世以来，转向系统变得越来越复杂、越来越智能，通用性也越来越高。起初，汽车 EPS 系统的出现提高了转向效率，改善了转向性能，也减少了道路传来的振动和冲击。此时，四轮转向系统也已经出现了，汽车在低速行驶时，四轮转向系统可以使后轮转向与前轮转向相反，显著提高了汽车的灵活性；汽车在高速行驶时，后轮以与前轮相同的方向轻微转动，提高了行驶的稳定性。近些年来出现的主动转向系统（Active Front Steering，AFS），可以根据驾驶条件和汽车速度的变化调整转向角和转向输入之间的关系。现在，智能四轮转向控制系统在少数高性能汽车中得到了应用，通过智能修改转向控制参数，可以实现汽车高速行驶时的稳定性控制，并在低速行驶时降低驾驶的难度。日产的四轮主动转向系统就是一个典型的例子，可以实现前轮和后轮的变参数主动转向控制。

转向系统也可以与主动悬架、ESC、ABS 等集成在一起，形成各种各样的集成式底盘控制系统（Integrated Chassis Control，ICC）、统一底盘控制系统（Unified Chassis Control，UCC）或汽车动力学特性管理系统（Vehicle Dynamics Management，VDM）等。这样做的目的是集成多个控制功能和多种传感器数据，提高综合计算和信息交互的能力，增强汽车行驶稳定性、操控性、驾乘舒适性和 NVH 特性。对驾驶人来说，这样做不仅提高了驾驶的安全性和驾乘舒适性，而且还可以很容易的自定义汽车的性能特性（因为集成系统的基本参数可以毫不费力的调整至适应驾驶人的各种驾驶习惯）。

日产的智能驾驶系统是先进汽车控制系统的范例，为了解决汽车行驶颠簸问题，它综合利用了主动悬架控制以及刹车和节气门控制。你或许已经注意到这样一种现象，在踩下加速踏板的时候，汽车车头会有向上的运动，松开下加速踏板会产生车头向下的运动，踩刹车也会产生类似的运动，由此得到启发，是不是可以利用这种运动关系来适应颠簸的路面呢？日产 VCS 通过与可调节道路运动的主动减振器配合使用，通过改变发动机转矩或稍加制动，抵消了由路面颠簸引起的运动。例如，当日产 Micra 经过颠簸路面时，车轮转速会有轻微的波动，汽车中的一些运动传感器和车轮转速传感器会识别这种微小变化，然后控制发动机快速的产生一个小转矩，以降低这种速度波动的影响；如果颠簸得太厉害，就会采取轻微的制动，这并不会显著降低车速，但是却非常有助于抑制颠簸，确保行驶的稳定性。

总之，过去简单的机械动作方式正在被现今更加智能主动的执行器所取代，这些执行器不再是仅仅产生机械运动，而是可以根据驾驶人的意图有针对性地控制实现一些特定的运动。例如，转向系统不再是仅仅通过机械传动控制前轮，而是考虑到转向盘可以有效地表达驾驶人的意图，从而使得转向系统可以按照驾驶人的意图产生相应的机械动作。在这里，驾驶人的意图体现可能是一个转向角信号，也可能是汽车中的差速制动或转矩信号，或者是发动机节气门位置变化信号、阻尼及悬架调节信号等，有了这些信号的收集和处理，然后就可以尽可能安全方便地完成所需的控制操作了。

集成化的总体目标是实时检测和有效控制汽车运动的各个性能。例如，汽车有六个自由度，分别是横向、纵向和垂直运动以及侧倾、偏航和俯仰运动，在集成化控制过程中，这些自由度需要实时地进行测量和分析，以便于用来进行汽车参数的交互控制。这样做不再受限于各个自由度控制的此优彼劣，而是要实现对每个自由全面的优化控制，实现对汽车各方面的最佳控制，实现驾乘性能的全面优化。

7.11 模块化

或许目前还不十分明显，实际上汽车底盘的制造、装配和操作控制已经变得越来越复杂了，涉及的材料也包括了聚合物、增强复合材料以及铝、钢、镁等多种金属合金，在加工制造过程中，还需要各种新型的连接方法、紧固方法和粘贴方法，并且随着材料应用的多样化，工艺的复杂性和实施难度也日益增加，再加上先进主动悬架技术以及复杂底盘控制系统的应用，这将使得生产的个性化特征更加明显，也带来了昂贵的成本。为了降低成本，汽车制造商开始寻找各种机会，尽可能地简化底盘设计和制造工艺流程，使之标准化。

在过去的十年中，越来越多的汽车制造商认为，实现标准化的最好方法就是进行模块化设计。模块化设计的概念以前就已经出现了，可以追溯到车身框架的模块化设计过程，这样做可以使之适应各种不同的车身类型，长期以来，汽车制造商也一直依靠同一个标准化的生产平台来开发不同的车型。例如，自 20 世纪 80 年代以来，克莱斯勒的 K 就是这种生产方式的一个标志，大众甲壳虫和 Karmann Ghia 也共享了同一个生产平台，奥迪 TT 和大众高尔夫在很大程度上也使用了相同的车身框架开发模块。采用模块化设计和生产的目的，就是要最大限度地增加通用零件的数量，增加规模经济，简化供应链，并提高制造的灵活性。

但是，模块化的概念已经不仅仅局限于汽车车身开发和生产了，它正在扩展到汽车制造的各个方面，甚至可以用来生产具有可变尺寸的可伸缩装配体和零部件（图 7.18）。在通用的模块化结构设计中，可以将汽车分解为具有不同轴距或轮距的多个部分[195]，它不再是一个固定产品的平台，而是可以适应各种零部件生产和装配方式的生产线或者工位。大众的 MQB（Modularer Querbaukasten）平台就是第一个类似功能的模块化制造平台，对于多种发动机前置、前轮驱动的底盘结构，MQB 平台都可以进行模块化的设计，该平台几乎可以满足汽车底盘在纵向长度方向上的各种调整，可以覆盖从超小型车到 SUV 的所有车型。现如今，几乎每个主要汽车制造商都在不同程度地朝着模块化装配的方向发展。

---

[195] J.F. Lampon，P. Cabanelas and V. Frigant，The new automobile modular platforms：From the product architecture to the manufacturing network approach. Munich Personal RePEc Archive Paper No. 79160，2017. Available at https：//mpra.ub.uni-muenchen.de/79160/

图 7.18　丰田的全新全球汽车架构 TNGA

丰田是众多向模块化设计和共享架构迈进的汽车制造商之一。丰田的全新全球汽车架构（Toyota New Global Architecture，TNGA）于 2015 年开始实施，旨在更全面地整合主要底盘和动力总成部件的开发，促进零部件的战略共享，其目的是简化制造流程，开发新车型，特别是降低成本。

资料来源：丰田汽车公司

　　模块化概念吸引汽车制造商的原因主要有两个：降低成本和增强制造的灵活性，其中最明显的成本降低优势来自供货规模和生产规模所带来的经济性。但是，对于大型的汽车制造公司而言，还有另外一个成本优势，就是它除了基本的汽车零部件外，还可以将汽车生产中的一些模块外包，这会将模块在开发、设计、和工程化方面的成本及风险都推给了外包商，从而大大减少了汽车制造商的投资规模和风险，随着汽车悬架、转向和底盘模块的复杂性和成本的不断提高，汽车制造商更加热衷于这种方式了。此外，模块化技术也增大了汽车制造商生产的灵活性，产品的生产可以迅速地从全球范围内的一家工厂转移到另一家工厂，可以依靠及时交付的主要零部件模块来更快地完成汽车的组装，从而减少了闲置库存，并能够更快地响应市场的需求。从理论上讲，可以在一周之内完成汽车的订购和生产，并交付给经销商。

　　随着电动汽车技术的发展和商业化应用，这种模块化概念的内涵可能会发生全新的变化。线控技术的迅速普及已经使得驾驶舱、车身、传动系统和底盘之间实现了电气连接（而不再是更多的机械连接），这种情况下，特别是对于电动汽车而言，再加上模块化技术的应用，使通用化电动平台的生产成为可能，仅仅需要通过线束就可以将电动底盘连接至驾驶室和车身，这样简单的汽车平台非常适合于在通用的生产线上生产，可以满足多种车型的装配需要。我们在特斯拉的任何展厅都可以看到特斯拉 Model S 的底盘结构（图 7.19），它非常简单，由基本框架、悬架、车轮以及电动机构成，只需用螺栓将几个座位和一些电池安装在车身上，便可以驾驶离开了。宝马 i3 也与此类似，它简单到只有两个组成模块：一个是底盘"驱动模块"，一个是包含了驾驶舱和车身的"生活模块"。

为了获得基本的可囊括更多汽车模块结构设计的电动化平台，几家汽车制造商正在探索新的技术方向。新的平台应该可以提高汽车的碰撞安全性和操控性，并且可以简单地使用软件进行控制和调整，更可以作为多种汽车型号或规格的通用设计基础平台。但是它的吸引力远不止这些，有了这样的平台，汽车的可控性就能够得到显著增强，与传统的内燃机系统和传动系统不

图 7.19　特斯拉底盘

同，电动汽车可以利用轮毂电机驱动，每个车轮的转向和转矩可以独立控制，通过使用先进的主动悬架系统，可以实现对簧下质量增加后的动力学控制，这为所谓的八变量控制提供了可能性[196]；另外，不必再考虑常规的四轮转向和牵引力控制了，现在每个车轮的受力、位置、方向都可以单独控制，这种车轮独立控制的方式为汽车的操控性能和停车模式提供新的解决方案，这些都意味着汽车的电动化是一个革命性的转变，其产生的影响将远远超出动力传动技术本身的范畴。

196　M. Abe，Trends of intelligent vehicle dynamics controls and their future. NTN Technical Review 81，2013.

第8章

汽车造型与动力学

空气动力学一直是汽车设计的重点，流线型汽车已经流行很长时间了，凯迪拉克 1959 年推出的 El Dorado 的奢华尾翼和 20 世纪 30 年代 Delahaye 美轮美奂的车型当时就受到了市场的推崇，反映出了人们对汽车流畅而动感造型的偏爱，但是在当时，这些流线造型仅仅停留在风格表现上，对汽车性能的提升起不了多少作用（而实际上，我们将会看到，这些流线型因素可以降低汽车行驶时的阻力，降低行驶时的噪声）。到了 20 世纪 80 年代，除了赛车之外，空气动力学的应用仅仅停留在汽车设计完成之后的性能或造型修正过程中，也就是说，在可能的情况下，在汽车设计的最终阶段，空气动力学会在车身形状设计上作为补充考虑的因素。有了这样的了解，我们就毫不奇怪为什么前期典型的轿车并没有针对空气动力学进行过专门的设计了，它们的外形就像是一个方形盒子，当在空气中驾驶这样形状的汽车时，就如同在黏稠的蜂蜜中移动一块砖头的感觉一样。

近些年来情况发生了变化：不再仅仅是为了体现汽车风格魅力而使用流线造型，而是真正将空气动力学运用在了汽车设计中，并且扮演了更加重要的角色。这样做的原因有三个：第一日益重要的汽车燃油经济性，汽车制造商已经开始注意到，在生产成本变化很小的情况下，仅在汽车造型方面进行微小的调整，就会导致汽车高速行驶时的油耗发生重大变化。面对欧洲和美国越发严格的燃油经济性法规，他们迫切希望将每一滴燃油的极致效率都发挥出来。第二，降低车内和空气噪声成为当今消费者的主要需求，深刻影响着购买决策。第三是消费者对汽车最高车速的看重，而空气动力学对汽车的最高车速有着重要的影响，对于注重汽车性能的买家来说，无论汽车是否能够真正达到最高车速，它仍旧是衡量汽车性能的一个重要指标，尽管这个因素的重要性有所下降，但高性能汽车的最高车速仍然是一个显著的卖点，尤其是在欧洲市场（就像美国购买者倾向于关注 0—60mile/h 的加速时间一样）。

空气动力学对汽车性能的影响不可忽视。通常，如果将汽车行驶阻力减少 10%，带来的燃油消耗量下降会远胜过同等车重降低所带来的效果，而恰当的汽车造型上的改变可以有效地减少行驶阻力，并且几乎不会增加成本，因此，在这样的效果下，我们可以期待对空气动力学的重视会继续加强下去，在提升效率、增强性能、提高驾乘体验等方面，重新提高人们对汽车造型的重视程度。

这样带来的结果之一是，高性能量产车的空气动力学设计将会越来越复杂，这样的趋势在各种其他汽车的造型中也会逐渐表现出来。实际上，对空气动力学的关注和认识已经开始体现在了现代汽车结构设计中。例如，流线形的车顶现在随处可见，车尾锋利的尾翼设计也非常普遍，这些结构都确保了在空气动力学意义上可以切断气流的噪声；另外，在车轮附近经常能够发现各种槽、通气孔、百叶窗结构的设计，它们有效地引导着旋转车轮附近的气流，只不过我们在很多时候将这些结构仅仅当作装饰设计元素看待罢了。

就像我们前期讨论的诸多领域一样，很多时候，汽车的空气动力学也需要权衡各种因素影响的重要程度。最有代表性的例子是赛车或高性能汽车，它们在进行动力学设计过程中，一般要在两个方面进行考虑：一个是降低车底空气的举升力，这会改善汽车的抓地能力和转向性能；另外一个是降低行驶时的阻力，使汽车具有更高的车速和更好的加速性能。很多时候，偏重一个方面就意味着降低另一方面的性能，因此，不可避免地就要在它们之间进行权衡。然而现在，情况开始发生了变化，数字控制技术的使用已经越来越能够让我们鱼与熊掌兼得了，通过改变汽车的造型，我们就能够调整汽车的空气动力学特性，实现对行驶阻力和车底气流举升力的管理，并可以根据驾驶条件的需要实现对每一个相关因素的优化。在我们深入讨论这些性能之前，先来了解一些动力学的基本知识。

8.1 行驶阻力特性

涉及空气动力学的一个决定性因素是流体的阻力，它定义为物体在流体中遇到的抵抗力。在汽车行驶过程中，流体是空气，物体就是汽车。因此，所谓的流体阻力，就是来自空气流的阻止汽车前进的抵抗力。由于汽车在高速行驶时所受抵抗力的75%~80%来自空气阻力[197]，空气阻力自然也就成为汽车空气动力学设计的重点，它是汽车高速行驶状态下提高燃油经济性的关键因素之一。

当人们提及空气阻力时，有时也会想到汽车表面的粗糙程度，有这种想法的人会认为，如果汽车的表面非常平滑，就可以使空气更顺畅地滑过，从而降低了空气的阻力。实际上，这种表面阻力只是整车阻力中非常小的一部分，虽然通过减小这种阻力来改善汽车的燃油经济性并不完全错误，但效果并不显著，或许汽车在行驶几十万英里后，仅仅能够节省 1usgal 左右的汽油，最重要的阻力形式应该是由汽车的外形决定的，而不是这种表面阻力。不过，这并不意味着我们可以忽略这种表面阻力，我们将会看到，这种阻力会与汽车的其他特性一起影响着整车的空气动力学性能。

前面已经说过，阻力的主要部分来自于汽车的外形，我们称之为形状阻力（有时也称之为压力阻力）。汽车在空气中行驶时，空气流会适应汽车的行驶而发生变化，在汽车的周围发生运动，这会导致汽车表面空气流速的差异，从而形成空气压力各不相同的许多区域，汽车前部的高压空气会产生一个反向推动汽车行驶的力，汽车后部的低压空气也会产生一个反向拉动汽车行驶的力，这两种力都阻碍着汽车的前进。这些压力也会随着汽车的形状而变化。我们马上就可以看到，具有相同横截面积的汽车常常会表现出明显不同的阻力特点。

汽车推动空气所需的能量与其他物体运动时的计算方法差不多，下面是物体运动动能的基本计算公式：

$$E_k = 1/2mv^2$$

在涉及汽车的空气动力学计算时，空气不是固定的物体，但我们可以用运动的空气质量替代，利用空气密度和汽车横截面积计算获得移动的空气的质量。其实，仔细想想我们就会发现，移动的空气质量也与汽车的横截面积直接相关，一辆四四方方的厢式货车，有着很大的前部横截面，比起轿车来，即使它们有相同的长度和重量，货车行驶需要推动的空气的质量会更多一些。空气密度也是一个关键因素：空气越重，所用来推动空气的能量就越多，而空气密度又是随着湿度和温度的变化而变化的。因此，汽车的实际阻力也会随着天气状况而产生一些变化，空气稀薄、温暖、干燥的天气下，实际的阻力会小一些。

实际上，空气阻力的大小与车速平方成正比，这意味着空气阻力将会随着车速的

---

197 W.H. Hucho，Introduction to automobile aerodynamics. In W.H. Hucho（ed）Aerodynamics of Road Vehicles：From Fluid Mechanics to Vehicle Engineering，4th edition. SAE International，Warrendale，PA，1998，1-46.

增大而大幅增长。第3章中也曾经说过，汽车在市区路况下低速行驶时，如果稍微提高一点车速，汽车受到的阻力可能只会增加一点点；但是如果汽车是在高速公路上行驶，同样的速度增量会导致空气阻力显著增大，就是这个原因。正因如此，优化汽车的空气动力学特性对于高速行驶的汽车会有重大影响，但是对于在市区内巡航的汽车来说效果并不明显。这就是为什么空气动力学对于赛车来说非常重要，但对于常规的量产汽车来说就大打折扣了。

空气动力学对燃油效率和汽车基本性能的影响是非常明显的，尽管它对在一般的城市道路行驶中的汽车不太重要，但它对于在高速公路上行驶的汽车的燃油经济性就有非常显著的影响了；尽管汽车的造型可能不会影响0—60mile/h的加速时间，但它却可以对汽车的最高车速产生主要影响。从理论上讲，我们可以通过对汽车空气动力学的分析估算出最高车速，就像在第3章中介绍的那样，当某个车速下引起的空气阻力达到了动力传动系统发出的最大推动力时，这就获得了理论上的最高车速。实际上，由于汽车机械结构的限制和交通安全法规的要求，一般都会通过控制程序对汽车的最高车速进行限制。

要真正理解空气动力学对汽车性能的影响，我们需要了解汽车的造型。更准确地说，一个物体在空气中运动时有多高的效率取决于它的造型，以及是否可以将运动前方的空气推开，重新引导周围环绕它的空气，并让这些空气在它的后方重新合理汇集起来，从而使空气对其运动的阻力最小化。

8.2　造型的力量

在早期，汽车设计师并没有关注到汽车空气动力学与飞机空气动力学的差异性。你可能已经注意到了飞机的飞行特性，或者在交通拥堵时曾经想到过汽车飞行的可行性。从空气动力学的角度来看，飞机的流线型机身意味着空气在掠过机翼时要保持气流的相对有序和平稳，气流流动方向平行于机翼的运动方向；然而对于汽车来说，掠过汽车表面的空气通常比掠过飞机表面的空气更加不稳定，气流遇到汽车表面时会断开，产生杂乱无章的翻滚，飘忽不定，原先平滑而有序的层流空气变成了紊乱的湍流涡旋，形成了一种非流线形状，我们也称这种形状为钝体。早期的汽车设计师经常仿照飞机的设计思路来进行汽车的造型设计，但是现在我们已经知道了，汽车这样的钝体空气动力学性能和飞机流线型的空气动力学性能是截然不同的。因此，它们的造型设计方法也应该差异很大。

对于飞机来说，空气平滑流过机翼表面的状态一般是二维的，它流线型地流过机翼并平行于机翼轴；但是，流过汽车的空气状态则完全不同，它是三维的，包含了表面湍流、不规则的涡旋和各种复杂的相互作用，空气相对于车身长度的方向纵向移动，也会垂直于长度方向从横向或侧向掠过车身表面，也会以这三个方向的多种组和进行变化，汽车形状对空气运动形式的影响也很大，从而对汽车的空气动力学特性产生着显著的影响，这也就是为什么汽车形状阻力会主导它的空气动力学特性的一个主要原因。在飞机设计中，重点关注的是空气的表面阻力，但是在汽车行驶时，由于气流更多地受到汽车运动状态的干扰而被打乱，进而产生了更大的行驶阻力，导致空气在汽车表面的阻力影响只能成为极其次要的因素了。

为了能够理解汽车形状对推动空气的效率有多高，并以此比较和评估汽车不同形状的阻力特性，我们结合形状定义了一个系数，称为阻力系数（C_D），汽车在空气中行驶时的形状阻力越小，C_D 数值就越低。该系数是理解汽车空气动力学性能的关键，但这不是唯一的衡量指标——因为汽车的迎风面积也同样重要。借助于这两个指标，并结合对汽车在空气中（或其他的物体在任何其他流体中）运动时的阻力的测量，我们将动能的计算公式转换为下面的形状阻力计算公式：

$$阻力 = \frac{1}{2}\rho V^2 A C_D$$

式中　　ρ——空气密度；

　　　　V——汽车相对空气的速度；

　　　　A——汽车横截面积；

　　　　C_D——阻力系数。

从公式中可以看出，如果要减少汽车的阻力，我们可用的方法其实并不多。一方面，我们可以降低速度，但这与整车设计的初衷相悖；另一方面，也可以减少汽车的横截面积，但是我们还是需要一定的汽车驾驶和乘坐空间、发动机安装空间以及其他的一些空间需求，如果只是针对一级方程式赛车，减小这个横截面积在一定程度上是可行的，如果针对常规轿车，这种可行性就受到了很大的限制，效果也非常有限。另外，周围的空气密度也不是我们能够随意改变的，因此也不应该是我们真正需要重视的参数。这样看来，量产汽车的空气动力学设计的关键就在于如何减小阻力系数了。

阻力系数的基本特点可以通过下图（图8.1）反映出来，以下图形都具有相同的横截面积，但是可以看出来，它们的阻力系数和阻力的变化却很大。

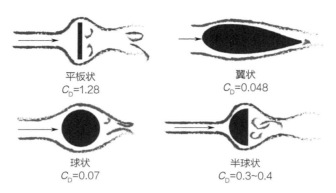

平板状
$C_D=1.28$

翼状
$C_D=0.048$

球状
$C_D=0.07$

半球状
$C_D=0.3\sim0.4$

图 8.1 空气阻力系数

在相同的横截面积下，气流产生的阻力大小仍然随着物体形状的变化而改变，物体的正面越钝，前方的
空气压力也就越大；物体后方的截面变化越接近于锥形，其后方的负压产生的后拉力就越小。

数据来源：NASA and Hoerner，Fluid Dynamic Drag

从上图可知，减少物体前部的气流压力，C_D 数值也会降低，这就是为什么半球形比平板形物体有更小的空气阻力的原因。通过调整汽车前部和后部的形状可以不断地改进汽车的空气动力学性能，当从半球形过渡到全球形时，阻力可以显著降低，这也告诉我们，在空气流过车身重新汇聚到汽车的后部时，也会产生阻力，并且汽车后部的形状会对阻力的大小产生影响，汽车后部的形状与汽车正面形状一样重要。实际上，汽车行驶过程中，在汽车的尾部会产生一个气流区域，如果是一个泪滴状或者翼型气流，则表明气流的汇聚过程更加平滑，从而使 C_D 数值也大幅下降。这里的关键在于尾部气流是平行且有序的层流还是不规则旋转的湍流，它们对汽车动力学的影响显著不同。理想情况下，我们希望尽可能得到气流的层流状态，为此，我们可以不断地向后延长车身，将其拉伸为翼型，这样就会在很大程度上避免了尾流湍流的产生，C_D 值也会不断减小。

8.3 边界层

理解空气动力学的关键是要知道气流从物体表面分离后如何发展成为湍流形式。当掠过汽车表面的空气几乎没有出现湍流状态时，我们称其处于附着流状态。此时，越是靠近汽车表面，气流的速度会越慢，这是因为越是靠近汽车表面，空气就越来越受到汽车表面摩擦的影响，我们可以想象一下，在与汽车表面无限接近的距离内，由于空气与汽车表面之间的相互摩擦和受力，它们之间也不会发生相对运动；随着距离汽车表面越来越远，气流的速度也会不断增加，直到达到空气的最大速度，或者达到行驶中的汽车速度。在这里，我们将这个在汽车表面流动的薄的气流层称为边界层（图 8.2），在这个区域内，由于空气的内摩擦或黏性以及行驶中汽车的表面摩擦，会形成一个剪应力，并因此形成一个气流速度的梯度，距离汽车表面越远，该层的厚度就越大，如下图所示。因此，尽管气流与汽车表面之间的摩擦阻力本身并不是整车空气阻力的主要组成部分，但是它形成了这样一个薄的边界层，边界层的出现强烈地影响着整个汽车周围的空气流动和阻力的大小[198]。

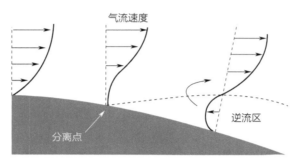

图 8.2　气流分离过程

边界层定义为由于汽车表面摩擦和空气黏度而在汽车表面附近形成的逐渐减速的空气流，当气流离开汽车表面时，就产生了与气流反向的湍流区域，从而增加了气流负压带来的阻力。

通常来说，汽车尾部的空气动力学行为会更复杂一些。当气流在汽车尾部下倾流动时，带走了汽车表面的空气分子，并在汽车的尾部形成空气湍流漩涡，产生了一个低气压区（负压区），这就像是打开了汽车的后窗，给成员一种类似于真空的感觉。气流从汽车表面分离的点称为分离点，分离点之后就是由不规则运动的漩涡所产生的扰流区域，它会导致汽车行驶阻力和噪声的增加，甚至在汽车的尾部位置造成表面污损，或者在一些缝隙中出现存水的情况。分离点越是提前，负压区范围就越大，产生的阻力也会越大。我们曾经说过，如果汽车的尾部是泪滴形或翼型形状，它的 C_D 会更低，这就是因为这样的尾部形状推后或者避免了分离点的产生，如此说来，汽车空气动力学设计的关键也应包括延迟或者避免分离点的出现。

如前所述，分离点过早出现导致了气流湍流现象，增加了汽车空气动力学噪声，影响了汽车整体的噪声、振动和声振粗糙度（NVH），同时，由于气流的分离过程也会影响驾驶舱内的噪声，汽车的行驶阻力也与NVH密切相关。因此，汽车设计人员有时会加倍关注气流的这个分离过程。然而需要注意的是，NVH和汽车的空气阻力之间虽然关系密切，但是并不总是直接相关的，一个指标的降低并不会直接导致另一个指标也降低，例如，汽车的降噪往往与A柱处的气流控制相关，而降低汽车的阻力则要涉及

198　D. Hummel, Some fundamentals of fluid mechanics. In W.H. Hucho（ed）Aerodynamics of Road Vehicles：From Fluid Mechanics to Vehicle Engineering, 4th edition. SAE International, Warrendale, PA, 1998, 47–82.

汽车的整个表面，这里的降噪和汽车行驶阻力的影响因素是十分不同的，也就无法使之直接关联起来。正因为如此，对于汽车设计师来说，他们也很难确定哪一种设计的优先级会更好，哪一种设计方案会更有价值。

8.4　汽车形状

现在，我们可以开始考虑气流如何在行驶的汽车周围运动，以及对汽车性能将产生何种影响。汽车上方和周围的气流取决于汽车的形状，进而影响了整个汽车表面的气流流速分布，在汽车表面突出的地方，气流的速度会增大，以绕过障碍物（稍后将解释原因）；在汽车表面凹陷的地方，气流的速度会变慢，气流速度的这种变化最终形成了气压的变化，而且，正如我们已经看到的那样，气压的变化产生了气压梯度，将空气从汽车表面带走了，或者形成了分离点，或者使气流重新汇聚为附着的层流，确定这种现象在什么位置发生、在什么时候发生是空气动力学设计需要考虑的首要问题，这项工作的基础就是对空气速度和压力之间关系的认知。在流体力学中，伯努利原理指出，当流体速度增加时，压力就会降低，因此，如果空气被迫通过称为文丘里管的狭窄通道时，气流将随着通道的变窄而加速，也就是说，随着横截面积的减小，空气分子就会加速通过这一通道，这一过程就像缓慢移动的人群离开体育场狭窄的出口时迅速涌出的样子。汽车上表面的气流以类似的方式在起作用，空气在汽车顶部掠过时会历经更长的距离，导致气流速度的增加。基于伯努利原理，这时的压力降低了（图 8.3），与此同时，由于汽车底部是平坦的，这种压力降低导致在汽车的顶部产生了净负压，从而给汽车一个向上举升的力量。

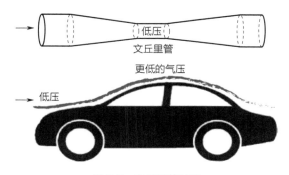

图 8.3　文丘里管气流

通过文丘里管收口的气流必然会加速，并形成低压区，同样，从汽车顶部通过的空气也将加速，降低了汽车顶部的压力。

文丘里管的形状非常简单，它的工作原理也很好理解，但是对于汽车来说却不是这样：气压在汽车表面的分布方式并不像通过文丘里管那样规律（图 8.4），例如，汽车前部的空气正压力是汽车行驶空气阻力的主要来源，如果你将手伸出车窗，就会感觉到这种阻力，这是一种牛顿阻力，它符合牛顿第三运动定律（作用力与反作用力总是大小相等，方向相反），当汽车行驶冲击空气的时候，空气也会反过来冲击汽车，给汽车一个后退的力。

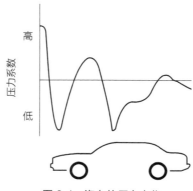

图 8.4　汽车的压力变化

当空气掠过汽车时，它会形成不同的压力区：汽车前部形成高压区；气流经过发动机舱盖时，气流加速，气压降低；强度较轻的高压区域产生于风窗玻璃底部；最低的气压通常出现在空气速度最高的汽车顶部；然后，随着空气向汽车后部降速流动，压力开始升高；当气流经过分离点后，压力又会降低。

当汽车前端的高压空气流经发动机舱盖时，气流会加速，形成了一个较低的压力区域，产生了相对的升力；之后，气流冲击风窗玻璃下端，产生了另一个牛顿高压点；当空气进一步穿过汽车顶部时，它又成为汽车低压升力的主要来源；然后，随着气流减速，在汽车行李舱上的压力可能会小幅上升，并最终在车后部形成低压湍流区。了解了以上气流流动的过程，有助于我们更仔细地对每个压力区域进行研究，使我们能够有目的地调整和控制这些压力区域的受力情况。

8.5　汽车前部

汽车前部大的空气阻力是形状阻力的主要来源。但如前所述，为降低这种阻力所能做的改进措施是十分有限的，因为汽车的横截面积是由汽车类型、发动机要求和其他设计要求决定的，无法仅仅因为气流原因而轻易修改。但是，可以降低前发动机舱盖和保险杠高度，以使得更多空气轻松地从汽车顶部流过，并减小前部的高压区域，基于此，在过去的几十年中，许多汽车的前部已经采取向下倾斜设计了。但是，全球的交通安全标准和冷却气流的需求也限制了这种发展趋势，特别是欧洲的安全标准，它要求发动机舱盖高度不能太低，以降低汽车撞击时对行人造成的伤害。

如果在汽车前部设计有锥形或者圆角，可以使缓慢移动的高压空气顺畅地流过，从而能够降低正面的气体压力，避免了气流沿着侧面流动时附加的湍流，或者在尖角处出现的高压气流紊乱现象。发动机舱盖和挡泥板的前部越平滑，空气就越能够更快地重新附着，在汽车前部产生的分离湍流或分离气泡区域就会越小，即使是很小的半径曲线平滑也会产生显著的改善效果。现今量产车上常见的前端平滑和倒圆形状就是这些措施的体现。

汽车的前部还必须设置用于冷却和吸气的通道，最简单的方法就是在迎面而来的气流中安装一个散热器，现在则更加复杂了一些：一般要确定合理的气流路径，以便于给发动机、制动器，机油以及涡轮增压器和中冷器冷却，或者对电动汽车中的电池、电动机和电力电子设备进行冷却。除此之外，现代汽车的总冷却需求已经大大增加，为了获得更好的冷却效果，需要对冷却结构进行更加精确的设计。这时，既要保持发动机舱盖下必要空间以满足大量冷却的需求，还要采用较小的钝形横截面以满足降低行驶阻力的需求，平衡这两者之间的矛盾还是很困难的。

如今，多家汽车制造商使用了一种创新性的解决方案，就是设置主动格栅（图 8.5）。汽车低速行驶时空气阻力小，如果发动机需要冷却，格栅打开，空气将流过散热器和其他组件；汽车在高速行驶时，这些格栅关闭，密封了汽车前部，促使更多空气从汽车的顶部和侧面流过，进而降低了正面压力。控制系统可以根据

图 8.5　主动格栅

必要时，主动格栅可以改变发动机附近的空气通道，以平衡汽车的空气动力学性能和空气冷却效果。

图片：Röechling

车速和冷却液温度控制格栅的开度，关闭所有或者部分格栅。这一方案不但改善了汽车的空气动力学性能，也提高了发动机的暖机速度，降低了空气动力学引起的噪声。

主动栅格技术对于前部钝面的汽车特别有用，SUV 的前部格栅如果关闭，C_D 值可能会下降 5%，但轿车使用这种技术后，C_D 值可能只会降低 5% 的一半甚至更少[199]。例如，雪佛兰科鲁兹 Eco 和柴油 RAM 1500 都采用了主动格栅技术，但在雄壮的公羊

199　G. Larose, L. Belluz, I. Whittal, M. Belzile, R. Klomp and A. Schmitt, Evaluation of the aerodynamics of drag reduction technologies for light-duty vehicles: A comprehensive wind tunnel study. SAE International Journal of Passenger Cars—Mechanical Systems 9（2），2016，772–784.

（指 RAM1500）上显然比那台流线型轿车效果更加明显。

当然，取消这些格栅也可能会更有效，电动汽车上就是这样做的。尽管电动汽车也需要气流来冷却电池和电力电子设备，但是如果采取措施（例如采用液冷技术），降低甚至取消对气流的需求，就可以减少甚至取消格栅了（图8.6）。例如，特斯拉汽车取消了格栅，从而设计出了阻力系数非常低的汽车，Model S 的 C_D 值为 0.24，尽管它比公司最初设定的 0.21 的目标略高，但对于当今的四门轿车来说，已经是一个了不起的成绩了[200]。

图 8.6　无格栅的电动汽车

电动汽车降低了对于空气冷却的要求，从而避免了格栅大开造成的空气动力学问题。

气流流动到风窗玻璃底部时也造成了高压，尽管不是很重要，但是这种高压却不容易降下来，这是因为风窗玻璃的底部很难设计成弯曲形状或者锥形。此时，增大风窗玻璃的倾角会有所帮助，但是这也会影响到驾驶人的视野和头部空间；另外，虽然增大倾斜角会减小阻力，但是超过一定的角度后，对改善阻力的贡献就大大降低了[201]。类似地，降低风窗玻璃与车顶的连接位置也可以避免气流分离点的出现，并且也关系到了使汽车顶部高压区转变为低压区的形状阻力，特斯拉汽车就是一个很好的例子，它使用的风窗玻璃的弯曲度比较大，并且平滑地过渡到了车顶，这一结构是整个行业将风窗玻璃与弯曲车顶无缝集成趋势的一个代表。

减少汽车前端阻力的另一措施是设置较低的车身前端，使气流能够从汽车下方流过。在汽车前端设置主动空气挡板有助于在汽车上部形成高压气流，同时降低车身底部的气流速度，从而减少车身底部产生的阻力（图8.7）。但是我们也将看到，由于更多的汽车采用了流线形车身，导致这样的空气动力学优势正在减弱。尽管如此，前端的空气挡板还是能够降低汽车前端的升力。如果设计得当，还可以通过适当地改变气流

图 8.7　主动空气挡板

由麦格纳（Magna）生产并在 2019 年 RAM 1500 皮卡中使用的主动空气挡板可以自动展开，引导汽车周围的空气，从而减少了 7% 的阻力并提高了燃油经济性。这是该技术在大排量汽车中的首次使用。

图片：麦格纳

200　D. Sherman，Drag queens：Five slippery cars enter a wind tunnel；one slinks out a winner. Car and Driver June，2014，86–91.

201　D. Hummel，Some fundamentals of fluid mechanics. In W.H. Hucho（ed）Aerodynamics of Road Vehicles：From Fluid Mechanics to Vehicle Engineering，4th edition. SAE International，Warrendale，PA，1998，47–82.

方向来增加冷却强度，但是，这样的设计对汽车总体动力学特性的影响其实并不大。

除了以上这些措施外，没有太多的其他选择可以有效地改进发动机汽车的前部空气动力学特性，此时，如何改善汽车的后部动力学特性开始变得越来越重要了。

8.6　汽车后部

汽车后部对于整车的空气动力学性能影响非常大，大约整车空气阻力的1/3与汽车的后部结构有关[202]。同时，与汽车前部的空气动力学特性不同（汽车前部的空气阻力大小越来越可以预测，并且结果变化不大），汽车后部的气压变化波动很大，气流状态也非常容易受到汽车形状的影响，错综复杂，有必要进行深入研究。这也使其成为改善汽车空气学动力性能的重要研究领域[203]。

当气流掠过钝的（或者说比较方正的）汽车后部时，就在汽车尾部形成了一个低压尾流，尾流的中心是一个速度相对较慢的旋涡区域，气流在该旋涡区域内产生了湍流气泡和噪声，含有的空气量也有所降低，其效果类似于行驶的船舶后面的水域，因此，有时将其称为死水区。死水区内气流的低压湍流状态形成了主要的空气阻力源，在条件相同的情况下，汽车后部的横截面越大，这个低压湍流对空气阻力的影响效果就越大。例如，方型掀背车或厢式货车一般具有大的方型背板，就会形成这种大的低压尾流（图8.8），而后背钝度较小的轿车通常只产生较小的低压尾流。可以将这一效果类比于发动机气缸中的活塞运动，当活塞抽动时，在活塞的后面会产生真空，真空的部分反过来又要拉动活塞，阻止活塞的运动。

图8.8　汽车尾部的死水区

具有更长弯曲车顶的汽车（例如起亚K5）产生的死水区较小，与其相比，诸如起亚秀尔之类的具有方形后部的汽车，它的空气动力学劣势就非常明显。

202　G. Rossitto，C. Sicot，V. Ferrand，J. Boree and F. Harambat，Wake structures and drag of vehicles with rounded rear edges. Proceedings of 50h 3AF International Conference on Applied Aerodynamics，March 29，2015—April 1，2015，Toulouse，France.

203　K.S. Song，S.O. Kang，S.O. Jun，H.I. Park，J.D. Kee，K.H. Kim and D.H. Lee，Aerodynamic design optimization of rear body shapes of a sedan for drag reduction. International Journal of Automotive Technology 13（6），2012，905-914.

气流的分离特性导致解决汽车后部带来的空气阻力要比解决汽车前部阻力难度更大。如果汽车的后部倾斜度较缓，例如掀背式轿车，气流可以更容易地流经车身轮廓，并保持较好的层流状态，这是我们所希望的。但是对于其他的载货和载人汽车，气流分离点可能出现在车顶高度开始下降的位置。对此，设计的关键就是要提供一个气流可以重新附着并充满真空的形状。通常，15°左右的下倾角（或倾斜角，指的是从车顶到后窗的倾斜角度）既可以最大限度地降低空气阻力系数，又能够实现气流在汽车尾部的重新汇聚[204]；随着这个角度的增加，斜度会加大，空气阻力通常也会变大，直至到达大约30°的临界角（图8.9）；之后，更大的下倾角会导致气流分离点的产生，此时的气流不再与行李舱盖附着，空气阻力也几乎保持不变。当然，下倾角大小的选择也需要适应其他性能的设计需求，例如后方能见度或者行李舱空间等。总之，为了减少下倾角，将伴随着抬高行李舱的高度，并实现逐渐平顺的倾斜，这样就有利于减少空气阻力了，但是，如果确实无法在设计范围内获得理想的下倾角，过大的下倾角就会导致明显地气流分离现象，也就无法获得最小的空气阻力。

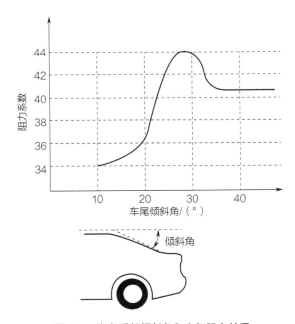

图8.9 汽车后部倾斜角和空气阻力关系

通常，较小的倾斜角对空气阻力的影响也较小，随着倾斜角度向30°增加，空气阻力也显著增加，超过该角度后，空气阻力会有所下降，然后随着倾斜角的增加而保持相对恒定。

资料来源：Hucho，Aerodynamics of Road Vehicles

204　H. Fukuda，K. Yanagimoto，H. China and K. Nakagawa，Improvement of vehicle aerodynamics by wake control. JSAE Review 16（2），1995，151–155.

现今，空气动力学引起的汽车形状的改变已经在很多量产车型上得到了反映，汽车的行李舱变得越来越高，掀背式车型日益普遍，拱形车顶也几乎无处不在（图 8.10）。这种拱形车顶结构减小了风窗玻璃与车顶的过渡夹角，避免了突出的形状（否则会引发气流和车身的分离现象），也减少车顶与前风窗玻璃交汇处的空气压力，并且有助于避免汽车后部气流过早分离的现象。同时，这样的拱形车顶结构既保持了车身较好的流线型，也增加了驾乘人员的头部空间。当然，如果车顶拱形弯曲过度，也会增加汽车的横截面积，以上所提到的优势也就弱化甚至没有了。例如，空气阻力系数 C_D 减少 5% 带来的优势当然弥补不了横截面积增加 10% 所产生的不足。

减少汽车尾部死水区的方法是加长轿厢长度以获得更平缓的下倾角。汽车越长，下倾角就越小，气流的运动就越接近于理想的层流状态（图 8.11），水滴形车身具有低的空气阻力系数，就是因为其相对较长的后部锥形。但是这一方法也有相当明显的局限性，没有人仅仅为了改善汽车的空气动力学特性而将整车长度增加到 20ft 以上。

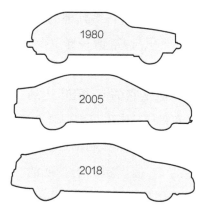

图 8.10　汽车外形的演变

多年来，本田思域汽车后部造型的演变反映了汽车不断变化的空气动力学设计趋势，采用了拱形车顶结构，前后风窗玻璃与车顶之间保持了不超过 15° 斜角的平滑过渡。2005 款思域对早期的版本进行了显著改进，包括增大前风窗玻璃的倾斜程度，提升行李舱位置的高度等；到了 2018 款，车顶采用了更大的拱形设计，使用了长坡度的汽车顶部造型，从而减少了钝化截面的形状，降低了气流尾流的影响。

图 8.11　减少汽车后部气流分离现象

梅赛德斯 – 奔驰 Concept IAA 概念车在减少后部尾流分流方面进行了探索，将车身后部的长度增加了 15in（390mm）。

来源：Wikipedia

汽车的空气动力学车身似乎要朝着水滴形方向发展：前部是圆形的，底部是平坦的，尾部是细长的，这一趋势毫不奇怪，毕竟水滴是由液体水与周围空气的相对流动和摩擦最终形成的，它具有最小的空气阻力。水滴形的概念已经明显地影响了汽车的设计，汽车圆形的前部，弯曲的车身，锥形的后部，这些特征都成了汽车设计的发展方向，它对于提高汽车的燃油效率也是大有裨益的（图 8.12）。

图 8.12　水滴形车身

丰田普锐斯从水滴的形状中获得启发，设计的汽车空气阻力系数 C_D 值仅为 0.24。

你可能会问，如果水滴形车身非常完美，那么为什么一级方程式赛车以及超级跑车不采用这种形状呢？答案仍旧和阻力系数 C_D 有关。当我们考虑 C_D 值时，我们仅仅是在强调汽车整体形状的影响，另外还有很多其他的因素需要考虑。首先，赛车需要产生下压力；其次，它的前部横截面积与 C_D 值一样重要，需要采用各种方法减小前部的横截面积。正是因为这个原因，表面非常光滑流畅的 Koenigsegg Agera RSR 具备了较低的重心和最小的前部截面积，但是它的 C_D 值却达到了 0.37，典型的一级方程式赛车的 C_D 值也可能是 1.0。在高性能汽车上，由于需要考虑对发动机和制动器的冷却需求，有时还需要更大一些的 C_D 值。实际上，低的 C_D 值趋向于出现在大型轿车上，例如，特斯拉 Model 3 的 C_D 值为 0.24，宝马 G30 5 系的 C_D 值为 0.22，现代 Ioniq 的 C_D 值为 0.24，奔驰 CLA 的 C_D 值为 0.23，而环保性更好的 CLA 180 的 C_D 值则略低于 0.22[205]，以上这些低 C_D 值的车型都不是超级跑车。或者也可以说，C_D 值是决定阻力大小的关键因素，仅仅是表达汽车形状导致的空气动力学效率的其中一个测量指标，但不是衡量汽车阻力特性的唯一指标（图 8.13）。

图 8.13　汽车尾部的重要性

大众插电式混合动力汽车 XL1 试验油耗 230mile/gal，阻力系数低至 0.20，这主要来自对汽车尾部结构的改造（而不是对汽车前部结构的优化）。

205　Top 100 cars ranked by drag coefficient. Available at www.carfolio.com.

8.7 三维气流

到目前为止，我们已经讨论了汽车顶部的空气流动，只是讨论了沿着汽车纵向长度方向上的运动，没有涉及侧向或横向方向的运动。实际上，气流在汽车周围的流动状态是非常复杂的，毕竟汽车是个三维体。针对这种三维体，气流流动影响的关键因素之一在于汽车顶部和侧面的压力差。考虑到伯努利原理，汽车行驶过程中，顶部的压力通常比较低，其结果是汽车侧面的相对高压气流趋于向顶部的低压区移动，在车顶后端产生了涡旋，从而在汽车后部形成锥形的具有一定能量的螺旋形气流涡旋，形成涡流阻力（图 8.14）。

图 8.14 尾部气流涡旋

汽车行驶过程中，顶部的低压和侧面的高压综合形成了气流的侧向运动，从而形成了螺旋形的气流涡旋轨迹。

减小汽车后部下倾角能够削弱汽车上部边界层气流的分离现象，从而有利于降低空气阻力[206]，但是这又在很大程度上依赖于汽车的后部造型，限制了优势效果的发挥；如果增大下倾角，空气阻力的降低程度就要大打折扣，涡流阻力反而也会增加，使得整体效果更加无法令人满意，应该怎么办呢？

既然利用汽车顶部轮廓设计可以减少尾流的不利影响，是否也可以采用类似的思路来设计汽车的侧面形状，以利于形成更好的气流涡旋呢？汽车后部的几何形状影响着尾部三维涡旋气流的密度和形状，类似于汽车顶部轮廓设计，让汽车的侧面也呈现出一定的锥度，不但有助于减少汽车后部的横截面积，还可以更好地管理气流由侧面向后方中心移动的状态，这样的措施是有利的（图 8.15）。类似于船尾形状，将汽车后部左

206 A. Thacker, S. Aubrun, A. Leroy and P. Devinant, Effects of suppressing the 3D separation on the rear slant on the flow structures around an Ahmed body. Journal Wind Engineering and Industrial Aerodynamics 107–108（September），2012，237–243.

右两侧变窄，形成一个轻微的侧面锥度（这只需要在汽车造型上进行一个小变化即可），这将产生显著的影响：减少了汽车后方尾流的体积，形成了有益的涡流，增加了尾部的压力，也减少了尾流区域的面积。这样，原来在汽车后部采用锥形结构的优势明显下降了，延长车尾的优势也在弱化，也就是说，我们不再需要通过明显延长汽车后部尺寸的方法来减少尾流带来的阻力了。

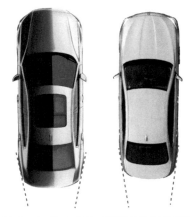

图 8.15　汽车后部两侧类似船尾的形状

宝马 5 系（左）和沃尔沃 S60（右）在汽车后部两侧设计了类似船尾的形状，并且在量产车中已经普遍应用。

图片来源：宝马 & 沃尔沃

如果我们不打算驾驶 20ft 或者更长的汽车，在某些时候我们就不得不设计一个钝一点的汽车后端面，但是这种从锥形的汽车后部过渡到钝的后端面尾部的做法并不理想。回想一下，在汽车前端面设计圆弧可以使高压气流更容易流过车身两侧，减少了高压区的范围，但汽车后部气流的形状和前端完全不同，我们也就无法简单地将汽车前部改进的经验用于后部。实际情况也是这样，只是单纯地将汽车后部进行圆弧处理会带来很多问题。例如，在汽车后部至尾部端面进行圆弧处理会扩大低压涡旋的面积，增加由此产生的空气阻力；同样，如果将后立柱做圆弧处理，或者设计一个直角的侧边，也会导致汽车尾部阻力的增加[207]。

在行李舱盖边缘设计一个凸起，有利于打断气流，迫使一部分气流在汽车的尾端向上流动，从而减弱了沿行李舱表面下降的气流强度，减少了被拉入负压湍流区域的气流，减小了汽车尾部的负压区域。通过设计这样一个固定的气流分离结构，汽车尾部具有一定能量的气流将包围低压区域（图 8.16），在行李舱上方形成一个气陷，它可以减缓顶部气流的流动，降低附加在汽车上的举升力，也减少了空气阻力[208]。类似的效果也可以在其他垂直表面上产生，例如，宝马公司在 C 柱上设计了一个

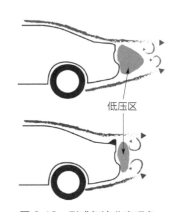

低压区

图 8.16　形成气流分离现象

在汽车行李舱边缘设计凸起，有助于打断流过的气流，降低尾部的负压。

207　G. Rossitto，C. Sicot，V. Ferrand，J. Borée and F. Harambat，Wake structure and drag of vehicles with rounded rear edges. Proceedings of 50h 3AF International Conference on Applied Aerodynamics，March 29，2015—April 1，2015，Toulouse，France.

208　G. Dias，N.R. Tiwari，J.J. Varghese and G. Koyeerath，Aerodynamic analysis of a car for reducing drag force. IOSR Journal of Mechanical and Civil Engineering 13（3）Ver. I，2016，114–118.

锐边，他们称之为"空气叶片"，有助于减少尾流带来的阻力。总之，通过在汽车行李舱边缘设计一个凸起迫使气流分离，或者在垂直侧面增加一个锐边，都可以有效改善汽车尾部的气流涡旋特性，或许是因为这些措施的成本很低，几乎所有的量产车型都采用了类似的结构设计。

8.8　涡旋发生器

考虑到流体特性，还有一种有趣的方法是通过主动产生涡流来降低空气阻力。这种方法用得比较少，但是值得一试，它的工作机理是有意地在边界层内产生高能涡旋，从而避免了过早地出现气流分离现象。在这里，是通过产生一种形式的湍流去抑制气流分离所产生的另外一种湍流，看起来似乎与直觉相悖，但是确实能够这样做：我们可以在汽车表面设置一些小的凸起，也就是涡旋发生器，实现相应的功能。其实，这个作法并不新颖，数十年以来，大型飞机就利用涡流发生器确保飞行过程中气流能够贴合在机翼表面上。

飞机或汽车上产生气流分离现象的原因是汽车表面的低能气流以及气流与表面摩擦产生的剪切应力，当边界层气压梯度越来越大时，在剪切应力作用下，气流的稳定性被破坏了，于是在一些位置上产生了气流分离现象，并伴随着湍流涡旋的发生。如果气流能够在分离点之前的表面上形成涡旋，有助于将高能量气流吸入到边界层底部，促进其中流速较慢的气流加速，从而降低剪切力，延后气流分离现象的出现。

高尔夫球在飞行过程中也会有类似的效果：如果它在飞行过程中没有发生旋转，在其表面上的压力就会飘忽不定，它的飞行过程也就无法稳定。如果棒球在飞行过程中不旋转的话，也会受到类似涡旋压力的影响，表现出飞行轨迹的不确定性，棒球投手很喜欢这种现象，但是接球手则对此厌恶至极。然而，高尔夫和棒球的表面结构不一样，高尔夫球表面是不平整的，它表面有诸多小型的凹坑，能够使其在飞行过程中在它的表面形成微小的高能气流涡旋，这些气流涡旋确保了气流能够贴合地掠过球背面的大部分区域，从而避免了飞行的不稳定性。

既然这样，我们是不是也有必要在汽车表面上加工出一系列的凹坑呢？其实已经在考虑这样的设计了。更有趣的设计是在气流分离点的前方放置一些小型的凸起，理想的凸起应该像刀片一样，有明显的边缘，但是还要考虑到安全性和美观，因此一般将其设计为一定的圆弧形状。

这些凸起就是涡旋发生器，它看起来作用不大，但是效果非常明显。在气流分离点前方设置涡流发生器，将会退后分离现象发生的位置，增大汽车尾部端面的气压，从而降低汽车的空气阻力，降低气流对汽车的举升力[209]，另外，正确的放置涡旋发生器也有助于汽车尾翼部分的气流清洁（图 8.17）。尽管我们至今还无法给涡流发生器一个确切的定义，但是，只要能够产生微涡旋特征气流的装置或结构，都可以纳入到汽车空气动力学的总体考虑中，并用来强化对其他动力学特征的影响，例如，法拉利在 488 车型的底部设计了涡旋发生器，并声称这一装置将汽车的下压力提升了50％。总之，设置涡旋发生器的成本很低，也有利于车速的提高，这对于大部分追求高速性能的汽车来说，是非常有价值的。

图 8.17　涡旋发生器

本田思域 Type R 上的涡旋发生器有助于延迟气流分离现象发生，并且气流可以清洁汽车的尾翼。

8.9　汽车升力

正如我们所看到的，汽车在行驶过程中，顶部和底部的气流速度是不一样的，顶部的气流速度快，这就意味着整辆汽车就像飞机的机翼一样，受到向上的升力作用。力的大小会随着车速的提高而快速增大。这种升力的计算方法与空气阻力的计算是一样的，只不过是用升力系数取代了阻力系数。就像空气阻力一样，升力也是随着车速的平方而快速增大的。

令人棘手的问题是，降低升力的措施往往会增大空气阻力，这就是为什么赛车手必须经常仔细地去平衡空气阻力和升力的变化程度。我们希望能够降低空气阻力，但是更希望能够降低升力，从而确保汽车的地面附着性能，有时为了达到降低升力的目的，让空气阻力有一些升高也是很有价值的。这样做虽然损失了一些加速性和直线速度，但是过弯速度会显著提升。这也解释了为什么 F1 赛车的空气阻力系数大一些的原因了。对于空气阻力和升力的这种综合考量不仅局限于赛车，对于量产汽车来说，在行驶过程中控制好车轮的载荷也是非常重要的。在高速行驶状态，升力会破坏车轮载荷，影响驾驶的稳定性，其中，汽车前端的升力会影响操纵灵活性，汽车后端的升力会影响行驶的

209　M. Jagadeesh Kumar，A. Dubey，S. Chheniya and A. Jadhav，Effect of vortex generators on aerodynamics of a car: CFD analysis. International Journal of Innovations in Engineering and Technology 2（1），2013，137–144.

稳定性[210]。为了解决这些问题，我们当然要从整体上减少升力，但是我们更应该找到一种合理的方法，既解决前轴升力引起的操纵灵活性问题，又解决后轴升力引起的行驶稳定性问题，这样就很困难了：如果同时能够降低空气阻力的影响，那是再好不过了。但是，升力和空气阻力之间的矛盾往往是无法得到完美解决的。此时，就要仔细协调两者之间的优先级和平衡关系了。

减小升力最有效的方法是在汽车行李舱位置设置一个具有动力学调整功能的扰流结构，或者说，为了减小升力，可以采用以下两种方法之一改变汽车上部的结构：通过设置扰流结构改变汽车上部的气流以减少升力；或者通过使用翼型结构（扰流板）产生下压的力。遗憾的是，以上任何一种方法都会增大空气的阻力，在选择应用时，我们不得不对以上方法进行综合的考虑和对比。现在，让我们看一看在量产汽车上采用了哪些调整升力的先进措施。

扰流结构所起的作用是干扰汽车顶部的低压气流，进而降低升力的大小，但是它同时也会增大空气的阻力。对于量产汽车来说，为了解决这一问题，典型方法是提高行李舱边缘的凸起。前文也曾述及，这样的凸起将造成气流分离现象，有助于形成气流涡旋，缩小汽车尾部的低压尾流区域，同时也可以达到降低一部分升力的效果。随着凸起角度的增加，对迎风气流的影响也将随之增加，会增大升力的降幅，但是也增大了空气阻力。升力降幅的一小部分来自向上运动气流的反作用力，更大的影响来自凸起前气流速度的减慢，气流速度越慢，作用在汽车后部的气流压力就会越高，但是同时也会造成整车空气阻力的大幅升高。

另外一种解决办法就是单独设置一个倒置的翼板（或尾翼，扰流板），它可以产生向下的力，同时带来的空气阻力又较小（图 8.18）。这样的翼板将产生垂直于其形状方向的力。例如，对于飞机机翼，产生的升力会将飞机上拉，但是如果机翼上有一个略微向上的仰角，将会使得这个升力产生一个分力，这个分力会阻碍飞机的飞行。对于汽车上的翼板而言，由此产生的大部分力是向下的，但是它的分力也会形成一个阻碍其

图 8.18　翼板的创新

科尼赛克（Koenigsegg）One:1 车型采用了悬臂支撑的主动尾翼，有助于保持尾翼气流处于层流状态，并尽可能地减小支撑结构对尾部气流的影响。

210　W.H. Hucho, Introduction to automobile aerodynamics. In W.H. Hucho（ed）Aerodynamics of Road Vehicles: From Fluid Mechanics to Vehicle Engineering, 4th edition. SAE International, Warrendale, PA, 1998, 1-46.

行驶的水平分量，如果增大翼板的前部倾斜角，产生的向下的力也增大，由此形成的阻碍汽车行驶的分力也会相应增大。

翼板设置的位置非常重要，若要翼板产生有用的升力，它必须能够与无湍流的气流接触：如果翼板位置设置在尾流区域内，它就不能产生扰流效果，也就不能形成向下的力；如果将翼板设置在不受边界层影响的空气中，它就会产生稳定的下压力。考虑到以上因素，一般情况下翼板的位置距离行李舱不必太高，距车顶 1/3 的位置应该是最好的 [211]。

我们并不希望翼板的位置距离车身太远，靠近车身安装的翼板可以促进气流贴近车身，有助于大幅降低升力 [212]，更明显的是，翼板的存在降低了汽车后部的气压，从而对汽车底部的空气产生了吸力，并重新调整了气流的方向，使得气流沿着车身表面轮廓向上运动，形成了更大的对汽车的下压力，这被称为"柯恩达效应"（Coanda Effect）。类比来说，你可能也曾注意过，利用碗、勺、甚至手指就可以改变水龙头出水的方向，并引导到其他物体表面，这里，行驶的汽车使得空气沿着下部流动并在尾部改变方向向上，这样就形成了一个更大的下压力。利用这一效应的关键是将扰流板或翼板的作用效果与汽车整体的气流设计相结合，这样产生的下压力就会大于尾翼单独作用时的下压力。

到现在为止，我们的关注点更多地集中在了汽车的后部，这里的升力控制效果较为显著，但是很多汽车的驱动力在前部，转向也在前部，我们也应该考虑汽车前部的受力问题（不过在分析时，需要格外关注过大的汽车前部下压力对转向灵敏度的影响问题）。我们已经知道了如何设计汽车结构来引导汽车周围的气流，使之对汽车的空气阻力和升力都产生积极的影响，同样的思路，也可以在汽车的前端设置扰流板，从而在汽车的前部上表面得到高气压，并降低汽车底部的空气流量。扰流板设置的位置同样重要，位置太低将会减少通过扰流板下部的气流，升力会增大，并且在一般情况下空气的阻力也会增大。

在我们尝试控制升力大小时，还是需要综合由此带来的其他问题。例如，更突出的后部扰流板可以增加下压力和汽车的抓地能力，但是也增大了空气阻力，影响了对汽车后部的观察视野，甚至对汽车造型也会产生不利的影响；采用小巧一些的扰流板或许便于汽车的造型，但是会带来升力控制效果变差的问题；对于前扰流板，可以降低升力，但是会增大汽车的空气阻力，对道路的平整性要求也比较高。

211　A. Buljac，I. Džijan，I. Korade，S. Krizmanić and H. Kozmar，Automobile aerodynamics influenced by airfoil-shaped rear wing. International Journal of Automotive Technology 17（3），2016，377-385.

212　J. Katz，Automotive Aerodynamics. John Wiley & Sons，West Sussex，2016.

一种解决方案是使用主动扰流板，这种扰流板仅在需要时才投入使用，并且可以改变方向以适应驾驶条件和驾驶人习惯的变化。在功能上，它可以是简化的专为某些速度下设计的升力减小装置，也可以成为带有专用控制模块的装置，这些模块可以利用汽车速度、油门位置、制动情况、驾驶员设置和路况等信息来确定何时以及如何操控主动扰流板工作。稍后我们将更详细地讨论主动空气动力学，现在，我们需要先完成对汽车底部空气动力学的分析。

8.10 汽车底部

众所周知，飞机在降落过程中，空气产生的升力会增强，飞行员已经非常熟悉这种飞机降落过程中形成的"地面效性"了。但是与飞机的工作环境不同，汽车是在地面上行驶的，行驶过程中，底部一直贴近地面，这就使得汽车周围的气流状态也与飞机完全不同。

对于汽车来说，底盘越靠近地面，行驶过程中所受到的空气阻力就会越大。如果汽车可以飞行的话，气流将会对称地流过汽车的上下表面，但是由于汽车是在地面上行驶的，这就导致了汽车上部和底部的气流状态完全不同，表现出不同的空气动力学特征。另外，汽车底部和地面之间距离很短，这一狭窄的通道造成了气流的漏斗效应，使得汽车前部的气压很大，前部的大部分气流会从汽车的上部掠过了，而汽车底部的气流在经过许多不规则的零部件间隙时，会形成更大的阻力，这个阻力其实是由于气流通过汽车底部和地面时发生相互干涉作用所造成的，因此也称之为干涉阻力。

这样看来，如果减少汽车下方的气流，将会使阻力明显减少。通常有两种解决方法，最直接的方法是降低车身，减小汽车底部气流流动通道的面积，减小气流量，这样也有利于降低汽车重心，增强驾驶稳定性，当然，离地间隙过小也会带来一些其他的问题。另外一种简单的解决方法是在汽车的前部使用气流引导装置，将汽车前端底部的气流合理地引导至车身两侧和汽车的上部，这样，汽车底部就不会过多地暴露在气流中，从而大大减少了因此导致的空气阻力。

改变汽车前部的气流方向不仅会降低干涉阻力，也可以将气流引导至发动机、制动或者电池的冷却通道中，借此完善冷却系统。值得注意的是，采用更低的车身设计以及利用气流引导装置均有利于降低汽车前端的升力，但是这种升力不是由于汽车上部和底部气压差引起的，而是一种牛顿作用力的表现，当高压气流冲击到汽车底部并反射回来时，会给汽车一种向上的作用力，这个作用力如果过大，就影响到汽车的转向稳定性。通过减少汽车前部流向汽车底部的高压气流，可以明显改善这种情况。

通过降低底盘高度来减少空气阻力的效果十分显著，这样做不仅能够有效地减小空气阻力系数，而且也减少了迎风面积。更为直接的是，考虑到车轮是一种具有复杂空气动力学特性的钝体（我们将在稍后讨论），降低底盘也降低了车轮在空气中的暴露面积，从而大大降低了它引起的空气阻力。此外，车身底部气流的减少也使得从车身底部侧向流出的气流减少，使得车轮受到的来自空气作用的横摆转矩也减小了（这种横摆转矩也是汽车阻力的重要成分之一）。将车头轻微降低是降低汽车底部高度的一种方法，会带来一系列的益处：既在整体上降低了底盘，也使得底盘从头部至尾部的高度沿着一个坡度略微增加，这样的结构起到了气流扩散器的作用，从而减缓了车底的气流速度，减少了不必要的气流紊乱。总地来说，仅仅通过降低底盘高度就可以减少 5%~8% 的空气阻力，如果与汽车前部的气流引导装置相结合，则可使空气阻力降低 10% 以上[213]。

在降低底盘的过程中也需要解决一些问题：低底盘设计非常有利于汽车空气动力学性能的发挥，有利于提升驾驶稳定性，但是也对离地间隙提出了更高的要求，为此，利用先进的数字化控制技术可以设计获得变高度悬架（Variable Ride-Height Suspension，VRHS），它能够根据车速、地形和驾驶员操作信息自动调整底盘的高度。在汽车低速行驶时，底盘将会自动提高，以获得更大的离地间隙；在汽车高速行驶时，底盘又会自动降低，以获得更好的空气动力学特性和驾驶稳定性。这种做法很早就出现了，雪铁龙公司在 1954 年的 15CVH 车型中就首次使用了液压自调平悬架，近年来，斯巴鲁和路虎揽胜等厂商也采用了变高度可调悬架，希望借此改善汽车的公路行驶性能，并获得更好的越野能力。现在，许多量产车型中使用的变高度悬架的幅值调整范围不再局限于一英寸之内了，扩大到了数英寸之多。

变高度悬架的应用不仅局限于越野车型。梅赛德斯 - 奔驰主动式车身控制系统（Mercedes-Benz Active Body Control）不是专为任何越野车需求而设计的，而是一直被用来提高常规道路汽车的空气动力学特性和驾驶稳定性，在车速 37~99mile/h 范围内时，它的底盘高度可下降大约 0.5in（11mm）。对于奥迪汽车，当行驶速度超过 75mile/h，它的自适应空气悬架可以使底盘自动下降近 1in（22mm）。特斯拉 Model S 考虑了空气阻力及其对电动汽车续驶里程的影响，也使用了一种智能主动空气悬架系统，该系

---

213 G. Larose，L. Belluz，I. Whittal，M. Belzile，R. Klomp and A. Schmitt，Evaluation of the aerodynamics of drag reduction technologies for light-duty vehicles：A comprehensive wind tunnel study. SAE International Journal of Passenger Cars—Mechanical Systems 9（2），2016，772–784.

统与全球定位系统通信，可以记忆汽车行驶在不同道路位置时的底盘高度，以后在同样道路行驶时，就可以自动将底盘调整为以前所记录的高度了。

底盘高度对空气升力的影响也十分复杂。一般来说，减小离地间隙会减缓汽车底部的气流速度，增加车顶部和底部之间的压差，从而增加汽车的整体升力。随着离地间隙的增加，尽管气流作用在汽车底部前端的牛顿作用力会升高，但是汽车底部的气流速度会更接近车速，从而降低了整体升力，但是汽车的驾驶稳定性也受到了整车重心升高的影响。在汽车后部形成的气流扩散有助于整车空气动力学特性的调整和升力的控制，在这之前，我们先看看气流在车底扩散的过程中，怎样才能保持气流的规则性。

一个方法是设计平整的车底，这样做有些困难——因为汽车底部有悬架、传动轴、排气管以及其他运动的和不规则零部件，很难在车底安装一个理想的覆盖件。但如果真能实现的话，带来的空气动力学优势也是显而易见的：汽车底部的空气阻力会更小，可以更好地引导车底气流至车尾。研究表明，在汽车底部进行覆盖可以降低空气阻力接近10%，在很多场合下的效果甚至会更好[214]。因此，就算是实现汽车底部的部分覆盖，并结合汽车后部空气阻力的降低措施，也可以获得不错的效果，使车底气流更平稳，降低了空气阻力。如果能够采用这种方法降低一点空气阻力，考虑到使用低成本的塑料材质覆盖件，还是可以获得不错的投资回报率的。

光滑的底盘会使汽车底部的气流更加平稳，这能降低空气阻力。一般来说，流动到汽车尾部的底部气流既可能增加后部的空气阻力，也可能降低这个阻力。合理地利用气流的漏斗效应，使得气流更为有序地流动到汽车尾部，就可以降低空气的阻力。采用这种方法降低空气阻力的效果并不明显，但不可忽略，一般会降低几个百分点[215]。

汽车顶部和侧面的空气动力学特性或多或少地影响着汽车底部的气流特性。车底气流流动的扩散角度非常重要，一般情况下以倾斜 5°~10° 为好[216]；气流引导的长度也

214　J. Cho，T.K. Kim，K.H. Kim and K. Yee，Comparative investigation on the aerodynamic effects of combined use of underbody drag reduction devices applied to real sedan. International Journal of Automotive Technology 18（6），2017，959-971；and G. Larose，L. Belluz，I. Whittal，M. Belzile，R. Klomp and A. Schmitt，Evaluation of the aerodynamics of drag reduction technologies for light-duty vehicles：A comprehensive wind tunnel study. SAE International Journal of Passenger Cars—Mechanical Systems 9（2），2016，772–784.

215　S.O. Kang，S.O. Jun，H.I. Park，K.S. Song，J.D. Kee，K.H. Kim and D.H. Lee，Actively translating a rear diffuser device for the aerodynamic drag reduction of a passenger car. International Journal of Automotive Technology 13（4），2012，583-592.

216　C. Lai，Y. Kohama，S. Obayashi and S. Jeong，Experimental and numerical investigations on the influence of vehicle rear diffuser angle on aerodynamic drag and wake structure. International Journal of Automotive Engineering 2（2），2011，47–53；and J.P. Howell，The influence of a vehicle underbody on aerodynamics of a simple car shapes with an underfloor diffuser. Vehicle Aerodynamics，R.Ae.S. Conference，Loughborough，UK，1994，36.1–36.11.

很重要，但是长度越大，带来的影响也将越小；扩散角度和引流长度之间也是有关联的，通过增大扩散角可以获得与增加引流长度相同的效果[217]，但是，如果扩散角度太大，则相当于在汽车后部形成了较大的横截面，空气就会过早地产生气流分离现象，从而失去了降低空气阻力的效果[218]。极端情况下，大角度设计会形成复杂的涡旋气流，反而使空气阻力显著增大。扩散角的大小也影响着汽车的俯仰特性，大角度设计会导致车底后部气流速度变慢，升力增大，从而使车头向

下倾斜[219]，对此，有必要进行合理的设计。在某种程度上，增大扩散角会增加车底气流量，导致车底气压和升力升高，其效果就像是提高了底盘，增大了离地间隙一样，但这样做避免了单纯提高底盘带来的不足（例如汽车的操作稳定性降低等）。另外，恰当的气流设计有助于优化车轮周围气流的流动，减少车轮阻力，这也有助于合理地引导气流进入尾流区域，缩小车尾低压区的范围，进而也减少了空气阻力。

图 8.19　汽车尾部气流扩散设计

汽车尾部气流扩散设计使得汽车底部气流可以更规则的进入到后部的气流尾流区，缩小了低压区的范围。

8.11　车轮

通过控制汽车底部气流可以很容易地降低车轮的空气阻力，认识到这一点十分重要。因为车轮的空气阻力通常占汽车全部空气阻力的 1/3，对于流线形汽车，这一占比甚至高达一半[220]，但是与整车上其他位置相比，车轮周围的空气动力学特性更为复杂，因此降低车轮空气阻力的难度也很大。汽车的前部属于钝体形式，车轮可以视为其突出

217　D. Hummel，Some fundamentals of fluid mechanics. In W.H. Hucho（ed）Aerodynamics of Road Vehicles：From Fluid Mechanics to Vehicle Engineering，4th edition. SAE International，Warrendale，PA，1998，47–82.

218　C. Lai，Y. Kohama，S. Obayashi and S. Jeong，Experimental and numerical investigations on the influence of vehicle rear diffuser angle on aerodynamic drag and wake structure. International Journal of Automotive Engineering 2（2），2011，47–53；J.P. Howell，The influence of a vehicle underbody on aerodynamics of a simple car shapes with an underfloor diffuser. Vehicle Aerodynamics，R.Ae.S. Conference，Loughborough，UK，1994，36.1–36.11；and W.H. Hucho，Introduction to automobile aerodynamics. In W.H. Hucho（ed）Aerodynamics of Road Vehicles：From Fluid Mechanics to Vehicle Engineering，4th edition. SAE International，Warrendale，PA，1998，1–46.

219　T.C. Schuetz，Aerodynamics of Road Vehicles，5th edition. SAE International，Warrendale，PA，2015.

220　D. Hummel，Some fundamentals of fluid mechanics. In W.H. Hucho（ed）Aerodynamics of Road Vehicles：From Fluid Mechanics to Vehicle Engineering，4th edition. SAE International，Warrendale，PA，1998，47–82.

的钝体，当车轮在空气中旋转时，空气涡旋从车轮的周围向外流向汽车的侧面，并影响着汽车尾流的特征及低压区域的大小。但相较于典型的钝体，车轮运动要复杂得多，也会带来更多的问题。车轮在高速旋转时，带动空气在有限的区域内运动，并产生大量的涡旋，使得气流状态非常复杂；更为重要的是，汽车底部的气流也不是在一个维度上流动，而是向汽车四周扩散，这种四处扩散的气流也就意味着车轮并不是纵向对称受力的，而是受到车底产生的各种纷杂交错的力的作用，也就是说，它们处于各种复杂的横摆受力状态，这又进一步恶化了车轮周围本已复杂的空间气流状态，造成了更大的空气阻力。这样带来的效果之一是在车轮的外侧发生了气流分离现象，在整个车轮外表面形成湍流，并增大了汽车整体的空气阻力。实际上，哪怕是一个非常小的横摆角变化也会导致空气阻力的数倍增加[221]。

有几种方法可以解决这一问题。降低汽车侧面车身的高度可以减少车底空气向外侧的流动，从而减小车轮的横向摆动角度，然而，这一方法的实施会受到离地间隙要求的限制。对车轮附近的气流进行引导也是一种很有效的方法，在车底两侧利用柔性材料设计一些分区，实现对车轮周围气流的引导，虽然这种方法效果有限，但是还是能够降低 2%~3% 的空气阻力[222]，考虑到这种方法的成本低，也使其获得了广泛的关注。另外，利用挡板来遮挡或包裹车轮的方法也值得一试，但是会违反一些典型的汽车结构设计原则，在前轮转向的时候会产生一定程度的干涉问题。

当然轮圈的设计也很重要。基于空气动力学的轮圈设计会产生显著的影响，特斯拉就是一个典型的例子：Model 3 采用了基于空气动力学的叶片状轮辐盖板设计（图 8.20），这些盖板将空气引导至汽车的底部，促进车底气流顺畅地流动到车尾的尾流区。但是，毕竟车轮是车身上突出的机械结构，这种基于空气动力学的辐板轮圈也并非适用于任何车型。

一种既美观又有效的方法是在车轮附近设置气幕（或通风孔），以改变车轮周围的气流状态（图 8.21），这种方法可以设计得非常美观，并强化了汽车的高科技感和炫酷感。但实际上几乎所有的汽车制造商都将这种结构作为装饰手段使用，很少用它进行空气动力学设计。

221　D. Hummel, Some fundamentals of fluid mechanics. In W.H. Hucho（ed）Aerodynamics of Road Vehicles: From Fluid Mechanics to Vehicle Engineering, 4th edition. SAE International, Warrendale, PA, 1998, 47–82.

222　G. Larose, L. Belluz, I. Whittal, M. Belzile, R. Klomp and A. Schmitt, Evaluation of the aerodynamics of drag reduction technologies for light-duty vehicles: A comprehensive wind tunnel study. SAE International Journal of Passenger Cars—Mechanical Systems 9（2）, 2016, 772–784.

图 8.20　空气动力学轮圈

　　为了改善车轮的空气阻力特性，特斯拉对轮圈结构进行了大胆的尝试，它的空气动力学轮圈辐板结构能够增效高达10%，其中，创新性的辐板结构设计对降低空气阻力作用重大。

图 8.21　气幕

　　汽车前端的高压空气被引导流过车轮的外侧，抑制了横摆气流的产生，也抑制了轮端气流的外溢。

　　正如字面所示，气幕是指一个气体高速流过的平面，它能够引导车轮外侧空气的流动，抑制横摆气流的产生和轮端气流的外溢。在通常情况下，汽车前部的进气槽引导进入的空气改变流向，也可以再通过一个狭窄的通道对气流进行加速，并沿着车轮的外表面流出，这促进了车轮两侧气流的流动，减少了车轮的横摆受力，降低了车轮附近的气体湍流，使得气流更加平稳。这样的效果就像在四个车轮附近安装了挡板，不过这样的样式更灵活，更适合车轮的运动。

　　气幕的实际应用方式各不相同。如图 8.22 所示，奥迪 TT clubsport 概念车车轮后部的通气孔使得气流流动更顺畅，降低了车轮后部的湍流状态。日产也在 GT-R 车型上

图 8.22　奥迪的空气动力学设计

　　这款奥迪 TT clubsport 概念车是一个空气动力学设计的范例，它使用通气槽和一些通道来保持汽车侧面和后部的气流顺畅。

图片来源：奥迪

采用了这一技术，空气阻力系数达到了 0.26，最高时速可达 200mile/h。本田在 Clarity 插电式混合动力汽车上进行了空气动力学设计，后轮前的通道有助于气流的引导。雷克萨斯 LC500 在前后车轮中均采用了特殊的气流通道设计，具有空气动力学的优势，并改善了制动冷却性能。

空气动力学设计不仅仅适用于跑车，对于一些大型车辆，也可以用此方法提高其燃油经济性。受到正在进行的最省油的全尺寸卡车设计挑战的鼓舞，福特 F150 在大灯下方设置了水平槽通道，将迎面的高压空气通过这种通道引导至外前轮，并掠过车轮表面，这一方法显著缩小了车轮附近气流湍流区的面积。

8.12 车身空气动力学

到目前为止，我们所讨论的汽车任何位置的动力学行为都不是孤立的，它们相互耦合在一起，控制或改变其中任何一个因素，都不可避免地会对其他因素产生影响。例如，前扰流板会影响汽车后部尾流特性，汽车后部的船型尾翼又影响了气流的扩散特性，而气流的扩散又会对前部扰流板的效果产生影响，诸如此类，这就使得现代汽车空气动力学的设计变得越来越复杂，越来越精确，在设计期间，哪怕是一个小小的变动，也不得不花费数千小时进行计算机仿真和风洞试验工作。

汽车车体的外形设计体现出了几乎所有的动力学特性，车体外表面的形状和线条也决定了汽车的空气动力学表现，包括气流、气压、车速等参数的大小以及它们相互之间的影响。因此，设计更加新颖合理的汽车造型正成为新常态。车体的线条、凸起的结构以及车身四周的设计等，曾经只是为了突出汽车特有的风格，但是现在，已经不可能不经过详细的空气动力学分析就盲目地设计车身线条和凸起结构。另外，伴随着更加灵活多样的制造工艺、更精确的性能分析以及对提高汽车效率和车速的期盼，对汽车造型的细节设计变得越来越重要。一些智能的空气动力学设计甚至可以考虑到诸如后视镜和门把手等车体表面干扰而引起的阻力（即所谓的异物阻力），这样做不仅能提高汽车的基本空气动力学性能，也有助于减少振动噪声和表面的脏物污染。例如，发动机舱盖的形状可以改变气流方向，使之有利于减少风噪和汽车前端的空气阻力；而精确的后视镜支撑设计可以减少汽车侧面的气流分离，降低噪声；合理设计汽车后部的圆角可以获得合理的气流分离点，减小汽车尾部的低气压区域，使气流更加平稳；在前保险杠位置设计特定的气道结构会增强气幕的动力学效果等。

当然，有些时候车体外形对动力学的影响也不会十分明显。这时，高性能汽车会采用更加先进的造型技术，以获得更加新颖、更加有价值的车体结构。例如，宝马就在 i8 的 C 柱上创新性地设计了气流通道，引导高速气流进入尾流区域，进而降低空气阻力。另外，没有一款汽车在空气动力学车身设计方面比福特 GT 更大胆（图 8.23），它的气流先进入前部通气孔，之后流经驾驶舱，并通过后部的通道流出，后部通道的设计尽可能地降低了气流的紊乱程度，从而将高能气流送达汽车尾流区。法拉利 488 也采用了类似的车体结构来增强后扰流板的性能，其狭窄的车身通道引导并加速气流通过后翼板，法拉利声称，与之前的车型相比，这种技术能够增加 50% 的下压力。

类似地，气流通道不仅可以引导车身外部的气流，也可以改变和利用流过车身内部的气流。汽车前方的迎面空气可以引导用来冷却车体内的零部件，也可以用于汽车空气动力学特性的调整。例如，雪佛兰 Camaro 利用汽车前端空气进气冷却发动机，并通过发动机舱盖排气孔将空气排出，这一设计增大了汽车上部的气压，同时由于不让空气排出至汽车底部，因此也降低了汽车底部的气压，从而减小了升力的影响。阿斯顿·马丁的设计也很新颖，为了保持 DB11

图 8.23　气流通道

宝马 i8（上图）上的气流通道引导清洁的高速气流进入尾流区，而福特 GT（下图）则是一个更大胆的设计范例。

图片：BMW（宝马）

的流线外形，它们设计了一个气流通道，从 C 柱贯穿车身至行李舱后部，气流可以顺畅地流出，提高了对汽车的下压力，而在高速行驶过程中，采用了一个小型的扰流板增加下压力。可以看出，越来越多的汽车为了提高性能，不再仅仅局限于通过准确的设计车体轮廓和线条调节气流，它们已经开始主动进行气流引导设计了，这样更有利于实现对气流流动模式的精确管理。

8.13　主动空气动力学控制

正如我们经常看到的，先进的数字化控制技术为汽车工业的发展带来了新的机遇。发动机、变速器、电驱动和其他领域的无数案例表明，随着计算机控制的使用，在设计过程中那些曾经不可避免的技术妥协和权衡设计已经不再是一个问题了。曾经一些被认为是汽车设计中无法改变的特性，例如压缩比、悬架高度等，现在也可以随着驾驶条件而实时调整。在汽车空气动力学领域也发生了类似的变化，过去的空气动力学设计不得不进行一些技术的综合考量和性能的取舍，例如，降低底盘高度可能会影响驾驶性能，改进车尾形状可能会影响视野和头部空间，重新分配车前气流也会影响冷却效果，改善升力的同时也意味着空气阻力的增大等，但是现如今，先进的主动空气动力学控制技术正在引领行业的发展，并日渐成为一种设计的常态。

主动空气动力学控制技术看起来非常简单，也就是通过改变汽车的形状以适应不同的驾驶条件。当强调操控稳定性时，应当增大气体的下压力；当速度优先时，应当降低空气阻力，可变车身高度就是一个例子，可变进气格栅和主动尾翼也是一个例子，类似的原则已广为人知。然而，现在的主动空气动力学控制系统日益复杂，包含了越来越多的设计变量，有了更大的参数调整空间，它可以根据汽车速度、制动、节气门位置和驾驶人输入等条件调整优化汽车的空气动力学特性，并且越来越多的包含了对道路状况、天气、驾驶人行为等的学习功能。现在，通过主动控制可以有针对性地减少或增加阻力，精确地调整侧向力等，达到提高汽车动力学性能的目的，也就是说，我们现在已经可以随时根据需要改变汽车空气动力学特性了。

迈凯轮 P1 可以作为一个典型，它在"竞赛"模式下（在这种模式下，油耗不再是优先考虑的因素），后部尾翼调整为大迎风角以获得最大的下压力，空气阻力也随之增大，但是它的 3.8LV8 发动机和 176hp 驱动电机能够共同产生 903hp 的动力，足以克服空气阻力增大的问题。汽车制造商声称，在"竞赛"模式下，前翼和后翼可以承受 1323lbf（600kg）的下压力；当按下转向盘上的 DRS（减阻系统，Drag Reduction System）按钮时，后部尾翼的迎风角将减小为零，总的空气阻力会降低近 1/4；在进行强力制动时，后部尾翼会向前折叠以获得最大的空气制动阻力。

有些汽车制造商没有对后部尾翼板实施控制，而是将重点放在车身升力的精确控制上：在车身上部设置了一些翼板，以利于形成不对称的升力和阻力。他们会在车身向上倾斜的位置设置小的翼板结构，这些结构能够促进气流分离现象的出现，破坏升力作用，增大空气阻力，从而非常有利于汽车的制动过程；同时，又可以对这些翼板不对称的进行调整控制，从而增强汽车高速行驶的操控性能。例如，帕加尼 Huayra 采用了四个（前后各两个）铰链式碳纤维板作为扰流板，当打开时，强迫气流分离，降低了升力，产生了额外的下压力和相当大的空气阻力，电子控制单元可以跟踪气流速度、横摆状态、转向角、节气门位置、加速踏板和其他信号，连续调整下压力和空气阻力，从而可以获得最佳性能。例如，轮流操作内侧扰流板会增大内侧轮胎的下压力并有助于稳定车身；在紧急制动时，展开的后扰流板就可以用来减弱汽车姿态的俯冲程度，并确保稳定性。

主动空气动力学控制也会影响汽车的底盘设计。保时捷最近推出了一种简单的主动空气引导设计方案，它能够用铰接的下后面板主动的引导气流以适应汽车行驶工况的变化；法拉利在 LaFerrari 上也使用了相似但更复杂的系统对其底部的气流扩散角度和上部的扰流器进行了同步控制。

主动控制汽车周围空气动力学特性的最先进代表应该是兰博基尼 Huracan Performante 中的主动空气动力学系统了（Aerodynamica Lamborghini Attiva，ALA），见图 8.24，这里需要设置一个状态调整开关，通过开关调整，主动式前扰流板引导气流要么通过发动机舱，要么流过汽车前部的底部，在气流经过发动机舱时，增强了汽车的冷却性能，也可以产生有效的前端下压力，但这是以增加前端空气阻力为代价的；调整开关将气流送至汽车前端的底部，此时，汽车前端的空气阻力降低了，气流的下压力也随之降低了。主动尾翼也是利用类似的机制使汽车的空气动力学特征得到增强，正常情况下，气流经过后部翼板，产生下压力和空气阻力；主动调整开关可以将气流引导到车翼的后表面，从而减小了下压力，降低了空气阻力。虽然通过改变尾翼的角度也可以实现这样的控制效果，但是 ALA 系统取消了大部分主动后扰流板应用中的大型液压结构，使得结构更加简单，重量也更轻。

图 8.24　主动空气动力学

兰博基尼 Huracan Performante 是空气动力学设计创新的典范，主动翼板可以调整汽车底部的气流，类似的结构也可以将气流导向后部翼板的底部，所有这些都是为了实现空气阻力和下压力的优化匹配，以适应驾驶条件的变化。

ALA 系统的应用效果非常显著。在正常驾驶模式和运动模式下，所有气流通道打开以减小阻力，在预设的速度下，所有气流通道可以闭合以改善下压力和行驶稳定性。

在两个阀门都打开的情况下，减小了汽车前部的压力，后翼板也不会发生作用，从而将空气阻力降至最低；但是在竞赛模式下，所有的通道都可以不断调整以优化汽车的操控性能和牵引力。直线行驶时，所有气流通道均打开；转向时，内侧车轮的下压力增大，改善了与道路的接触效果，也可以更好地对内侧车轮实施制动，改善牵引力控制性能；当制动时，两个阀门都关闭，这不仅能获得最大的空气阻力，这也使得前后轴所受的下压力最大，从而提高了车轮的抓地力。兰博基尼称，它们的系统能够增加 7 倍以上的下压力，从而极大地提高了汽车的制动能力[223]。

除了兰博基尼之外，我们在短期内不可能再看到这样的系统获得大批量应用，但正如我们所讨论的那样，汽车的空气动力学设计无疑是非常重要的，也会不断出现新的进展，不断地获得应用。量产汽车曾经满足于看似完美的车身造型，但是现在都在进行精益求精的设计，气流通道、气流扩散、空气叶片、翼板和气幕都是空气动力学工程的结晶，都在仔细斟酌其应用，对于设计过程中出现的每个弯曲、圆角或者形状，都在仔细地考虑其动力学影响。正因为如此，尽管当代大部分汽车已经没有了 ElDorado 奢华的尾翼，也没有了 Delahaye 完美的挡泥板，但是，它们经过了精雕细凿，其美观的造型下体现出了优良的空气动力学性能，它们仍然引人注目。

223　Focused on Performance：The New Lamborghini Huracan Performante，March 2017，media.lamborghini.com.

第9章

更智能的汽车

当今汽车已经越来越智能了，就拿发动机的电子控制来说，从发动机的点火提前角到汽车后部扰流板，只要涉及发动机性能发挥的各种因素，都使用了复杂的算法进行控制以实现最优性能的发挥。我们不得不说，先进的数字化控制技术正在使各种不可能成为可能。导致的结果是，现如今的汽车比以往任何时候都动力强劲，也更加高效，更加舒适，更加安全，而且未来还将进一步改进和完善。可以毫不夸张地说，数字化控制技术的应用使现代汽车的所有功能都焕然一新了。

但是，拥有汽车的根本目的不仅仅是为了驾驶乐趣，还在于满足从一个地点移动到另外一个地点的运输需求。从驾驶人的角度来看，从地点 A 到地点 B 的运输过程中，电子控制技术的采用发挥了越来越重要的作用。其中，先进驾驶辅助系统（Advanced Driver Assistance Systems，ADAS）集成了数字控制功能，承担了通常需要驾驶人去执行的任务。它在过去的几十年中应用量大大增加，诸如停车、变道、盲区监控（Blind-Spot Monitoring，BSM）、速度控制等，所有这些在以前必须通过现场学习获得驾照后才能够实施烦琐的操作，现在利用一些传感器和人工智能技术（Artificial Intelligence，AI）就可以完成，并且都实现了自动化。有些人觉得这样的变化很酷，也有些人觉得这些自动化技术会令他无所适从，但是几乎所有的人都认为，这样的技术确实开始让人着迷了。

无论你个人对汽车的辅助驾驶有何看法，它已经开始成为汽车的必需技术了。其中的原因各种各样，最重要的大概是出于对安全的考虑。在美国，每年约有 37000 人死于机动车事故，在全球，每年约有 125 万人因此丧生 [224]。在这些恶性事故中，90% 以上是由于人为原因造成的 [225]。随着驾驶过程中注意力分散的事情越来越多，很难避免伤亡数字的继续上升。如果能够建立这样一种交通运输系统，汽车操作不再受到驾驶人失误和注意力不集中的影响，那么驾驶分心、人为的驾驶失误、路怒症、驾驶疲劳等因素都将会成为过去，不会再导致汽车事故了。

然而，提高安全性并不仅仅是促进 ADAS 发展的唯一原因，ADAS 的发展促进了自动驾驶汽车技术的进步，它不需要驾驶人长时间保持注意力，甚至不需要驾驶人，这样就具有了很多优势：它可以为残疾人或者老年人提供方便的交通出行，也有利于减少交通延误；由于采用了数字化控制技术，它的响应更快，可以确保更多汽车以更高的速度和更近的车距行驶，更强的交通通信网络也将帮助汽车自主地调整行驶路线，从而更好地避免交通拥堵。这可不是一件小事，最近的一项研究表明，仅在美国，交通拥堵每年就会浪费 30 亿 gal 的燃料，浪费乘客大约 70 亿 h 的时间，浪费国家财政 1600 亿美元，相当于每位乘客浪费了 960 美元 [226]。

如果做法得当，自动驾驶汽车可以通过提高效率和减少对基础设施的依赖来减少社会的整体排放。例如，自动驾驶技术可以促进汽车的共享服务，将停车需求和交通量减少一半或者更多，这就意味着在市区只需要设置较少的停车位即可，从而可以增加更多的步行区域或者非机动车行驶区域。

自动驾驶汽车需要精确的控制技术，并且也存在很高的风险。通常情况下，如果计算机每年只崩溃一次，我们会称赞其具备很高的可靠性，但是对于自动驾驶汽车来说，即便是这样低的概率，也会导致非常糟糕的后果，一旦汽车在高速公路上疾驰过程中发生系统崩溃，即便系统会快速重启，但是由于时滞可能带来的灾难性后果也是不可接受的。我们应该在一开始就防止这样的事故发生。为此，全社会仅在汽车的人工智能领域就已经投入了数百亿美元，而且未来的投入还会更多。对于自动驾驶技术，我们不要期望在不久的将来就可以获得回报，技术的成熟需要时间，研发的过程也将会非常曲折，哪怕是一点问题没有考虑到，也会带来极大的风险。

224　2017 NHTSA Fatal Crash Data and World Health Organization Global Status Report on Road Safety 2015，Geneva，2015.

225　National Motor Vehicle Crash Causation Survey，Report to Congress，NHTSA DOT HS 811 059，2008.

226　D. Schrank，B. Eisele，T. Lomax and J. Bak，2015 Urban Mobility Scorecard. Published jointly by The Texas A&M Transportation Institute and INRIX，College Station，TX，2015.

9.1 智能驾驶

广义上讲，驾驶人辅助功能涵盖了简单的驾驶人操作提醒和全自动驾驶，在这之间也有很多不同程度的自动化操作，为了明晰驾驶的自动化程度，美国汽车工程师协会（Society of Automotive Engineers，SAE）定义了自动驾驶程度的标准体系，该标准基本等效于美国国家公路交通安全管理局（National Highway Traffic Safety Administration，NHTSA）和德国高速公路安全研究所（Bundesanstalt für Straßenwesen，BASt）所制定的标准。它将 Level 0 定义为无自动化系统，完全由驾驶人控制汽车；随着驾驶自动化程度的提高，可以上升至 Level 5，定义为所有驾驶功能的完全自动化（表 9.1）。

需要注意的是，Level 0 并不意味着没有 ADAS 功能，它可能意味着 ADAS 技术仅局限于提醒驾驶人的信息或简化驾驶操作，而不对任何驾驶功能实施直接控制。以盲区监控系统为例，BSM 使用不同的传感器判断是否有其他汽车或行人进入盲区。一旦出现情况，就会在后视镜位置发出警报，或者通过座椅的振动通知驾驶人，更先进的系统可以区分行人和汽车，可以在倒车超出停车位或者在汽车任何一侧出现未知的移动危险物时发出警告，但是之后的所有驾驶操作都是由驾驶人本人实施的。

当前，最常见的 ADAS 是向驾驶人提供更多的行车过程信息，或者进行提醒，以减少驾驶人分心，例如汽车的抬头显示系统（Heads Up Displays，HUD），它通过高分辨率投影仪将驾驶和导航信息显示在风窗玻璃或者屏幕上，并处于驾驶人视线之内，从而确保驾驶人的注意力始终集中在道路方向上。这项技术最初是为军用航空开发的，在 30 年前开始用于汽车，现在已经成为常规配置，或者可以通过售后服务增加这一配置。如果这一系统进一步与增强语音识别或者手势识别技术集成起来，驾驶人就可以像使用智能手机一样，通过语音或者手指的捏合滑动来进行控制了。

此外，通过 ADAS 还可以增强一般的驾驶性能，提高安全性。例如自适应照明，在汽车转向时，为了提高驾驶人的能见度并减少眩光，自适应照明系统将随动地调整前灯的照明方向，使之始终照向车辆前进方向，从而改善夜间弯曲道路行驶时的能见度。这一做法很早就有了：1948 年款的 Tucker 轿车被称为"独眼巨人"（Cyclops Eye），这是因为它在车前中央位置设置了第三个前照灯，这个前照灯的照明方向可以随着汽车转向角度的变化而跟着转动。现在新型的自适应照明系统并不需要考虑转向角的变化，而是可以自动感知前方道路，并在驾驶人转弯之前就转动前灯，以改善夜间能见度和视野范围；还有一些系统可以根据天气条件和路面情况调整照明亮度，例如，越来越多的汽车装备了自适应远光灯系统，在识别到有迎面驶来的汽车时，使用灯光自动遮挡功能自动降低远光灯的亮度，避免对迎面汽车的驾驶人造成眩光，同时也不会完全降低自身汽车远光灯的照明效果。

表9.1　汽车驾驶模式分级

SAE 级别	NTHSA 级别	SAE 定义	自动化描述	转向/加减速/制动控制	驾驶工况监控	驾驶任务实施	自动驾驶程度
0	0	无自动化	驾驶人控制全部功能	驾驶人	驾驶人	驾驶人	无
1	1	驾驶人辅助	转向或者加减速的自动化	驾驶人和系统配合	驾驶人	驾驶人	部分
2	2	部分自动化	对转向和加减速的部分控制	系统	驾驶人	驾驶人	部分
3	3	有条件自动化	在有人监控下有条件地实现所有驾驶功能	系统	系统	驾驶人	部分
4	3/4	高度自动化	在无人监控下实现所有驾驶功能	系统	系统	系统	部分
5	4	完全自动化	全工况所有驾驶功能完全自动化	系统	系统	系统	完全

Level 1 不再局限于增强驾驶功能，而是定义了一种部分驾驶自动化的能力，对于特定的驾驶功能可以实施自动控制。通常，这里指的是可以自动控制汽车的转向（横向控制）和速度（纵向控制），并且必要时，可以无缝地用手动控制取代自动控制。对于其他的功能，还是需要驾驶人手动控制。Level 1 水平的基本操作包括汽车电子稳定性控制和泊车辅助控制等，但是它们在实施自动转向过程中，仍旧需要驾驶人控制加速踏板和制动踏板。

Level 2 允许对汽车车速和转向（纵向和横向控制）实施短暂的或者临时的自动操作，但这要在特定条件下，通常是在高速公路驾驶条件下，此时需要驾驶人时刻监控汽车，如果工况超出系统自动控制的范围，例如需要离开高速公路、车道标记变淡导致识别不清或者恶劣天气等，驾驶人应该随时能够接管控制权。

由于现代汽车不再依赖于简单的机械连接实现功能控制，而是结合了线控制动和线控转向技术，因此也促进了基本 ADAS 技术向更高程度自动驾驶功能的转变。这一过程既不困难，也不需要太高成本。而且只需要使用标准的局域网控制（Controller Area Network，CAN）总线连接汽车中的微控制器和发动机电子控制模块。这种简单功能集成促进了汽车起停功能、碰撞避免功能等方面的技术创新，如果仍旧采用原来的每个模块独立控制的方式，更高级别自动驾驶功能的实现难度会更大，成本也更高。

现在 Level 1 和 Level 2 的自动化驾驶开始变得司空见惯，并且很多时候它们的功能都是基于基本的 ADAS 结构来构建的。例如，很多汽车制造商将盲区监控系统与驾驶干预相结合，在盲区有物体侵入的情况下，如果驾驶人忽视警告并试图改变车道，则 BSM 系统就会进行干预并增大转向盘的阻力；车道保持系统（Lane-Keeping Systems，LKS）基本都配置了车道偏离警告功能（Lane Departure Warning，LDW），当汽车偏离车道中间时会发出报警；车道保持辅助系统（Lane-Keeping Assist，LKA）也是如此，如果在不需要转向的情况下发生了转向，驾驶人也没有对警告做出反应，该系统就会对转向进行纠正，当然驾驶人也可以通过施加额外的转向力来进行转向，如果发生这种情况，驾驶人的人工控制过程就需要与车道保持系统的自动控制过程无缝过渡，以避免冲击。

防撞系统也有类似的功能分级，如果系统识别为重大碰撞危险，它可以自动采取措施来避免碰撞，降低人员受伤的风险。基本的 Level 0 可能会向驾驶人发出警告，它也可能先实施预制动，从而在驾驶人踩下踏板时可以实现更快更强的制动效果，它还可以拉紧安全带或者自动调节前照灯，以帮助避免碰撞；更高一级的防撞功能可以直接控制驾驶，例如实施自动制动；其他防撞等级情况下则能够控制汽车的转向以避免碰撞，特别是在高速行驶时。以上这些功能的防撞系统在降低碰撞风险方面非常有效，欧盟已经强制要求所有商用车都要安装至少一种基本的防撞系统。

另一个大家所熟知的例子是自适应巡航控制（Adaptive Cruise Control，ACC），它基于成熟可靠的技术，利用传感器跟踪前方汽车并自动调整行驶速度，是一种简单的智能巡航控制技术。有的 ACC 系统只能在高速行驶时使用，还有一些 ACC 系统可以使汽车完全停下来。这一技术经过改进后，也可以使之在交通繁忙时管理汽车的速度，奥迪、讴歌、梅赛德斯、宝马和其他汽车公司都推出了交通拥堵辅助系统，该系统可以在驾驶人疲劳和注意力不集中时，对低速行驶的车辆实施部分或者完全的控制（图 9.1）。

尽管 ACC 系统可以应用于车道保持并实现一定程度的自动化控制，然而这些 Level 2 系统仍需要驾驶人的监控。在弯路或者天气状况不好的情况下，这些系统也有可能失灵。因此，大多数 ACC 系统仅适用于特定的道路条件。通常，这些系统会设计一定的驾驶人行为反馈环节，以确保驾驶人能够不断地参与操作，例如，系统可能会检测驾驶人的手是否放置在转向盘上，并且在驾驶过程中只允许驾驶人在很短的时间内将手离开，时间过长就会发出警告，提醒驾驶人要将手放回转向盘，如果驾驶人不这样做，就会关闭 ACC 系统。

Audi A6
驾驶人辅助系统
10/14

前摄像头
- 奥迪主动车道保持辅助系统
- 具有起停功能的ACC系统
- 限速显示
- 奥迪前方预感知及增强技术
- 奥迪自适应灯光系统

侧面超声传感器
- 具有周围环境显示功能的停车辅助系统

前方和后方摄像头
- 具有前后方摄像头的停车系统
- 具有前后方摄像头的停车辅助系统

后部超声传感器
- 具有前后方摄像头的停车系统
- 具有周围环境显示功能的停车辅助系统

前方超声传感器
- 具有起停功能的ACC系统
- 具有前后方摄像头的停车系统
- 具有周围环境显示功能的停车辅助系统

红外摄像头
- 具有行人监测的夜视辅助系统

后方雷达
- 奥迪侧方辅助系统
- 奥迪后方预感知及增强技术

防撞传感器
- 前方自适应保护
- 侧方保护
- 后方撞击保护

前方雷达
- 具有起停功能的ACC系统
- 奥迪前方预感知及增强技术

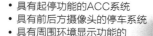

图 9.1　奥迪 ADAS

类似于奥迪 A6，现如今的很多汽车都融合了多种传感器，构建并实现了各种先进的驾驶辅助系统。

图片：奥迪

  Level 3 则定义了一定工况下扩展的自动驾驶系统，它可以像 Level 2 一样保持对转向和速度的控制，可以在一些特定的交通条件和天气环境下实现自动驾驶功能，在保持行驶状态不变的情况下，Level 3 系统还可以执行一些其他的操作，包括允许驾驶人的注意力暂时脱离驾驶操作本身。这里的关键在于系统能够识别其控制能力，在操作状态发生变化时能够及时辨别出来，并在需要时通知驾驶人实施人工控制。这一方式让驾驶人不必过多地注意汽车的连续控制，但是仍然需做好准备，以便于当变化的工况超出系统的能力时，可以随时接管和控制汽车。目前 Level 3 系统已经应用于部分量产车型上，特斯拉 Model S 和 Model X 中的"自动驾驶"功能（autopilot）是第一个应用于量产车上的 Level 3 系统；凯迪拉克的超级巡航系统将车道保持和 ACC 功能相结合，形成了一个可靠的不用人工操作的高速公路驾驶模式；其他系统，例如梅赛德斯 - 奔驰的驾驶导航系统（Drive Pilot）和沃尔沃的导航辅助系统（Pilot Assist），则需要驾驶人更多的干预，也许称它们为高性能 Level 2 系统更正确。以上两个系统都在升级换代，应该很快就可以达到 Level 3 的功能水平（图 9.2）。

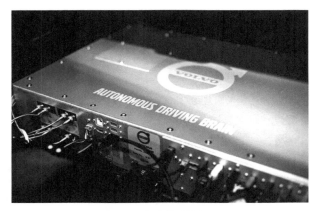

图 9.2　自动驾驶控制器

所有自动驾驶或半自动驾驶汽车都依靠中央处理单元汇总和解释传感器数据，并管理自动驾驶功能。以
沃尔沃为例，它的这个"大脑"位于汽车后部区域的下方，该车的导航辅助系统结合了自适应巡航控制和车
道保持功能，在时速 31 mile/h（50 km／h）之内发挥作用。

图片：沃尔沃

　　许多人认为 Level 3 的安全性差一些，应该是自动驾驶发展的一个过渡阶段。这样
理解也有一定的道理：一方面，给驾驶人提供信息或者对驾驶人提供适度的协助，以完
成对汽车的完全控制，这一方法是没有问题的；另一方面，完全的全自动驾驶在安全上
也不会有问题，问题就出现在这个发展的中间过渡阶段。在这个阶段中，我们希望驾驶
人能够不断地监控汽车的行驶状态，但是又不希望他们频繁地进行人工干预，这就很尴
尬了：因为一般情况下，人们会过度地相信技术，而根本不会考虑人工干预的做法，很
多网络视频也显示了人们在特斯拉汽车处于自动驾驶状态时完全放弃了人工干预，做了
非常愚蠢的事情，导致了严重的事故。这也清楚地证明了这一问题的棘手性：当驾驶人
醉心于不再需要他们关注的系统时，他们也就不能在需要的时候及时接管对汽车的控
制，或者说，他们已经将这种半自动驾驶汽车与全自动驾驶汽车混淆了。正是出于这个
原因，Google 决定跳过 Level 3，福特和其他汽车制造商也决定在他们的自动驾驶开发
过程中跳过 Level 3。在现有的 Level 3 水平的半自动驾驶汽车中，即便驾驶人了解系统
的局限性，但是当他们由于在阅读电子邮件而没有注意到路况时，也不可能在紧急情况
下接管对汽车的控制，我们把这种问题称之为交接问题（hand off problem）。为了解决
这个问题，凯迪拉克如果发现驾驶人没有进行手动驾驶，它就会监控驾驶人的头部位置
和状态，并在驾驶人分散注意力时发出提醒（后续还会对驾驶人进行更多的状态监视）；
特斯拉则要求驾驶人在汽车行驶过程中始终要将手轻轻放置在转向盘上。

　　Level 4 和 Level 5 的汽车可以说是具备全自动驾驶功能了，对于这些汽车而言，
如果考虑到道路上的所有汽车都已经具备了自主控制能力，使用"自动驾驶"来描述其

功能比使用"自主驾驶"可能更合适，automobiles 一词的组成也已似乎说明了这一点。在 Level 4 中，汽车在条件允许时会管理驾驶的各个方面，例如在恶劣天气或未修缮的道路上，一般汽车需要人工干预，但是，当处于 Level 4 自动控制状态时，驾驶人就不需要注意驾驶，可以完全专注于其他事务，也不必准备什么备用方案，甚至都可以将转向盘设计为伸缩状态，仅在必要时伸出转向盘供驾驶人操作。Level 5 更是没有了此限制，这样的汽车能够在所有道路和天气条件下独立驾驶，无须驾驶人介入，也不再需要设置转向盘，只需要确定目的地即可坐下乘车。

与 Level 4 自动驾驶相关的研究进展和测试活动似乎每天都在更新。在加利福尼亚、宾夕法尼亚、德克萨斯、华盛顿、亚利桑那和密歇根等地，Level 4 的汽车正在道路上行驶。已经经历十余年的谷歌自动驾驶汽车项目，现更名为 Waymo，正在亚利桑那州试验着一个没有安全驾驶人的无人驾驶小型 MPV 车队（Pacifica 车队）；苹果公司在加利福尼亚试验着 30 辆无人驾驶的雷克萨斯 SUV；Lyft 在拉斯维加斯也试验着自动驾驶的宝马汽车；Uber 在匹兹堡对沃尔沃自动驾驶汽车进行路试；通用汽车的自动驾驶子部门 Cruise Automation 正在旧金山街头测试自动驾驶的 Bolts，类似的例子不胜枚举。福特、通用、日产、特斯拉和梅赛德斯已经在自动驾驶技术领域投入了数十亿美元，几乎每个主要的汽车制造商都曾承诺在 2021 年之前开发出各自的自动驾驶汽车，为此，美国有 29 个州颁布了法规，以顺应和促进自动驾驶汽车的运营[227]，联邦监管机构也正在寻找新的方法，以改变过去只考虑人类驾驶时的交通安全法规，将安全性标准进一步适配到汽车无人驾驶领域。

自动驾驶涉及五项基本功能：感知、定位、导航、决策、汽车控制[228]，这些也是每个驾驶人坐在转向盘前时都应具备的基本功能，各种 ADAS 应该根据这些功能需求进行设计。"感知"需要使用传感器来扫描和识别周围环境，对于驾驶人而言，这主要通过肉眼来完成，并通过听力来增强感知，对于自动驾驶系统来说，将需要使用雷达、激光雷达、光学相机以及其他系统。"定位"意味着感知位置，这可以通过航位推算、卫星导航和传感器数据的融合来完成。"导航"也称为路径规划，也就是需要知道如何到达目的地。"决策"不言自明，是指根据路线信息、汽车状态、环境、可能的风险以及其他多个变量综合后进行决策的能力。最后，"汽车控制"是将以上因素与汽车操作联系在一起，获得一个实时递推的过程去响应当前的路况和障碍物，并让乘客安全到达目的地。

---

227 Autonomous vehicles state bill tracking database，National Conference of State Legislatures. Available at www. ncsl.org/research/transportation/autonomous-vehicles-legislative-database.aspx.

228 Adapted from Cheng，H.，Autonomous Intelligent Vehicles：Theory，Algorithms，and Implementation. Springer Science & Business Media，London，2011.

每个驾驶人一直都在重复这些基本功能，烦琐乏味，而且会导致失误、事故和伤亡。解决这一问题的基本思路是减轻驾驶员的部分或全部负担，通过正确地设计驾驶人辅助系统，就可以始终如一地执行以上这些任务，并且其效果比最好的人工驾驶还要好。

9.2 感知

在汽车驾驶过程中，驾驶人可以通过多种方式感知周围环境的信息，并且可以不间断地、下意识地处理着无数的变量参数和各种形式的信息。设想这样一个典型的驾驶环境：我们需要知道路边在哪里，车道在哪里，我们位于哪条车道上，前方道路如何转向，以及交通信号、道路标志、道路状况、危险事件、坑洼地带、湿滑路面、交通拥挤程度等，并且还要注意非常重要并且不可预测的一些情况，例如汽车里的乘客以及车外的行人情况等，还有其他的一些影响因素，例如在路边的一头似乎要跳跃过来的鹿、刚滚向街道的球和可能跟着球跑的孩子等。为了获取所有这些信息，需要了解周围物体和人员的尺寸、运动、形状，以及周围所有物体的距离，无论是在雨天还是晴天，白天还是黑夜，都需要感知这些信息。稍后，我们将会介绍感知，现在先让我们关注一下可以获取原始信息的传感器。

汽车用最基本的传感器可能就是声呐了（Sound Navigation and Ranging，SONAR），它的基本工作原理非常简单：定向发送一个声波脉冲，然后检测它是否到达物体并反射回来，如果知道了声音传播的速度以及脉冲返回所花费的时间，就可以计算得到与物体之间的距离。这种声呐定位方式已经在船舶上使用了很多年，可以用来识别从潜水艇到鱼类的各种物体。但是，我们所关心的是一种称之为主动声呐的系统，常规的被动声呐系统只能监听返回的声音而不会发出脉冲，它可以以隐身模式跟踪敌方潜艇，但是应用在汽车领域的效果不佳。

然而，主动声呐系统发射声波的声音很烦人，你或许在老电影中看到过这样的场景，潜水艇乘员在试图逃脱时，会遭遇到敌方声呐发出的"砰砰"声，如果就这样直接用在汽车上，汽车也会发出连续不断的"砰砰"声，尤其是我们需要更大的声波强度以获得有用的回声信息的情况下，这个"砰砰"的声音还会更大。为解决这个问题，可以调整声音的发射频率，使之工作在20kHz以上的超声波范围，这样就超出了人类的听力范围，我们就不会听到"砰砰"的声音了。实际上，汽车中使用的声呐就是一种超声波传感器，可以产生高频定向的脉冲声波，我们可以沿着准确的方向发送声波信号，并由此获得物体的准确位置。

这种集中而强烈的声波像压力波一样以声速在空气中传播，只比 770 mile/h（约340m/s）的速度低了一点，这样的速度看起来很快，但我们后续就会发现，与其他传感器相比，它的速度已经相当慢了。同时，由于声波实际上是一种物理压力波，因此在传播过程中会很快地耗散能量，降低了传播强度，因此，它的传播距离不会很远，也无法获得很高的定位精度。当然，如果被测物体就靠近发射器，它的返回波就会强一些；如果采用压电类接收器，并且忽略低频噪声信号的影响，我们就可以避免信息的误报，实现对附近物体更准确的识别。

既然超声波传感器有这样的局限性，为什么还要使用呢？主要原因在于这套系统的成本低，信号处理相对简单，当不需要进行高速处理和精确分辨时，这种传感器非常适合近距离的检测。而对于其他的传感器，例如摄像头，在近距离检测物体时其实并无优势。综上，当我们不需要对物体的细节进行识别，而只需要知道物体是否在汽车附近时，使用超声波传感器就具有很高的经济价值和工程技术意义了。

超声波传感器仅能够检测 2~8ft（1~2m）范围内的物体，又不能以太高的速度处理数据，那它的应用价值会体现在何种情况下呢？最明显的答案是在停车过程中。例如，可以在汽车的尾部安装两个超声波传感器，当停车过程中检测到障碍物时，就可以发出警告；如果使用更多的传感器，还可以实现停车辅助功能，如果布置得当，使用两个到四个传感器，更可以识别路缘，并为自动泊车提供准确的数据支持。不同类型的超声波传感器可以通过不同的信号波形区分不同的物体，包括路缘石、墙壁或者停放的其他汽车。丰田汽车于 2003 年首次推出了停车辅助系统，到现在，更多的汽车制造商推出了不同类型的停车辅助系统，例如，梅赛德斯的 Parktronic 系统使用声呐来探测停车环境并为驾驶人提供引导；福特的 Active Park Assist 是一种处于 Level 1 的系统，它在停车时接管汽车的转向控制，仅仅将汽车的制动功能赋予驾驶人；而克莱斯勒在 Pacifica 车队上使用的 Park Assist 系统则具有了自动制动的功能。

超声波传感器也可以用于其他功能。例如，汽车行李舱的智能开启系统，或者其他需要接近感应技术的系统，包括盲区识别以及手势识别等，也可以使用超声波传感器。尽管超声波传感器很有用，但是局限性也很大，在很多时候，例如在设计汽车的自适应巡航控制或者自动驾驶等先进功能时，我们就需要采用精度更高、识别范围更远的传感器了。

9.3 雷达

相较于超声波传感器，雷达具有更大的检测范围、更高的响应速度以及更高的可靠性。与声呐使用声波不同，雷达使用了电磁波。电磁波属于无线电波，以光速传播，比声速要快一百万倍，这就使得它的检测速度更快。另外，无线电波具有更强的空中传播能力，并且不易受天气影响，对日光也不敏感，这使得雷达成为恶劣天气中使用的首选传感器。

你可能认为汽车雷达系统仅发出窄束波，通过测量波的传播路径就可以获得物体间的距离，这实际上也是第二次世界大战以后雷达系统的工作方式。但是这种方法应用起来很麻烦，测量准确度也很容易受到杂波的影响。现在新的汽车雷达系统使用的是连续波，它并不测量时间，而是测量频率的变化。雷达发射频率在一定范围内可调的锯齿形连续波，称之为频率调制连续波（Frequency Modulated Continuous Wave，FMCW），这种波形很容易用来测量发射信号和接收信号之间的频率偏移，从而计算获得物体距离的远近：频率偏移越大，物体间的距离也就越远。

频率调制波的应用看起来很简单，实际上还是有难度的，因为雷达发射机和被测物体之间的距离可能不是固定的，也就是说，它们可能以不同的速度在运动，如果它们的运动速度相同，则返回信号的频率与发送信号的频率完全一致。但是当这两者运动速度不一样时，就出现了"多普勒效应（Doppler Effect）"：当发射器与被测物体靠近时，由于存在相对运动速度，信号被压缩，频率增大；当被测物体远离雷达发射器时，则返回的信号波长变长，频率降低，这种效应给后续的算法处理增加了难度。然而，这种频率的偏移也使我们在测量距离的同时获得了相对速度值，这在自适应巡航控制中是很有用的，在分析杂波影响时也很有用。例如，道路周边布满了各种各样的形状和装置，包括标志牌、行人、消防栓、路灯、建筑物、树木以及许多其他的物体，有些是在运动，有些则处于静止状态，但是大多数都会反射雷达波信号。这种情况下，要清晰地区分出静止的路标和移动的交通工具是有一定难度的，此时，多普勒效应就有用武之地了。

雷达发射器向四周连续不断地发射变频信号，并接收到反射回来的信号，但是，并非所有物体或材料都能够同等程度地将信号反射回来，雷达波可能穿过某些物体或材料而不反射回来，但是诸如金属材料，就可以有很强的反射信号，这样就可以通过信号的方向和频率范围识别这些物体和材料了。但是，由于信号在传输过程中会随着距离的增加而使得波长变大，因此物体距离雷达越远，定向精度也会相对减弱。

雷达波的频率和波长与其探测距离有关。最初的雷达系统用于相对短距离内的探测，例如盲区检测或防碰撞检测，这种短程雷达系统（Short-Range Radar，SRR）可以探测到大约 100ft（或 30 m）远的物体，常用于障碍物探测、碰撞前的感知以及停车辅助过程；而远程雷达系统（Long-Range Radar，LRR）则可以用于自适应巡航控制或者自动驾驶汽车的速度控制，它的检测距离长达 1000ft（300m），并且可以快速准确地识别出道路上的杂物、交通拥挤程度以及其他危险，确保及时地进行应对而无须采取紧急措施。这两种雷达并不互斥，例如在自适应巡航控制系统中，通常使用两个传感器，一个远程雷达用于跟踪前方的汽车，而另外一个短程雷达则用于探测附近车道并入的汽车。

如果将汽车雷达的工作频率从 24GHz 增加到 79GHz 以上，它的分辨率和测量精度都会得到极大的提高，也就是说，雷达的工作频率越高，它分辨物体的能力和测量距离的精度就会成比例提高。同时，考虑到随着频率增大，波长会相应减小，此时，使用较小波长的信号就可以使用更小型的天线，这很重要，因为随着汽车上使用越来越多的传感器，其占用的汽车空间也会越来越大，系统小型化就是一个必然趋势。另外，通过提高工作频率，也降低了对卫星系统和其他信号传输系统可能存在的干扰。因此，欧盟提出到 2022 年要完全淘汰旧的低频系统。

具有更长探测距离和更高检测精度的雷达有利于 ADAS 技术的应用。例如下一代 79 GHz 系统非常适合于巡航控制，79GHz 系统具有 77~81 GHz 的带宽，有更高的分辨率，并能够在更大范围内区分较小的目标，例如行人或者骑自行车的人。雷达工作在高频时，其信号发射功率需求也较低，这有助于降低设备间的相互干扰，降低系统的尺寸，也有利于将多个雷达同时布置在汽车上。通常在汽车每侧放置一个雷达，组成一个阵列，再利用传感器阵列信号的同步处理技术，避免传感器间的相互干扰，这样，就可以在不对车身进行重大改变的情况下，很容易实现 360° 的全景环绕视野。

即使有了这些改进，分辨率仍旧是雷达的最大挑战，例如，用雷达检测一棵树时，看起来就好像检测到了行人一样，更高性能的传感器或许可以使我们区分远距离的多棵树木，但是在确定是否是行人问题上仍然会出现困难。一种可能的解决方案是使用偏振雷达，它在一定的水平或垂直方向上发射脉冲波，可以提供更高的分辨率[229]；同样，具有左右旋转能力的偏振雷达可以在不同的角度和方向上发射脉冲波，这有助于进一步提

229　S. Trummer，G.F. Hamberger，U. Siart and T.F. Eibert，A polarimetric 76–79 GHz radar-frontend for target Classification in automotive use. European Radar Conference（EuRAD），2016 London，October 5–7，2016.

高识别目标的精度 [230]；另外，如果要避免使用复杂的雷达偏振技术，一种简单的方法是将雷达信号与其他传感器信息组合使用，从而可以获得更高的分辨率。然而，激光雷达的出现简化了这一方案，它本身就具有更高的分辨率，使其成为最佳的环境感知传感器。

9.4 激光雷达

激光雷达的工作原理与雷达类似，但它发射的是聚焦的肉眼看不见的红外激光束。激光的聚焦性能好，并且可以在任何能够反射光线的物体上反射。包括木材、金属、石材或者塑料等，均可以返回信号。激光雷达发射器每分钟旋转几千转，每秒发射数百万个光脉冲，通过测量光波的返回时间和波长，可以实时探测到汽车周围的更多细节，并且可以避免杂波的影响。实际上，杂波的影响是雷达测量中的难题，它导致雷达很难区分特定的环境特征（在没有其他技术支持的情况下），但是采用激光雷达则非常容易解决这个问题。

激光雷达扫描获得的是汽车周围物体的轮廓图，对于任何材料或者色彩，扫描后，在物体能反光的所有位置处都会形成一个点云，给出反射光脉冲后的物体轮廓，从而可以清晰地得到物体的形状和运动状态。如果利用多个点云的重合技术识别（或者集群技术），就会得到物体详细的形状；再结合形状参数，就可以对物体进行分类，详细区分行人、建筑物、汽车、交通标志等（图9.3）；然后再利用预测算法，结合每个物体的分类特征，就可以确定每个物体的运动状态和可能行为了。例如，行人的移动是缓慢

图9.3　点云

通过激光雷达的光脉冲可以获得物体的精确方向和位置，通过点云的重合识别技术，能够在三维空间内精确地获得物体及其周围的环境信息。实际上，最终的点云可以在视觉上为我们提供一个清晰可识别的环境图像。

图片：Velodyne LiDAR

230　S. Trummer，G.F. Hamberger，U. Siart and T.F. Eibert，A polarimetric 76–79 GHz radar-frontend for target classification in automotive use. European Radar Conference（EuRAD），2016 London，October 5–7，2016.

的，汽车的移动是快速的，而树根本就不会移动。这样，最终就可以实时获得汽车周围环境的动态 3D 地图。

激光雷达的高分辨率特性意味着它不仅可以用来识别物体的位置，而且还可以用来识别物体是什么，可以辨别出行人头部或腿部，可以区分是交通障碍物、一个孩子，还是一条狗。

既然激光雷达有如此多的优势，那么为什么不在每辆汽车上都安装呢？主要还是因为它太昂贵，也比较易碎，并且在安装时需要在汽车顶部设置一个凸起的安装座，而没有任何一个型号的量产汽车可以与之匹配。然而，激光雷达对于自动驾驶汽车的研发来说确实是必不可少的，它获得的丰富的高精度数据以 3D 地图的方式体现出来，易于解码处理。同时，它也具有识别各种各样物体材料的能力，从岩石到塑料，使其非常符合自动驾驶系统的需求。简言之，激光雷达的高精度和高分辨率特性，使其成为汽车实时地识别并响应周围环境最简单的技术手段。

但是，激光雷达并不能单独工作，最大的原因在于它工作必须依赖于光，也就意味着它不能穿透阻挡光线的物体，例如雪或者雨。并且，尽管激光雷达可以非常精确地识别物体的外部轮廓，但它识别不了周围物体非形状性质的细节。例如，激光雷达可以远距离识别出交通标志，但是在辨别该标志的具体内容时就会遇到麻烦。因此，激光雷达需要与其他传感器联合使用，才能更准确地辨识周围环境。

其实，激光雷达也有其缺点，其中之一就是成本，即使是采用性能最适中的激光雷达也可能会使汽车成本增加 20000 美元。同时，现在所使用的机械扫描激光雷达也非常易坏，安装在车顶部不稳定，每分钟旋转数百甚至数千转，需要经过仔细的安装和准确的校准，这确实是一个问题。为了能够安装到随时都在运动的汽车外部，要求激光雷达必须坚固，能够应对各种不可避免的道路条件、恶劣天气以及极端的温度变化，即便是在理想情况下，应用时也要慎重，不能仅仅是在自动驾驶汽车原型车上加装一个大的"泡泡"。我们需要的是一个紧凑、经济和坚固可靠的激光雷达（图 9.4）。

图 9.4　固态激光雷达

麦格纳及其合作伙伴 Innoviz 科技公司将为宝马即将推出的自动驾驶汽车平台提供一种紧凑型激光雷达，该装置采用固态结构设计，提供了水平 73° 和垂直 20° 的视野，可以检测 150m 范围，每秒提供 20 帧视图。

图片：麦格纳

对于激光雷达的高成本和易损性问题该如何解决呢？其实，解决的办法还是来自于激光雷达本身。最近发展起来的微机电系统（Micro-Electro-Mechanical System，MEMS）使得激光雷达的制造比以前更加便宜，也更加可靠，它使得激光雷达系统更小、更紧凑，造成这种改变的关键零件是一个只有几毫米大小、可以以很高频率振动的微镜（微型反射镜）。安装在芯片上的微镜与激光二极管耦合，当微镜以每秒几千次甚至更高的频率振荡时，激光二极管发出的光束会在微镜处产生激光束，激光束通过平面扩散透镜作用，以交替的弧形重新定向，透镜在垂直方向上扩大光束产生了垂直的光切片，这个光被周围的物体反射并返回到发送单元。其结果是通过一片垂直光进行持续的弧形扫描，从而获得了周围完整的三维环境。然而，现在发现汽车的运动会降低微镜和扫描的精度，在该技术产业化应用之前，还需要对其进行深入改进。

这里还有另外一种更好的新技术，Quanergy 公司设计的激光雷达没有任何活动零件，是真正的固态雷达，它的关键是光学相控矩阵（Optical Phased Array，OPA）的使用，核心组件是一块带有相控发射器矩阵的小平板，每一个发射器都会发出受控的光束，产生精确的光束耦合聚集，从而形成最终发射出的激光。通过调整每个发射器的相对相位，可以改变激光的方向，如果所有发射器相位相同，则光束照向前方；如果一个发射器相位滞后于其他发射器，则光束将偏向这个发射器，这就是固态可控的激光雷达发射器。由于没有活动部件，系统可以在 1μs 内重新调整激光方向，确保了传感器的快速响应，另外，它还可以获得 120° 视野。尽管这一技术的优势明显，但是还有一些问题没有解决，还没有获得量产。不过，相信在不久的将来，它会有非常好的应用前景。

9.5 光学器件

如今的智能汽车中使用的另外一种关键传感器与汽车诞生之初所用的传感器并没有太大不同，这就是视觉传感器。对于许多人来说，光学传感器或者摄像头是自动驾驶汽车的最佳选择。照相机是无源的，它只接收物体发出的光而不需发出信号，随着摄像头分辨率的快速提高和成本的快速下降，摄像头已经成为许多 ADAS 的必备传感器。但是与前面讨论的传感器不同，摄像头不能直接提供距离信息，而只是能够获得一个表示物体亮度和色差的平面，使这些亮度和色差数据有意义的是系统的计算能力。

作为唯一可以捕获物体的颜色、纹理及其形状的传感器，摄像头对于某些 ADAS 而言是必不可少的。例如，交通标志的识别或交通信号灯的检测只能使用摄像头来完成，摄像头也可以识别路标、警告驾驶人可能存在的危险、提醒驾驶人超速或者提供其他服务。类似地，汽车车道保持系统通常需要识别路面上的划线而不是识别具体的限制物。此时，雷达就不能胜任这样的功能了，只能依靠摄像头。摄像头也可以协助其他传感器进行工作。例如全天候雷达所具备的性能和测量能力使其非常适合在自适应巡航控制系统中应用，但是摄像头更适合用于识别类似摩托车的小型机动车，可以补充和强化雷达识别的结果。考虑到摄像头在恶劣天气时的识别能力会大大降低，因此，使用摄像头时也最好与其他传感器和导航系统配合使用。

由于摄像头体积小、成本低，可以考虑在一辆车上安装多个，每个摄像头都用于特定的方向、范围和视野。特斯拉的自动驾驶系统使用了 8 个摄像头，获得了 360° 的全景视野和 800ft（250m）的探测距离[231]。特斯拉的下一个目标是将自动驾驶能力提高到 Level 4，并且主要依赖光学摄像头实现（图 9.5）。

光学传感器的基本原理一直没有改变，与将近两个世纪以来所有的相机一样，现在的光学传感器也是通过透镜聚集光束，从而在平面接收器上形成亮度和色彩的二维分布。过去使用的接收器是胶片，现在则是像素，这些像素就像是微小的太阳能片，当受到光子撞击时，它们会发射电子，入射光以一定的色彩和亮度聚集在像素点，并转换为电信号。随后，按需使用这些电信号重新创建图像，从而生成了数字图像。

但是，ADAS 中使用的摄像头与智能手机中的摄像头完全不同，典型的智能手机摄像头采用电荷耦合器（Charge-Coupled Device，CCD）作为传感器，像素多，分辨率高，电荷信号要穿过芯片自身。而汽车用摄像头更多使用互补金属氧化物半导体传感器（Complementary Metal-Oxide Semiconductor，CMOS），它不需要发射电荷穿过芯片，从而使摄像头更容易制造，且成本更低。这种摄像头在每个像素处使用了多个微型晶体管来直接读取和发送每个像素点的亮度，由于晶体管设置需要一定的空间，这也意味着在一定的区域内可以读取的像素会少一些，因此它的分辨率也要低一些。但是这也实现了像素到处理器之间信息传输的简单化，从而降低了制造成本和能耗要求。我们应用手机摄像头可能是为了在社交媒体上展示高质量的自拍照，但是汽车的应用和手机摄像头完全不同，较大的像素尺寸和较低的分辨率恰恰更适合于汽车应用，在汽车上我们需要的是快速的图像采集和低光通量，采用较大的像素尺寸对此非常有利。

光学传感器面临的真正技术挑战并不是摄像头，就如同智能手机的摄像头，它已经是一项成熟的技术了，分辨率在不断提高，成本也在一直降低（图 9.6）。它真正的

231　www.tesla.com/autopilot.

	数量	范围/m
窄束前向摄像头	1	250
主前向摄像头	1	150
前向雷达	1	160
宽束前向摄像头	1	60
前视侧向摄像头	2	80
后视侧向摄像头	2	100
后视摄像头	1	50
超声波传感器	12	8

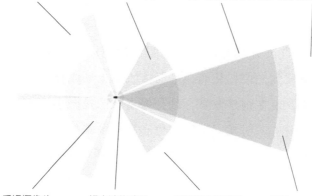

图 9.5　特斯拉自动驾驶

　　特斯拉的自动驾驶功能非常依赖于光学摄像头，包括覆盖 360°视角的 8 个摄像头、12 个超声波传感器以及用于恶劣天气的前向雷达。自动驾驶时，这些传感器需要识别并跟踪周围的汽车，以及在一定范围内可能存在的障碍物。

图片：特斯拉

图 9.6　增强的光学传感设备

　　采埃孚（ZF）和 Mobileye 开发了三透镜光学技术，旨在支持 ADAS 和自动驾驶技术的发展。常规摄像头可以识别行人、自行车和道路危险，长焦摄像头可以提供改进了的长距离感测效果，鱼眼摄像头提供宽视野的增强的近距离感测效果。

图片：采埃孚

挑战是如何采集图像并提取数据，后续的算法可以利用这些数据来确切地识别路况和危险点，并进一步实现对汽车的操作和驾驶。然而，计算机面对的毕竟只是一块由亮度和颜色变化构成的平面，只有人的大脑才有能力将其转换成 3D 场景，并实现对环境的认知。为了实现人脑的这种能力，识别这些图片，获得它们在现实世界中代表物的形状，就需要相应的高级检测技术、处理技术以及先进的算法。为此，需要做两项工作：识别物体的位置，也就是检测；以及确定物体究竟是什么，也称为分类，这就是计算机视觉技术——我们广泛研究的机器感知技术的一个分支。

信号的处理通常包含多项内容，来自不同摄像头的多个图像可能需要整合在一起，利用滤波技术消除噪声。一般情况下，需要对图像进行分片处理以简化每个部分的处理难度，在每个图片片段内，需要识别在亮度方面明显存在的线性不连续部分，并判断其是否为边缘、空间体或者夹角，这一过程称之为边缘检测，这也是形状确定和特征提取的基本原理。然后这些特征被用于与学习过的物体进行比较，以实现物体图像的辨识。之后，这些算法就可以完成对物体及其运动方式的识别，并用于汽车的导航行驶了。其实，图像处理本身并不能真正"理解"图片的含义，它只是以数学的方式识别出了几何图案，并将其输入到后续的算法中。经过一段时间的数据"学习"和认知之后，就可以更快、更准确地得到它们的含义了。稍后，我们将探讨这个"学习"的过程。

来自摄像头的平面图片无法提供可以直接利用的物体景深，但是对于人而言，当人们查看二维图像时，大脑会在不知不觉中解决这个景深转化问题，很容易理解它所代表的三维场景。例如建筑物通常比狗大得多，因此，如果在 2D 图像中一只大狗位于小房子旁边，你会自然而然地意识到这个图像的三维内涵，也就是这只大狗比房子更靠近你。这是因为我们通常知道狗和房子的形状，我们具有相当扎实的三维场景理解能力。然而对于计算机而言，这个认知的过程并非如此简单。

可以通过配置两个摄像头以实现对物体距离信息的获取。人类大脑使用两只眼睛获得的不同信息来识别物体的立体感，识别景深。与此类似，我们也可以比较两个并排放置的摄像头所获得的图片信息来计算物体距离的远近。在原理上，当我们双眼注视物体时，每只眼睛的相对角度会随着物体距离的远近而变化，大脑会进行数学运算，并给我们带来距离的感觉；如果也这样使用两个摄像头，那么计算机就可以执行类似的操作，并获得类似的结果。两个摄像头获得不同的图片，识别每个图片中所体现的位置和角度的差异，然后就可以计算相对距离了。多家汽车制造商使用这种立体摄像头实现了物体距离的认知，并用于汽车的紧急制动、自动巡航辅助控制以及智能盲区监控等（图 9.7）。

不过，这种依靠立体摄像头的距离感知技术也存在一些问题：即便它具有物体的立体识别能力，也由于这两个摄像头获得的图形和角度不可避免地存在一定的精度误差，导致其测量的距离越大，测量的精度也越低。例如，一种复杂算法可以实现对 20ft 距离的可靠识别，但是在识别 300ft 的距离时，精度要低得多。正因为如此，利用这样的立体摄像头进行近距离的盲点检测时会有很好的效果，但是用于自适应巡航控制这样远距离的物体检测时则要差一些，如果用于夜间驾驶，效果会进一步恶化。

图 9.7　立体摄像头

通过比较两个视角获得的图像，可以计算出物体距离的远近。

图片：大陆集团

有些人可能会说红外技术可以解决夜间物体识别的问题，当然，红外摄像头仅响应热产生的长波，与光波无关，因为它检测的是热量，所以它不依赖于光，因此可以解决摄像头夜间识别物体的困难。但是这种想法并非没有缺陷：由于红外摄像头识别的是热量的差异，如果周围环境的温度与人的温度大致相同，就很难看到行人，特别是在夏天。其实汽车设备制造商在十年前就已经推出了多种类似的红外系统，大部分用于增强夜间对动物和行人的探测能力，并在仪表盘上发出警报。但是，这类红外系统至今还无法与 ADAS 中的传感器完全集成工作。

9.6　传感器融合

为了获得物体有用的定位和运动等信息，有必要综合不同传感器得到的数据，每个传感器都有各自的优缺点，将它们联合起来应用就可以实现冗余互补。如果一个传感器对天气条件比较敏感，就可以用另外一个不敏感的传感器进行测量；借助于低成本传感器的补充信息，可以减少对高成本传感器的依赖；如果道路上覆盖着白色的积雪，光学传感器可能很难识别车道的标记，此时，使用雷达、激光雷达或其他传感器就可以补充或替换这些光学传感器。除此之外，多传感器系统还必须能够相互协同工作。例如，车道保持功能应该能够接收来自汽车前部、侧面和后部的多个摄像头信息的输入，以满足各种工况下的驾驶需要；摄像头应该能够配合雷达引导 ACC 系统工作，以满足识别摩托车等较小目标的需求；此外，汽车横摆运动的信息也可以用于转向时雷达传感器角度信息的调整。

利用鲁棒性冗余技术可以进一步保障多传感器系统的可靠性。来自一个传感器的数据可以用于校准另外一个传感器，或者用于验证其准确性，这种传感器数据彼此验证的过程称为竞争融合；或者某种信息不能仅通过某个传感器单独得到，而是需要使用两个或两个以上不同传感器来识别，这称之为协作融合。这样，多传感器融合技术就可以实现更高的物体识别精度和更高的识别可靠性。对于传感器得到的数据中存在的噪声、不确定性和异常等情况，可以使用高级算法予以解决。例如，获取一段时间内的实时数据，使用它来形成某个可靠的数据模型，并以此模型来校正噪声并补充丢失的数据信息等。一种实现的方法是卡尔曼滤波，它使用过去一段时间的数据估算未来物体的状态，可以应用在车道跟踪中，基于过去的车道形状来估算后续的车道形状，从而可以加快车道识别的速度，并解决部分车道标志不清的问题，这就有些像驾驶人正在驾驶的过程了。实际上，在驾驶汽车时，没有驾驶人会一直盯着车道标记，但是驾驶人的大脑会无意识地进行各种滤波计算，以简单地确认车道标记的连续性。即使车道标记褪色，驾驶人也不会惊慌，进行突然的转向操作。因为他们知道车道线的形状连续方式，并可以沿着车道继续驾驶。同样，模糊逻辑技术也可以实现对模糊数据和不确定信息的处理，以实现可靠准确的信息识别，这更接近于驾驶人大脑的工作方式，我们接收各种不确定性信息，并汇总部分真实信息以提高可信度，直到我们对自己所处的环境充分了解，并采取合理的行动。这样看来，对于人和机器而言，利用不完善的传感器信息实现对汽车的精确控制是可行的。

在具体的实施过程中，尽管对于未来的 Level 4 和 Level 5 的汽车无人驾驶还没有形成清晰的技术路线，具体方法尚不明确，但是有很大可能性要采用多传感器相互融合和协同的策略。例如，Mobileye 公司依靠多种车载传感器设计了"感知并认知"的方式用于汽车控制；Google 的 Waymo 主要依赖于车载传感器接收的实时传输的详细地图为汽车行驶提供参考，他们称之为"存储并校准"的方法[232]。以上两家公司都依靠激光雷达作为关键传感器（与他们不同，特斯拉宣称在 Level 4 无人驾驶的设计中将不再使用激光雷达）。尽管每家公司的实现形式不同，但是都认为仅仅使用任何单一的传感器技术或方法是不可能解决全部难题的。

当然，这里还有很多问题需要改进。对于 Level 4 和 Level 5 的无人驾驶来说，提高传感器在恶劣天气或低照明环境下的性能至关重要。可以通过增强多传感器的融合以降低不确定性，要么减少对单一传感器的过度依赖，要么采用其他的新技术等，都是非

232　M. Goncalves，I see. I think. I drive.（I learn）：How Deep Learning is revolutionizing the way we interact withour cars. KPMG White Paper，2016.

常必要的。确保这些系统的经济性也需要优先考虑，不能只为富人提供这样的系统。另外，随着应用需求的进一步扩大，还需要开发和改进无源传感器和低能耗检测能力，以避免信号过强，避免与有源传感器产生干扰。尽管存在以上诸多问题，但毫无疑问的是，现今的汽车感知和环境响应的能力正在不断增强。

9.7 驾驶人监控

除了监视车外状况的传感器，还需要有监视车内状况的传感器。只要有人驾驶，就需要监控和确保驾驶人的专注和警惕，在 Level 3 驾驶状态下尤其如此。因此，可以监测驾驶人状况的传感器是必需的。

一个简单的方法是通过转向盘转向模式的检测来评估驾驶人的状态。借助于转向传感器的输入和车道监控信息，系统可以发现不稳定或反应迟钝的驾驶行为，这种方法既简单又便宜，是目前使用最广泛的驾驶人监视系统之一。通常，可以将转向盘小幅校正过程中的转动频率作为一个关键参数来评估驾驶人的警觉性。警觉性高的驾驶人将会根据道路的状况采取一致的、细微平滑的校正措施，而昏昏欲睡的驾驶人则会采用突然的且频率较低的操纵输入。因此，通过检测这种小幅的低频参数，就可以确保系统能够有效地排除必要的车道变更或转向操作，从而识别出驾驶人的疲劳状态。特斯拉在其自动驾驶功能中使用了这种技术，如果监测到驾驶人在疲劳驾驶，就会发出警告，如果反复监测到疲劳驾驶的情况，将会将汽车停靠到路边，只有在重新起动后，才能恢复自动驾驶功能。在梅赛德斯的驾驶人注意力辅助（Attention Assist）系统中，除了对转向状态的监控外，还增加了对加速和制动状态的监控，在白天也可以监测驾驶人的疲劳程度。

另外，还可以直接监测驾驶人本人，通过影像系统监测驾驶人的脸部，并使用红外反射来测量驾驶人闭眼所占的时间比例，这种方法称之为眼睑闭合百分比监测，如果出现较高比例的眼睑闭合，则表明驾驶人处于疲劳状态，系统将会触发视觉警告、座椅及转向盘振动、声音提醒或者各种警告措施的组合提示。通用汽车的超级巡航系统可以使汽车在行驶过程中不用操作转向盘，但是它也使用了类似的技术来测量驾驶人眼睛的闭合占比以及头部的变动方向。如果发现驾驶人没有将注意力集中到道路上，或者眼睛闭合占比太大，将会触发注意力不集中指示灯的闪烁警告，从而将驾驶人的注意力重新吸引到道路上面。

9.8　定位

汽车内部的一些传感器可以用来测量汽车的基本运动特征，并可以借此实现汽车的定位功能。这样的技术在机器人领域中也称之为自传感技术或本体传感技术。例如，利用汽车速度、加速度、转向角以及横摆加速度传感器等，可以获得汽车的基本运动特性，而惯性导航系统（Inertia Navigation System，INS）也是借助于加速度计和陀螺仪，使用它们得到的汽车运动方向和速度信息来定位汽车的位置，增强定位的效果并进行运动趋势的推算。当然，惯性导航系统的精度可以很高，例如军用飞机中的定位系统就有很高的精度，但是在汽车中应用时就不需要太高的精度了，否则会提高成本。对于基本的汽车用惯性导航系统或者本体传感系统来说，就算没有卫星定位信息的引导（例如行驶在城市隧道中），它也可以在短时间内起到有效的导航作用。

为了实现汽车可靠不间断的定位功能，除了本体传感功能之外，更需要外部的导航信息输入，特别是要将惯性导航系统充分结合全球导航卫星系统（Global Navigation Satellite System，GNSS）的数据，以得到更加精确且连续的定位信息。近一个世纪以来，飞机和船舶一直依靠来自陆地发射器的超低频无线电信号通信进行全球坐标位置的定位和导航，它的基本思想是：如果知道与三个已知点之间的精确距离，则可以在地球上分别以该三个点为中心、以已知距离为半径绘制三个圆，三个圆的交点就是所定位的位置，这一方法也称之为三边测量法，是一种利用三角形边长而不是角度测量距离的方法。这种系统在空中或者海域都可以工作得很好，不存在太多的干扰问题，但是对于在高楼林立的城市或者崇山峻岭的山区地貌下行驶的汽车，通信信号的接收就会受到干扰而带来很多问题。随着卫星技术的使用越来越普遍，这一问题已经得到了解决，如果将发射机放置在空中，可以极大地解决无线电信号的接收问题，并实现全球的三边测量定位功能。全球导航卫星系统现在已经包括俄罗斯的 Glonass 系统、欧洲的 Galileo 系统、中国的北斗卫星导航系统以及广泛使用的美国的全球定位系统（Global Positioning System，GPS）。

GPS 由 24 颗活动轨道卫星和 3 颗备用卫星组成，卫星在距离地球表面 11000mile 处的圆形轨道上运行，不会受到地球大气层的影响。卫星轨道由六个平面确定，彼此之间平均间隔 55°，每个平面中有 4 个卫星，所有这些卫星每天沿着各自的轨道围绕地球旋转两圈，并确保在任何时间、在地球上的任何位置都可以同时看到至少 4 颗卫星。

实际上，在一般情况下，任何时间在地球上的任何位置都可以同时看到 6 颗及以上的卫星（图 9.8）。

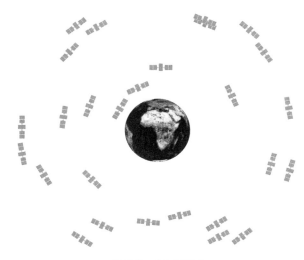

图 9.8　GPS 卫星

美国的 GPS 总共使用了 27 颗卫星，包括 24 颗活动卫星和 3 颗备用卫星，它们的轨道在六个平面上，每个平面相距 55°，这些卫星实现了对地球所有位置点定位的完整覆盖。

每个 GPS 卫星都会发送一个连续的信号，该信号提供了精确的传输时间（Time of Transmission，ToT）和识别码。汽车上的接收器测量信号到达的时间（Time of Arrival，ToA），然后计算其与卫星位置之间的距离；任何 GPS 接收器都包含每个卫星的精确位置信息，这些信息也会通过卫星之间的信号进行升级确认，以确保这个位置信息的准确性；另外，为了获得信号传播的时间，GPS 接收器将不断比较其产生的伪随机码和卫星所发送的准确的识别码，实时反馈对比结果，直到两种码的信息完全同步，这一过程就体现了信号的传播时长。通过以上方法获得了卫星的位置、距离和信号传播时长信息，剩下的工作就是利用三边测量原理，以卫星为原点，以距离为半径，在地面上画出一条弧线，通过接收来自两颗卫星的信号，可以确定两条弧线，这两条圆弧的交点就是汽车可能在地面上的位置。同样地，利用第三颗卫星的信号又可以确定第三条弧线，此时只能在地面上唯一确定一个交点位置了。

GPS 是一种理想的结构，它实施的关键在于计时精度：一切结果都取决于对信号发送到信号接收之间时间差的准确测量，这也是我们准确计算每颗卫星距离的基础。卫星发射机使用了多个源于铯原子自然振荡的时钟作为计时器，也就是原子钟。它非常精确，每 1 亿年的误差约为 1s，但是要制造如此高精度的时钟至少要花费数万美元。这么高的成本，导致我们不可能在每辆汽车上都放置一个。也就是说，汽车中接收器的时钟精度其实并不高。然而，考虑到信号以光速传播，即约 983000000ft/s 的速度传播，即使汽车中接收器的时钟误差只有 1ms，也会导致位置偏离 983000ft（约 200mile），如果是这种结果的话，根本就无法起到定位的作用。

　　为了实现准确的定位，我们可以通过间接地依靠卫星中的时钟来实现。由于天空中所有卫星的时钟都是严格同步的，那么，汽车接收器的时钟误差也可以认为是接收器与卫星时间之间的时间偏差，我们有必要先知道这个时间偏差的值，并用来进行定位精度的修正。为此，我们先假设在不知道这个时间偏差的情况下，汽车接收器和三个卫星进行通信，并利用获得的位置和距离信息，使用三边测量法来计算得到汽车的地面位置，由于这个时间偏差的存在，我们知道，尽管存在三个圆弧的交点，但是这个定位的结果肯定是不准确的。为此，我们先做一个假设，考虑到天空中每个卫星与接收器的时间偏差相同，因此假定汽车定位的位置误差与时间偏差成比例关系。现在引入第四颗卫星，通过接收器，也可以获得不考虑时间偏差情况下这颗卫星的位置和距离，因此也就获得了第四条弧线，该弧线肯定与前三颗卫星确定的定位交点位置不一致，第四条弧线到交点的距离，就是由于时间偏差造成的位置误差。有了这个位置误差，反过来，我们可以利用这个位置误差与时间偏差的比例关系来修正我们的时钟，从而获得接收器与卫星时间之间的时间偏差。这样，就可以准确地获得卫星的位置和距离，也就实现了汽车精确的跟踪定位。这样的工作模式设计是不是很聪明呢？

　　即便这样仍然存在一些问题：由于我们需要非常准确地知道时间，因此，我们也需要非常准确地知道光速，但是这个速度其实并不是恒定的。当信号穿过大气上的电离层时，信号的传播速度会发生改变，带来了误差；当信号接近地球表面时，大气潮湿程度和压力的变化也会轻微地改变信号的传播速度（以上的误差效果可以通过计算机建模和仿真更好地表现出来）。先进的接收机使用了不同信号的相对速度来纠正此误差，称其为双频接收机，GPS 使用了两个频率，一个为 1575.42 MHz 的 L1，另一个为 1227.60 MHz 的 L5。通过对比这两个信号，可以直接测量电离层对该卫星造成的延迟，进而实现对汽车更精确的定位。双频接收机在刚投入使用时是非常昂贵的，那时候只能在工业应用中需要高精度测量的场合才使用，现在随着价格降低，应用也越来越普遍了。

　　通过太空中的卫星实现导航并不容易，GPS 实际还会受到其他因素的影响而产生误差：信号经过地面上建筑物和其他障碍物的反射会引入更多误差；另外，即便采用了上一段所介绍的技术措施，卫星位置的微小误差也可能引起进一步的 GPS 定位误差。解决该问题的方法是采用差分 GPS，也就是 DGPS，基本思想是在地面上建立定位非常精确的基站，这些基站接收卫星信号，由于基站位置准确，它就可以识别任何可能存在的误差。然后，它可以将有关每颗卫星的误差及其变化率的信息发送至该地区的车载接收器，使之可以直接对所使用的卫星信号进行修正。美国联邦宇航局开发了一种与 DGPS 类似的系统来辅助飞机导航，称为广域增强系统（Wide Area Augmentation System，WAAS），该系统通过专用卫星（而不是地面基站，但是功能类似基站）发送误差校正信息给飞机上的接收器，从而改善了飞机定位的准确度。

进一步增强 GPS 性能的方法是在利用卫星信息的同时，还利用携带伪随机码信号的电磁波的实际相位信息，这个方法称之为载波相位增强技术（Carrier-Phase Enhancement，CPGPS）。它的工作原理很简单，其关键是信号要通过载波传输，就像是调频广播，播放的音乐频率在随时发生变化，但是电台的播出频率始终保持不变，就这样，利用波长恒定的无线电基站或者卫星的电磁波信号实现了信号载体的功能。你可以将这一过程想象成利用米尺测量卫星到汽车接收器之间的距离，每一米都会做一个标记，如果你已经知道了自己标记的大体位置，也就是说，你已经知道了自己在哪 1m 的标记之内，此时，为了获得准确的距离信息，只需要测量最后一米剩余的尺寸即可，也就是说，通过每一米及其标记数，再加上最后测量的尺寸，就获得了非常准确的距离数据，进而就可以用之实现非常准确的定位。在 CPGPS 中，这种动态定位的方法就是将载波长度与载波循环次数相乘，最后再加上剩余的相位信息即可。

以上所有这些定位技术都有很高的准确性，基本 GPS 的定位精度在 16ft（约 5 m）左右，这对于普通导航来说已经足够了；但是对于汽车来说，我们不能以 ±16ft 的精度操纵汽车沿着城市街道行驶，此时一般使用双频接收器或增强型 GPS，它的精度会提高到小于 1in 或几厘米；而 CPGPS 则可以进一步提高精度至 1cm 之内。

9.9 地图

GPS 非常好用，但任何导航系统都要受制于地图，如果我们可以非常准确地知道自己所处的位置，但是却不知道如何前往要去的地点，也就是说如果没有地图，我们的生活方式也不会变得多好。如果有了道路及周边环境的地图，无人驾驶汽车的发展一定会受益良多。

一种方法是使用专用的高清地图，其中包括了地上的所有物体，例如道路、建筑物、路标、交通信号、交通标志、路缘石等。得到这样的地图是一项艰巨的工作，

Google、Uber 和其他公司已经进行了数百万英里的自动驾驶里程，并完成了相关环境地图的绘制。它们让信息收集汽车提前沿着特定的道路行驶，收集来自光学摄像头、GPS 和激光雷达等传感器的数据，并与现有的地图数据进行比较，再据此调整获得新的地图。这个过程非常复杂，一些道路上临时的物体甚至都有可能被认为是主要障碍物。例如，一些交通隔离桶有时都可能会标记为固定的交通障碍物，为了处理这些问题，不得不进行多次的实际道路测试和持续的地图数据更新。另外，如果在地图中没有明显的地标物，例如桥梁、隧道、沙漠或者麦田等，GPS 在应用中也会遇到困难。

应对这些困难时，很多人认为最可行的解决方法是不断地更新地图，利用各种通信网络建立和修改地图信息，形成动态地图的更新网络（后续我们会讨论这些网络通信技术）。当然，这涉及的数据量十分巨大，需要对所有的道路状态进行绘制，并对其进行连续不断的升级，需要考虑期间的临时道路施工、临时线路变更、适度的交通条件，以及交通管理的重大调整等方方面面的内容。对此，基于云技术的地图模式能够实现持续不断的更新，可能更适合驾驶人的实时应用。

但是这种云技术地图模式并非没有问题。获得能够进行定位和道路规划的高精度的、能够反映地面细节的地图已经是一项浩大的工程了，进行持续快速的地图更新以适应道路条件的不断变化更是非常困难，成本昂贵，在技术上也有挑战性。对此，有人认为，或许可以只维护基本的道路地图信息，剩下的事情可以依靠车载传感器来完成，这样的工作模式或许更有意义 [233]。

一些汽车制造商认为，上面这种方法最有希望实现汽车 Level 4 的无人驾驶功能。奔驰、奥迪和宝马公司正在开发基于云技术的高清地图系统，希望可以更准确地识别到汽车周围的情况，这一地图系统叫作 HD Live Map，最初的地图由地图公司 HERE 开发，并且使用了已经在路上行驶的汽车的传感器数据，更为详细的地图包含了多层信息，包括道路状况、交通信息、道路危险以及道路和基础设施高精度的定位等，可以利用使用地图的汽车获取以上信息，并实时更新地图。目前，该地图系统仅用于辅助驾驶，但是奥迪和宝马公司希望在 2021 年之前让使用该地图的 Level 4 汽车上路行驶。前文所述的全自动无人驾驶汽车 Waymo 也采用了类似的方法，但是它更多地依赖于精确的地图（图 9.9）。在日本，三菱电气（Mitsubishi Electric）牵头成立了汽车制造商联盟，确立了动态地图规划项目，以期能够开发出高分辨率的 3D 地图，并服务于东京夏季奥运会期间的无人驾驶车队。

233　W. Schwarting，J. Alonso-Mora and D. Rus，Planning and decision-making for autonomous vehicles. The Annual Review of Control，Robotics，and Autonomous Systems 1（May），2018，187–210.

图 9.9　高清地图绘制

Alphabet，Inc. 的子公司 Waymo 最初是 Google 公司十多年前的一个无人驾驶汽车项目部门，现在是高清地图开发的主要公司之一，它们开发的地图用在了克莱斯勒无人驾驶 Pacifica 混合动力汽车的多地运行测试中。正是因为它们的地图精度高，并且可以根据需要不断地进行升级，从而满足了自动驾驶汽车的使用需求。然而，不同的意见是，一些主要的汽车制造商认为，基于云技术的高清地图才应该是自动驾驶技术的关键。

图片：Waymo

实现地图的详细绘制非常有必要，如果所使用的地图上包括了高像素的车道和交通标志等更多的细节信息，就会更加有利于进行定位和路径规划。但是这里也带来了两个重大问题：首先，无法实现对地图足够快的甚至实时的更新；其次，由于需要持续不断地对地图进行更新，因此高精度地图的创建、维护和数据传输成本很高。在这样的情况下，如果仅保留基本的地图信息，并利用汽车传感器实现另外一部分的道路识别功能，似乎更加有利。

一种不那么依赖于现有地图的技术是"即时定位和地图构建技术"（Simultaneous Localization And Mapping，SLAM），它只需要少量的先验信息，允许汽车在道路上一边行驶一边构建地图，汽车在行驶过程中需要持续不断地感知周围环境，并做出适时的行驶路线调整，这一过程不依赖于已有的数据和地图信息，而是需要更加强大的计算功能和传感器数据采集功能。当然，它的一个关键点还是在满足道路行驶要求的前提下，能够实时地区分周围的各种物体，尤其是区分静态物体和运动的物体。这种技术的最大优点是不需要详细的道路先验知识，汽车的行驶更具适应性，并且大大简化了前期投资和基础设施建设。特斯拉 Model S 的自动驾驶功能就使用了实时的 SLAM 处理技术，通过适当的车速控制和车道变化控制实现在高速公路上的自动驾驶，但是，当道路情况变得更复杂时，例如在道路的出入口或者交叉路口时，就需要驾驶人接管自动驾驶功能了。

9.10 汽车通信

从上文可以看出，在获得精确地图的过程中，需要进行多个相关系统之间的通信，即使我们只依靠车载传感器，也需要它们彼此间进行通信，或者说，未来的自动驾驶技术不能单纯地依靠先进传感器或者单纯地依靠通信技术，而是要将两者融合在一起协同使用。即便是最好的车载传感器，其所能感知的范围也是有限的；随着传感器性能的提高，哪怕其感知的范围不再是问题，但是也会遗漏掉探测范围之外或者规划线路之外的障碍物、其他汽车以及各种危险点。实际上，在现在及未来面对大量信息共享的世界时，传感器感知范围受限的不足可以这样弥补：将某一辆汽车当作多辆汽车组成的网络中的一个节点，当行驶在道路上、桥梁上、交叉路口以及其他设施附近的时候，这辆汽车节点可以与其他的汽车节点及其上的传感器不断共享信息，通过这种方法，能够显著增强和改进我们一直在讨论的汽车的各种功能。如果多辆汽车间能够彼此共享速度和制动操作信息，就可以很容易地根据交通状况实时调整车速或者进行突然的制动操作，或者通过内置在道路中的传感器来帮助汽车评估道路的状况。一个完整的汽车通信系统包括汽车到汽车之间的通信（Vehicle-to-Vehicle，V2V），汽车到基础设施之间的通信（Vehicle-to-Infrastructure，V2I），甚至可能是汽车到行人之间的通信（Vehicle- to-Pedestrian，V2P），所有这些通信都称为汽车到其他物体之间的通信（V2X）。

如今，已经在尝试利用车外信息来增强汽车的自动驾驶功能。在 20 世纪 50 年代，就已经开始利用在道路中埋入电缆的方式来进行自动驾驶试验了：在一辆货车的前部和后部装有传感器，能够通过嵌入式的导体接收信号，确保了货车沿着电缆行驶。最近，一些研究人员在路边设置一些永磁体作为引导装置，进行自动驾驶的相关试验，这种方法的检测和引导非常容易，并且不受天气变化的影响，瑞典汽车制造商沃尔沃已经对这种方法进行了测试。结果显示，这种方法在恶劣天气中也可以顺利地引导自动驾驶汽车行驶在积雪覆盖的道路上。这一方法带来的另外一个好处是，可以利用永磁体特有的磁场结构进行二进制编码，以完成一些信息的传递，包括自行车道、人行横道、双向交通或者速度限制等信息。同样，也可以采用修改车道反射标记的方式来增强车载雷达的监测能力，达到增强道路信号识别的效果。遗憾的是，以上所有的这些方法都需要进行大量的基础设施建设，成本很高，合理地利用汽车通信网络或许可以低成本地解决这些问题。

设想这种场景：一个小孩迷失在了一条繁华的道路上，路口的摄像头发现了这个小孩，发出了警告信号提醒来往的汽车注意制动，设置在路边的传感器将这个区域的道路状态发送给汽车，以帮助汽车决定制动的程度，处于制动中的这辆汽车向后方跟随的汽车发送危险警告信号，使得后方汽车也减速，这种警告信息不断地向后方汽车传递，使得所有汽车的车速都可以进行适时的调整。这样，小孩得到了保护，而汽车中的乘客或许根本就没有感受到这件事情的发生。

还有其他一些场景或许更有吸引力。例如，汽车在行驶过程中相互共享视频信息，让每一辆汽车都可以看到其他汽车看到或发现的相关道路状况，让每一辆汽车都知道其他汽车的位置。这种情况下，可以在汽车仪表盘上共享显示道路上其他汽车的视频信息。这样，驾驶人就可以看到前面被遮挡的其他汽车，或者看到在路边停放的一辆厢式货车前方或许有一个正在准备穿越马路的行人。也就是说，通过共享视频，驾驶人可以看到前方或者后方的交通状况。在这种场景下，每辆汽车都成了透明体，驾驶人能够准确完整地看到区域内每辆汽车的状态，以及可能存在的危险[234]。

汽车的道路安全协同方式应该包括救护车靠近提醒、车速缓慢警告、道路路口事故警告以及重新规划路径提醒等多种消息的发送和接收机制。在一辆汽车出现驾驶操作失误时，例如在高速公路上发生变道错误，它应该向周围的其他汽车驾驶人发出警告；如果汽车在结冰的路面上出现了打滑，它也应该向即将经过这里的汽车发出警告，以提前避开这个不利的路面，靠近的汽车会降低车速，或者调整为四轮全驱模式，确保汽车的行驶稳定性。这些发送的消息可能会涉及某些固定的或者移动的危险，例如道路施工、汽车过载、刚刚发生的事故等，消息中也可能提供了实时的交通流量和交通信号信息，这就更加有利于增强道路的通畅性了。例如，汽车传感器探测到路边有一头鹿，它就会向其他汽车发出危险警告信息，使大家注意躲开这头鹿；或者在鹿群较多的区域，当鹿群靠近道路时，地面监控设备就会向汽车发出危险警告，从而使汽车管理系统能够提前知道鹿群信息并采取躲避措施。

相较于依赖大量基础设施投入的导航系统，实现以上的汽车通信最好基于现有的成熟技术并且逐步实施，这样做更具可行性。V2V技术需要车间通信，在没有广泛应用之前，它的优势还不能充分地发挥出来，而V2I技术关注点在于交通管理和安全管理，即使道路上只有少数汽车，也可以发挥很好的作用，现在已经开始实施这一方案了，美国联邦通信委员会已经定义了一种专用的短程通信系统（Dedicated Short-Range

---

234 Y.F. Wang，Computer vision analysis for vehicular safety applications. International Telemetering Conference Proceedings 51，2015，1–31.

Communications，DSRC），它提供了中短距离汽车之间的双向通信功能，在 5.9 GHz 频带内设置了 75 个兆赫兹频率，专门用于美国交通部确立的智能交通系统（Intelligent Transportation Systems，ITS）和常规的 V2X 通信[235]。类似地，美国材料协会（ASTM）、美国汽车工程协会（SAE）以及电气与电子工程师协会（IEEE）也共同制定了汽车环境下的无线接入标准（Wireless Access in Vehicular Environments，WAVE），并被美国交通部采用，这一标准提供了通信架构、安全标准和信息管理结构，可以实现汽车之间的高速通信。同样，欧盟也启动了支持交通系统互联互通的 5G 行动计划，并开始开发相关的模型，建设相应的基础设施[236]。预计在不久的将来，V2V 系统就可以囊括盲点监测通知、紧急制动警告、避免碰撞警告、车辆突然靠近提醒等功能。同样，V2I 系统也可以提供交通事故、汽车紧急故障、道路交通状态、停车、收费以及天气等很多有用的信息服务。

汽车通信系统可以用来构建和增强汽车现有的自动通信功能，开发更复杂的自动碰撞提醒 CAN 系统。二十年前推出了 OnStar ACN 系统，在发生碰撞时会与应急响应机构联系；目前更多地借助于各种各样的传感器，形成更为高级的自动碰撞提醒系统（Advanced ACN，AACN），可以在发生碰撞时自动发送有关事故的各种紧急信息，包括事故发生的位置、事故的严重性、碰撞类型、伤亡情况等，从而能够提供更迅速更有效的紧急救援，拯救生命[237]。下一阶段的工作就是利用汽车通信技术促进基础设施做出更迅速的反应，例如，重新规划交通线路以使救援人员更快地到达事故地点。

9.11 决策

到目前为止，我们所讨论的内容几乎都需要进行一定形式的传感感知，在信息感知基础上做出决策，并适应后续可能存在的不可预知的驾驶环境，这一切都需要人工智能技术（AI）。人们经常炒作 AI 这个词，甚至在流行文化中（例如在一些电影中）经常被代替为那些阴谋统治世界的邪恶机器人。其实不是这样，我们先来明确这个词的含义，那就是：AI 并不指代一种意识形态，AI 既不需要也不能够意识到它自身的存在，也不能思考它们的目的或者明白人类的真实意图。AI 实际是一种算法，它通过分析数据来识别信息，然后应用这些信息来完成特定的任务。它能够快速分析大量数据，这使

235 www.its.dot.gov/.

236 ec.europa.eu/digital-single-market/en/5g-europe-action-plan.

237 www.aacnems.com.

它在某些方面上的表现比人类更优秀，但是，这还是不能说明它可以真正进行思考，至少在不远的将来还达不到真正思考的程度。复杂的人工智能系统能够根据过去的数据来优化程序，提高对未来事件的分析和判断能力，这种基于过去经验来提高处理事件的能力称之为机器学习，这是促进自动驾驶汽车发展的关键技术之一。

人工智能的种类有很多，汽车中某一功能所需的人工智能技术或许在其他功能中并不适用。例如，用于控制汽车行驶速度和方向的人工智能技术，或许对于汽车的驱动控制和紧急制动操作就不合适。因此，现在和未来的汽车中，需要各种不同水平和类型的人工智能技术同时存在。

典型人工智能技术的实现要借助于一个很长的程序文件，它能够告诉计算机在给定情况下该做什么，我们可以将其想象成一系列的"if-then"语句，例如，"IF前传感器识别出道路上的物体，THEN进行制动"，这里的"if-then"语句定义了一种规则，因此这种方法称之为基于规则的人工智能技术。对于基本的自适应巡航控制系统来说，基于规则的人工智能技术能够很好地工作，它能够维持车速，确保与周围汽车保持一定的间距，算法也非常简单，可以轻松地实现这一目标。另外，汽车的车道保持辅助功能也可以借助于基于规则的人工智能技术，通过预先编程实现。

然而，汽车的操作方式和操作需求日益复杂，操作动作也随着道路现场场景的不同而适时变动，此时，基于规则的人工智能技术就开始变得不能满足驾驶要求了。就算是面对上文列举的看似简单的制动场景，如果没有驾驶人人工识别物体特征的话，它也很难识别在道路上的物体究竟是什么。道路上有个孩子，或者有个纸箱，汽车面对这两个场景时，所需要的响应时间是截然不同的。如何从视觉识别出是个孩子，而不是一个盒子、消防栓、狗或者孩子形状的纸板呢？怎么确定孩子的位置？如果孩子在路边该如何处理？如果孩子在路边但是他玩耍的球滚到道路中间又该怎么办？如果孩子戴着个大帽子或者口罩，或者骑着独轮车又该如何处理？面对如此多的可能性，如果还是利用基于规则的人工智能技术编制代码程序去实现对这个孩子及其动作的准确识别，其代码的长度是难以估量的，不具有可行性。此时，我们就要依靠复杂的机器学习技术了。这种算法可以进行场景学习，并使用改进的预测能力分析未来的事件。例如，设置大量的孩子在道路上或者路边玩耍的场景进行系统训练，就可以使之具有预测可能发生事件的功能，并且比驾驶人的识别速度更快，识别效果也更好。这里的关键是对所获取的数据进行处理，为了完成这项工作，实现对驾驶场景的准确识别，所设计的算法需要先针对大量的场景进行训练，这一过程就像培养人类驾驶人一样，通过学习一些基本的驾驶规则，只能获得一定的驾驶能力，如果要培养更优秀的驾驶人，关键在于对大量驾驶经验的积累和学习。

那么，我们如何将经验植入到机器学习中呢？机器学习分为监督学习和无监督学习，在监督学习中，期望的输出或目标是已知的。例如，我们可以让算法学习数百个交通信号灯的图像，每个图像受到不同角度、光线和天气环境等因素的影响而各不相同，这个算法的目的就是通过学习这些常见的图像模式，掌握对交通信号灯的准确识别能力。更多复杂的场景识别则需要无监督学习，使算法无须精确编程即可自主地对其操作进行优化。如此，经过初步训练，自动驾驶系统就可以利用在道路上自主学习得来的经验，不断地提高识别和反应的能力。事实上，在无人驾驶领域，确实需要一种灵活的解决问题的人工智能方案，以实现对不可预见场景进行判断的功能，这就需要无监督学习。其中自动适应性是驾驶的核心，例如当障碍物处于汽车前方时，它需要教会汽车制动，这个过程看似简单，但是需要先识别出物体，再判断可能的操作，最终实现恰当的响应，这一系列的动作就需要自动人工智能系统的适应性，需要它能够自主地学习。

上述过程与人类大脑的思考过程类似，因此也称之为人工神经网络（Artificial Neural Networks，ANNs），它的基本思想是定义一组节点，这些节点可以非常模糊地实现类似大脑中神经元的功能（图9.10）。在整体上，它是一个多层的复杂网络，每个节点都有一个输入和一个输出，能够通过所谓的隐藏层处理一些信息；层与层之间的数据传递使用了加权算法，确保了下一层数据处理的可行性和连续性；各个层共同工作，就可以有效识别出非常复杂的场景。另外，ANN系统也应该能够根据经验对隐藏层进行调整（称为反向传播），从而可以优化算法。当然，对于不同的目标，其算法也会有所变化。例如递归神经网络（Recurrent Neural Networks，RNN）具有基于先验学习进

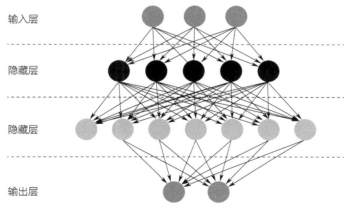

图9.10 人工神经网络

行决策判断的能力，在语音识别领域有着广泛的应用；卷积神经网络（Convolutional Neural Networks，CNN）可以重构节点间的连接，避免了冗余的分析过程，因此有能力同时识别和监测图像中的物体，这一特点非常有利于汽车驾驶过程中对高速物体的识别。

以上这些过程都属于深度学习，之所以冠以"深度"，是因为它需要进行深入的层间分析。例如，在对交通信号灯图像进行识别时，类似于人工神经网络的简化模型需要对交通特征进行迭代分层分析，第一层要清晰地识别出这个图像；第二层是确定这个图像的位置，分析它是否位于道路上方的中心位置；第三层是确定其大小；之后，第四层是识别出它发出的红光，从而这个算法认识到它现在是红色的交通信号灯，然后就可以促使汽车采取制动措施了。实际的识别过程要复杂得多，但基本原理是一样的，初始层识别基本特征后，如果算法很深入，层间分析也就更复杂，但是识别结果也会更准确。

因此，要安全地实现汽车的 Level 5 自动驾驶功能，就需要融合多种类型的传感器数据，设计多层且复杂的处理算法和合理的信息处理系统，具备对意外情况的实时处理能力。这里的关键是"学习过程"，它不应局限于最初的编程或监督学习，而是经过最初的训练后，就可以持续不断地处理事件并增加经验，从而具备更好的分析、判断和处理能力。它遇到的数据和事件越多，识别分析能力就越强，就可以更好地降低误判断和误操作行为，从而变得"更聪明"。

在自动驾驶系统中，一方面，来自各种传感器的大量数据需要进行不断的实时采集和分析，另一方面，模式识别过程也要求系统具有强大的计算能力，并且需要一定的处理时间。例如，一个简单的人工智能自动驾驶系统每秒需要处理的数据就高达 1GB[238]，因此，现在的难点是如何实现对信息的快速收集和处理，以确保驾驶的安全性。为了解决这些问题，所采用的处理器也在不断改进。现在使用的是专用的图形处理器（Graphical Processing Units，GPU）（它最初是针对电子游戏而开发的，电子游戏需要高速且复杂的图像处理性能）。传统的处理器一次只能快速完成一个计算任务，图像会被分解成许多小块，依次对各块进行特征提取、检测和识别。而 GPU 具有并行计算功能，提供了更快的图像识别能力，可以一次获取整个图像，可以对大型数据集进行整体的快速分析，因此，非常适合于自动驾驶汽车中的图像快速识别[239]。

然而，深度学习方法带来的真正价值更多体现在汽车互联中（而不是单独的处理

238　A. Cornet，M. Kasser，T. Muller and A. Tschiesner，The Road to Artificial Intelligence in Mobility—Smart Moves Required. McKinsey Center for Future Mobility，New York，2017.

239　M. Goncalves，I see. I think. I drive.（I learn）：How Deep Learning is revolutionizing the way we interact with our cars. KPMG White Paper，2016.

器计算），在汽车互联网络中，获得的驾驶经验数据可以存储并实时传输至不同的汽车，从而使得学习获得的经验可以共享，并且有利于更大数据库的开发、利用和维护。特别是在系统开发的初期，这样做可以持续不断地进行系统的升级和完善。深度学习方法也可以应用于更先进的云系统中，此时，通过学习获得的经验不仅可以用于汽车的自动驾驶，还可以用在智能交通系统中。

9.12　未来之路

尽管汽车中还有很多问题没有解决，但是毋庸置疑的是，一场汽车技术的革命正在到来。ADAS 技术已经从根本上改变了汽车驾驶的本质，自动驾驶汽车也不再是科幻小说中的概念，具备 Level 3 自动驾驶功能的汽车已经开始量产，并且行驶在了很多城市的道路上，更新的技术也在不知不觉中成为汽车的选配，汽车的自动驾驶正在成为常态。

当前汽车的研发更多强调了技术的差异性，但是自动驾驶汽车如果要持续发展，就不得不依赖各种技术的相互结合。将基于规则的人工智能技术与复杂的神经网络、深度学习和自然语言处理技术相结合，就能够形成一个可以管理任何给定驾驶场景和操作的系统；毫米波雷达、激光雷达、摄像头和其他传感器与 GPS、地图和其他技术无缝融合，不仅能够实现对汽车可靠的全时 3D 定位，而且最终将实现远超人类驾驶人水平的状态感知和控制能力；自动驾驶汽车必须能够完美应对从未遇到过且无法预测的意外情况，百万分之一的错误率也是绝对不能接受的。很显然，我们现在还达不到这个水平。

当汽车既有手动驾驶功能，又有自动驾驶功能时，从手动驾驶到自动驾驶的过渡过程需要一定的切换时间。这就意味着自动驾驶系统必须有能力分辨和预测驾驶人的操作动作，从而及时做出反应。然而在手动驾驶汽车过程中，无须如此麻烦，驾驶人本人就可以处理掉这些问题了。例如，当看到对面汽车驾驶人在驾驶过程中低头看手机时，驾驶人可以改变车道或车速，从而避开该车；当从后视镜中看到快速驶来靠近的汽车时，驾驶人可以等到该车先通过后再开始换道；或者，当发现另外一辆汽车驾驶人的驾驶技术很差时，驾驶人可以提前给他留出一个更宽的车道。但是，如果自动驾驶系统遇到以上同样的问题，它首先必须能够识别出其他驾驶人的驾驶模式，分析人类驾驶人的行为和意图，并在其决策过程中进行判断，甚至在那些驾驶人的操作既不合理也不合法的情况下，也要能够准确地进行识别和决策。

以上问题的解决办法很容易理解，关键在于细节。举例来说，我们都认为开车是一种社会行为，对于一辆正在转向的汽车，为了方便它的转向，我们一般都会为它提前预留足够的转向空间，驾驶人之间的眼神交流也传递了"你继续开车，我等着你"这样的信息，我们认为这是理所当然的驾驶规范。也就是说，对于汽车的手动驾驶，人类驾驶人的一个眼神或者挥手示意就可以实现不同场景下驾驶意图的清晰传递（相关的场景还包括汽车绕过障碍物，汽车在道路上避开前方的小狗，或在十字路口对四面集中过来的汽车进行秩序管理等）。但是对于自动驾驶算法来说并非如此，这样的社会性规范对于它来说是无效的。这时就出现了驾驶场景或工作状态的转换交接问题，如果涉及的汽车都具有完全的自动驾驶功能，问题就迎刃而解。但是现实是，现在仍处于向自动驾驶过渡的过程中，不可避免会出现很多棘手的问题。

另外，还有人认为，既然汽车驾驶是一种社会行为，它就应该受到道德的约束[240]。例如，在驾驶汽车过程中，为避免碰到路中间的小孩，就要采取措施改变驾驶车道，如果这样做会损坏汽车，该怎么办呢？人类驾驶人很容易解决这个问题，肯定首先要考虑小孩的生命安全。但是这时在路中间不是小孩，而是一只小狗或一只松鼠，又该怎么办呢？此时，出于对道德约束的理解，不同的驾驶人可能会做出不同的驾驶行为。更进一步，如果驾驶人遇到了伦理学中的"电车难题"，又会怎么办呢？它会牺牲一个人来拯救五个人的生命吗？如果这一个人是小孩的话，驾驶人是选择撞击小孩，还是撞击另外的五个人？面对这样的道德伦理问题，驾驶人通常会利用瞬间反应或本能处理这些状况，他的处理结果可能随后会受到伦理的批判。但是，如果是自动驾驶汽车遇到这样的场景，它的处理方式是根据预先编制好的规则或者程序行事，我们又该如何评判和处理其中涉及的道德问题呢？

自动驾驶汽车的发展也不是一帆风顺的。特别是近年来，自动驾驶汽车发生了一系列事故，在亚利桑那州，一名行人被一辆 Uber 自动驾驶汽车撞死；在加州，一辆处于自动驾驶状态的特斯拉汽车发生了致命撞车事故，这自然引起了公众对自动驾驶汽车的关注，这些发展初期的失效案例对于公众对自动驾驶技术普及的信心提升也是灾难性的。在这种情况下，我们非常有必要建立自动驾驶的基本道德准则，建立公众对自动驾驶汽车的信任，而这需要细致的工作。另外也需要看到，自动驾驶汽车平均每英里发生

240　D. Bollier, Artificial intelligence comes of age: the promise and challenge of integrating ai into cars, healthcare and journalism. A Report on the Inaugural Aspen Institute Roundtable on Artificial Intelligence, Aspen Institute, Washington, DC, 2017.

事故的数量远低于预期，低于人类驾驶汽车时出现的事故数量。因此，我们切不可急功近利，盲目悲观或者盲目乐观。我们应该认识到，自动驾驶汽车的发展还需要经过进一步的认真规划和深入研究。

　　未来还有很多工作需要做：自动驾驶汽车在恶劣天气中的感知能力需要进一步提高，传感器的融合和分析能力需要进一步改进，特别是在高精度地图无法使用的复杂环境中尤其如此。如果不用高精度地图，就不得不拥有一套庞大而翔实的包含所有道路信息的汽车互联地图，同时，有助于增强地图功能的基础设施也需要不断地进行升级优化。除此之外，我们还需要一种改进的 SLAM 技术，以确保汽车能够安全完美适应道路状况的变化；需要一个能够促进交通和驾驶协同管理的通信网络；需要制定传感器或系统故障时的安全协议和应对措施；需要解决系统的安全问题等。在解决这些问题的过程中最重要的一点是，与汽车行驶安全性、事故追责性，以及隐私保密性密切相关的政策、法规和道德准则，需要综合分析，并随时认真评估其影响。

　　总之，无论将来如何，汽车的未来注定充满吸引力！前景广阔！这是一定的！